THE SOUND OF MUSIC STORY

THE SOUND OF MUSIC STORY

人々を惹きつける若き修練女、
オーストリア人のハンサムな大佐、
そして10人の歌うフォン・トラップ家の子どもたちは
時代を超えて最も愛されている映画をどのように生み出したのか

トム・サントピエトロ　著
堀内　香織　訳

ドンとアン・アルビノ
　　そして
S. B. に捧ぐ

もくじ

　　　　　謝辞　　　　xi

1. 始めるのにうってつけの場所 ………………………………… 1
2. マリアを扱うのは… …………………………………………… 6
3. ブロードウェイ、ロジャースとハマースタイン ……………… 25
4. 20世紀フォックス：突っ走って、倒産寸前 ………………… 41
5. アーネスト・レーマンの甘き香り ……………………………… 46
6. 監督探しをめぐる6人 ………………………………………… 51
7. 『サウンド・オブ・ミュージック』をデザインする：
　　ファンタジー、リアリティ、14曲の調べ ………………… 65
8. ジュリー・ドゥーリトル・ポピンズ・フォン・トラップ …… 75
9. ゲオルク・フォン・トラップ大佐 ……………………………… 84
10. 大佐と7人の子ども：それが怖いの？ ………………………… 90
11. キャストの完成 ………………………………………………… 97
12. 一番最初から始めよう ………………………………………… 106
13. ザルツブルク、雨、そして自然の復讐 ……………………… 116

14.	歌とダンス	145
15.	帰国：ハリウッド万歳	151
16.	題名のない試写会	160
17.	宣伝方法	164
18.	ワールド・プレミア	168
19.	けんか腰の批評家たち	172
20.	10億ドルの質問	181
21.	アカデミー賞	188
22.	国際的な一大現象	193
23.	ジュリー・アンドリュース：ハリウッドの女王	197
24.	『サウンド・オブ・ミュージック』のあとで	203
25.	嬉しくも残念な：本物のフォン・トラップ家	244
26.	統計でみる50年	258
27.	シング・アロング現象	265
28.	新たなオマージュ	270
29.	元に戻って	275
30.	そして最後に…	279

出　典　285
参考文献　307
索　引　315

謝辞

　まず初めに、本書を出版するにあたりお力添えいただいたロジャース&ハマースタイン協会会長テッド・チェイピン氏と副会長バート・フィンク氏にお礼を申し上げたい。お二人の支援と、ロジャースとハマースタイン、特に彼らの『サウンド・オブ・ミュージック』での仕事に関するあらゆる事柄への専門的見解がなければ、この本を完成させることはできなかったと思う。

　また、私の著作権代理人であるマラガ・ボールディ、担当編集者マイケル・フラミニには特に感謝の意を表したい。執筆における全てのプロセスで、彼らの助力は計り知れないほどであり、そのような導き手に恵まれて幸運だった。さらに、マイケルの編集アシスタントのヴィッキー・レイムは、膨大な細部の検証で優れたサポートをしてくれたし、広報担当者のジョン・カールは本書の宣伝にご尽力くださった。彼らにも感謝している。

　マイケル・マッテシーノ監督による素晴らしいドキュメンタリー『サウンド・オブ・ミュージック：事実から現象へ』のおかげで、(映画版)『サウンド・オブ・ミュージック』の製作過程における詳しいスケジュールを入手できたことにも感謝を申し上げたい。この映画に対する監督の焦点の当て方は私のものとは異なっているが、彼が撮影したインタヴュー映像は観る者を惹きつける貴重な資料であった。そしていつものように、映画史家であり作家であり教授でもあるジェニーン・ベイシンガーに特別な感謝の気持ちを伝えたい。彼女の映画史に関する知識と見識は、他に類を見ないものである。

　映画製作に携わった主要な方々のほとんどがすでに亡くなられているが、チームメンバーの何人かが驚くべき寛大さをもって時間を割いてくださり、幸運にもインタヴューをすることができた。ディ・ディ・ウッド、ゲオルク・スタイニッツ、マーニ・ニクソンは、私の質問に答えるために長時間を費やしてくださった。彼らに、さらなるお礼を申し上げたい。紳士的な態度で対応してくれたダン・トゥルーヒットにも、特に感謝している。彼の回想は陽気

さに溢れ、執筆に役立つものだった。また、ヨハネス・フォン・トラップは、一家が辿った数奇な道のりに、母マリアについての明敏でありながら深い愛情のこもった思い出を添えてくれた。彼にも特に感謝の意を表したい。

　本書の執筆中に、数えきれないほどの理由で非常に貴重な手助けをしてくれた大勢の友人たちにも感謝申し上げる。とりわけ、ゲイリー・ホーバーとロン・ウェイナーには多大な恩を受けたし、同様に忍耐強く精力的に私の相談役として中心的な役割を担ってくれたスティーブ・レズニック、ピーター・フォン・メイヤーハウザー、ダイアン・トゥルーロック、アラ・マルクス、ユリコ・イワイ、ローレン・ロイツィデスにも大変お世話になった。

　最後に、これまで並々ならぬサポートとアドバイスをいただいた素晴らしい友人や同僚たち、マーク・エリクソン、ドリス・ブラム・ゴーレリック、レバ・フレーゲルマン、ニーナ・スクリロフ、ダン・ミロー、ベス・ブリッツァー、アルフ・ブリッツァー、メアリー・ゲイツ、ノーラ・サフロ、ロバート・アルビーニ、キャサリン・オークイン、ルース・ムルホール、ミミ・ラインズ、キム・ケリー、ピーター・パイルスキー、ボブ・エビアン、ブルース・クリンガー、フランク・シャンバッカー、デヴィッド・ジャクソン、ロブ・ハドソン、マーリーン・ビーズリー、リンネット・バークリー、ジャン・ハイゼ、ジョーン・マーカス、エイドリアン・ブライアン=ブラウン、ブリッグ・バーニー、スティーブン・ソレンティーノ、ビル・キャノン、アラン・マーキンソン、ティム・ラーニハン、カレン・ラーニハン、アニー・スミス、アントン・コッポラ、アルメリンダ・コッポラ、ブルック・アレン、エリック・コムストック、バーバラ・ファサーノ、ジャネット・ストリックランド、キャロル・ストリックサンド、デヴィッド・ジャノニ、エド・ネルソン、デビー・ランベルディ、グレッグ・ギャルビン、ラリー・ケイトン、フィリップ・リナルディ、スティーブ・シャピーロ、マーク・ヘンリー、メアリー・ブライリッド、サイモン・ジョーンズ、ナンシー・ジョーンズ、マイケル・ロナーガン、マイケル・ウィルキー、ラス・ローゲンスワイグ、スコット・グレン、ジル・グレン、トム・リンチ、ウェイン・マコーマック、ベティ・マコーマック、彼らにも厚くお礼申し上げたい。

1.
始めるのにうってつけの場所

"私たちはかなり良いことをしたのではないかと思うわ"

ジュリー・アンドリュースからクリストファー・プラマーへ
『ジュリー・アンドリュースとクリストファー・プラマー：回想』より

1964年6月4日。ジュリー・アンドリュースは凍えていた。これがアルプスの春の天気であるなら、2月はどうだったのかしら？

太陽はめったに顔を出そうとはせず、天気は『サウンド・オブ・ミュージック』の野外撮影など気にも留めない様子のままだった。止まない雨が残したのは、狭くて舗装していない一本道だけで、映画のタイトル曲を撮るためにバイエルン南部のメルヴェークに行くには、そこを通るしかなかった。凍えてはいても、不満など漏らしたりはしないアンドリュースが、あの眺めのよい草原のロケ地に、冴えないジープでやってきたのは、まさにこうした事情があってのことだった。

しかしジープの問題など、アンドリュースが世界的に有名なタイトル曲を歌い出すのを上空から降下して撮影するために必要なヘリコプターの貸し出しの問題に比べたら、大したことではなかった。そのヘリコプターのレンタル料金は高額だった──いや、巨額だった──ので、20世紀フォックスの経営陣は、撮影が大幅に遅れていることから生じた予算の超過を抑えようと、監督兼プロデューサーのロバート・ワイズに伝言を送ったため、平静さを崩すことのない監督でさえも、手の込んだシークエンス（シーンの連続）を完成させるのに重圧を感じることになった。ヘリコプターの使用が必要だったのは曲の前半部分だけだったので、その撮影が済むと、ただちにパイロットは映画のフィナーレを撮るためにオーバーザルツベルクへと飛び立つことになる。あのフォン・トラップ一家がアルプスを越えてスイスへと逃げる場面のために。もはや一日たりとも、ヘリコプターの貸し出しを伸ばす資金はなかったのである。

常にプロ意識を持ったアンドリュース、わずか28歳にして経験豊かなショービズのベテランである彼女は、注意深く演出効果を考えて作られたタイトル曲のために、特別に時

間をかけて準備した。これはありきたりなミュージカルの曲目でも、スタジオの念入りに管理された場所で録音されるお決まりの歌とダンスでもなかった。それどころか、ワイズ監督と脚本家のアーネスト・レーマンが思い描く野外の自由な感覚を伝えるために、絵コンテ作家のモーリス・スベラノが乗ったヘリコプターが、アンドリュースが軽快に歌い始めたときに、急降下して撮影するのである。かさばる機材とともに、カメラマンのポール・ビーソンが機体の横に危なっかしく括りつけられているので、ヘリコプターは重みで高度が上がらず、撮影をやり遂げるのは困難で、スリルに満ちたものになるだろう。

ワイズ監督とカメラマンのテッド・マッコードは、このオープニングを完璧なものにする必要があるだけではなく、映画全体のミュージカル形式を提示するものとして撮らねばならないことが分っていた。山の中に１人でいるマリアが自分に歌いかける手法を、観客が受け入れなかったならば、子どもらしい『ド・レ・ミの歌』が10分間続くモンタージュ（複数のカットをつなぎ合わせたシーン）を彼らは一体どのように捉えるだろうか。

ワイズ監督は、このオープニングのために数えきれないほどの可能なカメラの動きを何時間も考え、頭上からのショットを選ぶと、他のアイデアは一つ残らず棄て去った。それでもまだ、彼は躊躇っていた。彼がアカデミー賞を受賞した『ウエスト・サイド物語』の出だしも同じような手法で撮られていたからだ。その映画は、ニューヨークの街並みを背景に、ダンサーたちのシルエットを上空から降りてくるように撮影した場面で始まっている。たしかに監督が案じているように、これはオリジナルではないかもしれない。しかし、いずれにせよ、自分から盗んだ案に過ぎないのだと納得することにした。

マッコードは神の国を思わせるアルプス山脈を撮影することになる。そのオープニング・シーンは、全知の存在を求めていた。全てを見通し、空からやって来るような。だからこそ、60歳にもなるワイズ監督が樹の中ほどまで登り、光と風の調和を待つことになったのである。アンドリュースが、タイトル曲を回転しながら歌うのに相応しい時がくるまで。

しかし、まずは撮影のラインとフレームを考えなければならなかった。視界に誰一人として入ることはできない。修道女見習いのマリア・ライナーが、息の詰まるような大修道院からほんのひととき逃れ、自然とともに荘厳な孤独に浸っているからこそ、歌を口ずさむのである。アンドリュースのほっそりした姿はフレームのちょうど真ん中に収められ、広々とした空間のわずかな点のようになる。そして、ヘリコプターが近づいてズーム撮影を始め、さらに近づき、それから…

樹の中ほどから、ワイズ監督が大声で叫ぶ。

「用意…カメラを回せ」

カメラ・オペレーター、音響係、撮影助手が応える。

「カメラを回せ」

「録画 OK」

「シーン1、テイク1」

レンズの間近でカチンコが鳴ると、一瞬ロバート・ワイズは間を開けて、それから命じる。

「アクション！」

全ての眼がジュリー・アンドリュースに注がれた。そして待った。誰もが気が付くまで。近づいてくるヘリコプターの騒音で、彼女にはいつもの撮影開始までの段取りが一切聞こえなかったということに――。

再開の時間。振付師のマーク・ブローは、今度は拡声器で「始め！」と怒鳴り、アンドリュースはまっしぐらに進んでいく、音楽に合わせて速足で歩き続ける、そして山腹で回転するオープニングを演じるまさにその時がきた。

「用意」

カメラは速度を上げ、カチンコが鳴り、再び合図が。「アクション！」

アンドリュースは草原をしっかりと大股で歩き、力強い回転に身を委ねながら、世界全体を抱きしめるかのように両腕を広げ、映画の出だしの言葉を歌い始めた。「丘は生きている…」

「丘での一日は終わろうとしている。わかっているわ」という哀愁を帯びて始まる歌の導入部分はカットした。その代わりに、すぐに歌の主要部が始まる――ロジャースとハマースタインによる音楽と信仰の神秘的な融合。歌は続き、30秒後、そこでジュリーはこう歌おうとする。「夜通し歌いたい――祈りを覚え始めたヒバリのように」。うーん、祈っている鳥？ この歌は、全て甘ったるくなりすぎてしまわないだろうか？ そうかもしれない――だが、聖アウグスティヌスに従って、フォン・トラップ一家の格言の一つには、こうあったのではないか？「歌うときには、2回祈りなさい」と。

しかし、ここで問題が生じた。大問題である。アンドリュースの演技ではない。どのテイクでも、彼女は事前に録音した歌声に合わせて、きわめて正確にアテレコをしていた。問題はヘリコプターにあったのだ。名目上はカメラ・オペレーターであるスタッフが、機体から身を乗り出すのを拒んだため、イギリス人カメラマンのポール・ビーソンが機体の横に括りつけられながらカメラを回し、ワイズ監督とマッコードの手助けをしていた。地上に機体の影を落とすことなく、草原すれすれに飛びながらジュリー・アンドリュースを望ましいショットで撮影するには、これ以外に方法がなかった。ところが、撮り直しのためにヘリコプターが出発地点へと旋回して戻る度に、下降気流が強すぎて、アンドリュースは泥濘(ぬかるみ)を避けようとしている間に、転んで草地に投げ出されてしまうのである。髪や衣装にまとわり

ついた草を引き抜き、再びメイクを直すと、彼女は大股で歩き、回転しながら歌い、さらにもう一度地面に倒されるのだった。少なくとも 10 回のうち半分のテイクで倒されると、温和なアンドリュースでさえも、さすがに怒り出し、「もう十分だわ！」と叫んだ。彼女は大声で叫んだのだが、（よく響く声で有名な）エセル・マーマンであっても、ヘリコプターの騒音の中ではその声を届けられなかっただろう。パイロットは、もっと大きく旋回してくれるよう頼んでいる彼女の手振りを、好意的な合図だと勘違いした。「あなたは上手くやってるわ。もう一度やりましょう」と。数百万ドルもかけたミュージカルの始まりは、こんな風だったのだろうか？ いや、そうだったのだ。そして後々になってわかったことは、これ以外にもあった。

ワイズ監督とマッコード、そしてレーマンは、ミュージカルの巨匠で共同製作者のソール・チャップリンと、共同振付師のマーク・ブローとディ・ディ・ウッドらと協力して、この歌の最後のフレーズまでなんとか切り抜けようと努めていた。ところが、撮影 3 カ月目のここにきて、ある疑問が企画全体にまだ残されていた。これのどこが、本当に上手くいくというのか？ 人々は突然歌い出す修道女を受け入れるだろうか——それも、800 万ドルもするワイドスクリーンのトッド・AO 方式＊、ステレオ音声を収録できる方法で撮影したオープニング・シーンだというのに。いまや人々は、映画にリアリティを期待している。外国映画の台頭や、映画製作規定のタブーが著しく緩和されたことで、映画を観ることの本質が変わってきてしまった。宗教的な映画はもはや廃れ、ミュージカルは見向きもされない。これのどこが、どうやって受け入れられるというのか。

後にわかるように、世界的に熱烈な支持を受け、アカデミー賞 5 部門を受賞し、辛辣で見下すような批判もあったが、最初の封切からおよそ 50 年もの間、この映画がもたらす文化的衝撃は反響を呼び続けることになる。しかし今のところ、ジュリー・アンドリュースはただ起き上がり、砂ぼこりを払うと、マリア・オーガスタ・クチェラ・フォン・トラップの生命力を自らに引き込もうと最善を尽くすのみだった。実際のマリアが歩んできた複雑な人生を考えると、『サウンド・オブ・ミュージック』のマリア・フォン・トラップは、なんというか、メリー・ポピンズのように見えるのだけれども。

家庭教師となった修道女のマリアは、海軍の英雄である雇主と結婚し、すぐさま彼の 7 人の子どもの面倒を見ることになった。彼女は 3 人の子どもをもうけ、一家を国際的な合唱団としてスターの地位に押し上げた。ナチスの裏をかき、アメリカに移り住むとさらに様々な顔を持つようになる。オーストリア生まれの救済を与えるエネルギッシュな人物、宿の主人、宣教師、起業家、家族を愛する女家長、そして時には家族の独裁者にも。その全てが現実のおとぎ話のように最後まで演じられた。1987 年に、82 歳でマリア・フォン・ト

ラップが亡くなるまで。『サウンド・オブ・ミュージック』のおかげで、彼女はまさにこの世の聖人にほかならない存在となった。彼女のほうから世間の注目を避けることはほとんどなかったけれども、自分から聖人化したわけではなく、世界中の人々が彼女を聖人のように見なしていたのである。みんな信じたかったのだ――誰か、あるいは誰もがマリア・フォン・トラップと同じくらい善良になれると。12メートルもの高さのスクリーンに映し出された、ジュリー・アンドリュースのすっかり人を惹きつけてしまう姿を垣間見て。マリア・フォン・トラップは、彼らが思うに、確固たる証拠であったのだ。20世紀の、絶えず変化し、絶えず人々を脅(おびや)かす世界で、何か善なるものが確かにまだ存在しているという。彼女は本当にそれほど善良で、それほど完璧だったのか？

　ジョン・フォードの西部劇の傑作『リバティ・バランスを射(う)った男』の台詞には、こうある。「伝説が事実となったなら、伝説を活字にするんだ」

＊トッド・AO方式：映画の画面規格のひとつ

2.
マリアを扱うのは…

> "幼いころ、祖母の気を引くには、とことんやらなくてはいけないと気付いたの。
> 彼女はそれまでの人生で驚くようなことをやってきたんですもの。大統領や王様たちに会ったりね。
> 些末なことにあれこれ時間をかけたりしないんだってわかったの"
> マリア・フォン・トラップの孫娘エリザベス『バニティ・フェア』1998年6月

　子ども時代の無邪気さをはかる試金石として変わらぬ評価を得ている『サウンド・オブ・ミュージック』の核心には、圧倒的な皮肉が横たわっている。というのも、マリア自身は少しもおとぎ話のような子ども時代を送ってはいないのだから。安全さと幸福とはほど遠く、彼女の発育期は不安に満ち、存在を軽視され、極めて残酷とも言える状況も度々あった。

　1905年1月26日、ウィーン行の列車の中で生まれたマリアは、たった3歳で母親を亡くしている。彼女の面倒をみる気もなく、実際みることもできない父親と暮らしたのちに、幼子は里親の元へと送られた。1914年に父親が亡くなると、9歳のマリアは「フランツおじさん」としてしか知らない親戚に預けられ、彼女の人生で最も暗い日々が続くことになる。社会主義者で反カトリックの無神論者である暴君フランツは、居心地の良い家庭を与えるどころか、小さな厄介者に目もくれなかった。数十年後にマリアが記した自伝に詳しく書かれているように、しばしば彼女に手を上げたという。そうであれば、マリアの末っ子ヨハネス（1939年に誕生した10番目、最後のフォン・トラップ家の子ども）が、彼の「複雑な」母親が過ごした非常に不幸な幼年時代は「生涯彼女を悩まし続けた不安感」を引き起こしたと、公の場で述べていたのも頷ける。

　教育こそがこの不幸な環境から逃れる方法であると考え、マリアはウィーンの州立進歩主義教育ティーチャーズ・カレッジに進学できるよう勉強に励んだ。彼女が美しい山々

に囲まれたオーストリアの田園をさまよいながら、ますます多くの時間を過ごすようになったのはこの頃である。こうした孤独な散策が、子ども時代には欠けていた自由と平穏な感覚をもたらすと同時に、湧き上がるエネルギーを解き放つ理想的な場所を与えてくれたのだった。

　彼女は燃え盛るほどの活気に満ちていた。ほっそりしたジュリー・アンドリュースや、『サウンド・オブ・ミュージック』のブロードウェイ版で初代マリア役を演じた小柄なメアリー・マーティンの姿に、マリア・フォン・トラップを見出すことに慣れ親しんだ大衆は、マリアが山腹への散策に相応しい逞しい体格の実在する女性であるという事実をすぐに忘れてしまう。あけすけで、全く飾り気のない、大声で笑うマリアは、愛情に満ちた驚嘆すべき人物であった。伝道師として印象に残るような、無限の活力に満ちたシビアでしばしば逞しくもある彼女は、キャサリン・ヘップバーンの魅力と彼女のまさにアメリカ人らしい現実的な実行力をオーストリア版にしたような存在そのものである。

　マリアの人生が、どのようにして不幸な幼年期から修道女を志すものへと変わったのかというと、彼女の考えでは、聖なる啓示のなかに答えがあった。まだ10代のころ、彼女はハイキング・グループに入っており、夏でも雪が残っているアルプスの高地へ登らないかと仲間に提案した。文字通り息を呑むような景色に囲まれ、「突然、ひらめいたのです——この全てを神が与えてくださったのだと。では、私は何を差し上げられるのだろうと考えて、修道院に入ることを決意しました。永久に囲われた場所に」

　大学で学んでいる間に聖枝祭の礼拝に参加していたことに加えて、卒業してから彼女が修道院に入ったのは、この啓示による導きがあったためである。大好きなバッハの音楽を聴く機会があるという以外、聖枝祭の礼拝には何も期待していなかったマリアは、そこで全く違うものを見出した。「フランツおじさんから聖書の物語の全ては作り話か古い伝説で、真実の言葉など一つもないと聞かされてきました。でも神父様の話し方にすっかり心を奪われて、圧倒されてしまったのです」

　日常生活に欠けていた愛と心の安定を修道院の壁の中で見つけられるだろうと確信し、マリアはザルツブルクへと旅立った。ミュンヘンとウィーンの間に位置し、モーツァルトの生家があることで有名なザルツブルクは、1816年にオーストリアに加わるまで千年以上も独立したキリスト教国であった。おそらくマリアはこの歴史を心に留めていて、到着するとすぐに、人並みはずれた無邪気さで最初に会った警官にザルツブルク中で最も厳格な修道院の名を尋ねた。すると「ノンベルク修道院」との答えが返ってきた。

　西暦719年に建立されたノンベルク修道院（「尼僧の山」の意）は、旧市街地を見渡せる場所にあり、その地域で最も厳格なだけではなく、最も歴史のある修道院であった。

そこへ歩みを進めたのち、マリアは（見習い修道女が暮らす）修練院に入りたいと告げ、修道院長との面会を終えてから、19歳で修練女の生活を始めたのである。末っ子のヨハネスは、「彼女はあらゆることを100パーセントやり遂げました。10代後半で信仰の道に入ってから——数時間にも及ぶ長い告白の後で——生涯を神に捧げたいと思ったのです」と述べている。

彼女の自伝でも、もちろん『サウンド・オブ・ミュージック』のミュージカルや映画でも、19歳の修練女が修道院全体の暮らしのなかで全ての中心となっている。そのような輝かしい立場は、おそらくマリア自身の回想の中で装飾されたものであったのだろう。『サウンド・オブ・ミュージック』の脚本家アーネスト・レーマンが詳述した、面白い逸話がある。レーマンと当時の監督ウィリアム・ワイラーが1963年に（マリアについての背景情報を集めるために）修道院長に会いに行った時、レーマンの記憶では、彼女はまるで「マリアって誰だったかしら？」と言いたげに答えたようである。「修道院長はマリアについて殆んど思い出せないようだった。物語の中でマリアは、修道院における自分の重要性をかなり誇張したのではないかと思う」

実際のところ、マリア・フォン・トラップの話に対して、ザルツブルクに昔から住んでいる人々のなかには複雑な思いを抱く者もいたと思われるし、マリアがノンベルクの修練院にかつて入っていたことに疑問を持つ者もいたほどである。ザルツブルク美術館の展示を取り仕切るピーター・ハスティは、マリアが修道院にいた時期については、かなり誇張されている可能性があり、もしかすると存在しなかったかもしれないと公式に見解を表し、彼女のノンベルク修道院との関係を「いささか奇妙」だとも述べている。マリアは教師でも修道女でもなかったと指摘しながら、彼はマリアが他の修練女たちと違って修道院に痕跡を残していないことを強調する。彼女の出生、母親、あるいは父親の記録もない。彼が言うには、彼女は正体不明の「狐火」のようなものなのである（ハスティの見方は1950年に一家がザルツブルクに旅行した際に、マリアが修道院長と個人的に再会していた事実を単に軽視しているだけのようにも思われるのだが）。

しかし、疑いようのない事実として、マリアは修道院での生活よりもザルツブルクの美しい田園にかなり心を奪われていた。雄大な自然の美を有し、雪を頂いた山々に囲まれ、オーストリアの湖水地方にあるザルツブルク、とりわけ付近の郊外は、マリアがすぐさまくつろげる環境を与えてくれたのである。チャンスがあればいつでも彼女は山に行き、まずは修道院の厳しい規則を曲げて、ある程度許されることをしてから、規則違反のことまでやってしまうのだった。

作中の歌『マリア』で言われているように、彼女は修道院の敷地内でも実際に口笛を吹

いたり歌ったりしており、彼女の人柄を詳しく見ていくと、世間から隔絶された修道院で暮らす修道女たちの静かな生活のなかで、マリアは全く見込みのない修練者であったことがわかる。そこでは、50 年間、外の世界を窓から見ることもなく過ごした修道女の話など山ほどある。50 年間も？ マリアなら、辺りを取り囲む自然の美しさの中で空気を吸うために窓の外を眺めずに過ごすなど、15 分でも我慢できなかっただろう。修道女たちは窓から外を眺めた罰として床に口づけをさせられるのだが、マリアは、まず床に口づけをして単に時間を節約すると、それから窓の外を見たものだった。この行為は、シスター・ベルテに関するマリアの告解をとおして、『サウンド・オブ・ミュージック』に取り入れられている。罪を犯した後に床に口づけをするというシスター・ベルテの指示に従うどころか、彼女は遅かれ早かれ別の規則を破るであろうことを自分でわかっていた。そのため、シスター・ベルテが近づいてきただけで、床に口づけをして時間を節約したのである。ヨハネス・フォン・トラップは、こう述べている。「私の母は、修道院の黙想的な暮らしには絶対に適していませんでした。父の家での仕事が始まった時、修道女たちは喜んだのではないかと思います」

　規則に従わないマリアがいたため、ノンベルク修道院はそれまでのような静けさを取り戻すことはなかっただろう。マリアは、修道女たちが彼女のことをあまりにも粗雑だと思っていたと語っている。「私はマナーを身につけていなかったの。女の子というよりも男の子に近かったわね」。彼女は正式に修道院を去るように言われはしなかったが、しばらくの間、外へ出る方が本人のために良いのかもしれないと思われていた。教師としての経歴があったため、彼女はゲオルク・フォン・トラップ大佐の幼い娘マリアの家庭教師に相応しい候補だと見なされていた（教師としてのマリアの適性については、もし大佐が『サウンド・オブ・ミュージック』の助監督で彼女と顔見知りだったゲオルク・スタイニッツの話を聞くことができていれば、考え直したかもしれない。マリアは修道院に入る前、スタイニッツの母親を教えていたのである。彼が面白そうに笑いながら語った思い出話によれば、彼の母親はマリアのことを〈ひどく厳格な人で――威圧的な人だったわね。彼女の信仰心は、今でいうところの狂信のようなものだと感じたわ〉と述懐していたらしい）。

　オーストリア海軍の大佐で、第一次世界大戦での活躍により勲章を授かった英雄であるゲオルク・フォン・トラップは、この時すでに公私にわたる生活で重大な損失を蒙っていた。オーストリアが敗戦し、あらゆる沿岸地域を失うと、海軍大佐としての彼の仕事は無くなった。それから彼は、妻のアガーテ・ホワイトヘッドを 1922 年 9 月に猩紅熱で亡くし、7 人の子ども、ルーペルト、アガーテ、マリア、ウェルナー、ヘートウィク、ヨハンナ、マルティーナの一人親となった。金銭的には困らずに済んだが（実のところ、一家の財産を支えたのは妻アガーテの資産であった。彼女の祖父が、魚雷を発明した人物だったためである）、

ゲオルクは一人親としての義務に押しつぶされそうになり、助けを求めていた。『サウンド・オブ・ミュージック』の映画とミュージカルの両方でマリアは7人全ての家庭教師として描かれているが、実際には彼女は娘のマリアの家庭教師としてのみ雇われていた。マリアは猩紅熱にかかったことでかなり衰弱し、毎日学校までの6.4キロほどの道のりを歩くことができなくなっていたのである。おそらく他の6人のフォン・トラップ家の子どもたちよりも、娘のマリアが21歳の家庭教師と一番長い時間を過ごしており、それゆえ、晩年になって義理の母になったマリアに対して、最も厳しく明敏な評価をすることができた。「彼女はいつも刺激を求めていたから、わくわくするようなことを巻き起こしていたわ。時々、私たちには度が過ぎていたけど、彼女は皆のリーダーだった」と娘のマリアは語る。

　1926年の夏の終わりに、アイゲンの屋敷にやってきた時の自身の外見について、マリア本人の記述が映画に反映されているようである。鞄を揺らし、ギターを抱えたジュリー・アンドリュースは、マリアの記述そのままで、映画の衣装デザイナーのドロシー・ジーキンスは直に影響を受けているかに見える。マリアは、「私の鞄は、本当に古めかしいお医者さんの鞄みたいでした」と書いている。映画の中でマリアが着ている（「貧乏人も欲しがらないような」）冴えないドレスも実際の衣服を参考にしているようだ。娘のマリアによれば、「彼女はひどい服を着ていた」らしい。

　マリアとフォン・トラップ家の最初の出会いは、彼女の回想によると、映画で描かれているものとはさほど違わず、落ち着いたものだった。大佐はマリアに向かってわずかに会釈をすると、ホイッスルを取り出し、4歳から14歳までの7人の子どもたちを呼ぶための合図を吹き鳴らした。

　フォン・トラップ大佐は、映画ではホイッスルを吹く厳格な軍人として描写されているが、それとは全く逆で、実際には掌帆長(しょうはんちょう)のホイッスルを使うのは、非常に広い敷地の庭で子どもたちを探し出すときだけであった。しかし、7人の子どもたちが水夫の制服を着ていたのは事実で、世界中の映画ファンは、父親の笛に呼び出されて新しい家庭教師に会うため階段を行進で降りてくる7人の子どもたちのイメージを思い浮かべるだろうが、マリアの回想でも、その時の様子は驚くほど映画と似通っていた。「10代前半の神妙な面持ちの少女に率いられ、ほとんど厳粛と言ってよいほどの小さな一行が、行儀よく黙ったまま階段を一つずつ降りてきました——4人の少女と2人の少年が、みんな青いセーラー服を着て」。合図に反応するための子ども時代の訓練が深く身についていたので、娘のマリアは99歳で亡くなるまで、七つの合図すべてを吹き鳴らすことができた。アガーテは「私たちはあの合図が大好きだったの」と思い出を語っている。

　いくらか威圧的な父親ではあったとはいえ、現実には、ゲオルクは思いやりのある慈愛

に満ちた人物だった。（子どもたちから〈グストル〉という愛称で呼ばれ）情緒的に欠落していた生い立ちを持つ彼女のほうこそ打ち解ける必要があった。愛情に飢え、誰からもキスされることもなく育った、まだ子どものようなマリアは、自ら進んで末っ子のいいなりになった。映画では家庭教師と子どもたちが言葉では表せない貴い関係で結びついているが、現実にはさらにもっと深い感情で繋がっていたのである。「私はキスされることもなく育ったわ…それから、この家に雇われたの。ある日、小さな子どもたちのうちのヨハンナが――彼女は7歳だったのだけど――自分から私のところにやって来ると、私の首元に手を回してキスしてくれたの。あの感動をはっきりと覚えている。私の人生で初めてのキスだったのよ」。こうした経験をしたからこそ、マリアが後に自伝で次のように記しているのは少しも不思議なことではない。「幸福になるためにただ一つ必要なのは…お金でもないし、人脈でもないし、健康でもない――愛情なのです」

　あらゆる人間は生きていれば、一度や二度は誤解されたり、正当に評価されなかったり、愛を必要としたりするものだというのが万人に通じる真実であるならば、この映画が並はずれた成功を収めた鍵は、マリアがヨハンナのキスを明確に覚えていることにある。つまり、『サウンド・オブ・ミュージック』の核心にある愛の物語とは、マリアと大佐のロマンスよりも、マリアと子どもたちの間に生じた愛情関係なのだ。事実、マリアはすぐに子どもたちの虜になり、結婚してからゲオルクを愛するようになっただけだと公の場で何度も認めている。

　こうして見ると、映画の中では、大佐が結婚の申し出をするのはロマンチックな水辺のあずまやで月明かりに照らされながら歌う場面として描かれているが、現実ではかなり味気ないものだったことも頷ける。孫娘によれば、子どもたちが「パパがあなたと結婚するって言ってた」と叫びながら部屋に駆けこんできたとき、マリアはシャンデリアを磨くために脚立に登っていたそうである。

　アガーテ・フォン・トラップは、父親は彼女にこう尋ねたと回想する。「私はグストルと結婚すべきだと思うかい？ おまえも知ってるように、彼女はとても素敵な人だろう？」アガーテは答えた。「それが神の御心であるなら、そうすべきだと思うわ」。実際のところ、後年になってマリアとゲオルクの結婚について最も賢明な考えを述べたのはアガーテだった。結婚するとき、ゲオルクはマリアを愛していたのだろうか。その問いにアガーテは、思慮深く答えた。「それを知っているとも知らないとも言えない…でも、父がそうしたのだから、彼女のことを好きだったに違いないわ。ただ、私が見る限り、彼女が私たちの2人目の母親になったのは、神意による幸運だったのではないかしら」

　3番目の娘マリアは次のように語った。「彼女がはじめてやってきた時、地上の楽園に

いるみたいな気持ちになった。私たちはすぐに彼女を好きになったの。彼女は歌を歌ったわ。新しい曲を知っていたの…でも、マリアには大きなお姉さんでいてほしかった…父には彼女と結婚してほしくなかったわ。私は母をとても愛していたから、父にはもう二度と結婚してほしくなかったの…でも、そういうわけにはいかなかった。もちろん、このことについて話し合ったことはないわ。ただ成り行きに任せたの」

　映画の中では、大佐がついに愛を告白した時マリアは感激していたけれども、現実には彼女の反応は喜びとはほど遠いものだった。修道院長がマリアに、大佐との結婚と彼の7人の子どもの母親になることは神の御心の顕われであると語ると、マリアは「私のあらゆる幸福は打ち砕かれてしまいました。こんなにも長い間、私の心すべてを神に捧げてきたのに、はねつけられたように感じます」と答えた。まず、結婚の申し出を家事の真っ最中に受けてしまったこと、それも未来の夫からではなく、子どもたちから。次に、未来の花嫁が、結婚の可能性について感激とは程遠い反応を示したこと。これらは、ロジャースとハマースタインの曲の題材とは言いかねる。けれども、おとぎ話の魔法というのは、それがどのように使われるかにかかっている。数十年後に、ロジャース、ハマースタイン、ワイズ、レーマンの手によって、マリアとゲオルク・フォン・トラップの生活は、全世界を魅了する大衆芸術へと変貌したのであった。

　マリアが屋敷にやってきてから、家族は歌い始めるようになったのだろうか？　それが実際はいつからだったのか、少し曖昧になってくる。マリアがギターを持ってきたことは間違いない。しかし、何人かが、マリアが来る前からすでに子どもたちは歌を歌っていたと思い出しているのに対し、マリアはこのように述べている。「彼らは歌など歌うことがなく、私にはそれが理解できなかったわ。私たちが真っ先にしたのは、まさにそれだったの。そう、歌を歌い始めたのよ」。一方、娘のマリアの回想では、フォン・トラップ家の屋敷は、映画で描かれているように音楽のない陰気な雰囲気では全くなかった。「ときには、私たちの家を音楽学校のように思う人もいたに違いないわ…私たちがピアノやバイオリン、ギター、チェロ、クラリネット、アコーディオン、後になってからはリコーダーの練習をしているのが聴こえたはずよ」。アガーテ・フォン・トラップは、事実、父親のゲオルクは大変な音楽好きで、ルーペルトとマリアにはアコーディオンを、ヨハンナにはバイオリン、そしてアガーテにはギターを教えていたと具体的に語っている。彼女の思い出の中では、そのことに疑いの余地はない。歌うことや楽器を演奏することは、マリアが来るずっと前から始まっていたのだ。映画とは全く逆で、すでに歌を歌っていた家族に加わったのはグストルの方だったと、彼女は強調している。「父のおかげで、私たちはグストルが家に来るまでに、すでにレパートリーをいくつか持っていました」

子どもたちが実際にいつ歌い始めていたかはともかく、1927年11月27日にノンベルク修道院でマリアと大佐が結婚した後も、1930年代半ばまで歌うことは家庭内の行事として続いていた。フランツ・ヴァスナー神父がやってきて、一家の生活すべてが激変するまでは。

　形としては、ヴァスナー神父は貸部屋に住んで、家庭内の礼拝堂でミサを行うためにフォン・トラップ家の屋敷に来たに過ぎなかった。だが実際には、彼が一家全員の生活を最終的に変えてしまうことになる。始まりはささいなもので、彼は一家の歌を聴き終えた後、かなりよく歌えているけれども、しかし、さらにもっと上手く歌えるはずだと感想を述べた。自分の席で指揮を執りながら、一家がモテット（宗教的合唱曲）をきちんと正確に歌えるまで繰り返すように力説した。神父は、一家の歌はとても良かったと一旦は述べたが——彼の「しかし」という一言で——賽(さい)は投げられてしまった。マリアは次のように語っている。「あの〔しかし〕が私たちの生活を決定したの。…その時は誰もどれほど自分たちが幸運だったかなんて知らなかった。これがトラップ・ファミリー合唱団の誕生だったのよ」。『サウンド・オブ・ミュージック』の世界的な人気は、「しかし」というたった一言から始まったのである。

　フォン・トラップ家物語の最初の映画版、1956年に公開されたドイツ映画『菩提樹』では、ヴァスナー神父がトラップ・ファミリー合唱団を形成する責任を負った厳しい音楽監督として中心的な役割を担っている。3年後に『サウンド・オブ・ミュージック』がブロードウェイで始まったときには、彼の存在は音楽教師としてのマリアの役割を弱めてしまうかもしれないという理由で、脚本家のハワード・リンゼイやラッセル・クラウスによって削除されていた。しかしながら、1930年代のオーストリアで、ヴァスナー神父は実際にマリアと非常に親しい間柄で、彼が一家の音楽の方向性を指示する一方、マリアは一家をやる気にして名を挙げさせようと、喜んで興行主としての役割を果たしていた。

　この2人はあまりにも親しかったので、1935年にはヴァスナー神父が作曲、マリアが作詞をして、実際に「*Zwei Menschen*（ふたり）」という題名のラブ・ソングを合作するほどであった。本当のところ、彼らの関係はどれほど親しかったのだろうか？　神父と元修練女の共同作業からは全く予想できない歌詞の曲を作るほど、気心の知れた仲であったようだが。歌詞を訳してみよう。

　　星月夜の下を歩くふたり
　　林檎の木は花盛り
　　雪のように花びらが、ふたりの頭に舞い落ちる
　　かなたで響く鐘の音

2012年に撮られたドキュメンタリーのインタヴューで、ヴァスナー神父の甥は、マリアとおじは本当に気質が似ていたという事実を語っている。同じ年に生まれ、報われない環境で育った点も似ており、2人とも音楽と教会の両方にすっかり身を捧げていた。彼らは出会った年に「Zwei Menschen」を創作しており、ヴァスナーの甥によれば、「2人はおそらく叶うことのない夢を抱いていたのでしょう。…あの曲は私たちが知る由もない何かを表したものなのです」。それはラブ・ソングだったのだろうか？ 彼らは愛し合っていたのだろうか？ その答えは知る由もないけれど。

　あからさまにヒトラーの批判を繰り返していたヴァスナー神父は、1930年代にアメリカに行くフォン・トラップ家に伴い、オーストリアを去る必要性を感じていた。そしてアメリカでは、彼は20年以上にわたって音楽に関する側面からトラップ・ファミリー合唱団を陰で精力的に支え続けた。1956年に一家が演奏を止めると、マリアとヴァスナー神父は別々の道を歩むことになった。ヴァスナー神父はフィジーで宣教師として5年間過ごし、パレスチナに滞在してから、ローマの神学校で一時期を司祭として勤めた。引退を機にザルツブルクへ戻り、1992年に亡くなるまでそこで暮らした。

　バーモントにある一家のロッジが、火災による大被害を蒙ったため建て直している間、1983年にマリアがザルツブルクへ最後の旅に行くまで、2人が再会することはなかった。彼らの再会の場面は、非常に気の合うデュオが5分前に終えた会話を再び始めたかのようであったという。2人はそこでお互いの楽節を演奏するかのように話をし、欠けていた思い出の細部を埋めたので、マリアが次のように言うのも確かによくわかる。「彼はゆっくりと、でも確実に私たちを真の音楽的な統一体に形作っていったの。すばらしい音楽家よね。彼との再会は、ごく当たり前で自然なことだった。なんといっても、彼は私たちの家族みたいなものなんだから」

　しかし、彼が宣教師の仕事に就いたり、マリアと再会したりするのはまだ何十年も先のことである。公の場で一家が歌い始める前のごく初めの頃には、ハーモニーが第二の天性となるくらい何度もフレーズや楽節を繰り返しながら、ただただ練習することに満足し、家族全体が音楽への愛で一つになっていた。マリアの的を射た表現を借りれば、「私たちは歌の驚異を味わい、音楽に酔いしれていたのよ」

　マリアが娘のローズマリーを1928年に、エレオノーレを1931年に産むと、一家は今や合わせて11人となり、マリアとゲオルクが結婚してそれほど経ってはいない時期ではあったが、彼女が一家の財政に鋭い目を向け続けるようになったのは確かだ。恵まれない環境で育ち生まれつきシビアだったため、注意深く節約していたマリアは、1932年9月に、大佐が友人の経営するオーストリア国内のラマー銀行を倒産させないがために、勇ましくは

あるが破滅的ともいえる行為によって一家の資産すべてを失ってしまった後には、とりわけ倹約に努めることとなった。ゲオルクは、ロンドンの銀行から一家の財産を引き出し、ザルツブルク州のツェル・アム・ゼーにあるラマー銀行に預けて支えようとしたのである。彼の支援にもかかわらず銀行が破産した後、マリアは召使たちを解雇し、屋敷の全ての階を閉じると、家計を助けるために下宿人を置くことにした。しかし下宿人は良かったのだが、結局のところ、必要経費を支払うと賃貸料ではそれほど採算が取れないことがわかった。マリアはすぐに一家の財産を少しでも取り戻そうと、さらに良い方法を思いついた。トラップ・ファミリー合唱団による連続公演である。

オペラ歌手ロッテ・レーマンに(〈あなたは喉に黄金を持ってるわ〉と)励まされ、マリアは熱心に公演を推し進めたが、大佐は家族が公衆の面前で歌うというアイデアに面喰った。歌って報酬を得るだって? なんてみっともない。フォン・トラップ家が合唱団フェスティバルで優勝した後でさえも、大佐はまだそのような不体裁な見せ物を悲観的に思っていたのだ。のちにマリアは、うまい具合に皮肉を込めて「そんなことは絶対に二度としないという厳粛なる家族の決意は、彼を安心させたの」と振り返った。

その決意はそれほど長くは続かず、1936年にザルツブルク音楽祭で、一家は最優秀賞を獲得した。その後はイングランド、イタリア、フランス、オランダ、スウェーデンの至る所で大規模にツアーをおこなった。息子のヨハネスはこう語る。「はじめは、父はお金のために僕たちが演奏するという考えが気に入りませんでした。でも、次第に慣れていったようです。必要があればいろいろな方法を試してみるものだし、人の考えというのは変わるものですからね」。トラップ・ファミリー合唱団は今ではすっかり定着した。彼らは宗教音楽を伝統的なオーストリアの民族的旋律と混ぜ合わせたうえに、ちょうどフォーク・ソングが大リバイバルを迎えていた時期でもあったので、一家のコンサートは大衆の心に響いた。

ヨーロッパ中をツアーで回っているとき、予期せぬことに一家はミュンヘンのカフェで直接アドルフ・ヒトラーを見かけており、その光景をマリアはかなり詳しく述べている。当時、すでに権力を十分に確立していたかつて画家だったヒトラーは、この日、ミュンヘンの美術館で催されている展覧会を観に来ていた。マリアは簡潔な文章で、第二次世界大戦前の総統が、ハンナ・アーレントの有名な表現を使うならば、「悪の凡庸さ」を体現しているかのようだったと回想している。「もしヒトラーがドイツの全権を握った総統だと知らなかったら、彼を振り返ってもう一度見たりはしなかったでしょう。本当にとても平凡で、いくらか粗野なところがあって、あまり教養があるようには見えなかった――銀の鎧を身につけた英雄の肖像画とは似ても似つかなかったわ」

実際、『サウンド・オブ・ミュージック』で描かれているように、大佐が第三帝国の海

軍での任務を辞める決意をしたというのは間違いないのだが、実のところ大佐が任務を拒んだことで、フォン・トラップ家のナチスへのあからさまな拒絶は三度目になってしまった。一度目は、現役の内科医である長男のルーペルトが、ウィーンのナチスが経営する病院に勤務するのを拒否したことである。その病院はユダヤ人医師全員が強制的に解雇されたので、単に空きがあったのだ。次に一家は、総統の誕生日を祝してラジオで歌うようドイツ政府から要請されたが、それを断っている。ついに、大佐がドイツ海軍の命令に背いた時、オーストリアから逃げる必要性が現実味を帯びてきたのである。

　それは簡単に決められるようなことではなかったが、1938 年にオーストリアがドイツに併合された後、オーストリア国家を歌う者は死刑に処せられることになってしまった。マリアの言葉によると、一家は「家族への愛よりも祖国への愛のほうが勝ることすらあるのだと知った」（公然たる反抗心と祖国への愛は、末娘のエレオノーレ〈愛称ローリー〉にも浸透していた。彼女は一年生のクラスで、このように堂々と言ってのけたのである。〈お父さんは、ドイツ国家を歌うくらいなら、紅茶にガラスの破片を入れて飲むか、肥しの上で死んでしまった方がましだって言ってたわ〉）。

　まさに『サウンド・オブ・ミュージック』で描かれているように、一家の執事ハンスはナチスの党員だったが、事実 1938 年 8 月に、彼はゲオルクにオーストリア国境がまもなく封鎖されると警告をしてくれて、そのおかげで一家は国境封鎖の前日に逃げることができたのである。ハンスはナチスの党員だったけれど、アガーテは「彼には感謝している」と述べている。皆スーツケースを一つずつ持ち、一家は「家族旅行」として南チロルで山登りに行くのだと何気なく周囲に伝え、地元の修道会に屋敷の鍵を預けると、敷地の裏手にある線路を横切ってイタリア行きの始発列車に乗った。

　逃亡の日の一家の様子は非常にカジュアルで、『サウンド・オブ・ミュージック』の助監督でオーストリア出身のゲオルク・スタイニッツによると、ザルツブルクの人々は一家を駅で見送ったという。1970 年代半ばに、ジュリー・アンドリュースのテレビ番組に出演したマリアは、強制的に亡命させられたことで、一家の将来全体が根幹にかかわるレベルでいかに変わってしまったかを詳細に述べている。「私たちはお金持ちから貧乏人の中でも一番貧しい立場になったのです」。貴族がいまや難民になったのだ。

　一家が現実ではイタリアへ逃亡したことを前提として、映画ではスイスの安全な地へと勇敢に山々を越えていく最後の場面が、手の込んだ演出で撮られているが、もちろん、それは完全なるフィクションである。多くの人々が、なかでも特にマリア自身が指摘しているように、もし彼らがオーストリアの山頂を越えたとしたら、結局スイスではなくて、ドイツに行きついていただろう。それも、ベルヒテスガーデンにあるヒトラーの隠れ家のすぐ近くに。マ

リアは例のごとく率直な言い方で、「ハリウッドの人たちは地理がわからないのかしら？ ザルツブルクはスイスと隣接してないわよ！」と述べている。事実、ザルツブルクはスイスから240キロも離れているが、才気ある老練のプロフェッショナルであるロバート・ワイズ監督はこのように考える。「ハリウッドでは、その人なりの地理を作るものなんだよ」

　フォン・トラップ家が逃亡した後、彼らの屋敷はナチスの司令部となり、庭には防空壕が完備された。（SS隊長の）ハインリヒ・ヒムラーは二階にある娘マリア（愛称ミッチ）とアガーテの寝室を彼の部屋とし、家族の礼拝堂をビアホールに変えた。マリアとゲオルクの部屋はヒムラーの私的な住居になり、おそらく最も当惑すべきことに、ヴァスナー神父の部屋はアドルフ・ヒトラーが訪れた際の私室として作り変えられた（戦後、アメリカ人がフォン・トラップ家に屋敷を返すと、一家は1947年に、聖血の宣教師会へと売却した。フォン・トラップ家は、そのお金でバーモントにある地所のローンを支払い、ザルツブルクの家は、聖ヨセフ神学校の名前へと変わった。つまり、ヒムラーがユダヤ人大量虐殺の計画を実行に移した部屋で、いまでは司祭たちが祈りを捧げるようになったのである。聖血の宣教師会は、まだその土地を所有しているが、屋敷そのものは2008年にヴィラ・フォン・トラップとして再び人々が足を運べるようになった。2008年に、屋敷は低価格の朝食付き宿泊施設へと変わったのである）。

　イタリアからイングランドへと旅行し、アメリカで歌うためにチャールズ・ワグナーと契約した後、一家はニューヨーク市へと船で出発した。英語を話せなかったし、全員がニューヨークで目にした近代的な生活に当惑しているようではあったものの、彼らは滞在を楽しんだ。マリアの回想によると、彼女は初めてエスカレーターを見た時、エイリアンの宇宙船を垣間見たかのような反応をしたという。一家のビザが1939年3月に切れたので、ちょうど第二次世界大戦が勃発する直前に、彼らはスウェーデンに戻った。

　アメリカで別のツアーの契約について申し出があったが、引き受ける前に、ゲオルクはもう一度アメリカへ行くことについて家族全員の意見を聴いた。決定は全員一致で為されるべきだった。1人でも反対すれば、ツアーは却下される。娘のマリアによれば、家族一人ひとりに尋ねてから、彼が聖書を開くと、「ある一節に当たったの。〔神はアブラハムに言われた。家族を連れて、私が示す地に行きなさい〕と」。80代半ばになって、マリアはこう付け加えた。「本当に、全て神がお決めになったことだと思うわ」

　しかしながら、1939年10月の二度目の訪米は、マリアの率直な振舞いのおかげで、数々の新たな問題が起こらずには済まなかった。安全なアメリカの地に戻ってこられたことに感謝しながら、彼女はいかにも嬉しそうに、いつまでもアメリカにいたいと公言し、ヨーロッパからの亡命者に用心深かったアメリカの出入国管理は、すぐさま一家全員をエリス

島に抑留した。長男のルーペルトは入国ビザを持っていたので出ることを許されたが、他の者はたった6カ月の滞在ビザしか持っていなかった。どうにもできず、ほとんど完全に無一文だったトラップ家は、思いつくかぎり最善のことをやることにした――仲間の外国人抑留者のために歌ったのである（ブロードウェイの『サウンド・オブ・ミュージック』の台本となる第一稿は、実際にアメリカへの一家の旅を扱っており、エリス島への到着で幕が下りている。しかしアメリカでの場面を削除したのは、賢明な判断であった。『サウンド・オブ・ミュージック』は、アルプスを徒歩で越えて自由を手にした者が、その後もずっと幸せでいる夢を表現しているのであって、バーモントでの日常生活の現実を描いているではないのだから）。

　FBIは、家族で宗教音楽やフォーク・ソングを歌うことが、アメリカの安全への脅威にはならないと実際に結論づけるまで、フォン・トラップ家を調査していた。ルーペルトや国立カトリック福祉協議会のブルース・モーラーやペンシルベニア州メリコンで知り合った友人2人のおかげで、3日間の抑留のあと、一家は解放された。フォン・トラップ家は無一文でエリス島を出たが、ようやくアメリカでの新しい生活を始めることができて幸福だった。

　アメリカのミュージックシーンで足がかりを得たいと願い、彼らはアメリカ人マネージャー、フレディ・シャンのオーディションを受けた。業界的な知識はないものの、パフォーマンスの出来はまずまずであった。では、一家の心を込めた演奏に対する彼の反応はどうだったか？ 彼はいぶかしげに口走った。「45分もかかるバッハの曲？ それも、リコーダーで？ 君たち堅すぎるし、衣装もひどいね。…それから、名前も――トラップ・ファミリー聖歌隊――いかにも教会って感じだ。これからは、私がトラップ・ファミリー合唱団のマネージャーになるよ」。そう、ドイツ系アメリカ人のドリス・メアリー・アン・フォン・ケッペルホフがドリス・デイに改名して歌手デビューできるのであれば、彼らがトラップ・ファミリー合唱団に変えられない理由はない。

　グループ名を変えただけではなく、実際に舞台の上で笑顔を見せるよう一家に強く勧めたのもフレディ・シャンであった。また彼は、女性たちは少し化粧をした方がいいのではないかという論争には勝ったが、ハイヒールを履くという意見は最終的に却下された。シャン氏の指導の下、一家はアメリカでのツアーを開始した。（盛り上がってはいたが）観客の少ない無名の一座にとって、それは幾つもの点で困難を伴う生活であった。常に楽観的なマリアでさえも、このように認めている。「たった4ドルで、この生活を始めるのは大変だったわ。私たちはバスを借りて、いろんな場所を回ってコンサートをしながら、事実上、6カ月その中で暮らしたの」

　マリアは、彼女が欲していた刺激を与えてくれる、新しい街と新しい人々に絶えず接して

幸福であったが、子どもたちにとっては楽な生活ではなかった。ヨハネスはたった4歳であったとはいえ、休みなく続くツアーをはっきりと覚えていた。「家族と移動して、舞台に上がって、紹介されて…歌うことは大変な仕事だった。ものすごい量の決まりがあってね。でも、僕たちはグループとして上手く歌っていたのさ──ソリストではなかったんだよ」。ヴァスナー神父の音楽の仕事に対する倫理的価値観は、マリアの成功心と合致していた。後年になって、彼の甥であるフランツは笑いながらこう説明する。20年間もヴァスナー神父は一家と暮らして、「毎日ミサをして、毎日リハーサルをしたんだよ。だから、子どもたちは彼のことが嫌いだったんだ！」

舞台上でもプライベートでも、ゆっくりと新しい祖国に慣れ始め、一家は今では宗教音楽をショーの前半だけにして、後半では元の祖国の衣装を身にまとい、オーストリアの民謡やヨーデルを歌うようになった。『ケンタッキーの我が家』のようなアメリカの地元の曲もまた、それぞれの公演に合わせてレパートリーに盛り込んだ。舞台でよりリラックスするようになり、フォン・トラップ家はもっと親しみのある方法で観客と繋がることを学んだ──その始まりとなったのは、ある晩、1匹の蠅がマリアの口に飛びこんできて、その事実を観客に伝えるため、歌うのを止めたときであった。群衆はそうした自然な振舞いを好み、以前よりもリラックスした演奏方法が生まれた。コンサートの途中で、ある楽器を忘れてきたことがわかった時には、ゲオルクがその楽器を取りにホテルまで走って戻っている間、マリアが観客に作り話をして場を繋いだ。観客はそれに惹きこまれ、特に出版業者J・B・リッピンコットは、マリアにこう述べた。「あなたは話ができるのだったら、本を書くこともできますよ」。その結果が、1949年に出版された彼女の自伝『トラップ・ファミリー合唱団物語』である。

新たに、くだけた演奏スタイルが根付いてくると、トラップ・ファミリー合唱団は全国的な評判を得始めた。彼らの独自のスタイルは、30年後にテレビ放送でヒットした架空の家族合唱団、パートリッジ・ファミリーのようなものになり始めた。パートリッジ・ファミリーがいかにも70年代らしいベル・ボトムとミニスカートをはいていたのに対して、彼らは皮の半ズボンをはいていたのだが。

ゲオルクは舞台裏で働き続けていた。ヨーロッパでのツアーであれば、一家についての記事の切り抜きを保管したり、旅行の手配をしたりするだけであっただろうが、アメリカでは最後の演奏の直前に、彼が舞台上に姿を見せるようになった。ヨハネスはこう語る。「母はエネルギーの塊だった。父との関係でいうと、彼女はエンジンで、父はそれを動かしてコントロールし、方向を決めさせる導き手だった。この点では2人はとてもうまく合っていた。母は時々自分を抑えてくれる人を本当に必要としていたから」。娘のローリーによれば、「母

は激しやすくて、癇癪を起こしては後悔していたのだと思う。父が密かに導いてくれたことに、気づいていなかったはずよ」。ゲオルクは、スポットライトに照らされて居心地良くなることは決してなく、孫娘のクリスティーナは、後から考えてみると、祖父は鬱に苦しんでいたのではないかと言う。「祖父はアメリカでツアーをしているとき、公の場に居たくなかったようです。ますます悲しくなっていったのだと思う。いまでは、私たちはそうした状態を鬱と呼ぶでしょう。そのときは、メランコリーと呼ばれていたのだけど」

　実際に、フォン・トラップ家は一流の合唱団であったが、正しい時期に正しい場所にいたことも、幾分その成功に関係している。劇場歴史家のローレンス・マズロンが指摘しているように、アメリカン・フォーク・ミュージック運動の過渡期、戦中および戦後に付随したスピリチュアルとフォーク・ソングが「沸き起こり始め、ティン・パン・アレーの加工した音楽を越えて」盛んになった時に、一家はアメリカにやってきたのだ。世界大戦が深刻さを増していくのを背景に、フォン・トラップ家の目に見える家族の一体感は観客からの共鳴を得た。そして、強い勤労意欲を携えてアメリカに来た大家族の移住冒険談は、あらゆる出自のアメリカ人たちの心の琴線に触れたのである。

　絶えずツアーをしていたので（クリスマスの休暇を除く毎年9月から5月まで予定が入っていた）、フォン・トラップ家は、エリス島からの脱出を手助けしてくれたドリンカー家から、ペンシルベニアに小さな農場の家を借りていた以外には、アメリカに本当の家を持っていなかった。しかし、1941年の夏の休暇に、バーモント州のストウを訪れた時、一家はオーストリアを思い出させるグリーン・マウンテンの地域に心を奪われた。皮肉にも、最初に家族が、壮観な山の景色が見える今にも壊れそうな古い家を見つけた時、マネージャーとの打ち合わせで、マリアはニューヨーク市にいた。彼女が初めてその家を見た時、彼女もまた山間地の田園が気に入った。娘のローリーによれば、「父は家を見ていて、母は景色を見ていたわ」

　廃墟になっている建物と周りの敷地の修繕に、家族全員が夢中になった。古い農場だった家は掃除されて、新しい梁が固定された。畑を耕して作物を植え、それらが育ってから収穫した。衣服を縫い、庭を造り、みんなでテントか干し草を敷いた屋根裏で寝た。初めの何年かは電気がなく、自由な時間はあまりなかったが、本物の家がゆっくりと、しかし確実に形作られていった。修繕が完成すると、一家はロッジに移り住み、きちんとした予約を受けたわけではなかったものの、お客が泊りに来るようになった。ヨハネスが言うには、お客、特にスキー客が毎年増えていって、「私たちは正式にホテルを開いたわけではなくて、いつの間にかその仕事に就いていたんです——ホテルビジネスに乗り出そうと意識的に決めないで、気づいたらやっていました。1950年にトラップ・ファミリー・ロッジをオープン

することで、正式にホテルにしようと決めたのです」

　マリアのエネルギーは尽きることなく、そうした絶え間ない活動は、ただ人間を疲れ果てさせるものだが、彼女の世界観では問題ないようであった。新しい家を形づくりながら、マリアはアメリカ人として自分を捉えるようになっていったと思われる。しかし、彼女の大成功を収めた（今日までに12版を数える）自伝には、近代的なアメリカの流行を追ったりしないと記されている。率直な彼女の言葉によれば、近代社会は例えば映画を観るといったあまりにも動きのない行為を生み出してきた。そうした怠惰への対策として、彼女は「この不健康な洗練さを全て炎で焼き払う、全国的な山火事のごとき」運動で、人々を一体化してくれるようなリーダーを望んでいたのである。

　代理人への謝礼と旅行の費用を支払った後、金庫にはほとんど残らず、資産が乏しくなった時、マリアは別のかなり大きな計画に乗り出すことにした。宿泊客のための音楽キャンプを始めるというものである。ロッジから道を下ったところにある市民保全部隊の古いキャンプが、まさに取り壊されようとしていたので、マリアはそこを購入して改装する手配をした。その後12年間、そこで夏になると宿泊客はトラップ家のスタイルで歌を習った。

　『サウンド・オブ・ミュージック』のなかで描かれている、聖職を諦めた人物としてのマリアのイメージが非常に強いため、バーモントにいるときでさえ、妻そして母としての彼女の新しい生活に信仰が影響力を持ち続けていたことは、忘れられがちである。実際、一家が音楽ツアーをしているときには、マリアは修道院や女子修道院で無料の追加公演をすることを主張している。その計画に、子どもたちが不満を漏らすのも理解できるが。1975年に出版された彼女の著作『*Yesterday, Today, and Forever*（昨日、今日、そして永遠に）』のなかで、彼女は率直に書き記している。「その後ずっと、私たちの生活ではたった一つのことが重要になりました。一日一日と暮らしていくなかで、私たちの代わりにイエス様が何をなさるか、どのように対応されるか、何をおっしゃるのかを理解することが」

　信仰を持っているのはマリアだけではなく、子どもたちも同様であった。アメリカでの生活にすっかり馴染むと、新しい移民である彼らはアメリカの他の人々と同じようなショックを経験した。第二次世界大戦中に、ウェルナーとルーペルトに召集令状が届いたのである。やるせない気持ちのマリアに息子たちは言った。「母さん、昔の諺を思い出して。〔主が扉を閉ざされたとすれば、窓が開かれるのだ〕。…僕たちが行くのは神の御意志なんじゃないかな」。17年後、その諺は『サウンド・オブ・ミュージック』のなかでマリアの別の恐れを伝えるものとして使われ、結果的に世界中で聴かれるようになる感動的な歌『自信を持って』への導入となるのである。

　マリアは殆ど同じやり方で、激しい程に子どもたちと信仰に身を捧げ続けた——「誰

も母親のように慰めることはできないし、私たち全ての偉大な母であるキリスト教以上に、慰めを与え、助けることなんてできない」と語るように——しかし、彼女は実際のところ信仰に亀裂が入り、弱まっていったことを認めている。最も心が乱れている時期には、マリアは祈りの間でさえも杓子定規になっていた。腎臓が弱かったため、お腹の子を失ったときには空虚さで一杯になり、健康上の問題も起こってきた。失神の発作や高血圧、痙攣(けいれん)に苦しむようになり、情緒的な衰弱に等しい症状を耐え忍んでいた。彼女は聖書の一節と一家の状況を照らし合わせて、「〔7年の大豊作、7年の飢饉〕がトラップ家にやってきて、(7年の代わりに) 10カ月で全てが下り坂になってしまった。いまや病と衰弱と死に対抗しなくてはならなくなったの。時々、どうしようもなく困難に思えたわ」と語る。

1947年のクリスマス・イヴに、マリアは最後の秘跡、すなわち病者の塗油(司祭が死を迎えようとしている病人に対し行う儀式、罪からの解放を意味している)を受け、家族は祈るよりほかにできることはないと告げられた。その悲しみと困難に満ちた年、マリアが「忘れがたい年」と呼ぶ年に、彼女の人生は、ロジャースとハマースタインの世界よりもずっと、スティーブン・ソンドハイムの暗いミュージカルの世界の方に似たものになってきていたが、彼女は思いがけず、ゆっくりと回復した。マリアは、健康を取り戻すことができたのはオーストリアとアメリカの友人たちの祈りのおかげでしかないと確信し、「この〔回復〕は医療のおかげではない」という医者の言葉を満足げに引用してみせた。

だがしかし、子どもたち、そして特にマリア自身は、信仰が挫かれ、ほとんど保たれていなかった暗い時期や生活について語ったり、書き記したりすることを厭(いと)わなかった。1951年に娘のマルティーナが出産で命を落とすと、後にマリアはこの悲劇をどのように乗り越えたかを感動的に綴っている。それは、彼女の強い信仰によって、愛する者の死を尽きることのない悲しみの種としてではなく、愛する者の天国での誕生日としてただじっと見守るという、初期キリスト教の伝統に従うことができたから、というものであった。彼女の死に対する捉え方は、ガートルード・ローレンスの葬儀で、オスカー・ハマースタインが悲嘆に暮れ続ける代わりに語った、率直な励ましの言葉が示す彼の思想と、驚くほど似ている。「嘆き悲しむのは、死が全ての終わりであるという幻想に屈することなのです」

『サウンド・オブ・ミュージック』の舞台や映画版のおかげで、最終的にマリアは、愛にあふれた慈悲深い全世界の人々の母として見做されるようになったが、おそらく彼女とその家族が経験した苦難ゆえに、地獄とは「永久にずっと天国が、完全に欠如した状態」だと固く信じる道徳的な世界観を持ってもいた。それゆえ自伝の中でマリアが、イエスは福音書の中で37回も地獄について言及しているという事実を強調しているのは偶然のことではない。「人は自分のしたことだけではなく、しなかったことでも地獄に行くのである」

そのような地獄の炎と硫黄の光景は、確かに、マリアの人生に対する映画製作者の関心を惹きつけるものではなかった。彼女の人生を、まるで映画のために特別に造られたものであるかのようにしたのは、彼女が通った嶮しい道のり、修道院を出るとすぐさま母親の役目をし、歌でスターの地位につくまでの旅路なのである。家族の広報係アリックス・ウィリアムソンによれば、『トラップ・ファミリー合唱団物語』が1949年に出版された時、ハリウッドはマリアの人生に関心を示したのだが、マリアは自分で演じなければ映画化はできないと訴え、かたくなに申し出を断った。6年後、ドイツの映画産業から依頼があると、現金収入が欲しかったので、マリアは弁護士に相談もせずに、9千ドルでウルフガング・ラインハルトに彼女の人生の権利を売ってしまった——印税の契約もなしに。ヨハネスが控えめにこう述べている。「母はビジネスの取引には全く向いていませんでした。あまりにせっかちで、代理人を立てるのが好きではなかったのです。あれはとても分の悪い取引だったと思います」

　取引をしたときは、マリアは臨時収入に十分満足しているようであった——バーモントのストウ農場には絶えず費用が掛かり、いくら少なくても何らかの足しにはなったのである。しかし1956年に、マリア役をルート・ロイヴェリークが、大佐をハンス・ホルトが演じて『菩提樹』が100万ドル以上の収益をあげ、ドイツ映画でヒットしたことがわかると、あの9千ドルが心を悩まし始めた。結局、これは誰の物語なのかしら、とマリアは思った。だが彼女は、取引は取引だ、と結論づけて、その映画と2年後の続編『続・菩提樹』が、これまで公開されたドイツ映画の中で最も人気のある2作品となったとき——ありがたいことに、フォン・トラップ家が（反ドイツ的に）母国を去ろうと決めた詳細については、あまり時間を割かれていなかった——マリアはフォン・トラップの名が広く知れ渡ったことに満足していた。

　2本のドイツ映画の成功は、すぐにハリウッドの目に留まり、パラマウント・ピクチャーズは英語版のために題材への権利の契約をした。まさに人気沸騰中のオードリー・ヘップバーンがマリアを演じることになったが、フレッド・ジンネマンの1959年の映画『尼僧物語』で、ヘップバーンは主役として一流の演技をしたにもかかわらず、マリアの生涯には特別な関心を見せなかった。パラマウントの契約が切れて、権利はドイツの製作会社に戻された。

　これでこの件は終わりを迎える可能性もあった。パラマウント社と契約していた監督ヴィンセント・J・ドネヒューがたまたま『菩提樹』を観て、この物語は、友人のメアリー・マーティンの素晴らしい舞台の媒体になるだろうと確信を得たことを除いては。ドネヒューは、メアリーのファンを喜ばせるためにオーストリア民謡を加えたりして、マリアの人生についての劇的な脚本を構想した。メアリーと彼女の夫でマネージャーのリチャード・ハリディはこ

の企画に興味を持つだろうか？　絶対に持つに決まっている。

　結局、それは計画よりもいくらか異なる内容になるとわかった。というのも、マリア・フォン・トラップの物語がブロードウェイで公演されるまでに、尊敬すべき劇作家リンゼイとクラウスが脚本を書き、ミュージカル劇場史で最も偉大な作曲家・作詞家のロジャースとハマースタインが作った本格的なミュージカルとなったのだから。非常に洗練されたニューヨーカー４人と、思いがけず劇場の女王となった、歌の才能を備えたテキサス出身の女優の手にかかり、オーストリアの修道女を目指すマリア・クチェラ・フォン・トラップの物語は、あっという間に世界中で愛され——伝説となる——物語になっていくのである。

3.
ブロードウェイ、ロジャースとハマースタイン

"『サウンド・オブ・ミュージック』のブロードウェイ版と映画の売り上げを合わせたら、時代を問わず最も人気のある総譜(スコア)になるだろう"
ローレンス・マズロン『サウンド・オブ・ミュージック・コンパニオン』

1955年公開のソーントン・ワイルダーの『危機一髪』でメアリー・マーティンと初めて仕事をしてから、ヴィンセント・ドネヒューは、ブロードウェイのレジェンドともう一度仕事をする機会を熱望していた。『南太平洋』で大成功した後、マーティンは『ピーター・パン』でも快挙を成し遂げ、ブロードウェイで非常に貴重な人物、つまり興行成績で確実に成功を収める人物だと考えられていた。40歳を優に超えてはいても、マーティンにはまだ、1930年代にブロードウェイで初めて名声を勝ち得たときの、愛嬌のある魅力があり、『ピーター・パン』では、舞台で子どもたちと自然な演技ができることがわかった。

ハリディのチームはマリアの生涯を描いた物語にすぐに強い関心を示したが、彼らは本格的なミュージカルよりもむしろ、実際のフォン・トラップ家の歌を加えた感動的な劇のプランを考えていた。ハリディと共同製作者のリーランド・ヘイワードは、今や別々に暮らしているフォン・トラップ家の人々と、『菩提樹』とその続編の両方を作ったドイツの製作会社ディヴィナ・フィルムの双方から許可を得るために奔走し始めていた。

フォン・トラップ家の10人全員の居場所を突き止めるのは、文字通り世界一周するような骨の折れる仕事だった。というのも、1956年に一家がツアーを止めてから、マリアと2人の娘ローズマリーとマリアは南太平洋で宣教師になっていたのだ。ジェット機時代を迎えたばかりの航空路は、まだ南太平洋にはほとんど伸びておらず、マリアと直接連絡を取るのは不可能で、手紙を送るのも難しいくらいであった。隔絶された状況に、ハリディとヘイワードは失望したかもしれないが、マリアにとっては、こうした労働環境に挑むことは気持ちを奮い立たせ、やらずにはいられないほどのものであった。息子のヨハネスはこう述べている。「母には、少しメサイアコンプレックス(自己評価の低さから、他者を助けることで自らのアイデンティティを確立しようとすること)がありました。音楽の使命が終わって…彼女は宗教的な使命がそれに代わるものではないかと思ったのです。…そして、実際にそうなりました——徐々にではありましたが」

ある場所から別の場所へと宣教師として移動しながら、マリアは新しい港に着くたびに、粘り強いハリディたちからの手紙を受け取った。メアリー・マーティンとリチャード・ハリディがいったい誰なのか見当もつかず、マリアはよく考えることもなく、彼らの心揺さぶる手紙を破り捨てた。「ノー」という返事に納得せず、最終的にリチャード・ハリディは、マリアがニューギニア島から戻るときに、サンフランシスコの船で会う作戦を思いつく。そして、マリアは自分の半生を描いた物語の舞台化を許可することになるのだが、メアリーとマリアが交流を始めたあとでさえも、マリアは最後の署名をするのを渋っていたという。ようやく書類に契約署名がされたのは、パプアニューギニアでマラリアにかかったマリアが、オーストリアのインスブルックの病院で回復に向かい出したときであった。
　マリアの署名を手に入れ、プロデューサー達は残りのフォン・トラップ家の人たちの許可をマリアの時よりも快く得ることができ、1957年末までに、全ての家族がミュージカル製作の承諾をした。マリアに有利になるよう、契約プロデューサーのヘイワードは、マリアに印税の1パーセントのうち8分の3が入るようにした。そして、映画の権利売買を代理人のスウィフティ・レイザーが交渉していたときに、20世紀フォックスはマリアと同じ契約条件を結ぶように強いられた。その結果、映画公開から50年経ってもなお、その約款によって、一家には印税として毎年およそ10万ドルが入っているのである。
　ヘイワードとハリディにとって、ドイツの映画製作会社との交渉の方が、マリアのときよりもずっと困難で、結局彼らはミュンヘンに6回も行かねばならなかった。ドイツの会社側は、1957年当時としてはかなりの額である、20万ドル以下では権利を売却しないと言い張ったので、メアリー・マーティンが長期契約しているNBCテレビ局から、20万ドルを協力金として出してもらった。その大金は、NBCからのメアリーの給料を前払いしたものと解釈され、規定の額を受け取ってから、ドイツの会社はようやく許可を出した。ハリディとヘイワードは、これでマリアの物語と、2本のドイツ映画の権利を得ることができ、ハワード・リンゼイとラッセル・クラウスの素晴らしい脚本チームと仕事に取り掛かるための契約を交わし、製作への第一歩を踏み出したのであった。作品のタイトルはどうしようか？『シンギング・ハート』がいいだろう。
　リンゼイとクラウスが執筆を始めたとき、フォン・トラップ家のレパートリーのうち、どの曲を劇場版に取り入れるかという問題が大きくなってきていた。フォン・トラップ家の民謡に加え、親交のあるリチャード・ロジャースとオスカー・ハマースタイン2世から新しい曲が提供されるかもしれなかった——あるいは、そのように話が進んでいた。最終的に、『南太平洋』でマーティンのはまり役となったネリー・フォーブッシュの役を、ジョシュア・ローガンと共に作り上げたのは、ロジャースとハマースタインのチームだった。あとでわかったこ

とだが、ロジャースとハマースタインが、1958年の夏に『シンギング・ハート』の曲を書かないかと話しを持ちかけられたとき、彼らは既に『マイ・フェア・レディ』で有名なフレデリック・ロウとアラン・ジェイ・ラーナーがマリアの物語をミュージカルにしようと考えているが、ロウがその題材にラーナーほど熱意を持てなかったために、お蔵入りになっていることを知っていたようである。

しかしながら、ロジャースとハマースタインはその題材には可能性があると考え、ある提案をしながら引き受けた。つまり、マリアの物語をフォン・トラップ家のレパートリーを使った劇へと形を変えるか、ロジャースとハマースタインによる新しい総譜を呼びものにした本格的なオリジナルのミュージカルにするという二つのアイデアを出したのである。マーティンとハリディは、彼らのお気に入りのチームによる新しいミュージカルの可能性に、すぐさま飛びついた。だが、やっかいな障害がおぼろげに見え始めた。ロジャースとハマースタインは、近く公開される『フラワー・ドラム・ソング』のための総譜を仕上げるのに忙しかったのだ。マーティンとハリディは待ってくれるだろうか? 返事はすぐに来た。必要なだけ待つと。ロジャースとハマースタインは、いまや船に乗りかかっていた。それも、ただの作詞、作曲家としてではなく。2人は、親類や近しい友人の中から52人もの後援者を探し出し、ショーのプロデューサーとして、ハリディとヘイワードに加わったのである。

ロジャースとハマースタインが実際に『サウンド・オブ・ミュージック』の総譜に取り掛かり始めるまでに、彼らはすでにミュージカルの劇場で他と比べようもないほど多くの作品を作り上げていた。1943年の革新的な初めての共同作業『オクラホマ!』に始まる、数々のきらびやかなヒットショーを。デザインや歌、ダンスを組み合わせ、あらゆる要素を全て採り入れた『オクラホマ!』は、革命的なミュージカルとなった。この流れるようなショーで、ロジャースとハマースタインは、伝統的なヨーロッパ形式のオペレッタに見られる気取った感じと、専ら歌に入るためだけに話の筋があるようなスター主導の軽薄なアメリカン・スタイルの両方から脱却した。そこから遡って、1927年の画期的なミュージカル『ショウ・ボート』では、ハマースタインによる先駆的でまとまりのあるアプローチが築き上げられ、ロジャースとハマースタインは、人物と動きが台本の本質的な部分になるようにミュージカルを書き始めている。そこで彼らは、台本を作るにあたり、登場人物の性格や行動の動機づけを探りながら、人物の内面をより深く掘り下げることを自由におこなっていた。あの見事な『南太平洋』や『回転木馬』、『王様と私』にみられるように。そして2人の共同作業の結果、たった17年間で11本の総譜が生み出されたのである。

第二次大戦後の混乱期が過ぎて、ブロードウェイ・ミュージカルがヒットソングを生み出し、アメリカの日常生活の変化に伴いサウンドトラックが売り出されるようになった時代で

も、ロジャースとハマースタインほどの大物は顕われなかった。彼らの偉大な業績をそのままとめてみると、いかに広く評価されているかがわかる。彼らのミュージカルは、トニー賞を34回、アカデミー賞を10回受賞し、ピューリッツァー賞戯曲部門（これまでに8本のミュージカルにしか与えられていない、まれな偉業である）、グラミー賞には2回、エミー賞にも2回輝いている。2人の栄誉を讃える郵便切手が1999年に売り出されたのも特筆すべきことだが、おそらく最も印象的なのは、1998年に『タイム』誌が20世紀で最も影響力のある芸術家20人の中に、この2人を挙げていることであろう。常にしっかりと、最もショーのためになるものを見据えて、ロジャースとハマースタインはミュージカルにおける明晰性を強調してきた。そして、それは彼らのショーがたびたびリバイバルされるときでも、基礎となり続けている。コール・ポーターやアーヴィング・バーリン、ガーシュウィンのチームは、作詞家、作曲家としてロジャースとハマースタインに並ぶ者たちであろうが、彼らのショーは台本が良くなかったり、その後の演劇的な明晰性への関心が欠けていたりするため、21世紀になると、それほど再演されなくなっている。

　もちろん、ロジャースとハマースタインはタイミングの点でも恵まれていた。彼らは相応しい時に、相応しい場所で、相応しい人物であったのだ。20世紀半ばのアメリカでは、ロジャースとハマースタインの道徳的な世界は、国際社会におけるアメリカの地位を確信していたアメリカ国民の考えを反映するものであり、それは1943年の『オクラホマ！』での最初のヒットから最後の作品となる1959年の『サウンド・オブ・ミュージック』まで、その特性は変わらなかった。

　1960年までには、アメリカの歴史上初めて、全国民の半数以上が中流階級に区分されるようになる。自国の土地が傷つくことのなかった第二次世界大戦からわずか15年で、アメリカ人たちはテールフィンの付いた大きな車体の自動車で「約束の地」である郊外へとドライブし始めた。いまだヒットチャートのトップを占めるミュージカル・ナンバーを皆が聴きながら。急速に発展したテレビは、世界を変えていたのだろうが、その時代のシットコム（連続ホームコメディ）はマイノリティを見えないように押しやり、健全な核家族の安全そうに見える世界を映し出していた。公民権の審議は国家的な問題となっていたが、公民権運動は依然として盛んであり、その一方でフェミニスト的問題はまだ注目されていなかった。歌を歌う修道女と7人の愛らしい子どもたちが出演するロジャースとハマースタインのミュージカルは、この時代の大衆文化に完全に適合しているように思われた。

　ハマースタインの心の温かさは、彼を『サウンド・オブ・ミュージック』にとって特別な存在にした——彼の息子ジェームズの言葉によれば、「父は人間には高潔さがあると信じていたのです」。——しかし、より厳格な人柄のロジャースは、マリアの生涯に傾倒しては

いたが、本質的に合っているようには見えなかった。旋律の天才（彼があけすけに言うには、〈おしっこでメロディを奏でられる〉ほどらしいが）ロジャースは、劇場で作曲しているときや仕事をしているときが一番くつろげるようだった。彼は自分の子どもに対してさえも、距離を置く人物だった。愛情がないのではなく、明らかによそよそしくなってしまうのだ。彼の娘メアリー・ロジャース・ゲッテルは、彼女自身も（ミュージカル『ワンス・アポン・ア・マットレス』の製作に加わっている）著名な作曲家なのだが、作曲する行為は、「彼に生命の息吹を与えるものでした。それは彼が本当に楽しめる唯一のものだったのでしょう。演奏しているとき、幸福感に満たされていたのです」と思い出にふけりながら語っている。1995年に、彼女が気難しい性格の父親について、ありのままを記した文章には、このようにある。「医学的に言えば、父は今では鬱と呼ぶようなものでした。そのとき私たちは、一緒に暮らすのが大変だということ以外、父の状態を何と言ってよいかわからなかったのですが」。ゲッテルの姉妹であるリンダ・ロジャース・エモリーも同じような考えで、彼女は簡潔にこう述べている。「父は、自分が望むほど幸福ではなかったのです」。ロジャースの音楽が彼に与えたものは、幸福の曰く言い難い感覚であった。彼の音楽が観客の日々の暮らしに慰めと高揚感を与えたのと同じように。

　彼とは対照的に、大体において穏やかなハマースタインは、ごく自然に愛情を表すことができたし、彼の詩の中にも、それがあらわれていた。しかし、実際にそうであったにせよ、周囲の想像にすぎなかったにせよ、全く違う2人だったからこそ、ハマースタインの死後、誰よりも愛情のこもった真心からの賛辞を送ったのはロジャースであった。彼の死は、ロジャースの最初の仕事上のパートナーで著名なローレンツ・ハートが亡くなった時よりも耐えがたかったと、ロジャースは書き留めている。なぜなら、「彼が亡くなるその日まで、オスカーに関するほとんど全てのことが、人生を肯定させてくれるものだったから。…ハマースタインには信仰と楽観主義が満ち溢れていて、それらは年を取るにつれ、さらに強まっていたと思う」。ロジャースの言葉――人生の肯定、信仰、楽観主義――は、ハマースタインが『サウンド・オブ・ミュージック』に注ぎ込んだ特質を表している。ロジャースは、決してハートとは『サウンド・オブ・ミュージック』を書けなかっただろう。ハートの冷笑的で見事に研ぎ澄まされたウィットは、彼が小柄でホモセクシャルだったために、生涯抱きつづけた疎外感や骨身に染みた悲しみを、多少なりとも隠すものであった。ハマースタインは、ハートとは全く異なり、率直に感情を示すことを恐れたりせず、時に詩がセンチメンタルになってしまったとしても（まさに〈祈りを覚え始めたヒバリ〉がそうであるが）、大概それらは、自然、家族、そして信仰への偽りのない正直な敬意に満ちていたのである。彼は、『サウンド・オブ・ミュージック』の全体的な雰囲気と申し分なく調和する自然への愛がある、

献身的な父であり夫であった。1957年に製作された『シンデレラ』のテレビ版で彼と仕事をしたジュリー・アンドリュースは、彼の思い出をこう語っている。「物静かで威厳のある、背の高いとても素敵な人だったわ」

ハマースタインの人生観は、時に近視眼的になることはあったが、一貫して楽観的なものだった。息子のウィリアムによれば、ハマースタインは盲目の人を避けるためだけに道を渡ることもあったそうである。このように、彼は困ったことやそれに関連した悲しみの両方から遠ざかるようにしていた。ウィリアムの説明によると、「彼は悲観的なことしかないような時でさえ、いつもポジティブな面を見ていました。…子どもたちに対しては、私たちが病気だったり、事故に遭ったりしても、そのことを頭から追いやっていました。彼は悲しいことを考えないようにしていて、それが上手くいってたんです！」

ハマースタイン自身は、もちろん悲劇が存在することはわかっているが、同じくらい確実に良いことや光は存在し続けているのだと、人々に思い出させることに重要性を感じていたと説明する。「私たちは〔荒地的な〕哲学を表現する芸術家が優勢であるような時には、バランスを崩しやすいものなのです」。彼が生きていたら、21世紀の大衆文化に浸透している虚無的な描写や、現代アメリカの生活の水面下でまさに沸き起こっている深い不安感に落胆するかもしれない。しかし、きっと彼なら意を決して腕まくりをし、気持ちを高めるような題材を探して、一見単純に見える本や詩を書き上げ、少なからぬ酷評に耐えながらも、抜群の劇的本能によって大衆の支持を得て、新たな大成功を収めるであろう。

ロジャースとハマースタインがマリア・フォン・トラップの物語に取り掛かる準備をしているとき、これまでの2人の製作スタイルにはない大きな変化が生じ始めていた。ハワード・リンゼイとラッセル・クラウスはすでにミュージカルの台本の執筆契約をしていたので、2人はハマースタイン以外の人が書いた物語から総譜を作ることになったのである。これは、ロジャースとハマースタインがパートナーになってから初めての情況であった。作品の構造を大幅に入れ替えることになったが、彼らはリンゼイとクラウスと仕事をしながら、今までの伝説的な共同作業に匹敵する劇作に力を注いでいった。

リンゼイとクラウスは1930年代の『エニシング・ゴーズ』や『ライフ・ウィズ・ファーザー』、1945年の『ステート・オブ・ザ・ユニオン』、もっと最近の作品では1950年にエセル・マーマンがヒットさせた『コール・ミー・マダム』など、収益性のあるヒット作を連綿と生み出すという評判を誇っていた。しかしながら、彼らも名が知られているとはいえ、現にショーを動かしているのはロジャースとハマースタインの名声の力であり、その2人による『サウンド・オブ・ミュージック』としてすぐに大衆の心に刻み込まれるだろうと、リンゼイとクラウスは気づいていた。そのように大衆が認識するということは2人にとって不満の種

となったが、彼らは世慣れたベテランであり、かなり当惑しながらも、その状況を甘んじて受け入れた。その企画がどんなに優れていようとも、台本や脚本家たちが表舞台に出ることはなさそうだった。1966年12月、映画版『サウンド・オブ・ミュージック』が大人気を博した後で、リンゼイは『ニューヨーク・タイムズ』に不満と当惑が入り混じった気持ちで、こう記している。「ミュージカル版と映画の『サウンド・オブ・ミュージック』の成功について、沢山のことが書かれてきました。自分で言うのもおこがましいのですが、これまで誰も指摘していないので思い切って言うと、ラッセル・クラウスと私もその成功に一枚噛んでいたのです」

　後にわかるように、4人の作り手たちは、家族向けの陽気なミュージカルに見えるその下に、自由への希求が幾層にも敷き詰められていることを思い描きながら、協力して仕事に取り組んでいた。ここでの自由への希求とはつまり、マリアが望むと同時に恐れもした修道院から自由になることであり、あまり厳しく統制されずに家庭生活を送りたいという子どもたちの願望であり、そしてまた、ナチスに支配されたオーストリアから逃れたいという皆の願いであった。作り手たちは、ありきたりなミュージカル・コメディではなく、ミュージカル的な演劇を目指していた。ロジャースとハマースタインのミュージカル作品でしばしば見受けられるように、激しく情熱的なロマンスは、歴史的な出来事に翻弄され、主人公たちの夢はたやすく打ち砕かれる。『南太平洋』で、太平洋戦争がネリー・フォーブッシュとエミール・デ・ベックのロマンスを脅かしたように、オーストリア併合がマリアとゲオルクの愛を阻むことになるのだ。

　ミュージカルとしての明晰性を高めるため、マリアの実際の物語はいくつか変更する必要が出てきた。リンゼイとクラウスが、マリアの生涯について語るのに使える時間は──ロジャースとハマースタインの音楽と合わせて──ほんの1時間余りしかなかった。さらに効果的に物語を伝え、劇的な勢いをつけるためという理由で、つぎつぎと出来事が簡潔にされたり削除されたりしていった。

- 第一稿が仕上がったあとで、家族がアメリカに移住した話は削除された。ヨーロッパでの活動に集中した方が、ナチスから逃れるための恐怖感が増すからだ。
- マリアの恵まれない子ども時代については、議論の余地はないだろう。
- 彼女のクチェラという姓は削除され、母親の旧姓ライナーの方が柔らかい響きなので、そちらが使われることになった。
- マリアがゲオルクと出会って結婚したのは、オーストリア併合の1938年に設定された。実際にはその11年前だったが。

- 1938年までには、フォン・トラップ家の子どもたちの何人かは、すでに成人していた。そのため、生まれた順序と名前が変えられることになった。長男のルーペルトはもう27歳になっていて、オーストリア併合の時は医学部を終えていた。歌うインターンを登場させるのか、いや必要ないだろう。27歳は、かわいいと言うには年をとりすぎている。
- ルーペルトは外す。
- 代わりに、リーズルを入れる。フォン・トラップ家では新顔だが、一番年上の子どもとして。本当のフォン・トラップ家の子どもの中に、リーズルなんていないって？ 問題ない——いることになるんだ。それから、彼女はナチスのシンパになる好青年とティーンエイジャーらしい恋をする。それで物語が豊かになるだろう。
- 一家の大事な部分は変えずにおくけれども、ドラマを作るうえでの自由さというのは許されているし、思いのままにできるだろう。だから、リーズルがいてはいけない理由などないのだ。タイプライターでいくつか打ち込むだけで、アガーテがリーズルに変身するだけではなく、ルーペルトがフリードリッヒになるし、マリアはルイーザとして描かれ、ウェルナーはクルトに変わって、ヘートウィクはブリギッタという名前になって、下の2人の子どもヨハンナとマルティーナはマルタとグレーテルに早変わりした。マリアがゲオルクと結婚して、本当なら子どもが3人生まれているが、ミュージカルのために、ローズマリー、エレオノーレ、ヨハネスは、存在しないことになった。

　1959年3月にロジャースとハマースタインが総譜に取り掛かり始めたのは、リンゼイとクラウスが台本の概要を仕上げたばかりの時だった。ハマースタインは曲の配置を決める基準として、また歌詞を作る際の青写真としても、リンゼイとクラウスの草稿を参考にした。ときには、リンゼイとクラウスの言葉から直接アイデアを引き出すこともあった。たとえば、『マリア』の歌詞を考えているとき、リンゼイとクラウスが書いた場面から、そのまま「髪をカールさせる（curlers in her hair）」や「階段で口笛を吹く（whistling on the stairs）」などの韻を踏んだフレーズを抜き出している。

　脚本家たちは、ロジャースとハマースタインが彼らのアウトラインから、そっくりアイデアを引き抜いてくれて喜んでいた。また、台本の執筆は通常ロジャースとハマースタインがおこなっているよりもかなり早いペースで進んでいた。それは、ハマースタインが歌詞だけに集中すれば良かったというだけではなく、題材に関して4人の作り手全員が繋がりを感じていたためでもあった。ロジャースは、『サウンド・オブ・ミュージック』は「私たちがやった最も早い仕事」だったと回想している。

構造的に言うと、それはダンシング・コーラスの形跡すらないロジャースとハマースタインのミュージカルであり、ロジャースの担当に関しては、音楽的なリサーチが必要な初めての仕事であった。それほど馴染みのなかった礼拝式の音楽を作曲するために、ロジャースはニューヨーク州パーチェス近郊にあるマンハッタンヴィル・カトリック女子大を訪れた。音楽部長のマザー・モーガンの招待でコンサートに出席して、ロジャースは彼女と友情を結ぶようになり、彼女の気取りのないユーモラスな接し方に驚きと喜びを感じた。ロジャースが最も喜んだのは、コンサートを指揮している最中に、とりわけ音楽的に高揚する瞬間に達すると、彼女が聖歌隊に「祈りなさい！」と強く促すときであった。ここで聴いたことに触発され、ロジャースは舞台が幕を開ける時の『前奏曲』をすぐに作曲し始めた。

　ハマースタインは、ニューヨークと彼が所有しているペンシルベニア州ドイルストンにある農場でミュージカルのための歌詞を執筆した。彼はまた、山々と冷たくすがすがしい高地の空気が深く関わっているミュージカルであるのに、皮肉にも熱帯のジャマイカにある隠れ家で歌詞を書くこともあった。リンゼイとクラウスの60ページもの台本を携え、彼はロジャースが提供した調べに合う歌詞のアイデアをじっくりと考え始めた。

　C-D-C-B♭-A というロジャースの五つの音に合う、歌詞の出だしが生まれた。「丘の斜面は心地よい」

　「丘の斜面は心地よい」──いいだろう、だが、どうもしっくりこない。「丘は生きている」？──これだ。どんどん行こう。「（今日、空気は）夏の音楽とともに心地よい」

　それぞれのフレーズを微調整しながら、ハマースタインは「夏の音楽」を消すと、「夏の調べ」と書き加えた。そしてさらに「音楽の調べ」というフレーズにたどり着いた。「音楽の調べ」──これが、まさにぴったりだ、と彼は感じた。

　丘は生きている　音楽の調べとともに
　　──これでいい。次に、こう加えよう。
　私の心は歌う　丘の歌に合わせて

　ハマースタインは、まさに気持ちを高揚させる調べを思いついたことが自分でもわかった。ロジャースも彼自身も、これこそ総譜全体に必要だと感じるような調べを。

　ハマースタインはすばらしい知性を備えた、紛れもなく洗練された人物で、彼が作り始めた大衆的な歌詞はわざと素朴にしてあったが、それらは決して単純化されたものではなかった。物語が進むにつれて人物の性質を明らかにするような歌詞を書くための、彼の惜しみない努力は功を奏した。それは、彼が心から作品の趣に信頼を置いていたからである。自

然への愛、土地への揺ぎない愛着——これらはハマースタインの核心を表していて、「丘は生きている、音楽の調べとともに」は、『オクラホマ!』の最初の歌に見られる心から湧き上がるような歌詞が、別の形となってあらわれたものに他ならない。

「大地のあらゆる調べは、音楽のよう」

書見台の前に立ちながら、彼はほんの少し言葉を変えることで的確なムードが捉えられるようになるまで、絶えず言葉の選び方を研ぎ澄まし、歌詞の執筆を続けた。彼は、メアリー・マーティンの友人であるシスター・グレゴリーが自身に問いかけた言葉に影響を受けたという。「主は私の人生で何を為すことを望まれているのだろう。どのように私の愛を捧げることを望まれているのだろう」

ハマースタインは、『すべての山に登れ』に取りかかり始めた。まず、彼はこう考えた。

　すべての山に登れ　険しく見えようとも
　決して満足せずに　夢を見つけるまで

終わり——そうだ。使えるぞ——きっと。しかし、ハマースタインはまだ、さらなる躍動感と決意を表す感じを求めていた。改良を考え続けたが、結局ほんのわずか調整しただけで、前進する雰囲気を出すために動詞を付け加えると、彼の完璧を求める性格でも納得のいく歌詞ができあがった。

「険しく見えようとも」は、「すべての小川を歩いて渡れ」となり、「決して満足せずに」は「すべての虹を追え」へと変更された。

　すべての山に登れ　すべての小川を渡れ
　すべての虹を追え　夢を見つけるまで

ここに、動きの感覚と結びついた自然のイメージができあがり、その組み合わせはミュージカルの本質に求められている気持ちの高まりを伝えるものとなった。

ロジャースとハマースタインが総譜に磨きをかけている間、メアリー・マーティンは、今や280ヘクタールを超える広さになったフォン・トラップ家のロッジで、マリア・フォン・トラップと過ごしながら、作品への準備をしていた。都会的で華奢なマーティンは、逞しく精力的なマリアと穏やかな友情を結び、2人の女性は、ともに人生に対しては根っからの楽観主義で意欲的な態度で臨んでいることがわかった。一緒にいる間、マリアはマーティンに、きちんと十字を切ったり、正しく跪いたりする作法や、また偶然ではないだろうが、ギ

ターの弾き方など、細かなことではあるが印象的な身振りを教えた。ヨハネス・フォン・トラップの分析では、「メアリーと母は、非常によく似た気質を持っていた」ようである。

マリアは、マーティンがミュージカルの中でマリアという人物を伝えるために、どれほど喜んで休みなく努めようとしているかを知り、2人の真の友情は深まっていった。彼女たちは全く異なる生活を送っていたので、ミュージカルが幕を開けた後は、たびたび会うことはなかったが、数十年後に再会することになる。それは、1980年12月に起きた大火災でロッジが壊れたあと、1984年1月にロッジが再開し、マーティンがゲストとして訪れたときであった。

マリア役を演じるのは、跪いたり十字を切ったりするような小さな動作をただ真似るだけではない、はるかに高度な技術を要した。マーティンとアンドリュースは、それがたやすいことのように見せていたので、その役は——あらゆる意味で——簡単なものであるように思われた。だが、実際、マーティンが指摘しているように、マリア役は大変な調整を必要とするものだった。「あの役を演じるには、万全を期さなくてはいけないとわかっていたわ——音楽についてではなくて。とても上手に、全体をうまくコントロールして演じなくてはならなかったの。これまでに演じた中でも最も統制のとれたミュージカルの一つだったわ。ごまかしたり、いい加減に演じたりすることなどできない。つねにその人物を頭に入れていて、感情や演技を厳しいくらい調整する必要があったわ」

1959年8月にリハーサルが開始され、ブロードウェイの前にニュー・ヘイヴンで（その後ボストンで）試験興行が始まる時までには、マーティンの演技はすでに人を惹きつけるものになっており、まるで音楽そのものであるようだった。郊外の観客は、すぐに好意的に受けとめ、いとも簡単に『私のお気に入り』や『ド・レ・ミの歌』を口ずさんでいて、初めて耳にする新しい音楽というよりも、古い民謡を再び教えてもらったかのようであった。特筆すべきは、『私のお気に入り』への反応であった。このミュージカルが気に入らなかった人々にとって、マリアが好きな物やイメージを羅列するのは、一言でいうと鼻についた。しかし、このミュージカルを次第に好きになった観客にとって、お気に入りの物を列挙する行為は、にわかにノスタルジアを感じさせ、以下のアイデアは安心で心地よい「古き良き時代」を思い起こさせた。

バラの上の露　子ネコのヒゲ　ぴかぴか湯沸し　ほかほか手袋

ショービジネスの権威ある雑誌『バラエティ』の尊敬すべき批評家ホーブ・モリスンは、一流の芸術家によって書かれた詩の「見せかけの単純さ」を引き合いに出しながら、上手く要点をまとめている。「この作詞家は、普遍性と息をのむようなインパクトを与える豊かな

表現で、ありふれたものを次々に書いていったように思える」

　ブロードウェイ・ミュージカルの大半は、伝統的に第一幕で音楽に力を入れる傾向にあるが、ロジャースとハマースタインが作り上げた総譜は、それよりもさらに第一幕に音楽を盛り込み、第二幕全体での新しい曲は3曲（それと一幕からの繰り返しとなる3曲）のみとなった。観客の反応に喜び、2人は試験興行の間、ほとんど重要な変更はしなかった。ただ一つ鍵となる点を除いては。ロジャースは、最後から2番目のシーンで、大佐の家族や祖国に対する愛を強調するために、彼の独唱を入れるべきだと主張した。その結果が『エーデルワイス』であり、これがロジャースとハマースタインによる最後の曲となった。

　リハーサル第3週目の終わりに、胃がんの診断を受けたハマースタインは、体調が悪すぎて郊外での試験興行にはほとんど参加できなかったが、十分に体調が良いと感じるようになると、ボストンに赴いて、この最後の歌詞を執筆した。その曲の「わが祖国を永遠に守りたまえ」というメッセージは全世界に通じるものであり、ほとんど全ての観客の大佐に対する理解を深めると同時に、彼らの胸に愛国的な情感を引き起こした（その効果は驚くほどで、この曲が大衆にとってオーストリアを象徴するようになったので、オーストリアの大統領がレーガン大統領と謁見するためにホワイト・ハウスを訪問した際に、式典の長官はその曲がオーストリア国歌だと勘違いして、海兵隊の音楽隊にオーストリア大統領が到着した時に演奏するよう指示を出してしまった）。

　家族への愛と国の誇りをあらわし、永遠の真理が感動的に湧きあがるその曲は、今際の時にあるハマースタインが最も強く抱いていた想いから生じている。この曲はミュージカルのなかでまさに適切だといえる場面で歌われているだけではなく、ジュリー・アンドリュースが次のように分析する特質を備えている。その歌詞は「観客が自らの情熱を傾ける、あらゆる母国にあてはまるものでした。言葉と旋律がそれぞれ完璧に合っていたので、時を越えたものになったのでしょう」。ラッセル・クラウスの未亡人であるアンナの回想では、ハマースタインがボストンでの公演を観た時、彼の妻ドロシーがラッセル・クラウスにこう述べたと言う。「はじめて見たの…結婚してから今までなかったけど、オスカーが泣いていたの…彼は涙を流していたわ」。アンナ・クラウスはさらに付け加えた。「胸に迫るものがあったわ」

　『エーデルワイス』を加えたことで、ミュージカルの一番の難点がいくらか解消された。それまでほとんど何もすることがなくて、フォン・トラップ大佐はオペレッタから引っ張り出された陳腐な人物のようだったのだ。しかし、ミュージカルが初めて具体的になり始めた時、賽が投げられ、そして戻ってきた。ブロードウェイ・ミュージカルの一流の歌姫メアリー・マーティンが、彼女のお気に入りの作詞・作曲家チームが書いたミュージカルに出演することになったのである。彼女の夫が製作を率いており、初めから物語の強調する箇所がか

なり決まっていた。ヴァスナー神父は削除されて、フォン・トラップ大佐は補助的な役割のままであった。『エーデルワイス』を歌っている間も、注目はマリアにしっかりと注がれていた。

1959年11月16日にブロードウェイでショーが幕を開けると、観客は喝采を送った。アンナ・クラウスの回想では、メアリー・マーティンがカーテンコールで現れた時、同時にマリアも立ちあがったそうである。実際のフォン・トラップ家の子どもたちにとって、彼らの生活を元にした大ヒットブロードウェイ・ミュージカルの幕開けは、長年彼らが浴びてきたスポット・ライトをまた輝かせるものになった。2014年にヨハネスは、こう述べている。「僕たち家族があまり知られていない時があったのか覚えていません。1940年代に広く読まれていた雑誌『ライフ』は、僕たちへの注目度を高めました。バロック音楽界では、以前からかなり知られていたと思います——いくらか高尚な感じで。あのような評判で満足していたのだけど。ミュージカルが公開されて、僕たちはメディアを騒がせる存在になったのです。もちろん、映画が大ヒットしたときには、もっと大変なことになりましたが」

初日の夜に観客が喝采した後、日刊紙の批評家たちは、ほとんど褒めることはなく酷評した。『ウエスト・サイド物語』から2年経ち、『ジプシー』と時期を同じくして、『サウンド・オブ・ミュージック』は、批評家たちにとってどうしようもなく古臭いものに思えた。それは、言葉では言い表せないほど浅薄で甘ったるい作品だった。通常、ミュージカルではよくあるような、荒々しい言葉は脚本家には向けられなかったが、あまりにもセンチメンタルだと思われる台本について、批評家たちは特にくどくどと言い立てた。脚本家たちは何の敬意も受けないようであり、致命的ともいえることに、『ニューヨーク・ヘラルド・トリビューン』に載ったウォルター・カーの機知に富んだ酷評には、このミュージカルは「言葉にできないほど甘ったるいだけではなく、音楽にできないほど甘ったるい」と書かれていた。脚本家たちは、劇に携わった俳優たちからさえも見捨てられたかのようであった。ミュージカルが幕を開けた時、クリストファー・プラマーが「実際のところ、修道女と子どもたちのミュージカルを書いて、成功させることなんか誰にだってできた」と意見を述べた時、ラッセル・クラウスは辛辣な調子で、「ではどうして誰もやらなかったのか不思議なものだ」と答えた。

なかには、風変わりな総譜が、せいぜい寛容な賞賛を受けているにすぎないと考え、この題材を自らの主義として好きになれない人もいるようである。ケネス・タイナンは、このミュージカルを遠慮なくこのように名付けた。「ロジャースとハマースタインの偉大なる後ろ飛び」。そして、総譜全体の評判は、実際のところ、コール・ポーターが不満を抱くようなものであった。ポーターのどの作品についても、批評家たちは常にこう評価してきた「彼のいつもの基準には達していない」と。特にロジャースは、家庭教師とその責務について書かれたこのミュージカルには成功する作品に必須の真の感動があると指摘しながら、粗

捜しをする批評に異議を申し立てた。「時々でも子どもたちや自然に感傷的になれない者は、悲しいことに、どこかおかしいんだよ」

　この作品の美点であり、ファンをくぎ付けにしているものは——音楽と、修道院から母親業へというマリアのシンデレラのような道程、めでたしめでたしで終わる希望の感覚——であり、それはまさに批評家が作為的で欠点だと見なす要素でもあった。舞台に立っている気持ちの悪いほど完璧な子どもたちは一体どんな奴なんだ、と彼らは訝しんだ。完璧にふるまうフォン・トラップ家の子どもたちへの嫌悪を中和するのは、実際のところ、マリアの思い出話であった。舞台で人々を大いに楽しませることになる物語で、彼女は次のように書いている。（名前を特定はしていないが）トラップ家の年下のほうのひとりがマリアに、四旬節だから「ヨハンナの鼻をつまんだりしないし、ウェルナーにつばを吐いたりしないの——イースターまではね」と話してくれたと。この逸話の最後の部分で、マリアはこう記している。「それが決して理想的な人が示す寛容さではないと、彼女に納得させるのはかなり難しかった」

　台本にいかなる不満があったとはいえ、ミュージカルを軽蔑するなかで、批評家は決定的なことを見逃している。ロジャースとハマースタインは、最高の総譜を作り上げたのだ。これほど多くの、すぐにスタンダードとなった曲を誇る演目が、今まであっただろうか？　2人が作った『南太平洋』が挙げられるが、それ以外に思いつかない。しかし、『サウンド・オブ・ミュージック』が特別なのは、すんなりと歌が展開している点である。観客は、フォン・トラップ家の物語全体が、まるで偶然ブロードウェイ・ミュージカルの形式で上演されることになったオーストリアの民話であるかのような反応を見せたのだ。とりわけ、観客は『ド・レ・ミの歌』がブロードウェイの2人の洗練された人物によって書かれた歌ではなく、あたかも自分たちの幼少期から親しんでいる童謡であるかのように受けとめた。熟練の技で構成されているこの曲は——唯一無二の——アメリカの風景に永遠に残るものとして、たちまち現れたように思われた。実際に、ブロードウェイでリバイバルされた時のキャスト・アルバムに付随するライナーノートに書かれているように、『ド・レ・ミの歌』はタイトルから想像されるような三つの音とリズムの素朴な童謡とは全く違い、ロジャースとハマースタインによる努力が実を結んだ結果なのである。彼らは、イタリア音楽の理論家グイード・ダレッツォとジョヴァンニ・バチスタ・ドーニが考案した、全音階のそれぞれの音に一音節の言葉をあてはめる方法を用いて、ブロードウェイ・ミュージカルの言語を変化させたのだ。それは童謡のリズムではなかった。

　一曲一曲が非常に優れたものであったので、その多くがミュージカルに全く関係のない文脈で使われるようになった。『私のお気に入り』は、ジョン・コルトレーンから、（この曲

をクリスマスのスタンダードへと変えた）バーブラ・ストライサンドまで幅広いジャンルでアーティストたちにカヴァーされた。『さようなら、ごきげんよう』や『エーデルワイス』、『サウンド・オブ・ミュージック』、これら全てはミュージカルの景色の一部となり、テレビのバラエティ番組からコンサートに至るまで様々な場所で歌われた。劇中の器楽曲「結婚行進曲」でさえ、多くの結婚式で用いられるようになるほど人気を博した。別の有名なマリア（シュライヴァー）が、別の有名なオーストリア人（アーノルド・シュワルツェネッガー）と結婚した時、ロジャース＆ハマースタイン協会にミュージカルの「結婚行進曲」を使ってバージンロードを歩くことはできるかと尋ねたという。

総譜全体の要となったのは、ロジャースとハマースタインによる感動的な曲のなかで最も有名な『すべての山に登れ』であった。『回転木馬』の『人生ひとりではない』とかなり似ており、讃美歌のような高まるコードと大志を抱く高揚感に満ちた歌詞が用いられているこの曲は、瞬く間にいかなる場合でも大衆に希望を与える曲、各地の中学校の集会で好まれる曲となった。1960年の夏の終わり、ブロードウェイで『サウンド・オブ・ミュージック』が幕開けしてから9カ月後のハマースタインの葬儀で、ハワード・リンゼイは『すべての山に登れ』の歌詞を声に出して読んだ。素朴で誇張などしないその詩は、今なお深い感銘を与え続けている。

グラミー賞を獲得し、最終的に300万部も売り上げることになったオリジナル・キャストによるアルバムが発売されたおかげで、『サウンド・オブ・ミュージック』はブロードウェイで大ヒットした。この作品ならではの反応として、観客は「芸術についてはよくわからないけど、自分が好きなものはわかる」と繰り返し劇場に足を運び、彼らは進んで、本当に嬉しそうに、幸せへと続くマリアのシンデレラのような旅路に疑念を抱こうとはしなかった。批評家による軽蔑など問題ではなく、ブロードウェイでの初演の翌日に『モーニング・テレグラフ』には、ホイットニー・ボールトンの先見の明ある言葉が掲載された。「現金箱にはゆうに200万ドル以上が詰められたのだから…批評家が何を思おうと問題ではないかもしれない」

このミュージカルはトニー賞で9部門にノミネートされ、『フィオレロ！』と引き分けであったが、この年の最高賞であるベスト・ミュージカル賞を含む5部門を獲得した（興味深いことに、リーズルを演じたローリー・ピーターズは、男の子たちも一緒に〈ローリー・ピーターズと子どもたち〉として最優秀助演女優賞にノミネートされたが賞を逃し、修道院長を演じたパトリシア・ニューウェイが賞に輝いた）。スターであるメアリー・マーティンは、『ジプシー』に出演していた親友でライバルでもあるエセル・マーマンを破り、トニー賞ミュージカル部門の最優秀女優賞を獲得した。骨の髄まで生粋のニューヨーカーであるマーマンは、賞を逃したことについて、最高のポーカーフェイスで答えた。「どうやって修道女に歯

向かえばいいのよ」

　トニー賞を総なめにした後、この作品は最終的に3年以上も上演されることになり、関心が失せたニューヨーカーは特に気に留めないとしても、家族連れや郊外からの旅行客がチケットを購入した。大衆受けしそうなものに鼻が利くハリウッドが早速連絡をしてきて、1960年6月に映画化の権利が125万ドルもの高値で20世紀フォックスへと売られた。

　多くのスタジオが『サウンド・オブ・ミュージック』に関心を示すなか、ハリウッドが興味を持っていることが判ると、20世紀フォックスで具体的な話が持ち上がった。この会社は、ロジャースとハマースタインによるミュージカル、『ステート・フェア』(1945)、『オクラホマ!』(1955)、『回転木馬』(1956)、『王様と私』(1956)で成功し、2人の全ての作品に対して第一先買権を持っていた。契約条件により、ブロードウェイでの最初の上演が終了するとただちに、『サウンド・オブ・ミュージック』は大スクリーンでの放映に向かうことになった。

　代理人アーヴィング・スウィフティ・レイザーの手に委ね、ロジャース、ハマースタイン、リンゼイ、クラウス、ハリディ、ヘイワードは、非常に有利な取引をすることになった。レイザーの有能な交渉のおかげで、ロジャースとハマースタインは、興行収入のプロデューサーとしての取り分に加えて、映画興行主との費用の折り合いをつけた後で、創作者へ与えられる全体の10パーセントという一番多い配当金を受け取ることになった。彼らほどではないにしても、リンゼイとクラウスは、特に映画がヒット作とわかってからは、収益のうちから文句ない配分を得た。レイザーは敏腕を振るって、1200万ドルの利益基準に達した後で脚本家に映画の純利益の決まった割合を与える条項を、契約に何とか加えていた。ハリウッドでは良く知られているように、純利益の定義づけについては欺瞞(ぎまん)的なところがあるので、リンゼイとクラウスはそのような棚ぼたを気にして見守ることはなかった。1200万ドルの利益など、とても手が届かないように思われる。だが、彼らは条項に感謝し――それからすぐに、そのことは忘れてしまった。

　製作側は満足し、フォックスは興奮していた――しかし、1963年にはすでに、『サウンド・オブ・ミュージック』は忘れられつつあるようにみえた。高値が付き、知名度もあるこの作品は、ある根本的な理由でスタジオの引き出しの底で埃をかぶっていた。『クレオパトラ』で知られる大失敗のためである。

　どのような映画でも、伝説的な監督を途中で替えて一度に何カ月も製作を中止し、バチカンや合衆国議会によって主演女優がとがめられて神経衰弱となり、スタジオ全体を破産させることなどなかった。だが、『クレオパトラ』は実際にそうなり得た。そして、その通りになった。

　当該のスタジオは、20世紀フォックスになってしまった。

　『サウンド・オブ・ミュージック』は忘れ去られた。

4.
20世紀フォックス：
突っ走って、倒産寸前

~

当初『クレオパトラ』の監督はルーベン・マムーリアンだったが、ジョセフ・マンキウィッツが交代することになった。しかし、彼のハリウッドでの幅広い経験も、『三人の妻への手紙』や『イヴの総て』を手掛けてアカデミー賞4部門で受賞に輝いた功績でさえも、終わることなく繰り返し報道されるエリザベス・テイラーとリチャード・バートンのスキャンダルには役に立たなかった。『クレオパトラ』の調整不可能になっている撮影スケジュールを何とかして、延々と続く編集作業を注意深く見守ることに数カ月を費やした後、彼はある目標を心に定めた：生きているうちにこの仕事を終えよう、と。1963年6月12日の映画公開日が近づくにつれ、彼の慰めとなったのは、危うくなっているのは彼の金ではない——制御不能な作品に費やされた何千万ドルについては、20世紀フォックスだけが責任を負っているのだと、彼自身がわかっていることだった。『クレオパトラ』が思ったほどの興行収益を上げず大失敗に終わったとき（かろうじて利益が出たのは文字通り何十年か経ってからだった）、苦境に陥ったのは20世紀フォックスであった。大問題である。マンキウィッツでもテイラーでもバートンでもなく——全スタジオにとって。

今まさにフォックス・スタジオの重役室で議論されている問題は、『サウンド・オブ・ミュージック』で誰が主演を務めるかではなかった。どうやってスタジオを継続していくか、である。

事実、『クレオパトラ』は数十年かけて迫ってきている破産の危機の一端に過ぎなかった。その始まりは、劇場チェーンを所有することを全スタジオに禁じた1948年の最高裁による判決に遡る。この判決は、ハリウッドのビジネス方法を永久に変えてしまった。もはや各ス

タジオは、映画製作を管理するようには配給の調整ができなくなり、難しい経営状態に直面する事態になったのである。さらに悪いことに、テレビの急激な台頭によって観客動員数が減ったのと時を同じくして、スタジオが製作した映画を自らが所有する劇場で一括契約することが廃止になってしまった。人々が家でテレビを観るようになったため、1946年には映画動員数が週に最大で9千万人だったのが、1960年には週に4千万人にまで落ち込んでいる。また、テレビは人々の習慣だけではなく、考え方の変化も引き起こした。スタジオの大御所ロバート・エバンズが、この変化をうまく要約してこう述べている。「今日、人々は映画を観に行くが、映画館には行かないのだ」。後にわかるように、『クレオパトラ』は壊れつつあった映画製作のスタジオ・システム・モデル（製作から配給・興行までを一括してスタジオが取り仕切る映画産業の形態）に、破壊的な最後の不意打ちをくらわしたのである。

　ハリウッド映画史を研究するポール・モナコによれば、1960年の初め、それまで長期契約だったスタジオ従業員の多くが解雇された。「1960年3月の第2週だけで、3400人もの労働者が主要なハリウッド・スタジオから一時的に解雇された」という。1960年、『クレオパトラ』がまだ製作準備段階だったとき、フォックスは実際の映画製作で1500万ドルも損失を蒙り、その桁外れの金額のため、会社は株と不動産の両方を売らざるを得なくなった。1962年4月、スピロス・スクラス会長は不足している資金を作るために、スタジオの伝説的で高い価値のある105ヘクタールの野外撮影場を売ることになった。

　閉鎖の際に立たされたフォックスは、スタジオでの製作を縮小しており、『サウンド・オブ・ミュージック』は「製作必須映画リスト」のトップからは外れていた。映画製作は、やっつけ仕事でやらねばならなかったのだ。その時に求められていたのは、すぐにできる西部劇やリアリズムに徹したドラマで、高価なテクニカラーを使ったミュージカルではなかった。事実上、『サウンド・オブ・ミュージック』は、すでに失敗していたのではないのだろうか？1960年に遡ってみると、スタジオがこのミュージカルの映画化の権利を購入したとき、『菩提樹』と『続・菩提樹』の権利も6年間持てることになっていた。これら二つの映画を『サウンド・オブ・ミュージック』のテスト・ケースと見なし、最小限の努力でさらなる収益を出そうともくろみ、フォックスは二つの映画を一つにまとめると英語で再録音し、1961年に『トラップ・ファミリー』と題して映画を公開した。批評家のこの寄せ集め映画に対する反応は、2年前のブロードウェイ・ミュージカルで受けた軽蔑と重なるようであり、問題を抱えたフォックスの重役が『サウンド・オブ・ミュージック』への関心を高めることはなかった。『バラエティ』誌は新たに再録音をした映画を嘲り笑った。「彼らのとんでもなく感傷的な性質は、極端に単純素朴なものになってしまう傾向がある」。売り上げはどうだったか？

大失敗である。

　さらに問題をもっと複雑にしたのは、『サウンド・オブ・ミュージック』の権利取得からフォックスが崩壊しかけた時期までの３年間に、観客が望む映画の傾向そのものが大きく転換したことである。客は、いまではよりスマートでより突飛な内容に惹かれるようになり、ベビーブームで生まれた人々が成人して観客となって、そのような変化を先導していた。アルフレッド・ヒッチコックの『サイコ』（1960）が、いまや感傷性よりもセンセーションに駆りたてられているハリウッド映画を象徴するようになり、その文化的インパクトからは、ヒッチコックの傑作が９年後の『イージー・ライダー』や若者志向のコピー映画などより、はるかに革命的であったことがわかる。驚くほど卓越した映画である『サイコ』もまた、ハリウッドの歴史で先駆的存在であるのは疑いようがない。『サウンド・オブ・ミュージック』とは違って、共感できる登場人物はいないし、会社の金を横領したヒロインが、最初のたった30分のうちに殺されてしまうのだけれども。

　ベビーブーマー世代の成人数が増えるにつれ、最終的には、自由に使える収入のある若い男性が望むものに影響を受ける市場に基盤が置かれるようになった。そうした拡大する購買力が、若い女性や中年の既婚女性が再就職し始めるという動向と結びつき、映画製作に相応しい題材となるものに対するハイウッドの古い考えは、かなり劇的な方法でひっくり返されたのであった。

　これら全ての社会的変化は、1963年11月に起きたケネディ大統領暗殺によって、目覚ましいほどの速いペースで増していったようにみえる。アメリカが自らを世界の善人だと思っていた第二次世界大戦後の時代に起きた、これまで思いもしなかった出来事であるケネディ暗殺は、全国民の態度を変化させる引き金となった。まるで、この悲劇的事件によってアメリカ人が政府を信用しなくなったかのように。数十年後に、スティーブン・ソンドハイムが彼の類まれなミュージカル『アサシンズ』でこの事件を扱ったとき、大胆にも『*Something Just Broke*（打ち壊されたもの）』と題した歌の中で、大統領暗殺に焦点を当てている。この暗殺は、国家的無垢の喪失以外のなにものでもなく、ソンドハイムの容赦ない暗いスタイルは、彼の師であるハマースタインが作り出す世界から取り除かれた世界であるかにみえた。これと対照的に、第二次世界大戦が終結してからたった４年後に『南太平洋』がブロードウェイで幕を開けた時、ハマースタインの真のリベラルな愛国心は、実際に当時の内情を心得ているようであり、人種偏見の描写は実に先駆的な箇所があるように思われる。アメリカにはまだ、人種間に間違った線引きがなされ、深い断絶があったため、以下の詩は世間で憶測による噂話や議論を引き起こし、嫌がらせの手紙まで送り付けられた。

恐れろと教え込まれる
　　目の色の違う人たちを
　　肌の色の違う人たちを
　　それを繰り返し教わる

　それから14年経ち、大統領暗殺とすでに不評を招いているヴェトナム戦争の過熱でよろめきかけた国で、修道女と子どもたちの愉快なミュージカルは、多くの人々にただの時代遅れとしてだけではなく、ほとんど復古的な印象を与えた。流行の最先端を率いる者たちの間では、わずか16年の間に、ロジャースとハマースタイン、それから彼らの決して揺るがない楽観主義は、ミュージカルの革命という評価から嘲りの対象へと変わってしまったのである。

　社会的変化や、ますます計り知れなくなっていく観客の好み、1962年の4千万ドルの損失に直面して、フォックスの評議員会は『クレオパトラ』が公開される前ではあったものの、スクラスを解任し、彼らが以前解雇した人物、ダリル・F・ザナックをスタジオ最高責任者にして助けを求めることにした。フォックスの製作責任者としての職を失ってから、ザナックは独立した監督として資金を集め、『史上最大の作戦』と題したノルマンディ上陸作戦のスターぞろいの物語、叙事詩的作品の映画を撮るために、巨額の資金を投じて仕事に取り掛かり始めていた。その映画が批評的にも商業的にも成功を収めることがわかった時、評議員たちはスタジオの財政を回復させる仕事を彼に任せることに自信を得た。

　ザナックの驚くべき最初の手段は、『チャップマン報告（レポート）』や『強迫／ロープ殺人事件』のプロデューサーで、彼の息子であるリチャードをスタジオ全体の日常業務の責任者に任命したことであった。この決定は、父のザナック側の賢い先制攻撃であったことが判明する。ダリルと全く同じくらい、リチャードは小柄なだけではなく、物語に対する直観や肝心な点を支えるための毅然とした決断力を持っていた。時間を稼ぎ、赤字をなくすために、リチャードの最初の決定は大胆で決然としたものだった。重役から食堂で働く人まで全ての従業員を解雇して、一時的にスタジオ全てを閉ざしたのである。駐車場には車一台もなく、野外撮影場はゴーストタウンのようであった。

　わずかな数のテレビ番組をまだ撮っていたが、進行中の映画の計画はなく、ザナックは会社の発展に結びつきそうな台本を見つけるため、ファイルをくまなく探し始めた。低予算のコメディとアクション映画（主に西部劇や戦争映画）をとりあえず念頭に置きながら、ザナックはもっと長期にわたる解決策を探し続けていた。そして、それまで何年も中止になっていた『サウンド・オブ・ミュージック』が頭に浮かんだ。ザナックはそのアイデアを考え

れば考えるほど、財政的苦境で途方に暮れてしまった。しかし、二流の宗教映画でさえ常に観客がいるようだという考えに至った。フォックスは1953年の最初のシネマスコープ作品である『聖衣』で多くの収益を上げていたし、パラマウントの1956年の『十戒』は大ヒットしていた。これらの成功は両方とも1950年代——ハリウッドでは、はるか昔と言っていいくらい前——に起きたものだったが、ブロードウェイやロンドンのウエストエンドで『サウンド・オブ・ミュージック』が連続公演を行っていることに気づき、彼はこの作品の尋常ではないほど続く人気に注目した。みんな『ド・レ・ミの歌』や『私のお気に入り』を知っていたし、とても気に入っていたのである。この物語は実在の家族が基になっていて、愛らしい子どもたちが出演している——ザナックは納得し、この作品を再開させるために動いた。

　そう、彼はこの物語がセンチメンタルだとわかっていたし、このミュージカルを批評家がサンドバック代わりにしていたことも、もちろん知っていた。しかし、リチャード・ザナックは台本を読んだとき、これが良い話だとわかり、彼の本能は、ちゃんとした脚本家がいれば映画は実際に成功するだろうと感じとった。さらにテレビの放映権を売れば、追加収入になるかもしれない。それで、相応しい脚本家はどこにいるのだろうか？　確固たる実績があって、ハリウッド・ミュージカルという厄介なジャンルをきちんと理解している、ハリウッドの経験豊富なプロと言えば誰だろう？　ザナックの脳裏には、要件を満たすただ1人の男が浮かんだ。

　アーネスト・レーマンである。

5.
アーネスト・レーマンの甘き香り

"作家が監督の撮り方に口を出すなど、考えられないことだろう…。
でも、誰かが作家の書き方に口を出すのは、全くあり得ないとは言えない。
テリトリーの問題なのだ"

アーネスト・レーマン『アメリカ映画』

最初は雑誌『コリアーズ』や『コスモポリタン』に短編や中編小説を発表していたフリーランスのフィクション作家、アーネスト・レーマンは、ブロードウェイの広告代理業者アーヴィング・ホフマンのコピーライターとして、ショービジネスの階段を登り始めたところだった。この頃ニューヨークのナイトクラブや劇場の世界で直接経験したことが、彼の骨太で辛辣な中編小説『Tell Me About It Tomorrow』の題材となっている。冷笑的で暗く、内部の事情が盛り込まれたこの作品は、ショービズ界のたたき上げで、際立った才能の持ち主のデビュー作として注目を集めた。

テレビ番組『プレイハウス90』に小説をドラマ化する権利を売った後、レーマンは1952年にパラマウントと脚本家の契約を交わしているが、彼のハリウッドでの経歴が輝かしいものとなったのは、その2年後、ロバート・ワイズ監督が手掛ける『重役室』の台本を書くためにMGMに出向させられた時であった。穏やかで堅実な監督と情熱的だが気の弱い面もあるレーマンはお互いを引き立てあい、2人はすぐに親しくなった。

『王様と私』と『傷だらけの栄光』の映画化にむけて台本を書き上げたあと、レーマンは『Tell Me About It Tomorrow』を1957年に公開される映画『成功の甘き香り』に改作する作業に取り掛かった。彼は、（大胆な記事で知られるアメリカ人ジャーナリスト）ウィンチェルを彷彿とさせるコラムニスト、（一流俳優バート・ランカスターが演じる）J・J・ハンセッカーが支配するニューヨークのゴシップコラムをめぐる私利私欲に駆られた世界を辛辣に描き、この作品でレーマンはたちどころに称賛を受けることになる。およそ60年経ってか

らも、この映画は、その痛烈な台詞「食えないやつめ。お前はヒ素入りのクッキーみたいだな」というような、主演俳優の素晴らしさと同じくらい辛辣な台本の出来のよさで有名な作品として知られている。プロデューサーと主演を両方こなすランカスターは、映画の中でも外でもとにかく威張り散らしていたので、台本作りの過程はレーマンにとって非常にストレスが多く、アレクサンダー・マッケンドリックと、台本の一部を書き直すために加わった劇作家クリフォード・オデッツに、監督的な責務を譲り渡すことになった。『麗しのサブリナ』でビリー・ワイルダーと組んだときもレーマンは苦悩に満ちていて、「ビリー・ワイルダー抜きで14日間過ごすこと、という医者の処方箋」が出されたほどであったが、その時と全く同じように、レーマンは医者の勧めによる休暇のため、このとき街を出てタヒチに滞在していた。彼の脚本はすぐに賞賛を巻き起こしたが、彼はオスカーにノミネートされなかった。この冷遇は、ハリウッドの手によって彼が受けた最初の、それも最後ではない侮辱であった。

　レーマンは『サウンド・オブ・ミュージック』をブロードウェイでの連続公演の2週目に観ると、すぐにこの作品の映画的な可能性を見抜き、妻に語勢を強めてこう語った。批評家の評価など関係なく「いつか、このショーは大ヒットする映画になる」と。レーマンは『サウンド・オブ・ミュージック』の根本的な魅力を理解していた。この作品は、信仰、愛、家族といった永遠の真理に関係している。これは現代社会の風潮に合うものではないため、まさに時の試練に耐えているのだ、と彼は思った。時おり冷笑的になるレーマンではあったが、ブロードウェイでこのミュージカルを観るたびに、大佐が歌を歌って子どもたちに加わる、家族が和解する場面にすっかり心を奪われた。この場面は映画の感情的な要、彼が普遍的な「さらなる愛への切望」と称するものに関わる大切な要素となるに違いないと、レーマンは確信した。

　現実の生活では、両親と子どもの和解がそのように直接的なやり方で表されることはほとんどないとレーマンはわかっていたが、観客は、フォン・トラップ家がその後もずっと幸福に暮らせるとしたら、自分たちのバラバラな家族も同じように仲直りできるかもしれないと、自分自身に言い聞かせるのではないかと思った。彼はこのミュージカルが映画で成功する可能性を強く確信していたので、ブロードウェイの幕が開くとすぐに、彼の友人であり、その当時フォックスの構想部門の責任者をしていたデヴィッド・ブラウンに、『サウンド・オブ・ミュージック』は大ヒットする映画になると力説した。彼はこの作品の価値をかたく信じており、全く同じメッセージを重鎮の（『地上より永遠に』や『南太平洋』をプロデュースした）バディ・アドラーとリチャード・ザナックにも繰り返し伝えた。

　しかし、ブロードウェイ・ミュージカルの公演期間に、レーマンは彼のキャリアで唯一

のオリジナル脚本に集中していた。アルフレッド・ヒッチコック監督のエンターテインメント性と機知に富んだ作品『北北西に進路を取れ』（1959）である。1960年までに、『成功の甘き香り』から『重役室』などの様々な長く込み入った物語、ヒッチコック作品といった幅広い映画に携わってきたレーマンは、ブロードウェイ・ミュージカルの『ウエスト・サイド物語』を映画化するのに適した人物として、旧友のロバート・ワイズを思い浮かべた。この脚本家と監督が三度目の共同作業に取り組むまでに、2人は気持ちよく働ける関係をすでに築きあげていたのである——レーマンがこれまで許容したなかで一番快適な関係を。

　レーマンは、『ウエスト・サイド物語』に求められているのは非常にドラマチックではあるが様式化したもので、踏み込んではいけない領域などないと考え、作中の曲『アイ・フィール・プリティー』と『クール』の配置を変えるよう再度注文を付けた。名のあるレオナルド・バーンスタイン、スティーブン・ソンドハイム、アーサー・ローレンツの作品を扱ってはいたかもしれないが、レーマンは自分の映画的本能を信じて、それらの曲を物語の違う箇所に置き換えることで、人物の成長や緊張、劇的な筋書きが高まると確信していたのである——そして、彼は正しかった。

　『ウエスト・サイド物語』が批評家からも一般の観客からも絶賛され、レーマンはついに自分に相応しい評価を得ることができるのではと感じた。それは、ある部分では正しい想定だった。彼は自らの作品（他には『麗しのサブリナ』と『北北西に進路を取れ』）で3回目となるオスカーにノミネートされた。しかし、1962年4月9日の夜に受賞者が発表されると、この映画でノミネートされた11人のなかで、彼はただ1人手ぶらで帰ることになった。『ニュールンベルグ裁判』の脚本家アビー・マンが受賞したのである。

　レーマンは、ミュージカルでは本質的に、脚本家は最も批判されるが最も尊敬されないものだと理解しつつも、フラストレーションが溜まった。1960年代までに、ますます多くの洗練された上映作品が世に出てきて、批評家集団のほとんどが今ではミュージカル映画のジャンル全体を低く見るようになったかに思われた。ミュージカルを馬鹿げたつまらないエンターテインメントと見なし、彼らは歌やダンスや趣向を超現実的な様式で混ぜ合わせることがいかに困難であるかを全く理解しようとはしなかった。当時、『ニューヨークタイムズ』で映画批評をしていたヴィンセント・キャンビーの記事は、批評家たちの近視眼的な態度をうまく要約したかのような表現になっている。彼は記事で、『雨に唄えば』の再上映によってこの映画には「少なくとも五つは」素晴らしい瞬間があることがわかった、と記しているのである。映画史家ジェニーン・ベイシンガーは、この記事について当意即妙に指摘している。「これは、宝石商が偶然ソロモン王の洞窟に出くわして、〔何てことだ！　これは

100ドルの価値があるに違いない！〕と叫んでいるのとほとんど同じ状況である」。時が経つにつれて、最終的な評決が下されるようになった。60年後になっても『雨に唄えば』は、当時オスカーの最優秀作品賞を受賞した『地上最大のショウ』よりも、ずっと長く評価され続けているのである。

　レーマンはこれまでの豊富な経験から、ミュージカル映画の台本を書くことに本来備わっている落とし穴を一つ残らず理解していたが、ザナックが『サウンド・オブ・ミュージック』の件で電話をしてきたとき、すぐに関心を示した。彼は間違いなくそのミュージカルが気に入っていたし、『王様と私』の台本でロジャースとハマースタインの2人と仕事をした経験もあり、その題材には彼が得意とする、すっきりした物語進行が必要なことも承知していた。実際にレーマンは自分のことを、登場人物それぞれが辿る道のりをわかりやすい始まりと中間と終わりで満たす「昔ながらの」三部構成を用いる職人だと考えていた。「良い台本の殆どは、大工仕事みたいなものだと思う。始まりと真ん中と終わりを巧みに調整するんだ。そうすれば、全てが一緒になって必ずうまくいくようになるものなんだよ」。彼は、多くの注目を集め、多額の予算を使う仕事のチャンスに飛びついて、なぜ目標を一番高く定めないのかと考えた。もし失敗するのなら、どうして大失敗しないんだ？ それから、いくつかのチャンスをものにして、『サウンド・オブ・ミュージック』が大ヒットしたときには、利益の2パーセントをもらう契約を求めた。レーマンが契約書に署名したのは、1962年12月10日のことだった。

　彼の契約が公表されたとき、ハリウッドの全ての業界紙がこの話題を一面で取り上げた。というのも、『バラエティ』や『ハリウッド・レポーター』といった雑誌が、アーネスト・レーマンと『サウンド・オブ・ミュージック』をかなりのビッグニュースと見なしたからである（レーマンは後に、契約の詳細について公表する文章を書いたと認めている）。そう、彼は著名な作家で、『サウンド・オブ・ミュージック』もまた名高い作品であった。しかし、アーネスト・レーマンが一面を飾ったのには、ある理由があった。『サウンド・オブ・ミュージック』の契約に彼が署名したというのは、20世紀フォックスが仕事を再開するつもりだとハリウッド全体に表明したのも同然だったのである。

　この脚本の仕事を彼が選んだことは、控えめに言えば、世界中から喝采されたわけではなかった。レーマンは、友人のバート・ランカスターに偶然出会った時、現実の世界に引き戻された。彼はぶっきらぼうに、痛烈な言葉を放った。「全く、お前は金が無いんだな」

　ランカスターの軽蔑など、何ら問題ではなかった。大事なのは一流の監督を見つけることだったが、ザナックとレーマンは最高クラスの監督はこの仕事を引き受けないとすぐに思い知った。あるいは、もう少し違った言い方をすると、ほとんどの監督がこの作品の話を

出しただけで踵(きびす)を返して逃げてしまうのである。(『踊る大紐育(ニューヨーク)』、『パリの恋人』の) スタンリー・ドーネンは、いかなる形であれ関わることを拒否した——彼は実際に、ブロードウェイのミュージカル版には投資していたのだが。ドーネンの昔のパートナーであるジーン・ケリーは、レーマンが仕事に参加する可能性があるか尋ねた時、最もひどい断り方をした。「彼は私を玄関の外に出すと、前庭の芝生のうえでこう言ったんだ。〈アーニー、このどうしようもない作品を撮るなら、他の誰かをあたってくれ！〉って」

　数百万ドルのファミリー・ミュージカルを映画化するのに必要な、熟練した非凡な才能のある監督はどこにいるのだろうか？ ウィリアム・ワイラーはどうだろう？ ミュージカルではないが、彼の作品『ベン・ハー』や『我等の生涯の最良の年』や『偽りの花園』はドラマチックではないか？ 耳の悪いワイラーは、特にミュージカルが好きではなかったが、今では修道女や子どもやたくさんの歌がでてくるテクニカラーのエクストラヴァガンザ（豪華なミュージカルショー）の監督をしないだろうか？ 映画業界は不思議がるだろう、かなり似つかわしくないように見えるワイラーが、なぜ修道女たちが歌うミュージカルの監督をするのかと。彼はミュージカルの監督などしたことがなかったのだから。

　だが、それこそがまさに、『サウンド・オブ・ミュージック』がワイラーの興味を捉えた理由であった。

6.
監督探しをめぐる6人

伝説的なワイラーの名前がさらによく聞かれるようになったのは、ドーネンとケリーが『サウンド・オブ・ミュージック』の監督を引き受ける気が全くないことを明らかにした後だった（レーマンは、彼が最初にワイラーの起用を提案したと言っている。ダリル・ザナックにこう尋ねて。〈世界中で最も素晴らしい監督はどうかな？ ウィリー・ワイラーだよ〉）。アルザス生まれのワイラーは、彼の監督作品『ミニヴァー夫人』（1942）、『我等の生涯の最良の年』（1946）、『ベン・ハー』（1959）でオスカーを獲得し、ベティ・デイヴィスのドラマ『月光の女』（1940）や『偽りの花園』（1941）から、おとぎ話のような『ローマの休日』（1953）まで幅広いジャンルを扱っている。

『サウンド・オブ・ミュージック』は、ワイラーが撮りそうな作品だとは誰も思わなかったが、才能ある監督ワイラーは、当初ミュージカルを監督するというアイデアに興味をそそられ、ダリル・ザナックからの電話の後、『サウンド・オブ・ミュージック』のブロードウェイ上演を観に行くことにした。1963年1月17日、ワイラーはレーマンとミュージカルに出かけた。その日は、脚本家にとって3回目の鑑賞であった。レーマンはミュージカルを映画化するとき、最初にするのは4、5回その公演を観に行くことだと語っている。しかしながら、彼にとってワイラーとの外出は、その作品を、はっきり言ってしまうと、嫌っている人物と鑑賞する初めての経験となった。

レーマンとワイラーはミュージカルを観終わったらすぐに、ダリル・F・ザナックと気軽に話でもしようとあらかじめ決めていたので、2人はザナックに会うために歩き始めた。 数ブロック行ったところで、いつでも率直なワイラーが出し抜けに言った。「アーニー、僕はあ

の作品が好きじゃないよ。でも、話を続けよう。どうして僕がそれをやるべきなのか説明してくれないか」。レーマンは早口で理由を語ると、ワイラーはほとんど作品全体が好きではなかったにもかかわらず、不注意にもレーマンに気を持たせてしまった。一場面だけ、実際に深い印象を受けたことを認めてしまったのである。その場面とは、フォン・トラップ大佐が初めて子どもたちと歌い始めるところで、動じることのないワイラーでさえも涙をこらえたと認めた。

ワイラーは気持ちが揺らいでいたが、まだ説得されたわけではなかった。友人のロバート・スウィンクとの会話で、彼は困惑を露わにしている。「彼らは私にこの映画を撮らせたがっているんだが、どうしたらいいかわからないんだ。このミュージカルの人物たちは一場面を演じると、突然だれかが歌い始める…どうして彼らは歌い出すんだ？」しかし、誰が監督を引き受けるか注目されているし、かなりの報酬も見込まれるうえに、新しいジャンルの映画を撮るという芸術家としての挑戦は、彼の関心を引いているようであった。「それが成功することはわかっている。この物語はドイツ語で舞台化も映画化もされた。幾つかの外国語にも訳されている。ドイツでの映画を撮ったプロデューサーに手紙を書いたんだ。彼は返事をくれた。〈これが失敗するはずがない〉と」

度重なる依頼を受けて、ワイラーは疑念を払いのけた。「レーマンはしつこいくらい頼んできて、ついにイエスと言ったんだ…あの物語は好きではなかったのだけどね」（皮肉にも、レーマンが最初にザナックに対して、ワイラーがどれくらいそのミュージカルを好きではないかを話したとき、ザナックはこう答えている。〈君の仕事は台本を書くことではなくて、映画の監督を引き受けるようにワイラーを説得することだ〉）

次にワイラーは、ニューヨークでマリア・フォン・トラップと面会した。後に彼が認めているように、ダーンドル（チロル地方の農婦が着る衣装）を着た60歳近い女性がニューヨークのホテルに到着する様子を見て、彼は驚いたそうだが、その会談は心温まるものとなった。ワイラーが、アカデミー賞を『イースター・パレード』、『踊る大紐育』、『アニーよ銃をとれ』で3回受賞しているソングライター兼プロデューサーで編曲もこなすロジャー・イーデンスに、この映画のために契約をするよう頼んだ後、レーマンはすぐさま自分の提案する台本の30ページにわたるアウトラインを書いた。イーデンスは以前からザルツブルクに馴染みがあり、ロケ地を探すために1963年5月25日にレーマンとオーストリアへと飛び立ち、ワイラーはその2日後に2人と合流した。屋内のシーンや何曲かの歌はロサンゼルスに戻ってから防音スタジオで撮影できるだろうし（実際にそうなるのだが）、『ド・レ・ミの歌』や『自信を持って』そしてタイトル曲の『サウンド・オブ・ミュージック』は、絶対に美しい街や周辺の田園で撮影しなくてはならないと、3人とも感じていた。映画のミュー

ジカル的主軸を軽視することなく、映画製作者たちはスケールの大きいミュージカルを迫真性のあるものに変える作業に熱中して打ち込むべきだと、ワイラーは感じていた。レーマンへのメモに、彼はこう記している。「誰かが歌うたびに、私たちが少しでも弁解がましい気持ちになる映画であってはならない。私たちが目指すのはその反対で、誰かが〈話す〉たびに、少しでも申し訳なく感じるようになることだ」

このロケ地探しの旅の最中に、ワイラーとレーマンは修道院での撮影許可を得るために、ノンベルク修道院の修道院長と面会した。鉄製の柵で修道院長とは隔たれていたが、2人は映画の詳細な計画を詳しく語った。ワイラーの妻タリーは、このように回想している。「2人のハリウッド関係者が、自分たちは気が狂ってはいないと修道院長を説得しているのを見るのは、面白かったわ」

次に、ワイラーたち3人はザルツブルクの市長と面会し、ワイラーは市長にはっきりと告げた。「我々は1936年（実際には1938年だが、発言通りに記載）のオーストリア併合の様子を映画で撮るつもりです。ドイツ人が行進し、鉤十字が至る所にあって、全ての市民が花を投げながら喝采していた様子を映画にして公開したいのです。ご存じの通り──本当に起きた出来事として」。それをとに経験ずみの市長は、こう答えた。「私たちはそれを切り抜けたのです。そしてこれからも、それを切り抜けていくのです」

ロケ地探しが完了し、3人はカリフォルニアへ戻った。リチャード・ザナックの要請で、プロ意識の高いレーマンは第一稿をあっという間に書き上げた。ワイラーが実際に映画を監督することに、どれくらい興味を持っているのかを確かめるために。1963年9月、レーマンはワイラーに原稿を手渡し、ワイラーはそれを気に入ったと述べたが、彼の反応は、最初の、そして最大のトラブルに行き当たったことを意味していた。常に明敏で心配性のレーマンは、「ワイラーが〔何一つ意見することなど思いつかない〕というや否や、彼は『サウンド・オブ・ミュージック』に関わるつもりがないのだ」と察した。頑固で、独裁者のようなワイラー、ワンシーンを40回撮り直すことで知られた人物が、台本の改善点について何も思いつかないだって？　とてもあり得ない。思いつかないのではなくて、題材に対してワイラーが元々抱いていた疑念が、また急に湧き上がってきたのだ。のちに明らかになった彼の製作準備段階の覚書によると、彼はその題材に何の感情も関心もなく、この映画に関する彼の構想には、オーストリア併合の始まりを強調することも含まれていて、それは作品の幸福な雰囲気を生み出す繊細な構造を壊してしまいかねなかった。ワイラーは、次のように認めている。「この映画は、本当は政治的ではないとわかっていたが、そのようにしたいという気持ちがあった。たとえ反ナチスの映画ではないとしても、少なくとも幾らか言及するような」

ワイラーは、修道院の墓地で少人数のナチスがフォン・トラップ家の人たちを追う場面では満足しなかったようである。彼はオーストリアの街路を戦車が轟音を立てて押し寄せてくる光景とともに、銃を携えた大勢のナチスを撮りたかったのだ。本物の脅威の感覚を伝えようとする彼の試みは当時の風潮に合うもので、これら全てを考えると、ワイラーと『サウンド・オブ・ミュージック』は天の配剤による組み合わせではなかったことが、明らかになった。ワイラーは、この映画に単に違う雰囲気を加えたかったわけではない。それどころかプロダクション・デザイン全体を、全く異なる構成とスケールで思い描いていたのである。モーリス・スベラノの回想によれば、ワイラーが考えるフォン・トラップ家の屋敷は、ただの大佐に相応しいものというよりも、はるかに豪勢だったようである。「ワイラーは、彼らがまるでロイヤル・ファミリーであるかのようにしたかったんだ！」

　今思えば、ワイラーがこの題材に適していないという内々の情報は、レーマンとイーデンスとの最初のロケ地探索から伝えられていた。撮影に適した草原と景勝に富んだ田園を探すとき、アルプス山脈を飛行するために借りたプライベート小型機に搭乗するのをレーマンは拒んだが、ワイラーとイーデンスは乗ることになった。そして、田園地帯の周辺に２人を連れて行くパイロットが元ナチスだと判明すると、まだ空中にいるにもかかわらず、ワイラーはパイロットと大声を上げて喧嘩を始めたのである。彼は、癇癪持ちのビリー・ワイルダーと同じような考え方をしていたのだ。ワイルダーは典型的な偏見に満ちた表現を使って、「鉤十字が出てくるミュージカルが成功することはない」などと発言したことがあった（ナチズムが台頭してきた1930年初頭のベルリンを舞台とした『キャバレー』がブロードウェイでの再演を実現し、映画版でアカデミー賞を受賞して圧倒的な成功を収めたことで、後に偉大なるワイルダーがどれほど間違っていたかが証明される。そして同じく長い時間がかかったが、ミュージカル劇場は社会事情を扱うようになったのである）。

　製作開始の日が迫るにつれ、ワイラーはどんどん不安になっていった。乗り気ではなかったのに、この映画に数カ月も関与してしまったことを気に病みながら。彼の妻タリーは、このように述べている。「ウィリーはほとんど契約したのも同然だった。すでに映画に取り掛かっていたのだから。でも、仕事部屋に行くと、彼はぼんやりしたまま机の前に座っていたわ。彼は明らかに惨めな様子で、その仕事に関わったことを悔やんでいたの」。はっきり言って何が問題なの、というタリーの問いに、彼はすぐにつぶやいた。「気のいいナチスの映画を撮るなんて、耐えられない」

　レーマンはワイラーの意図に疑問を持ち始め、フォン・トラップ大佐の役を依頼するためにレックス・ハリソンに会いに行ってはどうかと提案することを口実に、彼の家を訪ねると、監督の机の上をざっと調べてみた。書斎一面に台本が散らかっていたが、一つだけ裏返し

になっているものがあった。ジョン・ファウルズによる評判の高い小説『コレクター』を元にした台本である。レーマンは彼が『サウンド・オブ・ミュージック』について考えるよりも先に、『コレクター』の仕事に取り掛かるつもりであることに気付いた。ワイラーの代理人がザナックに、『コレクター』が完成するまで『サウンド・オブ・ミュージック』を延期するよう頼んできたとき、ザナックはそっけなく答えた。「30秒だって延期する気はないと、依頼人に伝えてくれ。『コレクター』を作りに行けと言ったらどうだ」。ワイラーは、このミュージカルから身を引くように言われたのである。

オーストリアの修道女を置き去りにできて、ワイラーはご機嫌だった。しかし実のところ、レーマンとリチャード・ザナックもまた、彼が去って喜んでいた。ザナックはこう回想する。「私たちはみんな、なんてひどいとか、彼は私たちを騙したんだとか、わめいたり怒鳴ったりしたけど、心の奥底で私は少し安心していたよ」。3年後、ついにワイラーは大ヒット作『ファニー・ガール』でミュージカル監督としてデビューし、新人のバーブラ・ストライサンドから、初出演の映画でオスカーを受賞するほどの演技を引き出した。『サウンド・オブ・ミュージック』よりも『ファニー・ガール』のほうが彼には合っていた。『ファニー・ガール』は、ファニー・ブライスの伝記を表面的に飾り立てただけのように見えるかもしれないが、立身出世するユダヤ人を下地とした主題とスターを目指す筋書は、オーストリアの修道女を扱うよりも、監督にとっては心地よく身に馴染むものであり、ワイラーはスターを演じるストライサンドを「惚れ惚れする奴」と呼びながら、彼女の映画デビューとなる作品で演技指導するという課題に楽しみながら取り組んだのだった。

ワイラーが抜けて、800万ドルの作品は舵取りがなくなったようであったが、レーマンの記憶によると、彼が20世紀フォックスの食堂でロバート・ワイズの姿をちらりと見たのは、まさにその頃であった。ワイズは、次回作の『砲艦サンパブロ』が台風の影響で延期になったことを、かなり憂鬱そうに考え込んで座っていた。レーマンは『ウエスト・サイド物語』の製作を共にして賞を獲得したことを思い出し、リチャード・ザナックに知らせることなく、ワイズの代理人フィル・ガーシュに電話をかけ、ワイズが検討できるよう『サウンド・オブ・ミュージック』の台本を郵送した。ただ一つ、問題があった。それはロバート・ワイズが『サウンド・オブ・ミュージック』に関心を持っていないだけではなく、その作品はあまりに甘ったるいという理由で、すでに断っていたことである。

だが、レーマンは挫けなかった。ワイズがブロードウェイのファンではないと知りながらも、『ウエスト・サイド物語』の時と全く同じように、すでにゆるぎない評価を得ているロジャースとハマースタインの総譜を使用することをワイズ監督は再考しないだろうか、と彼はガーシュに確かめた。キャスト・アルバムが300万部売れようが売れまいが、レーマンは以下

の変更を加えたいと思っていた。これは映画であって、舞台ではないのだ。

1. 副次的登場人物のマックスとエルサ・シュレーダー男爵夫人には歌を歌わせず、同様に作品内の政治的論評も削除する。観客は、熱意のない大人の歌ではなく、マリアと子どもたちの歌を聴きたいのである。『恋の行方は』と『誰も止められない』は、映画のドラマチックな勢いを突然止まらせてしまうと脚本家は確信したので、それらを全て削除した（『恋の行方は』は、実際には映画の中で、男爵夫人のために大佐がホスト役を務めるパーティで流れることになる。男爵夫人は親切に忠告するふりをして、マリアを出口の方へ押しやるや否や、自分はパーティに戻ってくる。その時、絶妙な皮肉を込めてオーケストラがワルツを踊るゲストのために『恋の行方は』を演奏する）。

2. 『普通の夫婦』：マリアと大佐が歌う愛の告白は削除する。レーマンの見解では、この曲は平凡以外の何物でもなかった——情熱のない、退屈な曲だ。上品な愛の物語を作り直すために、新しくて、もっとドラマチックな歌をロジャースに頼んでみてはどうだろうか？

　　レーマンはこの時まだ知らなかったが、ロジャース自身もこの曲に関心が持てなかった。作曲家は、このように尋ねている。元修道女とすでに7人の父親である海兵隊の大佐のロマンスが、どうして普通なんだ？　事実、ロジャースとハマースタインはブロードウェイのためにこの曲を他の曲と入れ替えるかどうか議論したほどであったが、ハマースタインが病気だったので、この計画は頓挫している。

　　ロジャースはレーマンの意見に賛同した。

3. 高い評価を得ている楽曲の順番を変えるのは、このうえなく大胆なことであったが、レーマンはマリアと子どもたちとの間に芽生えていく愛情をさらに効果的に示すために、『私のお気に入り』と『ひとりぼっちの山羊飼い』の配置と前後の文脈を入れ替えた。ミュージカルでは、賑やかな『ひとりぼっちの山羊飼い』は子どもたちを怯えさせる激しい雷雨の音量と合っていた。映画では、この曲は物語のもっと後で使われ、マリアの『私のお気に入り』が恐ろしい嵐をやり過ごす方法として使われることになった。

4. 脚本家は元の台本から喜んで多くの台詞を用いたが、マリアと子どもたちの関係を

深めるために幾つかの全く新しい場面を作成した。マリアがフォン・トラップ家で初めて夕食を共にする夜、子どもたちがいたずらで椅子に置いた松ぼっくりの上に座ってしまう。彼らの関係は、初めて一緒に夕食をとる席で起きたこの対立構造から始まる。それから観客は、彼らの関係が打ち解けていく様子を観ることになる。完全な愛へと花開くまで。マリアが『私のお気に入り』を歌っている間に彼らが心を開いた本当の理由は、子どもたちが彼女のポケットに蛙を入れたり、松ぼっくりの上に座らせたりしたことを、彼女が大佐に言わなかったからである。マリアは、一挙に敵から友達に変わったのだ。

5. 新たに加えられた、屋敷のテラスで繰り広げられる「ブルーベリー摘み」の場面で、子どもたちは修道院に戻ってしまったマリアを訪ねようとしたのを隠そうとする。子どもたちに対する大佐のユーモラスな質問は、父親と彼らが今ではリラックスした関係であることを示し、マリアが家にいる間に彼らの関係がどれくらい変化したかを表している。

6. 最良の変更となったのは、ワイラーをも魅了するほどのミュージカルでの絶対的な場面を超える方法を、レーマンが考え出したことである。『サウンド・オブ・ミュージック』を歌う子どもたちに大佐が加わった後で——誰もが望んでいたように、大佐の隠されていた感情が露わになる瞬間が訪れるのであるが——そこで彼は『エーデルワイス』を独唱する。ミュージカルでは一度だけであったが、映画では『エーデルワイス』を二度聴くことになる。一度目は大佐が子どもたちへの愛を伝える彼の独唱で、次はクライマックスの音楽祭で感情を動かされた観客が一緒に歌うシーンである。家族愛と国家の誇りが感動的に誘発され、素朴に思われる曲は2回歌われても観客を飽きさせないだけではなく、映画の感情的な高まりの場面を強めることができるとレーマンは確信した。

リンゼイとクラウスによるブロードウェイの台本、マリア・フォン・トラップの自伝、映画の『菩提樹』と『続・菩提樹』を組み合わせ、レーマンは主人公たち、あるいは大佐を除く登場人物たちを、実際に彼らが存在しているかのように作り上げることをやってのけた。彼は、映画化するにはミュージカル版をただ「切り開けばいい」という冒しがちな危険をうまく回避した。ロジャース&ハマースタイン協会の会長テッド・チェイピンはこう述べている。「彼の仕事の素晴らしいところは、ミュージカルの台詞をたくさん使っている点だが、

ユーモアの部分はかなり変えてしまったね」

　決定打は、レーマンが考案した映画のオープニングにあった。彼は、映画の舞台に映像的な可能性が見出せれば、ワイズの創作本能が呼び覚まされるだろうと考え、台詞よりも映像を重視して、観客の心を素早くつかむオープニングを書いた。実際に目を閉じて机の前に座りながら、オープニング曲を考えつつ、レーマンはただ次の言葉を打ち込んだ。「これが私の見たいもの」。それから、おとぎ話のように広々と開かれたオーストリアの田園、登場人物たちが本当に歌い出す、うっとりするような王国の光景を書き続けたのである。

　お涙頂戴で感傷的すぎるかに思われたミュージカルは、今やすっきりとして映画に相応しい台本へと形作られていった。レーマンは、これならワイズ監督は引き受けるかもしれないと考えた。

　仕事が延期になって手持ちぶさただったワイズは、もう一度台本を読んでみようと決め、自分がその作品に良い反応をしていることに気付きながら、2回読み通すと、ブロードウェイの楽曲を繰り返し聴いてみた。映画化の可能性に考えをめぐらせながら、ワイズは信頼するミュージカルの権威で『ウエスト・サイド物語』の共同製作者であるソール・チャップリンにその台本を送った。ピアニスト、ソングライター、ボーカル編集者、ミュージカル・ディレクターという数々の肩書を持ち、『巴里のアメリカ人』や『掠奪された七人の花嫁』、『ウエスト・サイド物語』でアカデミー賞を獲得しているチャップリンは、数十年間にわたって、（MGMミュージカルを代表するプロデューサー、アーサー・フリードのもと集結した）スタジオの伝説的な映画製作チーム、フリード・ユニットによって大量に作り出されたMGMの素晴らしいミュージカルを成功に導いた経験があった。チャップリンのミュージカルの話にワイズ監督は耳を傾け、その時チャップリンは、驚いたことに舞台で観たときには全く好きになれなかったミュージカルの台本を元にした物語に自分が感動していることに気が付いた。プロの立場からその楽曲自体は称賛していた彼は、ミュージカルの台本は彼の好みからすると感傷的すぎると思っていたが、レーマンの台本には共感できた。甘ったるくなりすぎる可能性があるので、『サウンド・オブ・ミュージック』はワイズ監督のようなリアリスティックな監督が舵を取らなければ映画として失敗することが、チャップリンにはわかっていた。ワイズ監督なら、このミュージカルの根本的テーマである個人の自由や尊厳、救済を、重苦しくならずに前面に押し出すだろうと彼は確信した。実際のところ、ワイズ監督はミュージカルが好きだったし、確かな技術をいくつも持っており、揺るぎない信念を持っているが穏やかな人格だった。チャップリンの見たところ、それは万事うまくいきそうで、ワイズ監督は彼に「君がいいと言うなら、いいだろう」と言い、チャップリンは彼にこの仕事を引き受ける後押しをした。

フィル・ガーシュがスタジオにワイズが監督として参加する旨を伝えると、興奮したリチャード・ザナックはレーマンにスタジオに来るよう電話をかけた。レーマンはその時のことを愉快そうに思い返して、こう語っている。ザナックは出し抜けに、「びっくりさせてやる──ボブ（ロバートの愛称）・ワイズにこの映画の監督を頼めたとしたら、どうする？」レーマンの訳知り顔の笑いを見て、ザナックは何があったのか気づくと、笑いながら彼を責めたてた。「なんて奴だ！ お前が彼に台本をこっそり渡したんだろう？」

その通りだった。

ロバート・ワイズ

"最も優れた映画は、観客に生きていること、人間であること、
他者に手を差し伸べることへの喜びを感じさせるものである"
ロバート・ワイズ　AFIライフタイム・アチーヴメント（生涯功労賞）受賞スピーチ

ザナック、レーマン、チャップリン──全員が、伝記映画とメロドラマの混ぜ合わせから『ウエスト・サイド物語』の様式化されたミュージカル世界まで幅広い映画を撮った経験のあるワイズ監督こそ、この特別なミュージカルに挑戦するのに誰よりも適した人物だと確信していた。彼は考えられる全てのジャンルで監督を務めており、彼に成し遂げられない映画の仕事などなかった。後にわかるように、ワイズ監督がミュージカルで残した功績は『ウエスト・サイド物語』だけではない。事実、彼はRKO（アメリカの映画製作配給会社）で、フレッド・アステアとジンジャー・ロジャースが出演した映画の音響効果係と音楽編集者として映画産業での経験を積み始めたのであり、フレッドとジンジャーと働くことは、この上なく恵まれた環境であった。

2人は素晴らしかったが、若く野心的なワイズは、音楽編集者としてのキャリア以上のものを内心で強く望んでいた。彼は監督になりたいと思っていて、熟練の編集者のアシスタントとして階段を順調に登り始めると、人気を博したコメディ『ママは独身』（1939）と『ママのご帰還』（1940）の最終的な編集作業を目にすることができた。そして、1941年に『市民ケーン』の類まれな影響力のある編集によってオスカーにノミネートされ、彼のキャリアは大躍進を遂げることになる。

それから何年も経って、辛抱強いワイズでさえも『市民ケーン』の話にはうんざりするようになったが、疑いようのない傑作、これまで撮られたなかで最も素晴らしい映画としてしばしば引き合いに出される作品への彼の特別な貢献は、強い影響力を持った朝食のシークエンスにはっきりと表れている。数十年にわたる光景を繋ぎ合せたシーンでは、ケーンと最初の妻が一緒に朝食をとっている光景が映される。そしてテーブルに着席したままの姿

で、次第に仲が悪くなっていく様子が、空間的な配置とマンネリ化する表情や態度によって直接的あるいは比喩的に伝えられる。この連続シーンはウェルズが思いついたのかもしれないが、場面を非常に効果的にしているペースと具体的なカットは、ワイズとマーク・ロブソン（『大地震』、『脱走特急』、『青春物語』で監督として商業的に成功したキャリアを積むことになる）によって作り出された。2人の編集者は朝食テーブルのシーンを繋ぎ合せるのに数週間をかけて、一区切りのセクションごとに最初のセリフが入るタイミングとシーンの切り替えのスピードが完璧になるようにした。忘れがたいシークエンスがいくつも盛り込まれた素晴らしい映画のなかでも、結婚生活が崩壊していく様を芸術的に表したこの場面が最高の評価を受けるのはもっともであろう。

『市民ケーン』で学んだことは、ワイズ監督のその後の人生で活きつづけた。『サウンド・オブ・ミュージック』の助監督ゲオルク・スタイニッツは、「ロバート・ワイズは頭の中で映画全体を把握していたと、私は心から信じています。編集者の世界から監督になり、必要なシーンを全て把握しているので、撮りこぼしの無いよう全てのアングルから十分なショットを撮ることができるのです。彼は、全部門のあらゆることが頭に入っていました。小道具や何人エキストラが必要であるかなど、何から何まで細部をしっかり把握しなくてはいけないのはユニット・プロダクション・マネージャーなのですが——ワイズ監督自身が一つ残らず把握していました。全体を見通したうえで細かい点が全て決められ、彼が私たちを率いていました。究極のプロでしたね」

『市民ケーン』での並はずれた仕事の後、RKOのお偉方のワイズに対する評判はますます高まった。というのも、ウェルズの『偉大なるアンバーソン家の人々』は、カリフォルニア州ポモーナでの試写会が散々な結果で終わって再編集が求められていたが、さらにウェルズは最終的に未完となる『イッツ・オール・トゥルー』を中南米で撮影していたので、スタジオはワイズに助けを求めたのである。ワイズ監督はその機会をものにしたが、それによって『アンバーソン』という傑作が歪められたと考える人々からは、長年にわたって称賛よりも悪意の的にされるはめになった。ワイズは寝室のシーンを撮り直し、別の場面を追加したが、（アシスタントのマーク・ロブソンと行った）彼の作業の大半は、シーンの入れ替えや再編集であった。ウェルズは映画が「スタジオの庭師によって切り刻まれた」ようだと言って、再編集を公然と非難したが、ロバート・キャリガーが1993年に出版した『*Magnificent Ambersons Reconstructed*（偉大なるアンバーソン家の再建）』によると、ワイズとロブソンよりも、ウェルズのほうが大幅な削除を提案していたようである。

それからワイズの監督としてのキャリアが上昇し始めたのは、1944年の『キャット・ピープルの呪い』の撮影途中で、急遽ゲンター・フォン・フリッチと監督を交代したときから

だった。伝説的なプロデューサー、ヴァル・リュートンの指示のもとで仕事をしていたが、予算がなかったため、ワイズは暴力を写実的に描くよりも、むしろ仄めかすことで脅威の感覚をうまく際立たせた。監督としての彼の強みは、書かれた言葉を純粋な視覚による語りへと変える能力だということが、すぐに明らかになった。1963年の『たたり』でワイズ監督は、音響とデイヴィス・ボールトンの恐ろしい白黒の映画撮影法を組み合わせることで生じる恐怖を提示しようと——あるいは、仄めかそうとしている。それによって、残酷なシーンではなく、雰囲気が全てを物語る恐怖映画になっているのである。

第一作を撮り始めて確かなプロとなった彼は、どれほど評判のいいシークエンスであっても、映画を緩慢(かんまん)にしてしまうと思えば編集することを譲らなかった。ほかの何よりも彼がよく引用したアドバイスは、ワイズが編集を務めた1943年の『ボンバー・ライダー／世紀のトップ・ガン』を撮ったリチャード・ウォーレス監督が彼に語った言葉である。「ある場面が撮影現場で少しでも遅く見えるとしたら、映写室ではその2倍遅く見えるものだ」

ジャンルを問わず、ワイズ監督は様式的に凝った表現を軽蔑し、題材そのものに語らせるようにしていた。クレア・トレヴァーが出演した1947年のかなりスリリングな作品『生まれながらの殺し屋』から人種的議論を巻き起こしそうな『拳銃の報酬』まで幅広いジャンルの映画で、ワイズ監督は台本に注目が集まるようにしている。彼は才能ある美しきエリノア・パーカーと初めて仕事をした映画、1950年公開の『三人の秘密』のような「女性向け映画」を扱うこともできたが、たいてい少なくとも何とかなりそうな望みがいくらかある題材に惹きつけられた。それがもっとも顕著なのは、20世紀フォックスに恩恵をもたらした1951年の傑作SF映画『地球の静止する日』である。

スターリン・ヘイデンとジェーン・ワイマンが出演している、エドナ・ファーバー原作の1953年公開映画『So Big』(日本劇場未公開)のように、彼は抒情詩的(じょじょうし)な作品も撮ることができたが、物語の舞台が——『ウエスト・サイド物語』のニューヨークでも、『傷だらけの栄光』(1956)の汚れたボクシング・ジムでも、あるいは1958年の『深く静かに潜航せよ』でクラーク・ゲイブルが乗り込む重苦しい潜水艦であろうとどこでも——ワイズは、小さな限られた空間のなかで生じる、最も力強い感情が湧き上がる瞬間を映像化することに、いつも重きを置いていた。『サウンド・オブ・ミュージック』で、マリアと大佐がついに愛を告白するのは、どのように撮られていただろうか？野外に広がるアルプスの田園ではなく、ロマンチックな小さいあずまやの中である。修道院長がマリアにすべての山に登り、星々まで達するように強く促したのは、どこだっただろうか？そびえ立つ大聖堂ではなく、彼女の質素な仕事部屋であった。

音楽を愛するワイズは、ジャズを変化させたミュージカル表現を、あの非常に恐ろしい

現実が描かれ、非常に陰鬱な雰囲気が垂れ込めた、数々の賞を獲得することになる『私は死にたくない』(1958) に挿入しようとしたことさえあり、『This Could Be the Night』(1957) のナイトクラブの場面では、少なくとも6曲は使っている。しかしながら、『ウエスト・サイド物語』(1961) が彼の初めての本格的なミュージカル映画で、これは確実に成功すると思われている映画とは、かけ離れた作品だった。

そう、『ウエスト・サイド物語』のミュージカル版はブロードウェイで成功を収め（公演数732回）、批評家からも喝采を受けた（幕を下ろして10カ月後に、さらに8カ月の追加公演の契約をしたくらいだった）が、『マイ・フェア・レディ』が成し遂げたほどの大ヒットにはならなかった。舞台を今のニューヨークに置き換えた現代版『ロミオとジュリエット』のようなミュージカルは、9メートルもある映画館のスクリーンで拡大された時に、馬鹿げたように見えてしまう危険があった。たしかに目覚ましい革新的なショーではあったが、それはまた、そのミュージカルの脚本家で辛辣なアーサー・ローレンツ（『ジプシー』、『追憶』）の言葉を用いると、「カラーコーディネートしたスニーカーを履いて踊っている町のごろつき」についての話にすぎなかった。

ワイズはその映画製作の契約と、優秀だけれども、わがままだと評判のブロードウェイ・ミュージカルの独創的な振付師で監督でもあるジェローム・ロビンスと共同監督するという契約に署名をしたが、撮影半ばで、1人で監督を引き受けることになった。ユナイテッド・アーティスツが見たところでは、ロビンスは完璧主義的な考えを実現しようと妥協することがなく、時間と費用をあまりにかけ過ぎていたからだ。彼は作業の過程で、最も重要なハリウッドの金言を忘れていたのだ。「これはショー・ビジネスであって、ショー芸術ではない」

実在するニューヨークの通りとマンハッタンのビルの谷間をまっすぐに下降しながら撮影した様式的なアプローチを混ぜ合わせ、ワイズ監督は本来ならば人工的なミュージカル映画というジャンルの枠組みの中で、観客がドラマチックな激しい物語を受け入れられるよう工夫した。彼は、最初の10分間で映画の基本的な表現形式を構築しなくてはならないことがわかっていた。登場人物たちは、直接お互いに向けて歌うのだろうか？彼らはダンスで情熱を表現すればよいのか？このうえなく大胆な道を選び、ワイズは最初の10分間に全てを賭けると、それに勝ったのである。映画は、現実のマンハッタンの通りで踊っているギャングたちの姿から幕を開ける。一見すると、踊っているギャングたちは滑稽に思われるかもしれないが、ワイズとロビンスの巧みな手腕で、観客は映画の前提となる表現様式と曲をすぐに受け入れた。他のどのジャンルよりも、ミュージカルはバランス感覚を必要とする最も繊細な曲芸のようであり、ワイズはそれに楽しんで挑戦していた。最後には、本当に彼は自身のどの映画よりも『ウエスト・サイド物語』から喜びを得ていたようである。「オ

リジナルから映画の完成版に向けて製作してみて、『ウエスト・サイド物語』は、今までの映画よりもはるかに力量を試され、これまで以上に創作的な達成感が得られる作品だったと思う」と、彼は語っている。

　いまや、ワイズ監督は『サウンド・オブ・ミュージック』に「イエス」と答え、利益の10パーセントを上乗せした報酬を求める契約をすぐに取り決めた。『ウエスト・サイド物語』でプロデューサーと監督の二役を務めたのと同じように、ワイズ監督は『サウンド・オブ・ミュージック』でも製作から配給やプロモーションにいたるまで、全ての局面に関わることになる。これは、あらゆる意味で、ロバート・ワイズ・プロダクションと言えよう。もしうまくいかなくても、誰にも文句が言えないのだ。ワイズは望むところと思っていた。

　1963年10月、ワイズ監督は正式にロジャー・イーデンスとソール・チャップリンを交代させ、ボリス・レヴェンをプロダクション・デザイナーとして、ソール・ワーツェルをプロダクション・マネージャーとして、そしてモーリス・スベラノを絵コンテ作家およびセカンド・ユニットのディレクターとして起用した。11月1日に、5人は下見旅行でザルツブルクへと向かい、そこでワイズ監督は、大きくも小さくもない（人口15万人の）——教会や大聖堂が非常に多くあるため「北のローマ」と呼ばれる——バロック様式の街をとても気に入り、映画の中ではザルツブルクの街を映画のもう1人の登場人物であるかのように撮影することに決めた。ノンベルク修道院…聖ペテロ教会の墓地…美しい花々が咲き乱れるミラベル庭園…ザルツァハ河に架かるモーツアルト橋…葉に覆われた格子のある植物園…円形の水遊び場…ネプチューンの噴水…フェスティバル・ホール・ロック・ライディング・アカデミー…ワイズはあらゆる場所に可能性を見出していた。これらの美しい歴史を感じさせるヨーロッパの舞台すべてがミュージカルの曲とあわせて映像にされ、『自信を持って』や『ド・レ・ミの歌』は、ただの元気な歌としてよりもさらに印象深いものになるだろう。それらはザルツブルクの魅力と、フォン・トラップ家が感じる母国への深い愛を伝えるのである。

　この物語に内在する高揚感を表現しながらも、ロケ地での撮影はまた、アルプス山脈によって守られていると同時に発展を妨げられている人物たち、取り囲む山々と増大しつづけているナチスの脅威の双方が影を落としている街を表すものでもあった。ワイズには、ロケ地が持っている可能性は無限のように思われたが、克服しがたい問題が残っていた。映画のタイトル曲を撮る舞台として映像化するのに相応しい山頂の草原は、どこにあるのだろう？

　この問題を解決しようと、5人は映画のロケーション・コーディネーターと一緒に、タイトル曲に「完璧な舞台」と思える場所に辿り着くまで雪の中を歩き続けた。ハリウッドのベテランたちは立ち止まったり、振り返ったりしながら歩みを進め、驚いて目的地をじっと見

つめた。その大きな野原は、チャップリンの言葉を借りれば、「野原一面は膝の高さほどの雪で覆われ、そこを取り囲む実のつかない背の高い草にもまた重々しげに雪が積もっていた」。青々とした夏の草原は、はるか遠くに思われた。プロダクション・マネージャーのワーツェルは、ひるむことなく自信を持って、疑わしそうな映画製作者たちにこう言い切った。「私を信じてください」。いまから7カ月経てば、ここは緑が生い茂る瑞々しい草原となり、雪を頂いたアルプス山脈とのコントラストはいっそう眼を見張るものとなります、と彼は主張した。彼らは凍えてはいたものの、壮観な景色を眺めるために時間をかけ、皆の想像のなかで草原は舞い上がるようなタイトル曲に理想的な舞台へと姿を変え始めた。これはうまくいくかもしれない。ただ、いまは寒さから逃れよう…。

　取り囲む山々を驚きの目で見つめることに余分な時間を費やしたことは、このうえなく重要なことだった。いまや舞台のリアリティが高まり、実際に作品が持つおとぎ話のような質と完璧に調和したことに、創作チームは感謝し始めたのである。そびえ立つ山々に囲まれた草原の息を呑むような光景は、まるで物語全体がその世界に存在しているかのように、孤独の感覚を伝えるのだ。景色は現実のものであったが、同時に物語の持つ夢の国のような雰囲気を強調するのに役立ったのである。

　アメリカへ戻り、ワイズ監督はプロダクション・デザイナーや映画撮影技師、編集者との契約をひたすら続けた。ワイズはそれぞれの重要なポジションを任せる人選に際して、以前一緒に仕事をして成功を収めた人々を、彼の第一希望で唯一の選択肢として任命した。テクニカラーのミュージカルが近所の映画館のスクリーンに映されるまでの道のりで、他に何が起ころうとも、この映画の様式はハリウッドでもっとも才能のある専門家たちの手に委ねられることになった。というのも、プロダクション・デザイナーのボリス・レヴェンのもと、映画撮影技師にテッド・マッコード、編集者にウィリアム・レイノルズも加わったのである。オスカー受賞者、チーム・プレイヤー、そして気立てのよい紳士たち。いつ始めるのかだって？

　昨日からだ。

7.
『サウンド・オブ・ミュージック』をデザインする：
ファンタジー、リアリティ、14曲の調べ

ボリス・レヴェン

"ボリスは貴重な人材だった。あの作品の全ての視覚的効果は、本当に見事だったよ"
ロバート・ワイズ

　映画『サウンド・オブ・ミュージック』の様式、舞台装置、そして特質までもが、ある1人の人物から始まっている。プロダクション・デザイナーのボリス・レヴェンである。
　1964年には、すでにハリウッド史における偉大なプロダクション・デザイナーの1人として評価されており、ワイズ監督は、映画を成功させるにはオスカーを受賞している芸術家レヴェンの存在が不可欠だと考えていたので、『サウンド・オブ・ミュージック』の監督を引き受けるとすぐにレヴェンに連絡をした。プロダクション・デザイナーの候補となる者は、他には誰もいなかった。ワイズ監督は、疑いの余地なく「スクリーン上でリアリティを生み出す達人」と彼が見なしていた友人のレヴェンだけを望んでいた。
　1908年にモスクワで生まれ、1927年に思いがけずアメリカへと移住するまで、レヴェンは故郷で絵画の勉強をしていた。実際には、亡命者リストに登録することができたのは彼の兄だったのだが、恋人を残していきたくなかったため、ボリスにその権利を譲った。
　アメリカに着くと、レヴェンは南カリフォルニア大学に入学し、卒業後にニューヨークのボザール・インスティテュート（建築美術専門学校）に入った。彼は建築の仕事に就きたいと思っていたので、建築家として仕事を始めるまでの間、生計を立てるためにパラマウント・ピクチャーズでスケッチ・アーティストとして働きだした。

ディテールと色に対する類まれなセンスがあり、レヴェンはあっという間に新進のデザイナーとしての地位を獲得し、映画プロデューサーのサミュエル・ゴールドウィンとの仕事ができるまでになった。その経験を買われ、1937 年にアート・ディレクターおよびプロダクション・デザイナーとして 20 世紀フォックスと契約を結び、1938 年の『世紀の楽団』で、少なくとも 86 コマのセットをデザインして初めて大成功を収めた。

　多くを物語る細部に対して並はずれた眼識を持ち、レヴェンは本物と演出上のものをうまく混ぜ合わせることができた。1941 年の『上海ジェスチャー』——全て漆塗りの家具と「エキゾチック」なアジアのモチーフを使った作品——を観ると、当時のハリウッドに広まっていた極東のイメージを、彼がどれほどよく理解していたかがわかる。まだ多文化主義が普及していない時代であったのに、実際に、カクテルの名を持つ修道女、マザー・ジン・スリングという主役の 1 人が暮らす家のデザインを彼はやってのけ、それが非常に細密だったので、映画のもう一つの魅力になるほどだった。映画製作中に登場人物を紹介する当時の新聞記事には、マザー・ジン・スリングのダイニングルームの壁は約 280 平方メートルもの鏡でできており、そこに俳優のケイ・ルークが 750 人ほどの中国人の絵を描いたと書かれている。アジアの居間であろうと、オーストリアの女子修道院の丸石であろうと、どこの細部であっても、レヴェンの鋭い物の見方によって、用意された舞台のリアリティが高まったのである。

　その伝説的なキャリアの間に、レヴェンはオスカーに 9 回もノミネートされた（その経歴は『世紀の楽団』と『上海ジェスチャー』に始まる）。『ジャイアンツ』（1956）でアカデミー賞にノミネートされた彼の仕事は非常に力強いものだったので、映画公開から何十年経った後でも、『ジャイアンツ』と言うや否や、レヴェンがデザインした広大なテキサスの空を背景にした、ヴィクトリア朝の家のシルエットのイメージが呼び起こされる。彼の仕事の範囲は幅広く、『ジャイアンツ』の後は痛烈な白黒映画『或る殺人』の製作に加わり、その 2 年後に『ウエスト・サイド物語』でワイズ監督と組み、アカデミー賞に輝いた。

　オスカーを受賞した『ウエスト・サイド物語』のデザインで、レヴェンは実在するニューヨークのロケ地とミュージカルのジャンルに求められる様式を見事に融合している。1962 年に室内撮影を中心とした小規模の白黒映画『すれちがいの街角』でワイズ監督と再び仕事をすることになり、レヴェンはワイズ監督との二度目の作品は、前回よりも楽しめるもので、仲間意識と仕事に対する厳しい姿勢が非常に良く混ざり合った感じがすると思った。ワイズ監督は、控えめながらも常に自制心のある総司令官として役割を果たし、レヴェンは注意深く紳士的な副官として彼を支えた。彼らの仕事上の関係をより深く結びつけたのは、2 人ともがチームを中心としたやり方を信念としていたこと、また、いい作品はそれ自体が

雄弁に物語るものと信じ、個人の栄光を追い求めることをしなかったことである。レヴェンはこのように語っている。「私は常に監督と一技術者としての完璧な関係を楽しんでいました…私が関わったそれぞれの映画が私の視野を広げ、心構えを正し、情熱を高めてくれたのです」

　ワイズ監督との三度目となる仕事に心躍らせ、ソール・ワーツェルと映画の予算の交渉をまとめ、1963年11月、レヴェンはスケッチを始めた——城や陽気な村人で溢れたステレオタイプなアルプス山脈の世界とならないようにしっかりと決意を固めて。誤ったセット一つ、まがい物の細部一つで、観客はスクリーンに映し出されたおとぎ話のようなミュージカルの世界から、すぐさま現実へと引き戻されてしまう。青写真が描かれ、ロケ地の選択が終わり、レヴェンの仕事に全面的な信頼を置くと、次にワイズ監督は、ワイドスクリーンに映し出されるテクニカラーのミュージカルのための映画撮影技師を選ぶことに注意を向けた。

　第一希望も第二希望も、候補は1人だけだった。テッド・マッコードである。

テッド・マッコード

"仲間のあいだで、彼は一緒に働く人たちと考えを共有し、技術を独り占めしない人物として知られていた"
『バラエティ』

映画の色合いを検討し、きらびやかなダンスホールでのロマンスとそびえ立つアルプス山脈を望ましいバランスにして、どうすれば最高の撮影ができるかを考えながら、ロバート・ワイズは最初からテッド・マッコードにかなり頼ることになるだろうと承知していた。2人は1962年の『すれちがいの街角』で共に仕事をしており、その白黒映画の大半はマンハッタンのアパートの狭苦しい空間が舞台だったが、ワイズはマッコードの40年にもわたる仕事の中心は多様な屋外ロケ地での撮影で、特に生き生きとした素晴らしい西部劇シリーズだと知っていた。1959年の西部劇『縛り首の木』での細部にも手を抜かない非常にはっきりとした野外の景色を観れば、何気なく観ている観客でさえも、マッコードが綺麗な映像を撮ることだけが課題ではないとよく理解していたことがわかるほどであった。画面の構成と、荒涼とした風景を背にシルエットとして浮かび上がる人物たちの配置が組み合わさり、一言も発しない登場人物たちについて雄弁に語っている。

　マッコードは1917年に映画業界で働き始め、西部劇からコメディまで多数の映画撮影に加わった。キャリアを伸ばすにつれて、深い陰影の使い方を実験するようになり、進化を遂げる彼の色遣いは、2人の全く異なる人物から影響を受けている。オランダの巨匠レ

ンブラントと、映画カメラマンとして評価の高いグレッグ・トーランド（『市民ケーン』、『嵐が丘』）である。マッコードは1937年からワーナー・ブラザースで長期にわたる仕事を始め、第二次世界大戦中は軍隊に入るとアメリカ軍撮影部隊の大尉として任務に就いた。戦争の終結時には、ベルリン入りする部隊の最前線へと赴き、ヒトラーの破壊された事務所の内部を撮影する第一線のカメラマンたちの1人でもあった。

戦後に、マッコードの仕事が最初の頂点を迎えたのは、3本の白黒映画『ジョニー・ベリンダ』（1948、アカデミー賞ノミネート）、ジョン・ヒューストンの『黄金』（1948）、『美しさ故に』（1949、マイケル・カーティス監督）に参加した時だった。3本の素晴らしい白黒撮影を終えて、次に彼が携わったドリス・デイが出演している映画では、彼がミュージカル・ジャンルを理解していることを示すだけではなく、女性スターの魅力を高める能力があると伝えるものでもあった。事実、ワイズ監督は女性に焦点を当てた『サウンド・オブ・ミュージック』を計画していたのである。マッコードによるデイの撮影は、ワーナー・ブラザースに彼女が在籍していた7年間で最高の映画となった。『情熱の狂想曲（ラプソディ）』（1950）、『ヤング・アット・ハート』（1954）、特にカーティスが監督した『I'll See You in My Dreams』（1951）には、デイが深夜のジャズクラブで眠りに落ちると、夫役のダニー・トーマスがゆっくりと階段を下りてきて彼女を抱きかかえ、クラブの外へ連れて行くという素晴らしいシークエンスがある。マッコードがセット全体に照明を配したので、カーティスは途切れることなくその場面を撮影することができ、煙った照明と深夜の店じまいしたバーの雰囲気、微かに流れる音楽とともに、場面全体が感動的なだけではなく、完全なる美を表現している。マッコードは彼女の長所（瞳に宿る暖かさや、愛嬌のある笑顔）を強調し、欠点は最小限になるよう努め（彼女は胴長だった）、彼の心を込めたデイの撮影は、女優を撮ることに関して彼がどれほどよく理解していたかを表している。

マッコードが初めてオスカーにノミネートされたのは『ジョニー・ベリンダ』だったかもしれないが、『黄金』で大胆なくらい細かい点にこだわった彼の仕事に感銘を受けたエリア・カザンが、テクニカラーとシネマスコープ（大型映画）方式を用いて製作されるジョン・スタインベック原作の『エデンの東』（1955）にマッコードを使いたいと申し出た。カザンは、フォーカスと陰影を操るマッコードの才能が、彼が思い描くカラー映像を自然なものにしてくれるだろうと気づいた。実際、売春宿の廊下でのマッコードの撮影は、その本質や質感を一つも残さず静かに伝えている。

マッコードの西部劇での経験と『サウンド・オブ・ミュージック』の大半が日中の撮影になることを考え合わせ、ワイズ監督は難しい野外の場面すべて、特に『ド・レ・ミの歌』のシーンの連続は、マッコードの手にかかれば容易になるはずだと思った。ワイズ監督の

言葉を借りれば、「彼はロマンティシズムを絶妙に仕上げることができた——味気ない現実的なものではなく、あらゆる点でぴったり合うソフト・フォーカスを使って」。12月30日、彼らはプロとして再び共に働くことが決まった。

では、編集は誰がいいだろう？

ウィリアム・レイノルズ

"映画の編集が観ていてわかる時には、退屈になってしまう"
ウィリアム・レイノルズ

1910年、ニューヨーク州エルマイラで生まれたレイノルズは何不自由ない環境で育ったが、映画業界では、フォックス・スタジオの小道具係という低い地位から出発した。映画編集者の仕事に興味を持ち、パラマウント社と契約すると、ヘディ・ラマールの魅力を引き出した1938年の映画『カスバの恋』の編集によって、映画業界で名声を獲得した。そして、第二次世界大戦に従軍した後、ダリル・F・ザナックが率いる20世紀フォックスと長期契約する機会に恵まれた。編集者としての経験があるザナックは、レイノルズの才能の幅にすぐに気づき、名作の数々に彼を割り当てた。

これらの映画によって、彼はついにロバート・ワイズとの初めての仕事、1951年の『地球の静止する日』に携わることになる（今では、そのジャンルの古典的作品として考えられているが、公開当初は映画史のなかで異例ともいえる評価を受けた——ゴールデン・グローブ賞の〈国際理解促進最優秀賞〉を受賞したのである。これは、宇宙からの訪問者に焦点を当てた映画のプロット、さらに、おそらく銀河間での友好を含んだ〈国際理解〉への評価であったのだろう）。

レイノルズによる一流の仕事は、大人気となったメロドラマ『愛の泉』（1954）や『Love Is a Many-Splendored Thing』（1955）から、ロジャースとハマースタインによる『回転木馬』（1956）まで幅広く、マリリン・モンローの魅力を十分に引き出した『バス停留所』（1956）、フレッド・アステア出演のミュージカル映画『足ながおじさん』など全てのジャンルを網羅している。1951年のワイズ監督との仕事をすっかり楽しんだレイノルズは、次回作の『サウンド・オブ・ミュージック』の話を耳にすると先手を打ち、再び一緒に仕事をしたいと監督に電話をかけた。レイノルズの気さくな挨拶を聞くや否や、ワイズ監督は答えた——「一緒にやろう」——監督は、誰が相応しい編集者か初めからわかっていたのだ。

ワイズ監督は、編集者であり「紳士」でもあるレイノルズとの懐かしい思い出を振り返り、彼のスタイルと人柄に安心しきっていた。元編集者として、ワイズ監督はレイノルズの

やり方を高く評価していた。アーサー・ヒラー監督の言葉では、直観に優れたレイノルズは、「機械的ではなく、感じたままに」編集をおこなっていた。

　彼の表現方法は、見かけ倒しではなく、また注意を引くような技巧に頼ることもなく、ペースを速めながら堅実に物語を先に進ませようとするものだった。彼のあらゆる選択は、その映画のために検討されたものだった。彼はこのように語っている。「編集者として、できる限り監督のアイデアに合う最良のバージョンが作れるよう努力すべきです。私は観客が映画を観た時に、編集に気づかないようにしたいと思っています。映画の編集が観ていてわかる時には、退屈になってしまう」。彼は、それ自体が注意を引きつけるような大げさなカットに関心を持つことは決してなく、観客が映画の実際の構成とペースに、どのように反応するかに焦点を当てていた。以前アシスタントを務めていたジム・ラングロアによると、レイノルズは試写会に参加するときは、どこで笑いが起こったか、または笑いが止まなかったかが良く聞こえるように、わざと観客の真ん中に座ったという。そこに座って反応を見ることが、物語が観客を捉えたか——あるいは捉えなかったか——を正確に確かめる一番の方法だと、彼は感じていたのである。

　レイノルズの控えめな人柄は、ワイズ監督だけではなく、プロダクション・デザイナーのレヴェンや撮影技師のテッド・マッコードとの素晴らしい共同作業をも可能にした。ワイズ監督は、中西部出身者らしい簡潔な言い方でこう語っている。「他の誰の判断よりも、私はビル（ウィリアムの愛称）の判断を評価していたよ。撮影したなかで何を使うか、時には全て使わないかを決めるのは、編集者の仕事だからね。ビルは、本当に優れた鑑識眼を持っていたと思う」

　レヴェンは契約を結ぶと熱心に仕事に取り掛かり、マッコードはフィルムとカメラの要求をスタッフに伝えた。1963年12月2日に契約を結んだレイノルズは、いまではもう準備万端で、仕事をしたくてうずうずしていた。あと一つ残された鍵となるのは、衣装デザイナーの契約である。いったい誰が、修道女や海軍士官、子どもたち、そしてナチスの衣装を現実的に作ることができるのだろうか？

ドロシー・ジーキンス

"彼女の特別な才能は、衣装を衣装のようではなく、本物に見せた"
ロバート・ワイズ

　映画ファンが、スクリーンに映されたオーストリアの田園を軽快な足取りで幸せそうに歩くフォン・トラップ家の子どもたちを想像しようとするとき、すぐに二つのシークエンスが思い

浮かぶだろう。『ド・レ・ミの歌』で街中を駆け回るシーンと、その曲の後に続く、木に登ったりボートがひっくり返ったりするシーンである。両方の場面で、ただちに思い出されるのは衣装である。7人の子どもたち全員が古いカーテンで作った遊び着を着ているが、それはスカーレット・オハラが緑のヴェルヴェットのカーテンをドレスに変えて以来の、最も有名なカーテンだと言えよう。

　『サウンド・オブ・ミュージック』を何気なく観ている観客でさえも、マリアと大佐の結婚については言及し、その話はすぐさま彼女のドレスとマリアがヴァージンロードを歩くときに流れるように垂れる裾が優雅に動く様子に向けられる。カーテンとウェディングドレスに共通して見られるのは、衣装デザイナーのドロシー・ジーキンスの仕事に本来備わっている、細かい部分への並々ならぬこだわりである。彼女のデザインは目立たない程度ではあるが効果的に色と質感を組み合わせており、登場人物の変化を表すのに大いに役立っている。時代の細部を大切にするジーキンスは、1930年代オーストリアの「黄金期」を舞台としたミュージカル映画にとって、理想的なデザイナーであることが明らかとなった。

　ソール・チャップリンがワイズ監督に彼女を推薦し、1964年1月にワイズ監督から仕事の依頼を受けて、やる気に満ちたジーキンスは契約を結んだ。彼女自身は非常につらい人生を送っていたので、『サウンド・オブ・ミュージック』の可愛らしい子ども時代の描き方や、家族の愛は全てに打ち勝つという、包み込むようなメッセージに対する彼女の反応は、実生活での願いがワイドスクリーンで果たされたことを示しているようにみえた。

　1914年生まれのジーキンスは、幼いころに両親に捨てられている。父親は5歳のドロシーを母親から引き離し、数年間にわたって何軒もの里親の家に隠し続けた。ある時期には、虐待的な育ての母親と一緒にロサンゼルスの通りで物乞いをさせられたこともある。67歳になったジーキンスは、次のように語っている。「今この時になっても、母に何があったのか判りません。母は高級婦人服の仕立屋でした。茶会用のガウンを作っていたのです」。自分のことを「病的にシャイで、神経症的に内気」だというジーキンスは、かなり若い頃に自分にはスケッチの才能があると気がついた。「6歳になる前に、読み書きと絵を描くことを学んでいました。幼稚園では、戦時国債決起大会で演説するためにサンディエゴに来ていたウィルソン大統領のスケッチをしました。それが新聞に掲載されたのです…その時はじめて、自分には絵を描く才能があるのだと自覚しました」

　彼女は、映画業界での仕事を週16ドルでミッキー・マウスのセル画を描くことから始め、すぐに結婚すると2人の子どもに恵まれた。第二次世界大戦時にパリへ配属されていた夫が母国に戻らないと決めたため、彼女は厳しい戦後の状況に苦しみながら、取り残されてしまった。ジーキンスは、2人の幼い息子たちを1人で面倒をみて育てる責任に追わ

れた。両親と夫から次々に見捨てられ、無理もないことだが、彼女は根源となる感覚を失ってしまった。ジーキンスの上手な言い回しを借りれば、彼女は「過去に対する親和性」があり、それが仕事の中にはっきりと表れ始めていた。彼女は、そこに自分でデザインしてコントロールできる過去を見出したのである。

優秀な肖像画家である彼女は、第二次世界大戦後、フォックスで衣装のイラストレーターとして働き始めた。ヴィクター・フレミング監督（『風と共に去りぬ』や『オズの魔法使』）が彼女の画集に目を通した時、その才能に感銘を受け、監督は自身の叙事詩的映画『ジャンヌ・ダーク』の共同デザイナーとして、すぐに彼女を任命した。イングリッド・バーグマンが主演し1948年に公開されたこの映画で、ジーキンスはアカデミー衣装デザイン賞が設立された初めての年の受賞者に輝いた。翌年公開されたセシル・B・デミル監督の『サムソンとデリラ』で、彼女は二度目のオスカーを受賞する。二度目のオスカーを獲得したデザイナーは、どんな反応をしたのだろうか？　彼女はこのように言って、オスカー像をクローゼットにしまい込んだ。「私はセシル・B・デミル監督の衣装チームの一員でしかなかった。そこに入る価値もなかったのに」

幼少期に見捨てられた経験があるジーキンスは、他の誰かが誤った扱いを受けることに対して特に過敏だった。デミル監督との仕事は非常に大変だったため、後に彼女は公の場で厳しい批評をしている。「デミルは最も横暴な男だった。人々を別の人たちの前で裸にして晒すというひどいやり方を楽しんでいたの。その日の終わりに、私は男性用の衣裳部屋でむせび泣くことになったわ」

1950年代を通じて、彼女の仕事の幅は広がり続け、ブロードウェイの『ピーター・パン』（彼女は劇場での仕事で、トニー賞に二度ノミネートされることになる）から、映画版の『南太平洋』や『The Music Man』（70名以上の衣装係が雇われた作品）まで、ミュージカル関係の仕事で特別な賞賛を受けるようになった。その才能は驚嘆すべきもので、彼女のデッサンや織物のコラージュは定期的にギャラリーや美術館で展示され、1962年にはグッゲンハイム・フェローシップ（助成金）を受け、ロサンゼルス郡立美術館では織物の学芸員として任命された。

細部への注意深さと元々備わっている流行に対するセンスで、ジーキンスは『エルマー・ガントリー／魅せられた男』のいかさま説教師たちの痛烈な白黒の世界と、マリリン・モンローの『恋をしましょう』の色彩が散りばめられたテクニカラーの世界を悠々と渡り歩き、その過程で、黄金期のハリウッドの巨匠ジョン・ヒューストン、ウィリアム・ワイラー、ロバート・ワイズから必要とされ、まぎれもない評判を得たのである。

彼女は完璧さを追求する彼らからの要望に十分に応え、年代物の衣装、彼女がやりが

いを感じる細部に配慮を要する衣装を扱っているときが、一番くつろぐことができた。「私は登場人物を自分の知り合いであるかのように考えて、想像力を働かせるようにします…遠景と近景の色を決めるため、床に色見本の布きれを置いて、統一したテーマに向けて取捨選択するのです。私にとって、世界中がセザンヌの絵画のようなものなのです、色彩で溢れんばかりの」。もし彼女の関わっている映画が、ボタンだけを使った衣服を着ていた時代に設定されていたとすれば、彼女がデザインした全ての衣装には、ボタンで細かな飾りが付けられていただろう。時間の節約になるうえ、費用もかからない現代のファスナーが衣装の内側についているのを、他の誰かに見られてしまうことを気にしていたのではない。彼女は単に、その当時の真正さに適さない材料は使わなかっただけである。

　これまでの彼女のキャリアを振り返ると、その控えめな人柄とデザインのセンスは、全く異なる気質のスターたちと見事に調和し、『イグアナの夜』の飾らないエヴァ・ガードナーから『ナイアガラ』のあぶなっかしさを感じさせるマリリン・モンローまで、幅広い人々と共に仕事をしている。ゲイリー・クーパーのような黄金期の巨人から現代のスター、リチャード・バートンまで、主役の俳優とも同じように円滑に仕事ができたのも、彼女の取り組み方が素晴らしかったからである。俳優たちはジーキンスといると安心できた。俳優兼プロデューサーのジョン・ハウスマンは、こう語っている。「本当に彼女は滅多に自分の思いつきやアイデアを俳優に押し付けたりはしなかった。自分の閃きよりもむしろ台本のために仕事をしていたね」。デザインに関する彼女の哲学を問われて、ジーキンスは小声で答えた。「キャンバスが台本で、デザイナーは画家なのです」。ジーキンスは直観的に、おとぎ話のように展開する『サウンド・オブ・ミュージック』には控えめな衣装が必要だとわかった。ソール・チャップリンは率直に評価する。「ドロシー・ジーキンスは、派手なダーンドルを着せなかったんだよ」

　しかし、ジーキンスの最終的なデザインの選択は、ある単純な理由から、まだ保留にされていた。ワイズ監督は、映画のキャスティングを全て終わらせなくてはならなかったのである。彼は膨大なリストを積み上げ、ザナックとデザイナーたちと会議をしたが、最後の決断は全て彼にかかっていた。彼がすべき選択のなかで、マリア役のキャスティング以上に重要な——あるいはデリケートな——ものは何もなかった。この映画を現実的なものにできる、ぴったりのスターがいなければ、全て大失敗になってしまう。800万ドルの損失や、ハリウッドのメジャーなスタジオの再起については触れないでおこう。全てが若い女優にかかっていた——歌って、踊れて、演技ができて、魅力的な外見で、愛の物語を信じられる形にできて、修道女の衣装を着ているときにはそれらしく台詞を言え、観客に彼女が7人の子どもの乳母から突然継母になることは本当に相応しいと思わせ、あらゆる男性、女性、

子ども、それからついでではないけれども、この狂想曲に資金を出しているハリウッドのお偉方が間違いなく気に入るような女優に。どこに、そんな夢のような人がいるのだろうか？
　その人物こそ、ジュリア・エリザベス・ウェルズ・アンドリュース・ウォールトンである。

8.
ジュリー・ドゥーリトル・ポピンズ・フォン・トラップ

〜

"『サウンド・オブ・ミュージック』は、本当にありのままのジュリー・アンドリュースを映し出していた…
彼女は、あの映画でやってのけたことをもう一度やることは絶対にないだろうと思う。
彼女は世界を誘惑したのだ"

クリストファー・プラマー

振り返ってみると、マリア役を演じたジュリー・アンドリュースを選んだのは当然のことであり、また唯一の可能な選択であった。今からすると、最も容易い決定であるように見えるかもしれないが、1963年の夏にキャスティングの話し合いが始まった時はそのようには考えられてはいなかった。

『サウンド・オブ・ミュージック』のキャスティングの可能性が出てきたとき、ジュリー・アンドリュースは、映画では全く未知数の者だった。『メリー・ポピンズ』はまだ公開されておらず、彼女の二作目の出演映画『卑怯者の勲章』は、そのとき製作が始まったばかりであった。ジュリー・アンドリュースは『ボーイ・フレンド』、『マイ・フェア・レディ』、『キャメロット』で三作続けてブロードウェイのヒット作品に出演したかもしれないが、それは彼女が映画でも印象を残せるということを意味しているわけではなかった。数百万ドルの作品を大ヒットさせる本物の映画スターの能力が望まれていたのである。問題は、マリア役として名前が挙がったスターとしての力がある女優たちが、それぞれ大きな欠点も併せ持っていたことであった。

- レスリー・キャロン —— フランス訛りあり。マリアがパリの教養学校を出てからノンベルク修道院に来たように聞こえてしまう。

- グレース・ケリー —— 女優を引退しているし、モナコの宮殿で王妃として自分がおとぎ話のような生活を送っている。あの氷のような美しさは、修道女の衣装で隠れるだろうか? ミュージカルのなかで?

- アン・バンクロフト —— 才能ある女優だが、イタリア人のアンをオーストリア人の歌う修道女として誰が信じるだろうか?

- アンジー・ディキンソン —— 修道女に向いている? 子どもたちに向かって、お気に入りのものを歌う?

- キャロル・ローレンス —— 彼女がスターだというのなら、ジュリー・アンドリュー

スだって十分有名ではないのか？

シャーリー・ジョーンズ —— そういえば、あそこに出ていた（『オクラホマ！』）あとは、あれをやって一世を風靡したな（『回転木馬』）。

それから、ドリス・デイの名前も挙がっていた。彼女は歌が歌えたし、演技もできたし、ついでというわけではないが、最初にキャスティングが話しあわれた時には、偶然にも世界で最も有名な映画スターの仲間入りもしていた。『夜を楽しく』と『スリルのすべて』のあと、ドリス・デイは成功を収めたが、そばかすが目立つスーパースターは、役がどうであれスクリーン上では完全にアメリカ生まれの女の子として見られてしまう。『先生のお気に入り』、『パジャマゲーム』、『夜を楽しく』 —— 彼女が演じた、自立して活動的なキャリア・ウーマンのどれもが、アメリカ人であった。

リチャード・ロジャースはドリス・デイがマリア・フォン・トラップの役に就くことを快く思っておらず、ワイラーが映画に参加していた頃から、そのとき契約したばかりの脚本家アーネスト・レーマンに、彼女を却下したいという考えを密かに伝えていた。「君はドリス・デイがいいと考えるようになるのではないかと思う」。皮肉なことに、そのような悪評は、ロジャースがデイの歌に公然と強い興味を抱いていたことと実際には矛盾しているようであった。ロジャースはデイが歌う『王様と私』の『夢を見た』のレコーディングを聴いた後、彼女の表現は今まで自分が作曲し、歌を聴いたなかで最高のレコーディングだったと記した短い手紙を送っていたのだ。

しかし、少々辛辣であったとしても、デイがその役には向いていないというロジャースの評価は正しかった。自分の思い通りに人を動かそうとする彼女の夫でマネージャーでもあるマーティ・メルチャーは、何としてもデイにその素晴らしい役を掴みとらせたいと思っていたが、極めて控えめなドリスは、自分にはその役が向いていないとわかっており、いつも通りの率直な言い方でこう述べた。「私はオーストリア出身の修道女をやるには、あまりにもアメリカ人過ぎるわ」

ロジャースが望んでいたのは、アンドリュースだった。彼は1950年代中ごろに、ロジャースとハマースタインの新しいミュージカル『パイプ・ドリーム』のオーディションを彼女が受けに来た時から、アンドリュースの力強い才能を知っていたのである。その若い女優のオーディションが終わったとき、ロジャースはそっけなくコメントした。「本当に、まずまずと言ったところだったね」。そして、アンドリュースが伝説的な作曲家が冗談を言っているとわかった後で、前途有望な歌い手でもある女優は、ブロードウェイの王たる作曲家たちと、彼女のキャリアの現状について話し合った。彼女がラーナーとロウがミュージカル化した『ピグマリオン』のオーディションを受けていると知り、ロジャースは「もし、その舞台に受かった

ら出るといい。もしダメだったら、知らせてくれ」と告げた。数年後に、アンドリュースはこう述懐している。「あれは彼がくれたなかで、一番寛大なアドバイスだったと思う」

　ミュージカル版の『ピグマリオン』、今では『マイ・フェア・レディ』という題となっているが、それが1956年3月に開演すると、アンドリュースはブロードウェイで名を揚げ、『ライフ』誌の表紙にも掲載された。一年後、ロジャースとハマースタインは、アンドリュースを念頭に置きながら『シンデレラ』（テレビ番組）を制作した（王の役は『サウンド・オブ・ミュージック』の脚本家ハワード・リンゼイが演じた）。その後、1957年3月31日の夜に、およそ1億700万人の人々が観た生放送の特別テレビ番組では、R&H協会の会長テッド・チェイピンによれば、「『サウンド・オブ・ミュージック』のための最良のスクリーン・テストとなった…シンデレラを演じているアンドリュースを観た人は、今では〔あの演技に、マリア・フォン・トラップの萌芽（ほうが）が見られる〕と思うだろう」

　アンドリュースは並はずれた声と見事な演技スタイルで、エミー賞にノミネートされたうえに、ロジャースとハマースタインからも称賛された。そのようなことが、次第に深まりゆく彼らの友情の本質となり、1962年の伝説的な特別番組『カーネギーホールのジュリーとキャロル』で、アンドリュースが『サウンド・オブ・ミュージック』を茶化したのを観ても、ロジャースはくすくす笑うほどであった。その番組では、アンドリュースとキャロル・バーネットが、非の打ちどころがない大家族「スイスのプラット一家」の一員をパロディとして演じた。数年後に、アンドリュースはその特別番組について笑いながら回想している。「私たちは、とても賢いと思っていたのよ——もちろん、今では後の祭りよ！」

　ジュリー・アンドリュースは素晴らしいマリアになるだろうと、リチャード・ロジャースは思った。さらに重要なことに、ロバート・ワイズとアーネスト・レーマンもそう思った。では何が問題なのだろう？　スタジオが躊躇ったのである。ジュリー・アンドリュースは有名ではなかった。写真写りが良くない可能性さえあった。たしかに、彼女が暖かさと英知に溢れていることは彼らもわかっていたし、キュートな上向きの鼻をした可愛らしい顔であることもわかっていた。イライザ・ドゥーリトルと（アーサー王の妻である）グィネヴィア王妃のローブの下には抜群のプロポーションを隠し持っているようでさえあった。あらゆる基準で、ジュリー・アンドリュースは、本当に魅力的な若い女性であった。しかし、ラナ・ターナーやグレース・ケリーのような、ハリウッドの正統派美人ではなく、800万ドルの資金が危険に晒されていた。エセル・マーマンやメアリー・マーティンは、ブロードウェイのミュージカル・コメディでは第一線で活躍する女優たちかもしれないが、両人とも卓越した美人とは言い難く、舞台での魅力を平凡な映画でのキャリア以上に高めることはできなかった。キャロル・チャニングは、1949年のミュージカル『紳士は金髪がお好き』でスターとなったが、ハリウッド

での出演経験はなかった。生意気な新人歌手のバーブラ・ストライサンドはどうだろう？ うーん、彼女の外見は個性的すぎるし、彼女がハリウッドで仕事をするなんて、当時誰が思っただろう？ 重役たちが知りたいのは、ジュリー・アンドリュースがその役にぴったりだとワイズ監督に確信させたのは何だったのかということだ。

　第一に、ワイズ監督はアンドリュースがよくある魅力的な女性の服を着ていなかったことをプラスに考えた。彼女の生き生きとした素朴な美しさは、修道女を志し、7人の子どもの母親になる役に理想的であるように思われた。礼儀正しくて気さくだが、やや遠慮がちな性格のアンドリュースは、何年もブロードウェイで演じていながらも、カメラのために仕草や声、動きをどのように和らげるかを本能的に理解している人物であると、ワイズ監督は思った。彼女はテレビでの仕事を経験したことで、劇場のように階上席がないときには、より控えめな演技のほうが望ましいということ、つまり、エセル・マーマンやそのタイプの女優では完全に会得することがなさそうな映画における基本事項をすでに学んでいたのだった。

　それは、アンドリュースが演技をして過ごしてきた人生から学んだ知恵であった。ジュリーが4歳の時に、ピアニストだった母親バーバラが教師をしていた父親のエドワード・ウェルズと離婚し、彼女は母親と義理の父テッド・アンドリュースと新生活を始めた。テッド・アンドリュースは気難しく酒飲みであったが、彼はまたジュリーの類まれな歌声を見出し、それが特別な才能であると気付いた人物だった。風変わりな大声を出す子役として演技を始め、12歳のときにはすでにロンドンの舞台に出演していた。子役の歌のうわさが広まって注目されるようになり、バラエティ・ショーへの出演をきっかけに、王室御前演奏会に参加することになった。彼女は大西洋を横断し、ニューヨークで繰り返し成功を収めた。18歳で出演した『ボーイ・フレンド』（1954）でブロードウェイのスターの地位にのし上がり、続く『マイ・フェア・レディ』（トニー賞にノミネートされ、ニューヨーク演劇批評家協会賞を受賞）と『キャメロット』（トニー賞ノミネート）でも勝利をものにした。

　『ボーイ・フレンド』、『マイ・フェア・レディ』、『キャメロット』のおとぎ話のような側面を、本物らしく見せて、観客の共感を得られるようにする能力を高めながら数年を過ごし、ワイズ監督には、アンドリュースは役に対する感情移入と重みを、上手く混ぜ合わせていったように思われた。28歳の時には、彼女の歌と演技の独特な組み合わせは、最も重要な満足感を観客にもたらす快活でエネルギッシュな役柄に、とりわけ適しているようにみえた。目の前の仕事を自分のスタイルでやり遂げ、たちまち楽しげなショーに仕上げてしまうのである。

　ある人たちには、アンドリュースの外見や演技の幅は疑念を抱かせたかもしれないが、ワイズ監督からすると、わずかでも見る側に常識があれば、彼女の歌声に少しも疑念を持つわけがなかった。ああ、あの声、完璧な発声法で高められた水晶のようなソプラノが特徴の、

4オクターブにも及ぶ天から与えられた才能。ミュージカル・コメディの世界では、感情が非常に力強く表現されるために登場人物たちが鬱積した感情を歌で表現することしかできないが、そのようなときでも、ジュリー・アンドリュースはその声を使って、心地よさだけではなく、からかってみたり、おだててみたり、あるいは幸福感や開放感を表現して、最も輝いていた。

　あらゆる本物のスターたちと同様に、彼女自身の人柄が、演じる全ての役を形づくっているようであった。生粋のロンドンっ子である花売りのイライザ・ドゥーリトルであろうと、女王のグィネヴィアであろうと、ジュリー・アンドリュースの本質がいつも顔を出した。彼女は目のくらむようなテクニックを用いても本人に備わっている個性を隠すことはできなかったが、その代わりに、最も共鳴できる登場人物の側面を見出しながら、彼女自身の中に、その人物の様々な部分を探していた。そして、ブロードウェイのスターの地位に就き、女性、男性の両方を魅了していった。女性には良き相談相手、それも決してライバルではない女友達であるように見え、その一方で、男性には自分の母親に会わせるために家に連れて来られそうな女性、万能で、楽しく、理想的な妻であり、協力者であり、母親のように見えた。

　彼女には、性的魅力があったのだろうか？　マリアが修練女として登場するキャラクターだからと言って、そのことは重要にはならなかったのか？　ええ、まあ。マリア・フォン・トラップの物語は修道女の聖職服で覆われたところから始まるかもしれないが、彼女はまた、戦争の英雄で男やもめの海軍大佐の目に留まるのに不足ないくらい、魅力的でなければならなかったのだ。本当に、マリア・フォン・トラップを演じるときには、性的魅力は重大だった。サム・ワッソンによるベストセラー作品『オードリー・ヘプバーンとティファニーで朝食を：オードリーが創った自由に生きる女性像』でうまく表現されているように、「男であろうと女であろうと、少年であろうと少女であろうと、スクリーンは観客をそのまま映し出す。家族、愛、戦争、ジェンダーのあるべき姿とあってはならない姿を反映しながら――時には知ったかぶりをして、時には知らないふりをしてはいるが、いつもセックスには注目しているものだ」

　のちにわかることだが、本当にジュリー・アンドリュースには、内に秘められてはいるが、たしかに性的魅力が感じられた。ブロードウェイの舞台で、彼女は非常に長い間、ラナ・ターナーやリタ・ヘイワースのようなハリウッドの魅惑的な女の子たちから感じられる、あからさまなエロティシズムを取り除いた魅力を放っていたが、それでもなお性的魅力は残っていた。特に『キャメロット』では、押さえられているが今にも爆発しそうな情熱が、心の内でくすぶっている感覚があった（30年間も主演男優を務めているベテランのジェームズ・ガーナーは、彼がこれまでに相手役を務めた最もセクシーな2人の女優は、控えめだが打ち消し難い性的魅力のある親しみやすい女性、ジュリー・アンドリュースとドリス・デイだと公言している）。

　声、外見、演技能力と隠された性的魅力。アンドリュースはワイズ監督の眼には全てを

備えていると映った。あとは彼女がスクリーンではどのように映るか一目見ておく必要があった。そう、『シンデレラ』は1億人を超える人々が観たものの、あれはテレビ放送だった。たった一晩、みんなが居間でちらっと観ただけ、すっかり無くなってしまった砂糖菓子みたいな。『サウンド・オブ・ミュージック』は、指定席で観る3時間にも及ぶ高価なロードショーで、チャンネルを変えることはできないものになる。ジャック・ワーナーは『マイ・フェア・レディ』の映画版でジュリーを却下した時、何かわかっていたのか？ ジュリー・アンドリュースは、スクリーンと居間のカラーテレビではどのように観えるだろうか？ それがわかる方法はただ一つ。1963年10月30日、まだ未公開の『メリー・ポピンズ』の一場面を観るために、ワイズ監督はソール・チャップリンとアーネスト・レーマンと共に、ディズニー・スタジオへと赴くことにした。

ワイズ、レーマン、チャップリンが席に着くと、映写室の灯りが暗くなり、魔法の使える子守り役メリー・ポピンズが、ジュリー・アンドリュースの代わりにスクリーンに登場した。きっかり5分間観ると、ワイズはチャップリンの方を向いてこう宣言した。「いますぐ彼女と契約しに行こう。誰かに先を越される前に」

ウィリアム・ワイラーの回想によると、最初にジュリー・アンドリュースの起用を考えたのは彼だった。「『マイ・フェア・レディ』での彼女の演技を観て、とても印象深かった。私はスタジオに行くと、（メリー・ポピンズの）セットで彼女に会ったんだ。ウォルトは私に幾つかのラッシュ（撮影直後に見る下見）を見せてくれたが、彼女は契約済みだった」。しかし、アーネスト・レーマンの記憶では、ワイラーは最初、マリア役にオードリー・ヘップバーンを提案していたのであって、脚本家の立場としてジュリー・アンドリュースを最初に思いついたのは彼だった。最初に彼女を思いついたのが、ワイラーでも、ワイズ監督でも、レーマンでも、肝心な点は、ワイズ監督のような経験豊かな者にはすぐにわかったのである。ジュリー・アンドリュースには、スターの素質があったのだ、「映画の中でも観客に対しても、カメラを通して輝くことのできる素質」が。

さらに良いことに、ワイズとチャップリンの両方が、マリア・フォン・トラップとメリー・ポピンズには類似性があると思っていた。『サウンド・オブ・ミュージック』の台本で描かれているマリア・フォン・トラップは、もう少し写実的にしたメリー・ポピンズのようだった。彼女は実在の人物で、空を飛んだりする修道女ではないけれど、両者とも同じような活力に満ち、清潔感があり、小ざっぱりとしていて、皆の励みになる人柄で、幸福感と熱意に溢れており、マリアの場合は特に際立って純粋だった（メリー・ポピンズが純粋だと思う人はいないだろう。それは誰もがわかっている。彼女は決して純粋ではない）。マリアは、メリー・ポピンズの不思議な力を持ってはいないが、かなり近いものはあった。彼女は7人の子どもた

ちを魅了し、彼らの父親を恋に落として結婚し、全員に一緒に歌うことを教えて、ナチスを出し抜くのだ。映画の最後に魔法の傘で飛び立ったりはしないが、自由へと向かって先頭に立ってアルプス山脈を越えるのであり、2人の登場人物の基礎は、ワイズ監督とチャップリンに驚くほど似ていると思わせた。

　アンドリュースは、1959年にブロードウェイ・ミュージカルでメアリー・マーティンの演技を観ており、『サウンド・オブ・ミュージック』には親しみがあったが、彼女自身が言うには、その映画への出演依頼がくるとは「夢にも思わなかった」。仮に映画版について彼女が思いめぐらしたとしても、彼女はマーティンが映画でもマリア役を依頼されるだろうという予測以上のことは考えなかっただろうし、映画撮影の頃にはマーティンが50歳を超えているという事実を、よく考えてみたりもしなかっただろう。

　ジュリー・アンドリュースは興味を持っていたのだろうか？　絶対に持っていたはずだ。「『メリー・ポピンズ』と『サウンド・オブ・ミュージック』の間に、『卑怯者の勲章』の撮影をしていたので、私は子守り役以外もやるんだってその作品が示してくれればって願っていたの。だって、何をもってしてもマリアの役を断る気はなかったんですもの」。アンドリュースはマリアが素晴らしいミュージカルの役であることがわかっていたが、まだ障害が残っていた。20世紀フォックスが、彼女が自社の映画に4作品出演する契約に署名することを求めたのだ。今や、アンドリュースが躊躇する番だった。4作品の契約とは、あまりにも多い映画に出る準備をして、あまりにも多いまだよくわからない台本を読むことを意味していた。代わりに、2本の映画契約で双方が合意した後、ジュリー・アンドリュースは、興行利益からの分け前は受け取らず、マリア役を22万5千ドルで演じる契約に署名した。皮肉なことに、一旦契約が成立すると、スタジオはアンドリュースとの契約が決まったことをワイズ監督に直接伝えることはしなかったのである。その代わり、ワイズ監督とチャップリンは、1963年11月にスカウトのための旅行で海を渡っている間に、ハリウッドが情報を周知する古いやり方、ルーエラ・パーソンズのゴシップ・コラムに書かれているものを読むことで、彼らの第一希望の主演女優が『サウンド・オブ・ミュージック』の仲間入りをしたことを知ったのだった。結局のところ、ワイズ監督は単なるアカデミー賞受賞監督にすぎず、パーソンズは組織に組み込まれた人間ということなのだろう…。

　1963年12月に、フォックス・スタジオでの撮影前の昼食会で、アンドリュースが監督のほうに身を乗り出して「ところで、この作品の感傷的すぎるところを取り除くために、何をしたらよいでしょうか？」と静かに尋ねた時、ワイズ監督は正しい女優を選んだことがわかった。「やりすぎ」な物語と言いながら、アンドリュースは明らかに懸念していた。これは、聖書と『シンデレラ』を一挙に纏め上げ、おまけに『眠れる森の美女』をたっぷり加えたよう

な物語だった。ワイズ監督の返事は、彼女をすぐに安心させた。彼は物語に内在する感傷性と音楽のロマンスの両方を対照的にして強調するために、映画を視覚的には慎ましくするつもりでいた。撮影開始直前に『バラエティ』誌に掲載された記事の見出しは、その問題の核心に触れていた――「ボブ・ワイズ、感傷主義の抑制へ」。映画史を専門とし、AFI（アメリカン・フィルム・インスティテュート）でワイズと仕事をしていたジェニーン・ベイシンガーは、ワイズについて次のように述べている。「彼はまさしく、映画のために生まれた人でした。とても賢く、良い人で、優しさもあって。極端に楽天的になることなく、その作品の情緒を理解していました。映画ファンは1960年代中ごろから、より冷笑的になっていて、彼はどうやってその境界線ギリギリに迫るかを心得ていたのです。人々を感動させるのは立証済みの存在でしたね。そう、そこには修道女や子どもたちが含まれていたけれど、本物の信じられる脅威も含まれていました。彼はその仕事に適任の人物だったんです」

　契約が完了し、アンドリュースは撮影が始まる前に、数カ月をかけて準備に取り掛かった。『メリー・ポピンズ』と『サウンド・オブ・ミュージック』の撮影のときに彼女の声の美しさはピークを迎えており、歌の指導者リリアン・スタイルズ＝アレンと全ての曲を研究しながら、映画の準備を始めた。アンドリュースにアドバイスをしたのはアレンだった。「あなたは映画の全体像を明確に把握して、大衆を信頼しなくてはいけない。そうすれば、彼らは同じように映画を観るようになるのだから」。そのアドバイスは効果的だった。アンドリュースが映画の完全な本質と趣旨を伝えていることは、彼女が抑制しつつも快活な声でタイトル曲を歌っているのを聴くだけで十分理解できた。わくわくするような景色の助けも要らないほどに。

　しかしながら、最も注目すべきなのは、ジュリー・アンドリュースには本当に優れた者だけが有する才能があったということだ。あらゆる準備をして、台本の研究をして、スタイルズ＝アレンと注意深く曲の分析をしながらも、彼女はまるで努力などしなかったかのように見せるのである。彼女の手にかかれば、マリアの本質を伝えるために、急に歌い出したり、セットを横切って踊ったり、立ち位置を示す目印でぴたりと止まって、アテレコで音声を録音したりすることが、息をするのと同じくらい自然に見えるのである。その努力が表に現れることは決してなく、それが皮肉なことに、特別大変なことなど求められていないのではないかと、観客に思わせてしまうほどであった。陽気で軽やかに飛びまわるフレッド・アステアのように、彼女は困難な仕事をごく自然に見せたのである。まるで本当に初めてこれらのミュージカル調に表現される感情を経験しているかのように。

　彼女のリクエストで、ソール・チャップリンが『ウエスト・サイド物語』に携わっていたアーウィン・コスタルをミュージカル・ディレクターとして雇ったとき、アンドリュースのミュージカルに対する安心感が増した（コスタルは、最初に関わった映画『ウエスト・サイド物語』

でオスカーを受賞している)。『メリー・ポピンズ』と同じく、特別テレビ番組『カーネギーホールのジュリーとキャロル』でもアンドリュースと綿密な仕事をして、コスタルは彼女の声を舞台上でもそれ以外でもわかっており、彼女が好むテンポや音程を本質的に理解していた。編曲はロジャースのオリジナル曲のバリエーションのみを使用するという契約条項に徹底的に従いながら、ロジャースとハマースタインの曲を編曲し、映画の全てのBGMを作ることは、コスタルの重要な仕事であった。コスタルの指揮のもとで曲を録音したことを思い出して、アンドリュースは微笑んだ。「70人編成のオーケストラ。あの音は、本当にスリリングで高揚感があって壮大だった。胸がわくわくする以外の何ものでもなかったわ」

ミュージカル・チームを完成させるために、直ちにチャップリンとコスタルは、もう1人『ウエスト・サイド物語』に加わっていたボビー・タッカーをボーカル・コーチとして雇った。ジュリー・アンドリュースのほかに、最も大変な歌の仕事に携わり、フォン・トラップ家の子どもたちを演じる7人の未経験の少年少女たちの歌を形づくることがタッカーに課せられた。

チャップリン、コスタル、タッカーのミュージカル三人衆は、一つの目標を念頭に定めて仕事に取り組んだ。ジュリー・アンドリュースに、最も素晴らしいミュージカルのスポットライトを当てるのである。『サウンド・オブ・ミュージック』がミュージカル映画として成功するかどうかは、アンドリュースの肩にかかっており、彼女に魅力的なアレンジとオーケストラの編曲が提供されれば、その成功に大いに役立つだろう。3人は全員とも彼女のミュージカルの能力に最高の敬意を払っていた。チャップリンはアンドリュースの才能を、彼のMGMの友人であり共に働いていたジュディ・ガーランドと同じレベルだと考えていた。ガーランドの声は感動で人を震えさせ、アンドリュースの声はこの世のものとは思えない明晰さで震えさせた。アンドリュースの声は、ブロードウェイの劇場やハリウッドの防音スタジオにいても、大聖堂にいるかのように聞こえたが、チャップリンの見解では、2人に共通しているのは、「魔法のように、すぐさま音楽を学んでしまう」不思議な能力であり、「両人とも、これくらいならできるだろうという想像を超えた音を作り出すのである」

万人を限りなく満足させるため、マリアのキャスティングが決定したが、別の問題が急浮上した。ゲオルク・フォン・トラップ大佐は、誰が演じるのだろうか？ アンドリュースが興行収入に直接つながるネームバリューを持っていないとすれば、スタジオは大佐役に著名な俳優を絶対に望むだろうが、一体どのスターが、主演女優のハンサムな引き立て役以外の何でもない者として、ぼんやり立ったままでいるというのか。歌が歌えて、演技ができて、聖人のようなマリアに相応しいと観客を納得させることができるのは、はたして誰なのだろう？ のちにわかるように、その答えは、まだスターにはなっていない俳優——『サウンド・オブ・ミュージック』には絶対関わりたくないと思っていた人物だった。

9.
ゲオルク・フォン・トラップ大佐

"私はW・C・フィールズに賛成だ。子どもたちは中まで火が通っていればオツなものだよ"
クリストファー・プラマー『サウンド・オブ・ミュージック：40周年記念版』

時間がなくなり始めていたので、ロバート・ワイズ監督は、彼の最上級の俳優リストをくまなく調べ続けた。たしかにその中には、注目を集めているハリウッドの一流のミュージカルに関心を持つ者もいるだろう。しかし、問題は大佐役に対してキャスティングされた俳優が持つと思われる複雑な感情だけではなかった。候補に挙がっている全員が才能ある俳優ばかりだったが、それぞれワイズ監督に懸念を抱かせる点があった。

レックス・ハリソン ──『マイ・フェア・レディ』では、ジュリーとうまく合っていたが、年をとりすぎてはいないか？

デヴィッド・ニーヴン ── 歌唱力があっただろうか？ 英国的すぎるのでは？

リチャード・バートン ──『キャメロット』でのジュリーとの共演は素晴らしかったが、最近はエリザベス・テイラーにやや夢中になりすぎているようだ。

ユル・ブリンナー ── 間違いなくこの役をやりたいだろうが、彼がオーストリアの海軍大佐に見えることは決してないだろう。

ショーン・コネリー ── 歌う修道女に求愛するジェームズ・ボンド？

ピーター・フィンチ ── うーん、ワイズ監督の考える確実な有力候補だ。ハンサムで、良い俳優だ──でも、都合がつかないだろう。

ビング・クロスビー ── 確かに有名だが、ビングがオーストリアの海軍大佐だと、誰が信じるだろう？ 歌うことは朝飯前だろうが、彼はスクリーン上であまりにもアメリカ人らしく見えすぎるので、彼の存在はドリス・デイがマリア役になるよりも、もっと映画を台無しにしてしまうかもしれない（ワイズ監督はこう述べた。〈我々は物語の土台に基づくべきだし、単にビッグ・スターという理由だけで起用して作品を粗悪にしてはならないと思う。例えば、ビング・クロスビーやケイト・スミスとか〉。この発言は興味をそそる質問を生む。もしケ

イト・スミスに役が振られていたとしたら、彼女は何の役を演じただろうか？ 修道院長？）

いや、どの有名人もワイズ監督にはしっくりこなかった。彼はイギリスの舞台俳優キース・マイケルのスクリーン・テストをおこなうことに決め、そのテストは、かなり期待に応えるものになった。スクリーン上で、経験豊富な俳優は暖かく勇敢な存在を示し、厳格ではあるが慈愛に満ちた父親の役にとても良く合っている俳優だとわかった。しかしながら、結局のところ、マイケルのスクリーン・テストは、『ゴッドファーザー』のサニー役のためにロバート・デ・ニーロがやったスクリーン・テストのような印象を与えた。つまり、マイケルの演技は魅力的で本当に共鳴を呼ぶようなものでフレームにもうまく収まっていたが、ほんの少しだけ大佐の人物像に合わない部分があった。彼には才能はあったのだが、申し分ないとは言えなかった。1964年1月にスクリーン・テストで的外れな演技をしたウォルター・マッソーよりは、確かにその役に近かったのだが。いや、キャスティングの過程を通して、ワイズ監督の第一希望は相変わらずだった。一目置かれてはいるが、その時は比較的名前が知られていなかった舞台俳優クリストファー・プラマーである。ワイズ監督は、こう言った。「彼なら、その役に鋭さと少しばかり暗さを与えられると、最初からわかっていたのさ」

歌う海軍大佐を演じることは、プラマーのキャリア戦略では全くなかったが、かといって、彼は俳優になることを期待していたわけでもなかった。若いころプラマーは、生まれ故郷のカナダでコンサート・ピアニストとしてのキャリアを思い描いていた。しかし、常に練習しなくてはならないうえに、本質的に孤独なピアニストの生活が性に合わず、別の仕事を探し始めた。最終的に、彼は急場しのぎにほんの少し自己分析をすると、劇場での仕事に転職することを正当化した。「私は物まねが上手いのだから、いっそ劇場に行ったほうがましなのだ。他には何も得意なものなどなかったので、そうしたのさ…時には俳優をやるのが退屈になるかもしれないが、刺激的な役がくれば楽しくなるだろうし、誰かに譲ったりはしないだろう」

キャリアの変更は幸運だったとわかった。ハンサムで甘い声のプラマーは、演じる役が何であれ、それに自然と没頭できる能力があった。1948年にカナダの劇団、レパートリー・カンパニーに加わった後、数年の間に75人の役柄を演じ、作品はシングの『西の国のプレイボーイ』からモームの『コンスタント・ワイフ』まで幅広かった。アーチボルド・マクリーシュのピューリッツァー賞受賞作品『J. B.』で演じた役でトニー賞にノミネートされ、『ピサロ将軍』のブロードウェイ公演では、『J. B.』に次ぐ大きな成功を収めた。シェイクスピア作品の役は、史劇（『ヘンリー四世』）から喜劇（『空騒ぎ』）まで及んだ。

プラマーの焦点は舞台に置かれたままであり、『サウンド・オブ・ミュージック』が製作準備を始めるときまでに、彼はたった3本の映画に出演していただけだった。『女優志願』（1958）、『エヴァグレイズを渡る風』（1958）、完成したばかりの『ローマ帝国の滅亡』（1964）である。プラマーが実直さとユーモアと性的魅力をうまく混ぜ合わせて、大佐の役を演じるだろうと思っていたワイズ監督にとって、彼の映画経験が少ないことは問題ではなかった。真の問題は、プラマーの方にあった。もちろん、どの監督の作品であっても第一希望となるのは快いものであり、アカデミー賞受賞者のロバート・ワイズ監督であるならなおさらだが、たとえ監督直々の指名を受けようと、プラマーはその役にほとんど、あるいは全くといっていいほど関心がなかった。オペレッタに出てくる薄っぺらな人物以外の何ものでもないような男を演じるだって？ 忘れてくれ。

プラマーの強情さにも臆せず、ワイズ監督は彼がその役に適していると強く確信していたので、「あなたがロンドンまで行くのなら、彼を説得できると思う」という、プラマーの代理人カート・フレンズの助言に従い、自らプラマーを説得するためにイングランドへと向かった。ワイズ監督が甘い言葉をささやこうとしていたのは、プラマーだけではなかった。プラマーはどちらかといえば無名ではあるが、大佐の役に適しているだけではなく、現実的なやり方で大佐を演じるのに十分貫禄があるということを、彼はまたスタジオにも納得させなくてはならなかったのだ。1929年生まれのプラマーは、ジュリー・アンドリュースよりも6歳年上なだけだった。彼は、16歳の娘がいる明らかに年上の男性として観客を納得させられるだろうか？

プラマーは単にその役に無関心なだけではなかった。彼は大佐の鈍感で深みのない性質がどうしても好きになれなかったのである。皮肉なことに、メアリー・マーティンがブロードウェイでフォン・トラップ大佐の役を彼が演じる可能性について話をしたことがあったが、そのアイデアは見込みがなかったことを、プラマーは思い出した。おそらく、7人の子どもがいる年上の大佐が、実年齢ではマーティンよりも16歳若いという状況は、若い娘が年上の男性と恋に落ちるというミュージカルの元となる物語に全くそぐわなかったからである。

実際には、歌手のセオドア・ビケルがミュージカルでゲオルク役を演じることになり、彼はその役に思いもよらない幾つもの実体験を持ち込んだ。彼の家族は1938年のオーストリア併合のあと、オーストリアから逃れていたのである。ショーが公演されている間に、ビケルはマリア・フォン・トラップと会い、マーティンとは違って彼はマリアと良い友人にはならなかったが、それでも彼女を「暴君的な聖人」と呼びながら、愛情に満ちてはいるが高圧的なマリアをなんとか完全に理解したのだった。

しぶしぶ、プラマーはロンドンのコンノート・ホテルで1時間ワイズ監督に会い、監督の

率直なアプローチは、プラマーの疑念をほとんどではないにしても、いくらかは和らげた。そのとおり、とワイズ監督は認めた。その役はシェイクスピアやモリエールを演じるのとは大違いだ。そう、彼は、プラマーが実際に（作品の舞台である）エルシノア城でテープ録画されたBBC製作のハムレットを演じたことがあると知っていた。ワイズ監督はフォン・トラップ大佐の役がハムレットに匹敵すると主張したりはしなかったし、なぜプラマーが大佐をあまり奥行の無いうんざりする人物だと思っているのかを、しっかりと理解していた。台本に変更を加えることができると言って、ワイズ監督は彼を安心させた。プラマーは態度を和らげ始めたが、ワイズ監督がスクリーン・テストの話を持ち出すと、すぐに躊躇した。年上に見せるために、髪にグレーのメッシュを入れることを許可しなくてはならなかったし、スタジオの承認を得るためにスチール写真を撮ることくらいは許可したかもしれないが、その他のことは何も協力したがらなかった。

ワイズ監督は語り続けた。プラマーは監督のオスカーを獲得した業績や人柄を尊敬していたし、（〈ボブは最後の紳士的な監督だった。彼の相手に対する物腰は素晴らしかった〉）それに全くの実際問題として、その映画が彼の経歴を高めるだろうと気づいていた。「私は舞台がとても好きなのだが、映画は名前をいくらか広めるには良いものなのだろう」。プラマーは気持ちがぐらついていた。最終的にフォックスの重役たちが、こめかみを白髪交じりにしたプラマーのスチール写真に好意的な反応を示すと、プラマーは不本意ながらもオファーを引き受けた。ただし、一つ条件を出して。彼は、大佐の役にいくらか深みを与えるために脚本家のアーネスト・レーマンと仕事をしたいと思い、それを条件に挙げたのである。契約が公表されてから10日後に、プラマーはワイズ監督への手紙で、彼が目指しているものの概要を伝えた。「フォン・トラップが映画の大半で非常に厳しく、そっけない話し方をする無情な人物として描かれるのであれば——それなら、本当にそうであるなら、きまり悪くならずにセンチメンタルな場面でも十分に演じられると思う」。ゲオルク・フォン・トラップは、ヘンリー5世には間違えられはしないだろうが、もしプラマーがそれについて何か言うとすれば、あるいは実際に山ほど言うことがあったとすれば、大佐は陳腐な主役などでは全くないということだった。

映画に対するアーネスト・レーマンの相当な貢献のなかでも最も大きかったのは、自分の考えは脇に置いて、プラマーと台本の仕事を進めたことである。というのも、いったんプラマーが契約に署名をすると、彼に嫌々引き受けた役を納得させるのは、ほかの誰でもなく脚本家だったからである。大佐にユーモアのセンスと気骨を帯びさせたいと思いながら、プラマーはレーマンのオフィスに4日以上連続で通い、アカデミー賞にノミネートされたことのある脚本家は、喜んで彼と共に、大佐の台詞全てを一つ一つ検討した。

特に注意したのは、大佐とエルサ・シュレーダー男爵夫人との関係を深めることであった。正直なところ、プラマーは尊敬する脚本家との仕事に夢中になっていた。生き生きとした想像力と、たくさんの黄金期の古典的なハリウッド映画を通じて作られた子ども時代の思い出があったため、常にプラマーは、傍らにいるハードボイルドな脚本家と頭を絞って台本を作り出しながら、煙草の煙に満ちた部屋で働くことへの憧れを抱いてきていた。レーマンとの仕事は、プラマーに実生活で『犯罪都市』を演じさせたのであり、ハリウッドの影響を受けて抱くようになった彼の夢は実現した。ただレーマンが煙草を吸わなかったので、ほんの少し損なわれはしたが。

　プラマーの難しい提案を不快に思ったりはせず、レーマンは彼の考えを喜んで受け入れ、その知性を称賛しながらこう述べている。「この人は、私が良い書き手だから自分は以前よりも良くなったって力説していたんだ。彼が私を手助けしてくれたのだけどね！」ワイズ監督も同意した。「アーニーは何度も、どれほどクリスが大佐の役に貢献してくれたかを話していたよ」。そしてまた、プラマーは脚本家のファンになった。「アーニー・レーマンは私の提案に耳を傾けてくれた。彼は大佐役に、ユーモアや暗さや皮肉を与えてくれた。彼は大きな助けだった。本当にアーニーが大好きだったよ」

　ゲオルク・フォン・トラップの地位がオーストリア海軍の大佐であるならば、彼は洗練され裕福で教養のある人物――レーマンの草稿で書かれているよりもさらにもっと複雑な人物でなければならないと力説したのはプラマーだった。彼の考えでは、大佐は自分の人生に満足していなかった。妻に先立たれ、子どもたちからは精神的に孤立しており、第一次大戦後に国境が変更された結果、オーストリアが陸地に囲まれた国になったことで職を失っていた。プラマーは、こうした事態のために、大佐は「鋭敏な精神と冷笑的な機知でカムフラージュしていたのだ…彼は決して御しやすい相手に見えてはいけない」と感じた。

　プラマーは大佐がおどけた時には、明確なユーモアのセンスがあるようにしたかった――「男爵夫人は鈍い男と結婚するには、あまりにもユーモアがありすぎる」――しかし、フォン・トラップ家の甥に会ったとき、大佐の甥は生意気な言い方で、おじのことを「今まで会った人のなかで、一番つまらなかった！」と言っていたと明かしている。プラマーはその実話を尊重してはいたが、鋭く抜け目ない知性のある人物だったので、レーマンに働きかけることで、大佐を皮肉なユーモアと頑固なところがあり、妻を失った悲しみに耐えたあとで、感情を抑え込んだ良い男であることがわかる人物に変える手助けをした。「ミュージカルの舞台よりも、映画ではもっと物語に重点が置かれていた――もっと掘り下げられた人間関係が。舞台では、メアリー・マーティンが25曲歌い、大佐を美しく演じて夢のようなギター演奏をするセオドア・ビケルは殆ど話さなかった。彼が出番を終えるや否や、メア

リーが現れて、別の 25 曲の歌を歌った」(プラマーは楽曲の分析では、あまり鋭くないことがわかった。彼はワイズ監督にこう記している。〈『エーデルワイス』をどうにかできないかと願っています。とても退屈で、感傷的すぎるし、古臭いので…〉)。

　プラマーは、大佐は少なくともマリアと同じくらい強く、マリア嬢の愛に値する同等のパートナーに見えなくてはならないと理解していた。彼はレーマンに、予想外だが魅力的なヒントとなる枠組みを与えることまでした。「私は彼に、『ドリアン・グレイの肖像』でドリアン・グレイが古い友人である公爵夫人に別れを告げる場面を参考にするべきだと提案したんだ。〔もし君があれを観て、『サウンド・オブ・ミュージック』を同じくらい洗練させようとするなら、いつまでも君にキスするだろうよ〕と」。結果的にできた台本は、厳密にはドリアン・グレイを念頭に置いていないようにみえるかもしれないが、プラマーはレーマンが大佐の鋭さと洗練さを強めることに成功したと感じた。本当にレーマンが特別に取り組んでくれた仕事に感謝して、彼は率直にその気持ちを表した――おそらくキスなしで。

　最後に、映画に内在する感傷性を関係者全員が削除したがっている一方で、レーマン、プラマー、ワイズ監督の 3 人ともが、大佐をあからさまな冷笑家として描くという安易な解決法は、単に映画のバランスを反対方向へと崩させるのではないかという理解で一致した。プラマーは、こう述べている。「我々は真ん中に立っていた――ロープのつり橋の上で。私はとても冷笑的になりたかった。でも、ボブ・ワイズはこう言い続けた。〔ダメだ――大佐役は率直であるべきなんだ。そうだろう？――ナンセンスなことは止めてくれ。〕彼は正しかった」

　幸福ではなかったかもしれないが、プラマーは少なくとも気持ちがなだめられた。その間、ジュリー・アンドリュースは楽譜を学んでいた。さて、これからは 7 人の子どもたちだ…。

10.
大佐と7人の子ども:
それが怖いの?

　映画『サウンド・オブ・ミュージック』はジュリー・アンドリュースと7人の子どもたちとの関係を中心にした数百万ドルの作品で、子どもたち全員が歌い、踊り、演じ、アンドリュースについていこうとしなければならなかった。彼らはプロレベルの技術を求められたが、同時に、ロバート・ワイズ監督の最も厳格な信条、絶対にショービジネスのプロだと感じさせない子ども、という条件を満たさなければならなかった。

　子どもたちは自然でなければならない──しかし、信じられないような技術を備えた。候補者が実在する家族の一員として説得力がなさそうなときには、技術があろうと関係なかった──帰ってよろしい。ワイズ監督はこう述べた。「私は子どもたちを徹底的に選んだ。彼らは家族としての基本的な類似性が十分にあって、相応しい年齢である必要があった」

　1963年12月から始めて、ワイズ監督は7人のフォン・トラップ家の子どもたちのオーディションに2カ月かけた。オーディションが終わる時までに、彼はロンドン、ニューヨーク、ロサンゼルスで200人を超える子どもたちの書類を読んだり、撮影をおこなったりした。後にわかるように、オーディションは二大陸を横断し何百時間もかかったが、ニコラス・ハモンド以外の全員が、ロサンゼルスのワイズ監督の馴染の場所で決まった。

　200人以上の子どもたちが実際に歌やダンスの能力をテストされたが、音楽はワイズ監督の特別な関心ではなかった。「私は歌についてはそれほど心配していなかった──いつでも吹き替えができたから」。後に明らかになったように、7人の子どもたちはそれぞれが歌を歌っているが、音楽監督のアーウィン・コスタルは、もっと深みのある音にするためにレコーディングの最中、7人の子どもと5人の大人の追加の声を使用した。結局、唯一子どもたちが追加のバックボーカルなしで歌ったのは、マリアが去った後に自分たちを元気づけようと、「サウンド・オブ・ミュージック」を歌おうとするときだけだった。

　おそらく、子どものキャスティングで最大の問題は、一番年上のリーズルを演じるのに適

した若い女優を見つけることだった。アガーテ・フォン・トラップを元にした、16歳のリーズル役には、大人の女性に近づきつつある、可愛らしくて本当に純真な女優、そして、子どもたちの歌の中で唯一アンサンブルではない曲『もうすぐ17歳』を歌って踊れるだけの十分な能力のある女優が求められていた。

　オーディションの第一段階を通過した女優は、スクリーン・テストを受けた。

　レスリー・アン・ウォーレン ── 才能はあるが、厳密には素朴とは言えない。
　テリー・ガー ── チャーミングだが、他と比べて経験が浅いとすると、ミュージカルの場面でやや頼りない。
　シェリー・ファバレス ── 『うちのママは世界一』の役のおかげで有名であるし、ヒット曲の「ジョニー・エンジェル」を出している。リーズル役はできるだろうが、金銭面で折り合わない。
　シャロン・テート ── 美しくて、可愛らしいけれども、第二次大戦前の無垢な娘としてはどうだろう？
　ミア・ファロー ── テレビ番組の『ペイトン・プレイス物語』の役で有名になりつつあり、夫よりも30歳若い、3人目のフランク・シナトラ夫人としてタブロイド紙を騒がせて、ちょうど2年近く経った頃だった。天使のようなオーラをいくらか漂わせ、ブロンドで美しい顔立ちの彼女は、オーディションを上手くやり遂げ、3回もリーズルの台詞を読むよう言われるほどワイズ監督に印象を残した。彼女の曖昧なアクセントは、実際のところ役に相応しいようであったが、歌は音程が狂ってはいないものの力がなく、ロジャースとハマースタインのミュージカルに出てくる素朴な16歳としては、潤沢さに欠けていた。

　まさにぴったりという人物はいないようだったが、期限が迫りつつあった。満足のいく有名な女優がいなかったため、役を熱望する無名の若い女性に注目することにした。応募者が殺到し、ワイズ監督は全員をテストすることができなかった。無名であることは構わないのだが、区別をしなくてはならない。驚くべき才能のある、このシャーミアン・ファーノンとは誰だろう？ ついでに言えば、ファーノンとは何とも変わった名前だ。

　彼女がテストに呼ばれた時、シャーミアン・ファーノンはカリフォルニアのサン・フェルナンド・ヴァリー州立大学（現カリフォルニア州立大学ノースリッジ校）で言語療法を専攻しながら、医者のオフィスで働いていた。彼女は歌手としてもダンサーとしても正式なレッスンを受けたことはなかったが、スクリーン・テストでは愛嬌のある存在感を発揮し、さら

に重要なことに、カメラ映りの良い顔をしていた。美しい容姿と光を捕える印象的な青い瞳をしており、彼女は注目を集めた。演技はできたのだろうか？

彼女はプロとして演じたことはなかったが、姉と共に、母親から演技をするよう勧められていた。2000年に出版した自伝（『リーズルよ、永遠に』）のなかで、シャーミアン・カーは『ジプシー』に出てくる貪欲な母親ローズのように典型的なステージ・ママであった自身の母親について、愛情もあるが洞察力のある見解を示している。「結局、母が望んでいたのは私たちの成功ではなくて、彼女に対する称賛だったと私たちは気付いたのです」。父親が家族を捨てたため、カーは必要に迫られて人より早く成熟したが、驚くべきことに、楽観的で快活な魅力を失うことはなかった。

ワイズ監督は、カーの容姿や魅力、スクリーン・テストが気に入ったが、一つ現実的な異論があった。彼女の年齢である。オーディションの間、彼女は意図的に実年齢が21歳だと言わずにいたが、ワイズ監督は彼女が16歳よりも上であるとわかったし、まさに初恋をしようとしているティーンエイジャーとして真実味があるのか気がかりであった。監督はためらったが、すぐにカーのキャスティングに心惹かれた共同製作者のチャップリンは、彼女の立場を擁護し続けた。チャップリンをそこまで魅了したのは、カーの歌やダンスの偽りない才能だった（同様に振付師のディ・ディ・ウッドは、彼女を歌手としてもダンサーとしても、女優としても「しっかりしたプロ」だと述べている）。ワイズ監督は条件を一つ付けて、カーのキャスティングに同意した。彼女のファーノンという姓があまり相応しくないと考え、カーに変更するように頼んだのである。このアイデアは、21歳の女性にとって心の琴線に触れるものだった。「姓を変えることは、父を通り越して、自分を再生する方法になりそうでした」。順番でいえば子ども役のキャスティングとして最後となったカーは、正式な契約なしで雇われることになった。「彼らは私の瞳が青すぎるので、実際に撮ってみる必要があると思っていたのです」。1964年3月まで契約に署名をすることなく、すでにリハーサルが始まってから2週間後に、彼女は仲間たちの仕事に加わったのだった。40周年記念で集まった際に、デュエン・チェイスはこのように述懐している。「シャーミアンが現れるまで、リハーサルの時は毎日、違うリーズルがいたよ！」

フリードリッヒ：フォン・トラップ家の二番目の子ども。ゲオルクの最初の妻との間にできた7人の子どもたちの最年長、ルーペルトがもとになっている。14歳の長男で、父親から認められたくてたまらず、大人びたふりをしているが、かなり未熟なところがある。

ワイズ監督がオーディションした少年たちは、ありもしない二階席に向かって大声を上げる、どうしようもなく舞台の芝居に縛られている者や、第二次大戦前のオーストリアにいるティーンエイジャーを演じるには、あまりに世慣れすぎた者ばかりであった。ちょうど

監督が決めかねているとき、ヴァージニア州の家からニューヨークに到着したばかりの、13歳のニコラス・ハモンドが歩いてきた。フリードリッヒ役のオーディションを待っている落ち着いたプロの顔つきをした金髪の男の子たちを目の当たりにし、腕にギプスをはめた（スキーで事故に遭ったのだ）ハモンドは、その役を得るチャンスはほとんどないと考えていた。全くプレッシャーを感じずに、彼は人を惹きつける、自然な本読みをした。彼の履歴書には二つしか記載がなく――テレビ・シリーズ『弁護士プレストン』の一話と、1963年の映画『蠅の王』の役――ハモンドは訓練を受けていない子役というワイズ監督の要求にかなっていた。彼は音程をとることができたうえ、最良なことに、ショービジネスの虚勢を張らずに演じられた。契約が決まった。1964年2月14日のことである。

ルイーザ：フォン・トラップ家の次女で、ゲオルクとアガーテの娘マリアがモデルとなっている。14歳のヘザー・メンジースがオーディションに来るまで、ワイズ監督とチャップリンは魅力と洒脱な態度を上手く併せ持った子役を見つけられずにいた。彼女は経験不足だったかもしれないが、控えめな人柄と冷静さがワイズ監督の関心を引いた。どれくらい控えめかって？ 友達に何の映画のテストを受けているかと聞かれ、よくわからないけれど、「ジュリー・ハリスが主演する楽器についての何かで、オーストラリアで撮影される」ことは知っていると答えるくらいに。

ワイズ監督は現実の家族に見られるように、さまざまな態度や身長や髪の色が混在することを望んだので、メンジースはまた、見かけ上アーリア民族の金髪をワイズ監督に提供することになった。監督は亜麻色の髪をした家族の典型的なオペレッタにはしたくなかったのだが、1人金髪の少女が入ることは、かなり良いと考えた。メンジースは13歳のルイーザを演じることに決まった。

ブリギッタ：率直な少女、フォン・トラップ家の三女で、一番ずけずけ物を言うのは確か。新しい家庭教師マリアに向かって、ブリギッタは躊躇うことなく、「見たことがないくらい、ひどい服」と言う。

おそらく、この役柄には少しの演技経験が求められている。――11歳のイギリス生まれのアンジェラ・カートライトがまさにそれだ。彼女はすでにロバート・ワイズ・プロダクションのベテランで、ワイズ監督の1956年の『傷だらけの栄光』で無名の役を演じたおかげで、その後、テレビの七つのシリーズに出演している。最も有名なのは、1957年から1964年まで放映された『*Make Room for Daddy*』におけるダニー・トーマスの娘役である。

その頃はすっかりアメリカ化していたカートライトは実際には最初、金髪のかつらを被り、ルイーザ役のテストを受けたのだが、ワイズ監督もアンジェラ自身もブリギッタ役の方が元々のブルネットでより上手にリラックスしてオーディションを受けられると感じた。7人の

子どもたちの中で唯一経験豊かな俳優ではあったが、カートライトは映画上の家族の感覚をすっかり台無しにするような、ませた演技はしなかった。ワイズ監督によれば、彼女は「一緒に仕事をするのが楽しい」まま変わらなかった。

クルト：フォン・トラップ家の2人の息子のうち年少の方で、まだかなり幼く、新しい家庭教師マリアに、誇らしげにこう告げる。「僕はクルト。意地っ張り」。クルトを演じる子役は、「少年そのもの」だが子ども時代の優しさをはっきりと残していることが、スクリーン上でもわかる必要があった。13歳のデュエン・チェイスがオーディションを受けに来た時、彼の経歴はコマーシャルに少し出たことがあるくらいで、最も有名な仕事と言えば、パンケーキ・バターの広告だった。実際にワイズ監督の興味を引いたのは、パンケーキが食べられることを喜んでいる、チェイスの屈託のない笑顔だった。純粋な少年時代の幸福感に惹きつけられ、ワイズ監督はチェイスのオーディションをすると、広告と同じくらい自然に、彼のイメージがカメラにも映し出されることがわかった。チェイスの回想では、ワイズ監督は7人の子どもたちのグループを二つ作り、キャスティングの可能性を絞り込んでいた。彼は顔触れを見て、二つのグループから役者を組み合わせた——全て本物の家族のように、様々な外見や話し方の子どもが混ざり合うように。

ワイズ監督は、チェイスは音程を取ることができると確認するとすぐに、キャスティングを決定し、1964年2月19日、彼にその役のオファーを出した。わずかな仕事も無駄にしないワイズ監督は、マリアのベッドの上で『私のお気に入り』を歌う場面で、パンケーキの広告でやっていたチェイスの大口を開けた笑顔が人々の記憶に残るよう撮影している。

マルタ：下から二番目の子ども。彼女は、内気で母親をとても必要としている可愛らしい小さな女の子として、スクリーン上に現れる必要があった。デュエン・チェイスのように、7歳のデビー・ターナーがオーディションを受けに来た時、彼女の経歴は少しコマーシャルに出たことがある程度だった。しかしながら、監督はターナーの上品な物腰が大変気に入り、その物腰はフォン・トラップ家の子どもたちの中で、最初にマリアに抱きつくのがマルタであることを自然に見せた。

グレーテル：フォン・トラップ家の最年少の子どもで、大袈裟すぎる演技をされてしまう危険性が最も高い。観客が「ああ、なんて可愛らしいの」と気に入るような子どもで、歌が歌えて、ダンスができて、自然な演技ができて、しっかりと言うことを聞き、カメラを意識しないで陽気に振る舞える5歳児が求められた。このシャーリー・テンプルの1964年バージョンはどこにいるのか？ ワイズ監督は、キム・カラス以外にグレーテル役を探す必要はなかった。

1958年生まれで5歳のカラスは、ワイズ監督とチャップリンのオーディションを受けに来

た時、すでにプロとして三つの仕事をしていた。ヘンリー・フォンダとモーリン・オハラの『スペンサーの山』に少しだけ出演し、ジャック・レモンの出演作品『ちょっとご主人貸して』でも、短い場面で出演している。最も有名なものとしては、ラリー・ゲルバート原作のコメディ映画『スリルのすべて』で、ドリス・デイとジェームズ・ガーナーの末娘役として、愛嬌のある自然な演技をしている。（バスタブで水しぶきを立てながら、彼女は断固としてこのように主張する。〈ママ、あのシャンプーしたくないわ——運動場のひび割れみたいな匂いがするんだもの。私の髪も、ピアノの先生の髪みたいな匂いにしたいの！〉）

カラスの『サウンド・オブ・ミュージック』の陽気なオーディションは、『ジプシー』に出てくる早熟なベイビー・ジューンが優しい気質になったようであった。カラスの独特な表現によれば「もうすぐ25歳になる5歳」の、異常なまでに自信のある子どもがやってきて、威厳のある顔つきのワイズ監督とチャップリンに向かって、自信満々に述べた。「ごきげんよう、みなさん」。何を歌うつもりかと聞かれた彼女が、そのミュージカルで知っている歌を全部答え、『もうすぐ17歳』を歌ったときはとても愉快だった。後に、ソール・チャップリンは、落ち着き払ったカラスに当惑したことを認めているが、ワイズ監督は非常に活発な歌と動きが求められる役にとって、彼女のプロ意識は長所になると考え、警戒心を解いた。彼女の若さに満ちた自信を面白がりながら、彼はこのように付け加えた。「もし私が彼女を小さな女優として雇わなかったとしたら、私の秘書として雇っただろうよ」

5歳児の陽気で滑稽な身振りは、オーディションの部屋や『サウンド・オブ・ミュージック』のセット内だけに留まらなかった。数年後に彼女は、姉が1962年の映画版『ジプシー』に出演した後、家族が属している教会の司祭が、まだ非常に幼いキムに、そのショーでジプシー・ローズ・リーが演じた特徴的なストリップショーの曲「あなたを楽しませてあげる」を歌わせるためだけに、カラスの家にやってきたことを思い出した。子どもがその意味を理解しながらも無垢なままの表現ができるかと問われることがあるならば、幼いカラスはそれらが混在した人格が芽生えた状態だと言えよう（キムの母親は、『スペンサーの山』にキムを出演させたいという申し出があった時、彼女はキャスティング担当者に娘を引き合わせた。その時のキムの整然とした反応は、彼女の優先事項を簡潔に示していた。〈あまり長くかからなければね。私は面倒を見なくちゃいけないお人形さんが何人もいるし、とっても忙しいから〉）。

子どもたちのキャスティングは、これで終わったが、全ての要素の中で最も大きな話しぶりについての問題が残っていた。カートライトを除いて、子どもたちは皆アメリカ人だったので、ドイツ語圏のオーストリア人の子どもと想定されている彼らは、一体どんなアクセントで話すと思われているのだろうか？ジュリー・アンドリュースが英国のアクセントで話し、

カナダ出身のプラマーが何となくイギリス諸島の調子で話すことを合理的に考えて、ワイズ監督は子どもたち全員が英米混合のアクセントで話すことに決めた。ボイス・コーチのパメラ・ダノーヴァの指導を受けながら、子どもも大人も一様に皆が調和するボーカル・スタイルを作り上げるために、彼らは十分すぎるくらいの英国アクセントをつけて、台詞を学ぶことに取りかかった。

　子どもたちの配役が決まったので、ワイズ監督は大人の脇役に関心を向けた。彼には考えがあり、それぞれ補佐的ではあるが素晴らしい役の短いリストを作っていた。マックス、シュミット夫人、ロルフ、フランツ、そして特に修道院長。しかし、彼の優先リストの一番上は、エルサ・フォン・シュレーダー男爵夫人であった。お茶目で洗練されていて、悪女に最も近い部分があるけれども、脆(もろ)いところもある男爵夫人の特性を組み合わせようとすると、可能性のある女優たちの非常に長いリストが出来上がってしまう。ロバート・ワイズ監督はそれぞれの名前を前にして少し考えてみたが、彼のリストはただ一つの名前で始まり、そして終わるのだった。エリノア・パーカーである。

11.
キャストの完成

"私は、エリノア・パーカーに夢中だった。
驚くほど美しくて、とても魅力的だったんだ"
クリストファー・プラマー

エルサ男爵夫人　エルサ役を決めるコツは、冷淡にみえる男爵夫人が生身の共感できる女性へと様変わりする演技が自然にできる美しい女優を見つけることにあった。マリアにとって、大佐の愛をめぐるライバルに説得力がないと、男爵夫人とマリアの間で一方が勝ったり劣ったりする争いや、それに伴う『ダウントン・アビー』のような社会的地位と隠し立てしないロマンスが魅力的に混ざり合う状況が、すぐに台無しになってしまいかねなかった。

　もちろん、マリアがその争いに勝利する。結局のところ、修道女たちや神は言うまでもなく、子どもたちが彼女の側についていたのである。エルサを演じる女優が大衆に彼女の華やかさの裏にある別の表情を覗かせることができさえすれば、貴族的な雰囲気の男爵夫人がうまく機能するだろうし、それとともに、マリアの自然な特性と男爵夫人の上流階級が持つ高慢さの対立が面白くなってくる。観客が男爵夫人は大佐の愛に相応しくないと気付く一方で——彼女は子どもが好きではないのだ！——彼女は観客が本当に関心を持つことができるくらい十分に深みのある人物として表現される必要があった。

　ワイズとキャスティング・ディレクターのリー・ウォレスによって列挙された、見込のある女優のリストは以下のとおりである。

　　アイリーン・ワース —— 素晴らしい舞台女優だが、映画界ではメジャーでは

ない。

シド・チャリシー――美しい、しかしダンサーだ。

ダナ・ウィンター――信頼できるし、魅力的だけれど、スターではない。

グレース・ケリー――彼女が出ればこの映画は大そう話題になるだろう。しかし、絶対出演しない。

エヴァ・マリー・セイント――美人で才能があるけれど、かなりアメリカ人っぽい。

ヴィヴェカ・リンドフォース――優れた女優だが、有名ではない。

エヴァ・ガボール――ヨーロッパ生まれ、しかし人々はまだ彼女を女優だと思っているのだろうか？ テレビでやっているマーヴ・グリフィンのトークショーに、度々ゲストで呼ばれるだけの人だと思っているのでは？

みんな、どうもしっくりとこない。ワイズ監督にとって最初から最後までこの役の第一希望は、エリノア・パーカーのままであった。

若い頃とても美しかったパーカーは、まだ非常に魅力的で驚くほど落ち着いた風采を映画で醸し出していたし、1950年にワイズ監督が製作した女性に焦点を当てたメロドラマ『三人の秘密』でワイズ監督とはかなり楽しく仕事をしたことがあった。彼女の見せかけではない脆さが、思いがけない共感を呼ぶとともに、現実的な要素を男爵夫人にもたらすだろうと、監督はわかっていた。彼によれば、パーカーが「すぐに思い浮かんだ。私はいつも彼女のことが気に入っていたし、その美しさや演技力の幅を尊敬していたよ」。ワイズ監督ともう一度仕事をすることを熱望して、オスカーに3回――『女囚の掟』（1950）、『探偵物語』（1951）、『わが愛は終りなし』（1955）――ノミネートされた女優は、喜んで契約書に署名した。

修道院長　キャスティング上の言葉で言えば、聡明で全てを受け入れる修道院長の役は、「年配の女性」に相応しい役を意味しており、予備的なキャスティングの選択肢として、高い評価を受けている3人の著名な女優に絞られた。

アイリーン・ダン――5回もアカデミー賞にノミネートされており、コメディ（『花嫁凱旋』）からドラマ（『シマロン』）、ミュージカル（『ロバータ』、『ショウ・ボート』）まで幅広い作品に出演していて、多才なダンならどんなジャンルも巧みに演じられるだろう。彼女は日頃から教会に通っている熱心なカトリック

だが、1962年に女優業を辞めている。ワイズは関心を持っていたが、決めかねていた。彼女は本当に復帰するだろうか？ 彼女は、この役に一番いい選択だろうか？

ジャネット・マクドナルド ── 「ハリウッドの鉄の蝶（冷酷で移り気な女）」、オペレッタのための特別な声を持っている歌い手で、一般に評価されている他の女優よりもずっと優れているマクドナルドは、不運にも、この時すでに体調を崩し、彼女のキャスティングの可能性は話し合いの段階から先に進むことはなかった。彼女は『サウンド・オブ・ミュージック』が公開される2カ月前に亡くなった。

イーディス・エヴァンス ── 彼女の世代の中で、ほぼ間違いなく最も優秀で、最も多才な舞台女優。エヴァンスはまた、『怒りを込めて振り返れ』から『尼僧物語』まで幅広い役柄で映画を成功させ、『トム・ジョーンズの華麗な冒険』での新たな演技でアカデミー賞ノミネートをつかみ取った。障害となるのは？ 歌が歌えないのだ。

3人の主要な候補者が依頼できなかったり役に合わなかったりしたので、ゲイル・ソンダーガードのテストの後で、ワイズ監督はペギー・ウッドがいいのではないかという友人の提案を心に留めた。ウッドはブロードウェイで歌っていたし、実際、この作品のブロードウェイでのミュージカルで修道院長の役を依頼されたこともあった。彼女は1週間に8公演という劇場のスケジュールでは声がもたないと思い、その役を辞退したのだった。ブロードウェイの要求に対して、彼女はウィットに富んだ言い方をしている。「声をかつての良好な状態に戻して、1週間に8回も演じるの？ 修道女の生活そのものね！」

ワイズは、ウッドの温かい人柄が、怖くて近づきがたい厳格な人物よりも、聡明な年配女性の雰囲気を修道院長にもたらすだろうと感じていた。テレビ番組『ママ』の女家長、マルタ・ハンセンを演じたことで最もよく知られているウッドは、ワイズと仕事をしたことはなかったが、2人が初めて会った時、監督は彼女の魅力的な人柄と美しさに、すぐに参ってしまった。「私は彼女の経歴を調べ、ニューヨークで彼女に会うと、惚れ込んでしまった…この映画に最も相応しい脇役の1人だよ。本当に、とても温かい心を持っているんだ」

ウッドは歌わなくてはいけないことを気にかけていると伝えてきたが、ワイズ監督は必要であれば吹き替えることができるといって安心させると、彼女は乗り気になり、契約に署名した。後にわかるように、事前録音の時間が近づくにつれ、彼女は声が最善ではないと感じ、『すべての山に登れ』の修道院長の歌は、リハーサルのためのピアニスト、ハーパー・

マッケイの妻であるマージョリー・マッケイが最終的に吹き替えることになった。

マックス・デトワイラー　伝統的なミュージカルでは、ロマンスの主役たち（この場合はマリアと大佐）がもっと明らかに喜劇的な別のカップルによって裏書きされているとするならば、『サウンド・オブ・ミュージック』では、それらの脇役は、エルサ男爵夫人と彼女のユーモラスで冷笑的な友人でありコンサートの主催者の、マックス・デトワイラーに割り当てられている。美しく演技力のあるエリノア・パーカーに相応しいのは誰だろう？ ユーモアと冷静さがうまく混ざり合っているのは誰だろうか？ ワイズはひらめいた──ノエル・カワードである。

　脚本家、作曲家、作詞家、俳優、プロデューサー、ディレクター──カワードの演劇的な幅はほとんど限界がないようであり、きびきびして抜け目のない話しぶりをするので、「金持ちはいいよ　せいぜいおこぼれにあずかろう」といったマックスの皮肉めいて機知にとんだ台詞のために特別にあつらえたようであった。

　皮肉なことに、カワードがその５年前につけた日記には、彼の友人であり以前共演したスターのメアリー・マーティンが主演していたブロードウェイ作品への「巨匠」の鋭い評価が書かれている。彼はその劇を甘ったるくて、まるっきりおとぎ話のようだとみなしていたが、ロジャースの音楽を称賛し、作品全体は、そのシーズンに彼がブロードウェイで観た他のどの作品よりもずっと「プロらしさ」があると書かれていた。

　おそらく、カワードの途切れることのない多忙なスケジュールの結果として、交渉は決して執拗に続けられたりはせず、ワイズはリストの中でもう１人関心を寄せている第二候補のピアニストで喜劇俳優のヴィクター・ボーグを考えた。ボーグはそれ以前に映画に出たことはなかったが、デンマーク生まれのピアニストは、その役に適した年齢で、ヨーロッパのショー・ビジネスでの経歴があり、マックス・デトワイラーの世界を理解していた。しかし、ボーグはコンサートホールとテレビの仕事でのスター扱いに慣れてしまっていたし、出演料も非常に高かったので、交渉が先に進まないことがわかった。

　ルイス・ナイ？『*Make Room for Daddy*』から『じゃじゃ馬億万長者』までテレビのシットコムでの幅広い活躍でよく知られているナイは、彼の言葉を借りれば、「腐ったナチスと感情的な少年」の役をラジオでやり始めていた。しかし、彼は『僕のベッドは花ざかり』と『ちょっとご主人貸して』で端役を演じただけで、映画俳優としては実績がないという問題があった。

　ナイの経験が足りないことに不安を抱いたワイズ監督は、ラジオで自称「詩人であり、釣りの名人」のエドウィン・カープを演じて名声を得たイギリス出身の俳優、リチャード・

ヘイドンに注目した。ヘイドンは、意図的にはっきりとした発音で話し、1945 年公開の『そして誰もいなくなった』から『永遠のアンバー』(1947) や『ママは腕まくり』(1960) まで多くの映画出演のあるベテランで、彼の物思いにふけったような態度は、冷笑的で落ち着いたマックスにうってつけのように思われた。

ワイズ監督はヘイドンとは知り合いではなかったが、彼の出演作品は観たことがあり、この役に軽く皮肉めいた相応しい調子をもたらすだろうと、確信していた。ヘイドンはすぐに申し出を受け入れ、彼のキャスティングは、映画に辛辣なウィットをもたらすだけではなく、この役の親しみやすい物腰を表すうえでも都合が良かった。子どもたちみんなが、彼の自然なやさしさに惹きつけられ、彼はすぐに 7 人の子どもたちの人気者となった。こうしたことが俳優と 7 人の子どもたち全員との間に気のおけない結びつきを作り出し、最後には全ての子どもが彼を「パパ様」と無邪気に呼ぶまでになった。彼はまた、アンドリュースとプラマーの両方からもすぐに慕われるようになり、2 人とも彼がきわどいショー・ビジネスの話を度々するのを喜んで聞き、アンドリュースは特にヘイドンの温かさとユーモアを楽しんでいた。「私は疲れていて、少し悲しい気分になっていたの。そんなとき、彼は帰宅途中の車の中でわざと、私を笑わせてくれたの——私の気分を良くするためだけに」

シスター・ベルテ——ポーティア・ネルソン　シスター・ベルテ役は大役ではないかもしれないが、ワイズは、この役は記憶に残るであろうし、彼女の機知に富んだ気難しい性格のおかげで修道院長以外の修道女たちの中で最も目立つ存在になることがわかっていた。ポーティア・ネルソンがこの役に提案されたとき、ワイズは彼女の経歴を知らなかったが、少し調べてみると、彼女ならこの厄介な仕事にピリッとした感覚を申し分なく与えられるだろうという結論にすぐに至った。

『*Fly Me to the Moon*（私を月まで連れて行って）』として長く知られている、あっという間にスタンダードになった曲『*In Other Words*（言い換えると）』を最初に歌った歌手ネルソンは、テレビの特別番組（『デビー・レイノルズと子どもたちの響き』）のために『虹を作れ』の作曲をしている。その甘美な聖歌は、1992 年におこなわれたクリントン大統領の最初の就任式で歌われている。しかしながら、もっと代表的な作品は、キャバレーのスタンダード・ナンバー『ニューヨーカーの告白』で、ニューヨーカーに扮した歌い手が「ニューヨークへの愛憎」を訴えかける——その荒っぽくて皮肉めいた歌詞と歌の調子は、もしシスター・ベルテがニューヨークのキャバレーの世界へと足を踏み入れると決意したとすれば、いかにも歌いそうなものだった。1954 年の『ゴールデン・アップル』のようなブロードウェイ・ミュージカルで的確な演技ができることと、ネルソンの辛口な性格のおか

げで、彼女は役を射留めた。

シスター・ソフィア──マーニ・ニクソン　『サウンド・オブ・ミュージック』は、ニクソンにとって大きなきっかけとなった。『王様と私』のデボラ・カーや、『ウエスト・サイド物語』のナタリー・ウッドの吹き替えをした後、彼女は『マイ・フェア・レディ』でイライザ・ドゥーリトル役のオードリー・ヘップバーンの吹き替えをしている。ついに彼女は『サウンド・オブ・ミュージック』で、声だけではなく、スクリーン上に姿を現すことになる。ワイズ監督はこう述べている。「我々はマーニに実際にスクリーンに登場するチャンスを与えたかった──『ウエスト・サイド物語』での彼女の仕事への恩返しとしてね」

　事実、ニクソンはその映画の出演が決まるとすぐに仕事に取りかかった。実際に映画の撮影が始まるずっと前から、ニクソンはソール・チャップリンの指導の下、マリアが歌う全ての曲を録音していた。儲かりそうな外国の市場をすでに視野に入れていたスタジオは、外国で映画を公開するために、ゆくゆくは曲を録音することになる歌手たちの手本となるよう、挿入歌を録音することを決めていた。ニクソンは次のように述べている。「彼らは外国の歌手たちに、意図したとおりに歌った曲を聴かせたかったのです──台詞やニュアンスをね。そのようにして、外国の歌手たちは映画を観たり、台詞を翻訳と合わせたりすることができたのです。私は依頼されたことを、誇らしく思いました。歌を暗記してはいなかったので──歌詞が書かれた紙を見ながら歌っていました。唯一戸惑ったのは、レコーディングしているところを撮影するとわかった時です。私は髪を整え、お化粧をしなくてはならなかったのです。それから何年もの間、人々は私にこう言うの、〔『サウンド・オブ・ミュージック』のレコーディングで、あなたを観ましたよ！〕」

フランツ──ギル・スチュアート　『サウンド・オブ・ミュージック』チームの別のメンバーから推薦されたスチュアートはワイズと仕事をしたことはなかったが、2人は顔なじみだった。彼はナチスに傾倒する執事に相応しい外見と横柄さがあるように見え、ワイズはすぐに彼以外の候補者を探すのをやめて1964年3月、撮影開始の直前に、フランツ役を依頼した。

ロルフ──ダン・トゥルーヒット　ロルフ役は、この映画のキャスティングで特に問題となっていた。ヒトラーユーゲント（ナチスの青少年団）を演じることができるうえに、幼い恋愛を歌った可愛らしい賛歌『もうすぐ17歳』を上手に歌って踊れる若者は誰だろうか？
　レーマンは、ミュージカルから映画への改編でロルフの暗い側面を出すようにすると決

めていたので、10代のプレイボーイと若いナチス党員という設定がもたらすコントラストは、特に重要であることがわかった。『サウンド・オブ・ミュージック』のミュージカルでは、ロルフはしばしば観客から、取るに足らない人物だと思われていた。彼は歌って踊って、結局フォン・トラップ家を引き渡しはしない――厳密に言って、新進のナチ党員が本来することではない。レーマンとワイズは、ロルフとリーズルにはロジャースとハマースタインの『南太平洋』に出てくる準主役の恋人たち、リアットとケーブル中尉のような深みがなく、かなり一面的なままだと思っていた。太平洋で続いている戦争に反対して演じられた、異人種間で芽生えつつある『南太平洋』のロマンスは、本当の危険な感覚を伝えていた。一方で、リーズルは単に可愛い少女なので、レーマンはロルフが自ら一家を裏切るようにして、さらなるサスペンスを生み出そうと最善の努力をすることになった。観客にとっては、ロマンチックな『もうすぐ17歳』がまだ記憶に残っているため、適した俳優がいなければ、この行為は肝心なところで信憑性を欠いたものになってしまう。

　まだ無名で初歩的なミュージカルの技術しか身につけていないリチャード・ドレイファスや（4年後に、『ハロー、ドーリー！』の映画版でバーナビー・タッカー役を演じることになる）ダニー・ロッキンのような歌とダンスのベテランを候補として考えてから、ワイズ監督はキャスティング・オフィスを通じて興味を持つようになったダン・トゥルーヒットのオーディションをした。

　トゥルーヒットは、次のように回想している。「代理人が、私をその役の集団オーディションに行かせたのです。防音スタジオの角を曲がると、500人くらいの金髪の少年たちが待っていたんです！ スタッフは、私たち全員を10秒ずつ撮影しました。歌ったり踊ったりせずに。その後、何の連絡もなかったんです。6週間後に、代理人がパーティで方言コーチのパメラ・ダノーヴァに会って、リーズル役について話していると、パメラはロルフ以外の役は全て決まったと話したそうです。それで、彼はこう言ったのです。〔君が興味を持ちそうな奴がいるんだけど〕。そして、彼は急いで車に戻ると、私の顔写真を取ってきました」

「私はパメラに会い、彼女は私をロバート・ワイズとソール・チャップリンに紹介してくれました。彼らは、ロルフがフォン・トラップ一家を内報する最後の場面の台本を渡してきました。撮影が始まっていたのに、まだロルフがいなかったんです。私は撮影所のアーガイル・プロダクションの建物でその場面の台本を読みました。ワイズとチャップリンは私の演技を気に入ってくれて、ディ・ディ・ウッドとマーク・ブローに会いに行かせてくれました。ダンスはできたんですよ――サクラメント・バレエ団で奨学金をもらったことがあるくらいで――そして、彼らのために踊りました。楽しんでいる若者に見えるように『もうすぐ17歳』を踊るよう言われました。幸運にも、ダンスの能力でA評価がもらえたのです」

「翌日は、人柄をみるテストでした——スタジオには 30 人の人たちがいたと思います。ロバート・ワイズ監督は、私にとても誠実で控えめな言い方でこう言いました。〔ダン、カメラの前に座って、撮影している間、私に向かってただ話してくれないか〕。それから、私は彼に歌を歌ってもいいかと尋ねました。ワイズ監督は〔君が歌うとは思わなかったよ——何を歌うつもりなのかい？〕と聞いたので、もちろん、私はこう答えました。〔『もうすぐ 17 歳』です〕。私が歌い終えると、みんな笑顔でした——本当に、みんなが私に最高の印象を持ってくれたのです——私の演技を気に入ってくれたみたいでした。歌のレッスンを受けたことがあって、とても良かったですよ。というのも、かなり若いときに、ダンサーとしてコンテストに出始めたのですが、タップやウイングやバック転をして、無理をしても、毎回ただ突っ立って、歌ってる他の人が勝つんです。だから、歌のレッスンを受けるようになりました——良い決断でしたよ！僕は、彼らが望んでいた音を出せただけだったと思います——ある種アイルランド系に聞こえる若い声を持っていたんです。彼らはすでに撮影を始めていて、2 日後には契約しました」

「彼らは僕の髪を金髪に染めたんです——眉毛とまつ毛までも！アーリア人に見えるように、毎週、彼らは伸びたところを染めなくてはならなかったんです、ダーク・ブラウンの地毛の代わりにね」

作品の一部となったことに心を躍らせていたトゥルーヒットは、ラッシュで映像を観る間、上映室でジュリー・アンドリュースの真後ろに座ったことを思い出した。「ラッシュが終わった時、彼女は振り向いて、こう言いました。〔あなたがダン・トゥルーヒットよね——あの役につけて良かったわね、おめでとう！〕なんてすばらしい女性なのでしょう、優しくて、仕事熱心で、愛情にあふれていて——いつも喜びを与えてくれる」

20 歳のトゥルーヒットは、シャーミアン・カーよりも 1 歳年下だったが、ロルフが歌のなかで命令する場面に真実味を持たせるくらいには、少なくとも彼女より 1 歳は年上に見える人物として映画に出演した。

君には年上で賢い保護者が必要だ
僕は 17 やがて 18
君の面倒を見るよ

6 歳の頃から歌手やダンサーの経験があるトゥルーヒットは、カーに元々備わっていながらも、まだ発揮されていない能力をうまく引き出し、正式に契約が決まると、ハリウッドで初めての歌って踊るナチスの若者を演じる準備を始めた。数十年後に、ワイズ監督はこ

う述べている。「ダン・トゥルーヒットはあの役を非常によく演じていた。彼は、本当にロルフに見えたよ」

シュミット夫人──ノーマ・ヴァーデン　台詞のある重要な役で、まだ決まっていないのは、家政婦のシュミット夫人であった。しかしながら、今回は望ましい女優の長いリストはなかった。ワイズ監督は、早くからノーマ・ヴァーデンに頼もうと決めていた。彼女の真面目すぎるが思いやりのある人柄と声が、家政婦のきびきびした人物像を的確に伝えるだろうと考えたのだ。20年前、ワイズの2作目の監督作品で、急ごしらえした70分間の低予算映画『ナチスに挑んだ女』でヴァーデンを使ったことがあった。この映画はワイズ監督の不朽の名作のなかでは明らかに力を抜いて製作した作品だったが、ヴァーデンが演じた現実的で基礎のしっかりした問屋の女将は、ワイズ監督の共感を得ていた。彼女は興味があったのだろうか？　答えは、イエスだ。

　ヴァーデンとともに、ギル・スチュアート、ゼラー氏役のベン・ライトと全ての修道女が3月に契約に同意すると、キャスティングが全て完成した。予算が認められ、舞台セットの建設が進み始め、台詞のない役も全部決まると、子どもたちも加わったリハーサルが2月10日に始まった。2月20日には、ジュリー・アンドリュースが自分のリハーサルが始まるのでフォックス・スタジオに到着し、その10日後に、クリストファー・プラマーが加わった。メイキャップと衣装のテストをして、3月26日に事前録音が完了すると、製作準備段階の6カ月が終わり、撮影開始の準備ができた。

　スタジオの破産危機、この映画の全てが気に食わなかった最初の監督、ナチス信奉者のヘリコプター・パイロット、気難しい主演男優といった数々の困難を切り抜けて、『サウンド・オブ・ミュージック』はようやく撮影開始の準備を整えた。

　1964年3月26日。

　20世紀フォックスの撮影所にある防音スタジオ15。

　シーン23-A。

　フォン・トラップ家へのマリアの到着。

　「カメラを回せ」

　「アクション！」

12.
一番最初から始めよう

　ロバート・ワイズは、ひどく神経質になっていた。彼は前作のミュージカル映画でアカデミー賞を受賞した経歴があり、主演女優に全面的な信頼を置いていて、ヴァーデンが完全なプロだとわかっているし、撮影準備段階にまるまる半年間を費やしていたが、それでも最初の登校日を迎えるような気持ちだった——「かなり下にあるプールに飛び込む前の、高飛び込みの選手のような」。彼が船長として下手なまねをしたら船が沈没して、作品すべてを台無しにしてしまう。アンドリュースは、そうした彼の不安な気持ちを共有できた。「私が考えられることは、〔この仕事をきちんとやりたい〕ということだけでした」

　彼らは、ほかの誰かに憂鬱さを少しでも見せたりするスターや監督ではなく、完全なるプロフェッショナルだった。あまりにも多くのことが彼らの集中力と、さらに重要なことに、人から信頼される能力にかかっていた。カメラが回り、アンドリュースがライトの中心へと移動し、マリアの驚きを伝えるような、彼女の大きく見開いた瞳がフォン・トラップ家の邸宅を見つめる。ヴァーデンのきびきびした経験豊富な物腰は、シュミット夫人の「あなたは何のためにここにきたか、わかっていないのですね」と言わんばかりの態度をそれらしく伝えた。——カット！『サウンド・オブ・ミュージック』の撮影が始まった。

　一場面が完成して、作品は最初のミュージカル・ナンバーの撮影へと移った。複雑な構成の『私のお気に入り』である。しかし、その曲の一節が撮影される前に、髪の毛に関する問題が浮上した。子どもたちの多く——ハモンド、カー、ターナー、カートライト——が暗い色の髪だったので、ワイズ監督はそこに金髪の子どもをもう1人混ぜることに決めた。誰かがかつらを付けることになるのか？　それは絶対にダメだ。その代わりに、ニコラス・ハモンドの自然な茶色の髪が金髪に、それもかなり明るい色に染められることになった。しかし、ヘア部門が失敗してハモンドの髪に大量の染料を使いすぎたので、撮影の初日に彼が現れたとき、根元まで金髪になった少年の頭皮はひどく荒れていた。

　そして、実際のところハモンドは、この映画でブロンドにまつわる災難を蒙った初めての人物ではなかった。ジュリー・アンドリュースの外見は、基本的に映画のために変更しなくてもよいと思われていたが、少し金髪のハイライトを入れた方が彼女の見た目を良く引き立てるだろうとスタッフ全員が賛成した。そのときもまた、髪のカラーリングがうまくいかず、

アンドリュースの回想によると、撮影開始の1週間前に髪を染めたとき、最初はオレンジ色になってしまったという。その結果、彼女のショートヘアを全部ブロンドに染めることが決められたのである。マリア・ライナー・フォン・トラップは今や金髪のショートカットになったのだ——これで、撮影準備が整った。

　髪の危機にまつわる問題が解決して、『私のお気に入り』はカメラ撮影されようとしていた。ミュージカル版では、『私のお気に入り』はフォークソングとして歌われており、修道院長がマリアにフォン・トラップ家での家庭教師の仕事を伝える前に、2人で一緒に歌っている。しかしながら、レーマンは、嵐の夜にマリアが子どもたちを元気づける方法として、この曲を使うことに決めた（嵐のくだりは、実際には『菩提樹』の脚本家ゲオルク・フルダレクによる作り話である。彼の台本は映画版『サウンド・オブ・ミュージック』の構成部分を支えるものとなっており、最終的に次のような独立した表記が示されることになった〈ゲオルク・フルダレクによるアイデアを部分的に使用〉）。『私のお気に入り』を家庭教師と子どもたちの間に芽生えようとする絆を強めるミュージカル的な方法として利用しながら、ここでレーマンはさらに、曲の途中で大佐が突然やってきて彼らを非難することで、対立が複層的になるように変更した。

　その曲を撮影する初日の仕事が捗ったのは、撮影技師のテッド・マッコードが取り仕切っていたためである。彼の巧みな光の使い方によって、その曲が一続きのものとして撮影された。彼は暗い場面から撮り始めて、歌っている場面にも稲妻を重ねることで、文字通り、そして比喩的にも雰囲気が明るくなるよう工夫し、その騒がしさが大佐の登場でピタッと止まるようにしている。

　有能なチーム・プレイヤーであるマッコードは、撮影技師としての仕事とは関係のない方法で、この曲に貢献することさえあった。撮影が長引くにつれて、勤勉で紳士的なマッコードは、まだ経験が浅いデュエン・チェイスが疲れてなんとなく体調がすぐれず、その曲の一場面で彼が広告でしていたような満面の笑顔をするようワイズ監督に求められていたのに、全くできなくなっていることに気が付いた。マッコードは彼のために照明を変えて対処するのではなく、その代わりにカメラの後ろでふざけてみせて、チェイスがただ微笑むのではなく歯を見せてにっこりと笑えるようにした。アカデミー賞にノミネートされた熟練の撮影技師が、撮影のために経験の浅い子役を笑わせる——これは、仲間を大切にするワイズ監督の方針を、良い形で推し進めるきっかけになった。

　チェイスのにっこりとした笑顔はうまく撮影されたが、それは、この曲に求められている多数のショットの一つに過ぎない。もっと大きな問題は、マリアが音楽を通じて子どもたちと親密な絆を結ぶようになる様子を示すためにこの曲は作られているにもかかわらず、まだ

顔合わせをしたばかりで、ジュリー・アンドリュースは子どもたちの名前をかろうじて知っている程度だったことである。そのうえ厄介な問題が、すぐに明らかになった。子どもたちとのシーンを撮っている間はいつでも、ジュリー・アンドリュースはその時撮っているワンテイクごとに——それが何回であろうとも——最高の演技をしなくてはならなかった。そのテイクで、たまたま全ての子どもたちがうまく演じ、観客の共鳴を呼ぶようなものになるかもしれないからだ。子どもたちは台詞を口ごもったり、決められた立ち位置を通り過ぎたり、台詞を言う箇所を忘れたりするかもしれなかったし、実際にそうなったりもしただろうが、ジュリー・アンドリュースは文字通り完璧である必要があった。シャーミアン・カーは現場での様子をこう述べている。「彼女がミスをしたところは見たことがないわ」

レーマンが『私のお気に入り』を映画版ではミュージカルよりも早い位置に書き直したので、撮影でその一曲を通して歌うのはマリアだけだった。物語のこの時点では、フォン・トラップ家の子どもたちはまだ歌うことを習っていないのである。すぐに歌い始めるのではなくむしろ、レーマンはこの歌を、まるでマリアが子どもたちとただ会話をしているかのように導入したのである。嵐におびえているフォン・トラップ家の子どもたちは気持ちを落ち着かせる必要があり、マリアは次のように温かく話しかけることで、彼らがすぐに安心できるようにする。

　　緑の草原　　夜空の星
　　バラの上の露　　子ネコのひげ

ジュリー・アンドリュースが歌い始めるのは次の「ぴかぴか湯沸し　ほかほか手袋」というフレーズからで、大げさに歌い始めることなど決してなかった。マリアは話の一部を歌にして、子どもたち——そして観客を——彼女のほうに静かに引き寄せながら、自然と話から歌に入っていくのだった。観客を驚かせて心を捉える方法で歌い始めることで、レーマンは、彼が最も難しいと考えていた、ミュージカル・ナンバーを歌い始める際の問題を見事に解決した。対話が歌の導入になるのだろうかという懸念は、全て払いのけられた。レーマンはこの映画のために対話のシーンを執筆していたかもしれないが、ミュージカル映画では歌が全てだとわかってもいた。「ミュージカル・ナンバーは、成功させなくてはならないものだ——それらは、君の仕事を具体化するものなんだよ…」ロバート・ワイズ監督は、こう述べている。「アーニーは対話を歌へ繋げるよう調整する素晴らしい仕事をやり遂げたよ」

ワイズ監督が、対話を歌へと繋げるものとは違うカメラアングルから、実際に歌う出だしの箇所を撮影するようにあらかじめ手配していたので、その曲は時々歌うことを思い出した

かのように続いていく。ワイズ監督の台本では、観客が興味を持ち続けるために、常に新しい映像が提示されねばならない。例えば、ある角度からマリアと子どもたちの対話を撮影し、それから歌が始まるときにクローズアップで撮るようにするのである。「できるときにはいつでも、そうしようと努めていたよ」

次に、『私のお気に入り』に関する新たな問題が浮上してきた。それは、振付をしているディ・ディ・ウッドとマーク・ブロー夫妻による、この曲の演出にまつわるものだった。2人が最初に振付師として提案されたとき、ワイズ監督は彼らのことをよく知らなかったので、彼はチャップリンと一緒に、まだ公開前の『メリー・ポピンズ』のために夫妻が振付をした「煙突掃除」の一場面を観られるかどうか、ディズニーの重役に問い合わせた。観終わってから、活き活きとしたその曲に感銘を受けたワイズ監督は、スケジュールを調整し2人と会うと、すぐに彼らの明るい人柄が気に入った。その気持ちは両者とも同じだった。監督についてウッドはこう語っている。「ロバート・ワイズは100パーセントの紳士でした。彼は物静かに指示を出すのだけど、それは本当に耳を傾けたくなるやり方なんです。彼はジャケットかベストのポケットに時計を入れていました。時間を十分に意識していて、毎日、何がしかをやり遂げようとしていたのです。私は将来の仕事のために、彼からそのアイデアを借り受けましたよ！」

全ての曲で動きの感覚を伝えたいという振付師たちの話し合いを聴いた後で、ワイズ監督は納得した――裾の長い服装の修道女たちでさえも『マリア』を歌っている間、動くことになるだろう。彼は、自分の映画に相応しい振付師たちを見つけ出したのだ。

しかしながら、今度は夫婦の方が、自分たちが危機に瀕していることがわかった。彼らはリハーサルが始まる前に、全てのミュージカル・シーンの綿密な計画を立てる撮影準備期間に数週間を費やした。それでも、『私のお気に入り』の撮影に丸5日間かけた後で、この曲はどうも上手くいっていないようにみえた。実際に一連の場面全体は、楽曲の拍子一つ一つに至るまで計算されていながらも、そのことを観客に気づかれないようにして、自然で直観的に動いているように見える必要があった。そう、前もって立てた計画は全てよどみなく演じられていたのだが、全体があまりに洗練され過ぎていることがわかった。アーネスト・レーマンは、その撮影を見たとき、枕投げや子どもらしい元気の良さが事前に録音された音楽とぴったり合っていて、それがあまりにもわざとらしく演出された不自然なものに見えることに気づいた。子どもらしい伸びやかさは、どこに行ってしまったのか？

早急に話し合いをして、ウッドとブローは動きをより簡単なものに直し始めた。演技をもう一度考え直して、洗練された動きを全て取りやめると、かなり良い曲が姿を現し出した。ウッドは次のように語っている。「ロバート・ワイズがあのような優れたリーダーだったので、

私たちは撮影上での問題を解決できたのです——彼は抱えている問題を解決するために、もっと一生懸命働きたいとスタッフに思わせるのです。私たちがもう一度シーンを撮り終えたとき、ジュリーと子どもたちはまるで演技ではないくらい陽気に騒いでいましたけどね」

そのように演出された枕投げの面白いエピソードに加え、カーは撮影時のことを次のように述懐している。子どもたちを怯えさせ、マリアの部屋へと慰めを求めて駆け込ませることになる雷の音があまりにも大きかったので、彼女はあずまやでロルフと会った後にマリアの部屋へ忍び込むための合図を、いつも聞きそびれてしまった。この問題を解決するために、ちょっとした良い策略を思いついたのはアンドリュースだった。マリアが子どもたち全員のために祈っているとき、彼女が特別な声量で発する——「名前が思い出せない彼にも神のご加護を」——という台詞を、カーに対する正確な合図にしたのである。そのためシャーミアンは、すさまじい雷の音の中でも合図を聴き取ることができた。

撮影の遅れ、立ち位置や動きの変更、名脇役になりそうな7人の子どもたちとの厄介な演技——これら全ては、ハリウッドで主役を務める、ほとんどの女優兼歌手を不機嫌にするものだったろう。しかし、アンドリュースは、どこにも不機嫌さを表したりしない人柄だった。修道女と、つねに快活さが滲み出ているシンデレラのような人物を兼ねた役に抜擢されたアンドリュースは、みんなに手本を示し、撮影に携わっている一同の雰囲気を作りながら、実際にその難しい役をやってのけたのである。どれほど撮影が長引こうとも、彼女から不満が出ることはなかった。彼女のプロ意識はそれほど高かったので、ギター演奏を習うことが難しく、好きになれなかったことを語った時には、最後には「かなり黙りこくって」長く忌まわしいギターの練習に屈したと認めている。彼女が不平を言うとすれば、それだけだった——彼女はギターの練習では不機嫌になった。ただし、それは他の誰からも気づかれない程度の不機嫌さだったようである。彼女の機嫌の悪さですら、その微笑で面白い話になった。「ギターを演奏することは、頭を触りながら同時におなかを叩くようなことだったわ」。とはいえワイズ監督によれば、「ジュリーは非常に音楽の才があったので、すぐにギターを習得したよ。演奏と歌を再生で合わせるのは難しかったが、彼女はやり遂げたんだ」（おそらく、ギターが好きではないというのは、アンドリュースとプラマーが本当に良い関係だったことを裏付ける、もう一つの証拠となるだろう。プラマーは率直にこう言っている。〈私はギターが大嫌いだ！ギターで指をひどく傷つけてしまって、血が出たんだ。私は弾いているふりだけして、いい加減にギターをかき鳴らし、他の誰かが魔法みたいな仕事を全部やってくれたのさ〉）。

シャーミアン・カー以外の6人の子どもたちにはよそよそしい態度で、時には冷淡なほどの関係であり続けたプラマーとは異なり、アンドリュースは初めから6人の子どもたちと一

緒にゲームをして遊んだ。そう、アンドリュースは、映画や自分の演技を成功させるためには彼らからの信頼を得る必要があるとわかっていて、ある程度の目論見があってのことだったが、楽しげな子どもたちの中に入りたいという気持ちは、彼女の本当に気取りのない性格から自然に生じたものだった。

　カメラが回っていないときのアンドリュースは、まるで家庭教師のマリアそのもののように振る舞っていた。子どもたちがクローズアップで撮影されているときには、アンドリュースは子どもたちを笑わせようと、カメラに映らない場所で面白い顔をして見せたり、楽しませたり、抱きしめたりした。これらは子どもたちに信頼と安心感を染み込ませ、その後50年もの間、彼らの心に残り続けたのである。ロバート・ワイズは彼女を称賛して、こう述べている。「ジュリーは子どもたちと本当にうまくいっていた——彼らに対して温かく、抱きしめたりキスをしたりして。彼らがどれくらい彼女を愛しているか、彼女がどれくらい子どもたちと良く仕事をしているのかを見るのは、楽しいものだった。そこで生じた温かさは、今では映画の中で観ることができるよ」

　子役のニコラス・ハモンドは、ロンドンで上演された『マイ・フェア・レディ』で、アンドリュースにとってこのミュージカルでは最後となる演技を観たとき、すっかり彼女の虜(とりこ)になった。彼が崇拝している人物であるアンドリュースと仕事をすることになった初めての日には、すでに畏敬の念と愛情が入り混じった感情を抱いていたと、彼は後に認めている。デビー・ターナーは、アンドリュースとの抱擁を覚えている。「お母さんみたいなハグで、とても好きだったわ」。ターナーとハモンドは、アンドリュースをさらに尊敬するようになった。気に入っている先生に対する子どもらしい態度を示しながら、彼らは少なからず彼女に恋してもいたのである。キム・カラスは、このように述べている。「カメラに映っている愛は本物です…私はその状況ではそれ以上できないほど、本当の家族の中にいるみたいに感じることができたの。5歳の女の子にとって、最も幸せな感情だったわ…『私のお気に入り』は、大好きとしか言いようがないの——あれは本物よ」。数年後に、デビー・ターナーは、アンドリュースが「彼女についての魔法の方法」を知っていたことを思い出した。そして子どもたちとのやり取りに関して、撮影のごく最初の段階でさえもアンドリュースとプラマーの間に際立った違いがあったことについて、ニコラス・ハモンドがうまく要約している。「子どもたちはみんなマリアを敬愛する必要があったし、その反対に大佐の周りでは気を張り詰めていなくてはいけなかったんだ。それはまさに、ジュリーとクリストファーがいつも僕たちと接していたやり方だった」

　『私のお気に入り』の撮影が完了し、一行はさらに二つの室内でのシーンに取り掛かった。一家が修道院の墓地でナチスから隠れようとするクライマックスの場面と、『マリア』

の歌の場面である。ワイズ監督は、特に墓地での追跡シーンの撮影方法に満足していた。「ミュージカルでは、ロルフは意気地なしだった。彼はフォン・トラップ一家を内報したりしない。映画では、そこを変えたんだ。それから、キャブレター（気化器）を修道女たちが取ってしまうというアーニーが仕掛けた素晴らしい仕事が気に入っているよ」

ダン・トゥルーヒットの回想によると、墓地での追跡劇は映画の順序から言うと最後から２番目の場面だったが、彼にとっては最初に撮影したシーンになった。「難しかったのは、一番悪い状態のロルフを演じることから始めなくてはならなかったことです——彼はフォン・トラップ一家を内報するんですから！——それから、私は逆行して演技をしなくてはいけませんでした。私が撮影した最後の場面は、リーズルと歌って踊っている、最も純真なロルフだったんですから。墓地のシーンでは、大佐がロルフに〔君は奴らの一員にはなれない〕と警告し、ロルフは大佐に公然と反抗しなくてはならない。その場面が成功して、本当に嬉しかったですね」

「全てロバート・ワイズ監督のおかげでした。彼は、とても素晴らしい——本物の紳士だった。優しくて、腹を立てたりせず、信じられないほどの才能があって、いつも笑顔なんです…実際、一度だけ彼が気持ちを乱しているのを見たのですが、それは墓地のシーンで、照明係が、懐中電灯の動きにスポットライトの動きを合わせられない時でした。スタッフはその係を辞めさせて、もっといい仕事ができる別の人に変えることになりました…監督はみんなに敬意を持って接していました。提案はするけど、決して命令はしなくて、ただ善良な雰囲気が漂っているんです。ものすごい監督ですよね。彼の紳士的な性格は、彼を良い監督にしているだけではなくて、本当にこの映画の特徴になっています——とても幸せな撮影現場で、それが映画に示されているのだと思います」

墓地での追跡はまた、マーニ・ニクソンの最もユーモラスな回想の一つに加えられてもいる。キャブレターを持っている修道女たちとのシーンで、クローズアップになる可能性があることを知っていた彼女は、自分の外見を変えたいと思い、化粧室へとこっそり戻った。「私はまつ毛が乏しかったし、修道女たちはマスカラもビューラーも使えないという設定が好きではなかったわ。スタッフは私にそのままで良いと言い続けていたけど、私は地味に見えすぎてしまうことに当惑していたの。修道女を演じているのはわかっていたつもりよ。だけど…ともかく、私の計画は頓挫したの。ナチスの応対をするために修道院のドアの傍に立っている間クローズアップで映されるので、こっそり化粧室に歩いて行くと、まつ毛にマスカラを塗ったの。そうしたら、どうやら私はあまりに早くまばたきをする癖があったみたいで、クローズアップの時に、化粧をしているのが明らかにわかってしまったのよ。ロバート・ワイズ監督は、ただ冷静に、そして紳士的にこう言ったわ。〔あのアップはカットするよ〕」

これらの修道院での一連の場面にはどちらも、プロダクション・デザイナーのレヴェンが何週間もかけて舞台装置を監督し、細部を厳密に作り上げたセットに頼るところが大きかった。ノンベルク修道院の院長が、修道院内での撮影を禁じたので、必然的にレヴェンは、修道院の内部すべてを建築することを余儀なくされた。院長は修道院の入り口での撮影は許可したが、それ以上は認めなかった（デザイン上の目的で、撮影スタッフが修道院の外で実際には使用することのできない鐘の紐を吊り下げていた時、修道女たちはその外観がとても気に入り、紐を吊るしたままにするように頼んだこともあった）。建築の指針として実際に敷地内で撮った写真や素描（そびょう）を用いて、レヴェンは修道院の中庭を、ごつごつとして意図的に濡らした丸石で設計した。修道女たちが『マリア』を歌うとき、彼女たちの足元の敷石を観ると、観客は自分たちが本当に1930年代のオーストリアの世界へと入り込んだような印象を受けるのである。マーニ・ニクソンは、セットについてこのように述べている。「それは、まるでザルツブルクの実際のロケ地を複製したようだったわ」

『*Mother Shanghai*』以来およそ25年間かけて研ぎ澄まされてきたレヴェンの完璧主義的な才能は、フォン・トラップ家の舞踏室であろうと（これはレオポルドスクロン宮殿のヴェネチアン・ルームに着想を得ているものだが）、ザルツブルクの聖ペーター教会にある埋葬地に基づいて作られた墓地であろうと、始めから終わりまで遺憾（いかん）なく発揮された。ジュリー・アンドリュースは、「階段から墓石まで全てが本物のようで驚きだったわ」と語っている。ワイズ監督は、友人であるレヴェンの仕事にとても満足しており、彼が次のように述べたことが、記録に残っている。「これは撮影技師にとって異説のように聞こえるだろうが、私は、その人物が独創的であるとするならば、プロダクション・デザイナーはカメラマンと同じくらいこの映画の意匠に貢献することができると思う。ボリス・レヴェンは、素晴らしいプロダクション・デザイナーだった」。ワイズ監督にとって幸運なことに、テッド・マッコードはレヴェンと親しかったために、それを異説だという考えは抱かなかった。彼らは『すれちがいの街角』で共に仕事をしたことがあり、控えめな性格の2人のプロは真の友情で結ばれ、それぞれの仕事に対する貢献について縄張り意識を持つことなど全くなく、ラッシュを見たあとで、2人は毎日、打ち合わせの時間を持つほどだった。

ワイズ監督が言うレヴェンの「優れた才能」は、特に豪奢（ごうしゃ）なフォン・トラップ家の舞踏室のデザインに際立って現れていた。マリアが屋敷に到着し、初めて舞踏室を探検した時、調度品が白い布で覆われた薄暗い雰囲気は、一家の情緒的な生活が閉ざされ、それが過ぎし年の特質になっていることを象徴している。数カ月後、大佐が男爵夫人のためにパーティを開いた時、金の縁飾りがついた鏡板や、ちらちら光る照明は、美しく着飾ったダンサーたちだけではなく、一家の感情と音楽が復活したことを映し出してもいた。舞踏

室はとても巧妙にデザインされていたため、撮影が完成するとすぐにハリウッド・ミュージアムに寄贈された。

　レヴェンの細部まで入念に作り上げたセットで、『マリア』の撮影が数日かけておこなわれ、ブローとウッドによって詳細に計画された撮影準備は、いまや豊かな実を結んでいた。必要な動きをシミュレーションするために、振付師とアシスタント達は修道女の衣装を着て、実際にその曲のリハーサルをしてみた。ディ・ディ・ウッドは次のように述懐している。「それは明らかにダンス・ナンバーではなかったけれど、私たちは入念に振付をしました。その曲の絵コンテが描かれ、修道女たちの立ち位置は、非常に具体的に決められていたのです。まるで肖像画を描いているようでした。私たちはリハーサルのために、実際に修道女の衣装を着てみました——その素材がどのように滑らかな動きをするか、厳密に知りたいと思ったので。どこかに、修道女の衣装を着て自転車にまたがって、バレエの第二ポジションの姿勢でかかとを上げている私の写真があると思うわ！」

　ウッドとブローの詳細にわたる指示によって、女優たちが音楽に合わせて一斉に同じ動きをすると、予想外の重さがある衣装でも巧みに操ることができた。マーニ・ニクソンは、衣装の素材が重くて本物のようであったことを思い出した——「あれは絶対にポリエステルなんかじゃなかった！」——しかし、それはまた女優たちが「あちこち軽く揺り動かし過ぎたりせずに」滑らかに動かすことができたもので、「その曲は非常に良くリハーサルがなされ、楽に演じられるよう考え込まれていたんです。ロバート・ワイズ監督は——完璧な紳士だったし——偉そうな顔をする監督では全くなかった。リハーサルの現場にいることさえなかったわ。マークとディ・ディがやる仕事に信頼を置いていたの。もちろん、報告は受けていたけれど、周りの人たちを信じていたのでしょう。彼の強みは、一緒に働いている人々に対して、ものすごい洞察力を持っていることでした。撮影が行われているとき、彼はカメラの位置にいるのだけど、その曲の準備の間は、その場を去って振付師だけにするの。的確な人たちを選んだと確信していたのよね」

　結局、そのナンバーは実際のところ、この映画においては珍しいことに、ミュージカルで公演されていたのと同じような展開をするシークエンスの一つとなった。それは低いキーで歌われ、歌詞は部分的に会話のように話されてはいたが、ほとんどの細部はミュージカルと同じ方法で表現され、1959年当時、メアリー・マーティンの友人で宗教面でのアドバイザーであるシスター・グレゴリーが間違いであると批判したハマースタインの歌詞の一つも含んでもいた。

　それに、彼女は修道女が被るベールの下で、髪の毛をカールさせていたのです。

事実、シスター・グレゴリーは製作者たちに過度に敬虔さを強調することにとらわれ過ぎないようにと力説していたが、ベールの下で髪をカールしている修練女はこれまでいなかっただろうし、これからもいるはずがないと断固として言い張った。

　この曲はまた短くはあるものの、ジュリー・アンドリュースと、シスター・ソフィアとして出演している女優で歌手のマーニ・ニクソンが共に演じる最初のシーンでもあった。アンドリュースは、映画の『マイ・フェア・レディ』のキャストが決まった時まったく見向きもされなかったのに対して、ニクソンは、オードリー・ヘップバーンが演じている、その映画のイライザ・ドゥーリトルのために歌の吹き替えをしていたので、2人の女優が顔を合わせた時、デマを流す輩は一悶着あるだろうと面白がって期待していた。アンドリュースは、ニクソンをわざと無視したりするだろうか？

　真実は、全く逆だったことが判明した。ニクソンの回想では、2人がセットで初めて会ったとき、ジュリーは「ちょうど向こうから歩いてきて、手を差し出すとこう言ったの、〔マーニ、私はあなたの大ファンなのよ！〕」この寛大な精神は、翌週にまで持ちこされることになった。撮影が始まってわずか2週間経っただけで、数百万ドルの作品全体がその肩にのしかかっていたが、アンドリュースは、ニューヨーク・シティセンターでの『マイ・フェア・レディ』のリバイバル公演でイライザ・ドゥーリトル役のオーディションを受けるニクソンを手助けするために、わざわざ時間を割いたのである。「私はジュリーに、ある場面で問題を抱えていると言ったの——それをどうやってうまく演じればいいのかわからなかったし、正確な間を見つけられなかった。私の演技は、その場面では大げさ過ぎて、非常に激しくなってしまっていた。ジュリーは、〔どの場面か、よくわかっているわ〕と言ったの——その通りだった。彼女は、ちゃんとわかっていたのよ！　彼女がそこにいて、私を助けるために時間を割いてくれるなんて、本当に幸運だった——そうでなかったら、うまくできなかったわ。私はジュリーが下着姿でその場に立って、スリッパの投げ方を教えてくれていたのを、絶対に忘れないわ！」

　『マリア』の撮影が終わって、60人の『サウンド・オブ・ミュージック』一行は、1964年4月にザルツブルクでのロケ撮影のためにオーストリアへ飛び立った。キャストとスタッフは、6週間という短期間ではあるが楽しい撮影に向けて、上機嫌で出発したのだ。しかし、経験豊かなハリウッドのプロフェッショナルも初心者も一様に、ある重要な教訓を学ぶことになる。ハリウッドの強者が練り上げた計画といえども、御しがたい自然の摂理を前にしては、うまくいく見込みはなかった。あるいは、ジュリー・アンドリュースの言葉を借りれば、「私たちがザルツブルクに行くとき、誰一人として、そこが世界で7番目に降水量が高い場所だなんて、教えてくれなかったわ」

13.
ザルツブルク、雨、そして自然の復讐

"私は(大食いで知られた)オーソン・ウェルズみたいだったよ"
クリストファー・プラマー(オーストリアのペーストリー〈焼き菓子〉について)

スタジオ・システムが終焉を迎えるころ、『サウンド・オブ・ミュージック』は大予算をかけたスタジオ映画製作の代表格であり、出演者たちが、まだ「エキゾチック」な場所のように思えたオーストリアへと出発する様子をとらえた、宣伝用のスナップ写真の一枚は、今ではもうすでに消え去った世界を端的に示しているかのようだ。彼らを海外へと乗せていく飛行機の前でポーズをとる7人の子どもたちは、まるで教会へ行くかのように着飾っている。今日なら、子役は破れたジーンズと流行りのデザイナーによる衣服を着こなす、最先端の若者に見られたくて仕方がないだろう。だが、そのときデュエン・チェイスとニコラス・ハモンドは、スポーツジャケットを着てネクタイを締め、少女たちは帽子と手袋、そして彼女たちにとって最高におしゃれなメリー・ジェーン(少女向けのかかとの低いエナメル靴)を履いて、おめかししていた。

　海外旅行に日曜の礼拝用の一番良い服を着ていったのは、子どもたちだけではなかった。ペギー・ウッドは休憩時間に、アンナ・リー——ジョン・フォードのたくさんの映画に出演している高名なベテラン女優で、この作品ではシスター・マルガレッタを演じている新しい友人——とザルツブルク観光へ出かけた(実は、リーはジュリー・アンドリュースが主演した『メリー・ポピンズ』を監督したロバート・スティーヴンソンと結婚していた)。2人のザルツブルク観光を写したスナップを見れば、スタジオ・システムが終わるころから、どれほどハリウッドスターの状況が変わったかを正確に知ることができる。ザルツブルクの通りに立っているウッドとリーは、帽子とハンドバッグと毛皮で美しく装っている——それは、スターが完全に着飾ることなしに、公の場に決して現れることのない時代を視覚的に思い出させる。自由時間を大いに利用して、ウッドとリーはザルツブルクと周辺の田園地帯を観光したが、おそらく山道を通る時は、帽子と毛皮くらいは取っていただろう。ジュリー・アンドリュースは2人についてこのように述べている。「彼女たちはザルツブルクを楽しんで演技にも反映することができて、私は本当にうらやましかったわ——光景とか、聞こえてくる

音とか。私はいつも忙しくて、そんなことできなかった」。もちろん、アンドリュースはマーニ・ニクソンよりはずっと恵まれていた。ニクソンは笑ってこう言った。「私は頭に来ていたわ。だって、修道女の何人かはザルツブルクに行ったんですもの。私の出演場面は、全部フォックスのスタジオで撮影したのよ。本当にヨーロッパに行きたかったわ！」

　ゲオルク・スタイニッツの記憶によると、キャストがザルツブルクに到着した時には、すでに電気技師たちは複雑なケーブルを取り付けるために、丸々3週間かけて作業に取り掛かっていた。複数の言語を自在に操ることができるスタイニッツは、すぐに製作チームにとって計り知れないほど貴重な存在となったのだが、実際に彼は、ある幸運な出来事で職にありついたのだ。『サウンド・オブ・ミュージック』の代替セット（予定していた場所での撮影ができなくなった時のために確保されている撮影場所）が据え付けられている小さな映画スタジオの、お偉方の運転手として雇われていた彼は、屋外撮影のアシスタント・ディレクターという憧れの仕事に別の人物が就くのを見て、打ちひしがれていた。しかし1週間後に、20世紀フォックスがそのスタッフを解雇した時、スタイニッツはスタジオの人事課に赴き、率直に言ってのけた。「私は、あなた方が求めている男です」。ロケ地はオーストリアとドイツ両国で、カメラ・トラックはスペインから来るし、スタッフは様々な国の出身という状況で、ドイツ語、英語、スペイン語、ロシア語、フランス語、イタリア語、そしてアラビア語まで話せるスタイニッツの能力は、すぐに彼を製作チームにとって必要不可欠な人物にした。彼は、それでもまだスタジオ責任者の運転手として働きながら、お抱え運転手として定時の仕事が終わると、『サウンド・オブ・ミュージック』の夜間撮影に駆けつけ、夜通しセットに残り、1時間だけ睡眠をとると、運転手の仕事に戻っていった。「その当時は、ワイズ監督が多くの夜間撮影を予定していたという状況に救われました。私は疲れ切っていましたが、快活でした——この映画は、ハリウッドの大作だったんです。あの頃、私は25歳で、初めて参加する大きな作品でしたし、この仕事が大好きでした。ワイズ監督は本当に素晴らしかった。実に紳士的でした」

　ディ・ディ・ウッドは、ロサンゼルスでの最終リハーサルを確認するため後に残った——「私たちは皆、それぞれの部門が何をしているかを把握していました。予想外のことなどなかったのです」。その一方で、ソール・チャップリンとマーク・ブローはミュージカル・ナンバーについて作業するために、一行の残りの人たちよりも1週間早くザルツブルクに到着していた。いつも野外での歌の撮影というのは、防音スタジオの管理された環境よりも実質的に難しいものだとわかっているので、ブローとチャップリンは、ロケ地での撮影を必要とする3曲、『ド・レ・ミの歌』、『自信を持って』とタイトル曲に求められる厳密な動きやタイミングを、入念に計画していた。『サウンド・オブ・ミュージック』はダンスを中心とした

映画だとは考えられなかったかもしれないが、ブロー、ウッド、チャップリンは、これらの曲で映し出される連続的な動きが、各場面をつなぐ橋渡しの役割をし、願わくはそれらの歌が高揚感や若々しさを生み出し、これまで上映された最高のミュージカルにすら見出される限界を打ち破るようなものとなるように構想していたのである。

ロケ地を実際に車や人が行き来するなかではリハーサルができないため、ブローとチャップリンは、信号が赤になるのを待ち、往来がなくなるとテープ・レコーダーを回し、音楽を大音量で流しながら、ブローが通りで実際に踊って曲のタイミングを検証して、振付が必要とする距離を測った。この状況に対するチャップリンの控えめな言葉を借りれば、「あいにく、信号は我々が再生する曲の長さを考慮してはくれなかった」。信号が変わり、警笛が鳴り、『自信を持って』の最後の音が鳴り響くと、ブローは怒り狂うドライバーを巧みにかわして、歩道の安全な場所へと飛び退くのだった。行きかう車をかわしながらの撮影の合間に休みを取りつつ、ブローは信号が変わるのを待ち、チャップリンは『自信を持って』を騒々しく流した。そしてもう一度、振付師が通りに飛び出したとき、ようやく『サウンド・オブ・ミュージック』は形を成し始め——彼らの手から飛び立つように撮影のための準備が整ったのである（近くにいたオーストリア人警察官が、彼らに一体何をやっているのかと尋ねた時、2人とも言葉に詰まってしまった。その時の様子を、チャップリンはこう述べている。〈何をしているかなんて、警官に英語でも説明できなかったんだ、ましてドイツ語でなんてね〉）。

1964年4月18日から19日にかけて、スタッフ・キャスト全員がザルツブルクに到着した時、アンドリュースの華奢でありながらも逞しい肩の上に、どれほどの労働量が圧し掛かろうとしているのかが、すぐに明らかになった。それとは対照的に、プラマーは時おりセットに呼び出されるくらいで、美しい田園を散策するための時間がたっぷりとあり、すぐさまその情景に惚れ込むようになった（彼はまた、〈ビール、キッシュ、シュナップス（強い酒）〉を好むようになった。〔私は、かなり太ってしまってね。ワイズ監督は私に〈全部新しい衣装にしなくてはならないよ！〉と言ったものさ〕）。子どもたちは保護者や家庭教師に付き添われて、ほとんど毎日セットへ行かなくてはならなかったが、彼らのスケジュールでさえ、アンドリュースのものに比べたら、たいしたものではなかった。

休みなく働きつづけ——「仕事、仕事、仕事に没頭してしまったわ」と言う——アンドリュースは、自らの母性に対する自信を喪失しつつも、それをなんとか乗り越えようとしながら『サウンド・オブ・ミュージック』の撮影を始めた。若干28歳にしてベテラン女優の彼女は、自分の1歳になる娘エマ・ケイトを他人に預けて、後にも先にもないほど素晴らしい義理の母親を演じることが皮肉であると、十分すぎるほど自分でもわかっていた。オスカー受賞歴のある舞台美術デザイナー、トニー・ウォルトンと結婚したが、仕事のために

夫と離れて暮らしていたアンドリュースは、後年になって次のように回想している。映画女優としてのキャリアのなかで、まだ年月の浅かったこの時期は、家に戻ると「エマ・ケイトを抱きしめ、こう考えたものよ——私はここで何をしているの？ あなたにとって、これはどんな生活なの？ 父親は何千マイルも離れたところにいるし、母親は一日中スタジオに閉じ込められているなんて」

毎日午前6時に髪のセットとメイキャップが始まり、ほとんど全てのシーンに出るように頼まれ、アンドリュースは他の共演者たちとロケ地で親しくなる時間を割くことができなかったが、彼女の活力と真のプロ根性は決して衰えることはなかった。ロケ地での撮影が終わりに向かい、ようやく休みが取れた時、彼女はギアを切り替え、バスを借りると『サウンド・オブ・ミュージック』一同をミュンヘンのロイヤル・バレエ劇場へと連れて行った。途中で、みんなを率いて映画の曲を歌いながら。そこでやらなかったのは、ギターの演奏と『ド・レ・ミの歌』のコーラスだけだった。

しかし、いまはまだザルツブルクでの撮影初日の前夜で、アンドリュースは準備をしながら過ごしていた。それまで彼女は、クリストファー・プラマーと一緒にいることなどほとんどなかったかもしれないが、翌日には彼と結婚するのだ。数百人もの観客を前に、美しく名高いモントゼー（月の湖）大聖堂で。この結婚は、きらめくおとぎ話のようなロマンスが、頂点に達したという印象を与えるだろうか？ あるいは、荘厳ではあるが著しく暗い趣の大聖堂で起こる、しらけた出来事として？

最終的に、テッド・マッコードの見事な照明とドロシー・ジーキンスによる素晴らしいウェディングドレス、美しく数世紀もの間そびえ立つ大聖堂が合わさることで印象的な映像表現を生み出し、それはこの先何世代にもわたって、少女たちの夢に影響を与え続けることになった。大聖堂そのものは、アンドリュースとディ・ディ・ウッド両者の言葉を用いれば、「凍えそうなほど寒々としていた」が、シークエンス全体があまりにも壮麗で、ウッドは婚礼の行列を見ている会衆の1人として座りながら、「気づいたら泣いていました。美しすぎて」と語っている。

映画では結婚式の場面は流れるように表現されているが、そこに至るには何百もの委曲（いきょく）を尽くした念入りな決断がなされたのであり、それら全てが飛ぶ鳥を落とす勢いで作業に当たった、ハリウッド黄金期のプロフェッショナル達によるものだった。このシークエンスの準備として、テッド・マッコードは丸2日間かけて、大聖堂の独特な内部構造が生み出す問題と向き合いながら照明を調整していた。教会のステンドグラスから注ぐ、絶えず変化する光をどのように強めることができるだろうか？ また、マリアが祭壇へと進むバージン・ロード全体を照らし出す最良の方法は？ BGMとして歌が流れるだろうが、婚礼の間は一言も台詞はない。た

だイメージを通じて儀式の様子を伝えるマッコードの能力が鍵となるだろう。

　婚礼シーンの準備のために、ワイズとマッコードは撮影開始の2日前にモントゼー大聖堂で実際におこなわれた結婚式に参列した。監督が大聖堂内の雰囲気と婚礼儀式そのものの細部を両方とも調査しようとしていた一方で、マッコードは至る所に見出される自然光の強さと、その異なる光源を研究するのに時間を費やした（ほとんどの人の話では、仕事をしているときの2人の雰囲気は穏やかだったが、ゲオルク・スタイニッツはこのように回想している。撮影の間、〈彼らは少しそっけない雰囲気〉で、マッコードの提案をワイズが却下した時には、マッコードが動揺することもあった。〈でも、絶対に声を荒げたりはしなかったけれど〉）。

　1965年に利用されていたフィルム材料は特殊なものだったので、今日では可能なはずの薄暗い灯りのなかでの撮影はできなかった。そのため、マッコードはフィルターと、そびえ立つ大聖堂中にあるぼんやりとした光源を使うことにした。彼が解決すべき最初の問題は、ステンドグラスの多さによるもので、それら全てから入る自然光が（内部の光を強めるためにセットされていた）スタジオ用の照明と直接混じり合ってしまうのだ。光源がこのように混ざると非常に青みがかった映像になってしまい、場面全体の視覚的効果が台無しになる。この問題を解消するために、マッコードは窓に色を修整するフィルターを取りつけ、それにより、二つの光源をバランスよく調整できたのである。映画公開の時期に受けたインタヴューで詳細に語っているように、映画撮影技師である彼は、床の上——フレームの左下の隅にあたる場所に——小さな灯りを置き、それから窓に向かってアングルを上げていった。逆側から大聖堂を充たす自然光が加わることで、結果的に暖かな自然の光で満たされたかのような映像になった。スクリーンの右側から自然光が大聖堂に注がれ、それが祭壇へとまっすぐに続く階段を微かに照らすところまで伝わっていく。

　その効果を完全にするため、マッコードは祭壇の前にあるプロセニアムアーチ（祭壇の前面を囲む額縁状の枠）の後ろに、床から天井まで一続きの照明を見えない位置に取りつけた。こうして、彼は後ろにある大きな窓から直接降り注ぐ光が祭壇いっぱいに溢れているような幻想を作り出し、それはまるでマリアとゲオルクの結婚を、神ご自身がおおいに祝福なさっているかのようであった。この練り上げられたライティング計画によって、ワイズ監督は、マリアが通路を歩く姿を横からのアングルで滑らかに撮影することを決めたのだった。横から見た光景は、おとぎ話のような婚礼儀式の雰囲気をより一層高めることになるだろう。今度は『マリア』の讃美歌バージョンが流れるなか、アンドリュースが祭壇に歩みを進める姿を追いながら（アンドリュースは回想の中で、さらにユーモラスな注釈を付けていた。マリアとゲオルクの結婚式を執り行う男——つまり彼は〈修道院の司祭だったのだけ

れど——は時折ご婦人方に目をやったりして、役柄ほど高潔だとは思えなかったわ〉〉。

　そのシークエンスのクライマックスとなったのは、ジュリー・アンドリュースのためにドロシー・ジーキンスが作ったドレスだった。ウェディングドレスについて、アンドリュースは率直に述べている。「あのウェディングドレスを纏った時ほど、自分が美しく見えると感じたことはなかった。あとにも先にも、あんなに綺麗だと感じたことはないわね。あのドレスは驚くべきものよ…本当にシンプルで——とてもたくさんのチュールを使って——ヴェールがただ頭についているだけなの」。アンドリュースとジーキンスとの関係は、ジーキンスの才能に対する彼女の尊敬から始まったが、次第に真の友情へと変わっていった。「彼女は素晴らしい友人になったの——お互いによく連絡を取り合ったりしてね」

　この場面の荘厳さをさらに高めるために、カメラをパン（カメラの位置を固定したまま上下／左右に振る撮影法）して最後には天井を突き抜けて大聖堂の鐘が鳴り響くところまで移動させてはどうかと言いだしたのは、アーネスト・レーマンだった。そして、観客が結婚式で気持ちが浮き立っているまさにその場面で、ワイズ監督、マッコード、編集者のウィリアム・レイノルズは、最後に不協和音を奏でる鐘の音を巧みに使って、広場を横切りながら行進するナチスの光景へと一気に観客を導いたのである。一言も台詞を発しないまま、マリアとゲオルクは「昔々あるところに…」というおとぎ話からでてきたような結婚式で結ばれたのだが、同じ一続きの場面が、増大するナチスの脅威に関する新しい物語の筋書きへと観客を直ちに向かわせるカットで、見事に終わるのである。

　鳴り響く教会の鐘から、広場を横切って行進するナチ突撃隊員の光景へと場面を切り替える決断はまた、この映画に圧し掛かってくる大問題を解決する助けとなった。物語のデリケートな構造を崩すことなく、ナチスによるオーストリア占拠をどう描けばよいのかという問題を。ミュージカルの舞台では、ボストンでの試験興行の折にはナチスがほんの少し登場する演出だったが、ブロードウェイでの公演前にそれらは省かれることになった。というのも、ナチスを表舞台に出さないことで見えない敵がいると観客に匂わせ、その特別なプロット要素をさらに悲惨なものにできるとロジャースが主張したのである。「ヒトラー万歳」という挨拶は舞台上で発せられることはなく、意図的に「万歳」と短縮された。しかしながら、映画という全く異なる表現手段を使うため、ワイズ監督とレーマンは、ナチスの視覚的イメージを用いることはこの映画を一つの歴史的事実に立脚したものとするのに役立つだろうと思った。

　オーストリア併合の時期、ヒトラーがオーストリアで暮らす多くの人々から諸手を挙げて歓迎されたという事実を、オーストリア官吏達は忘れたがっていた。ゲオルク・スタイニッツの回想によると、この一続きの場面は、当初の撮影計画では、行進するドイツ人の長い列を街に迎え入れて歓喜の声を上げる多数のエキストラを募っていた。ところが、巧みな

修正主義を用いるオーストリア当局は、政府との連絡係を務めていたドイツ人製作マネージャーのピア・アーノルドに、ザルツブルクの人々はこれまでナチス信奉者になったことなど一度もなく、それゆえ映画の中でナチスの鉤十字を写すことはできないと告げたのである。それに対し、ロバート・ワイズに代わって（アーノルドを通じ）モーリス・スベラノは、鉤十字の撮影を政府は拒んでいるけれども、それはつまり、この映画はヒトラーを歓呼の声で迎えるオーストリアの群衆の描写には実際のニュース映像を使うだけなので問題はありませんね、と応えた。するとすぐさま、鉤十字の垂れ幕が架かるレジデンツ広場を横切って行くナチスの軍勢を撮影する許可が下りたのである。
　ディ・ディ・ウッドは、その時の思い出を辛辣に語っている。「街の人たちは、誰もあの一連のシーンを観なかったでしょうね。他の時はいつだって周りを取り囲んでいたのに、あの場面を撮影するときには消え失せてしまったんだから。実際のところ、役者たちにナチスを演じさせるのには苦労したの。行進するブーツの足音を聞くだけで寒気がしたものよ…」
　オーストリア生まれのスタイニッツも、皮肉を込めてこのように回想する。「あんなふうに妥協した結果、休憩中にオーストリア併合が行なわれたみたいになってしまった！ スナックと飲み物を買ってきて映画の後半が始まったら、興味のなさそうなエキストラが2、3人傍観しているだけで、3本の垂れ幕の横を行進する20〜30人のナチスに征服されたオーストリアを観ることになるんだ」。しかし、レヴェンのプロダクション・デザインのおかげで、映画で使われたのは、（エキストラを省いて）建物に掛けられた三つのくっきりとした赤と黒の鉤十字（と兵士の行進）で、垂れ幕のショッキングな色合いはユニフォームのくすんだ茶色と対照的であった。これで目的は達せられたのだ。
　この場面の撮影が全て終わっても、スタッフがすぐに垂れ幕を下ろさなかったので、意図せぬ論争が起こってしまった。撮影で使われた建物が郵便の国際会議の開催場所となっており、代表者たちが会議に訪れたとき、鉤十字の旗がまだかかっていたのである。これについて、スタイニッツは次のように語っている。「もちろん、あのことで多くの論争が巻き起こった。でも、みんな冷静になるように言われて、どのような状況であるのか説明されたんだ。言うまでもないけれど、垂れ幕はすぐに下ろされたよ」
　余分なものを一切取り除いたその連続シーンは、説教臭くならないというワイズ監督の信条に合うものだった。「『サウンド・オブ・ミュージック』が、ナチスに主眼を置かなくてはならなかったという事実は理解していました。大事なことは、ナチスの問題で映画のテーマを台無しにしてしまわないことです。登場人物と物語の展開から生じるままに撮ればいいのです。そうすれば、自然と私の信条と符合するものになるでしょう」
　結局、この連続した場面は実際に映画の中で使われることになったが、銃を持たないナ

チスの隊員が少し映るだけにとどまり、それは作品が観客に与えるべき脅威の感じを確かに弱めることになった。しかし、銃を映さないということで当局が妥協したようであり、これがオーストリア風のやり方なのだろう。

マッコードは、聖歌隊のシーンで結婚式の場面に匹敵する仕事を成し遂げた。それは見習い修練女のマリアを除く修道女たちがロジャース作曲の『前奏曲』を歌う箇所で、この曲はブロードウェイ・ミュージカルでは幕開けに使われている。聖職服の白が屋内のくすんだ色調に対して際立って見えるように照明が施された見事な演出によって、この一連のシーンはモントゼー大聖堂で催される、まったく別の光に満ち溢れた結婚式の場面とコントラストをなしている。事実、これらの対照的な屋内のシーンの演出は、意図的に屋外で撮影されるミュージカル・ナンバーにも反映されている。映画のオープニングでマリアが歌う自然への賛歌『サウンド・オブ・ミュージック』は明るい日の光の下で色彩にあふれているが、まったく正反対に、クライマックスの場面で『さようなら、ごきげんよう』を一家が屋外で歌うときには、映像的にも比喩的な意味でも暗く見えるように撮影されている。

ここで、『前奏曲』の連続する場面を見直してみると、バックで賛美歌が流れている間、ワイズ監督のカメラは修道女たちの集団のショットと、彼女たちの年輪を感じさせる喜びに満ちた顔のクローズアップのショットを交互に撮っている（どうやら、そのなかで頬に手を当てている年輩の修道女は、衣裳デザイナーのドロシー・ジーキンスらしい）。それは音楽的に心をかき立てる場面であるが、さらにまた、落ち着いた信仰心と、その直前のシーンでマリアが『サウンド・オブ・ミュージック』を山腹で快活に歌う様子との違いを際立たせる役割を担っているのである。

『自信を持って』——少しくらいは

結婚式の場面を撮り終えて、皆の関心は、映画の2曲あるオリジナルソングの一つ、マリアの自己信頼への賛歌『自信を持って』の撮影に向けられた。

この新曲のアイデアは、製作準備期間にアーネスト・レーマンが思いついたもので、マリアが修道院からトラップ家の屋敷へと境界線を越える旅路を生き生きと示す新しい曲が、その形式とスピード感で映画に勢いをつけるだろうと、彼は考えていた。マリアは自伝の中で、実際にトラップ家を初めて訪れたときの様子を記している。レーマンは、その記述が彼女の満ち溢れる活気と決意を表す新曲にぴったりな状況的補足を与えてくれると感じた。

レーマンが構想を練り、マッコードが照明を担当したこの曲は、修道院の暗い室内から光に満ちた田園へのマリアの旅を表現するために構成されている。そこでは、決意を固め

た修練女がジークムント広場（現カラヤン広場）を悠々と歩き、観光地として名高い馬の壁画の横を走り抜け、バスの中から窓の外に向かって歌う姿まで入れた全ての場面が合わさって最高潮に達し、屋敷への道を駆けていくマリアの快活さがピークに達する。ジュリー・アンドリュースは最後にベルティング声法で力強い歌声を終えて、彼女の新生活の始まりを告げるかのように屋敷のチャイムを鳴らすことで、この歌はようやく完全に締め括られる（この曲はジュリー・アンドリュースのソロであり、彼女しかいないように見えるかもしれないが、テッド・マッコードによれば、〈カメラの後ろには全部で50人くらいの関係者がいて、みんなが田舎道を幸せそうに走っていく小柄な少女を写真に収めようとしていたんだよ！〉）

　製作ノートによって明らかになったように、ワイズ監督は例のごとく丹精を込めたやり方で、この曲を可能な限り全てのアングルから撮ることを考え抜いていた。自分で詳細なメモを書き記しながら、楽曲をあらゆる側面から研究し、この曲の結びとなる約23メートルのドリー・ショット（移動式撮影機を使っての撮影）の使用に関することから、マリアの大きな手提げ鞄やギター・ケースが貧しい修練女に相応しい時代物の品だと観客に見えるかどうかについてまで検討したのである。

　しかしながら、ロサンゼルスでの計画段階で大問題が発生していた。リチャード・ロジャースが送ってきた新しい曲は、短いうえに短調の曲で、レーマンやワイズ監督、ソール・チャップリンが思い描いているような陽気な賛歌では全くなかったのである。観客はマリアの陰鬱な旅を、どう捉えるだろうか？

　当初、ソール・チャップリンはロジャースに、マリアの他ならぬ特質である勇気と、仕事を喜んで受け入れる気持ち、そして3人がロジャースならメロディに反映してくれるだろうと期待していた特質について詳細に記した手紙を送っていた。それゆえ、この共同製作者はがっかりして次のように考えた。ロジャースが送ってきた落ち着いた曲は「彼が新しい曲を作りたくなかったか、その仕事の依頼をしてほしくなかったかのどちらか」を意味しているのだろう。結局、チャップリンはロジャースが作曲した音楽を使うことにしたが、いくつか別の要素を織り交ぜて全体の印象を変更した。まず彼は、タイトル曲の映画では使われていない部分の歌詞を基にして、その曲のために新しい出だしを作成した。それから、この導入部分にロジャースが作曲したミュージカル調の独白を続け、その歌詞によるコーラスをさらに付け加えたロジャースの音楽を繰り返し、曲が終わるようにしたのである。

　リチャード・ロジャースの作品を変えるなど、誰にとっても、またアカデミー賞を受賞しているソール・チャップリンでさえも驚くべきことだが、それを的確にやり遂げた後、チャップリンはロジャースの承諾を得るため、マーニ・ニクソンに最終版をデモレコードに録音するよう頼んだ。ロジャースの気乗りしない電報の内容はどうだったか？「私のバージョンの

ほうが良いと思う。でも、決定事項ならば君の曲を使うといい」。レーマンとワイズ監督と相談しながら、チャップリンは継ぎはぎをした曲にさらに手直しを加え、アンドリュースのスターとしての印象の根幹ともいえる、善良さに満ちた決意を表すに相応しいものにした。この曲がうまくいったのは、ジュリー・アンドリュースが光り輝くような自信を持って演じられたからなのだが、たとえばバーブラ・ストライサンドだったらそうなり得たほどには圧倒的にならずに済んだ、とも言われている（アンドリュースは『パレードに雨を降らせないで』と言ってのけるにはお行儀が良すぎるのだ）。

　チャップリンは、しかし、完成した曲をロジャースが全て作曲したわけではないとアンドリュースに告げるべきか悩み、映画が公開されてから2年経つまで、それまでの経緯を話さずにいた。たまたま、アンドリュースはこの曲を気に入っていたものの、「心の強さは平和な眠りが生むもの」という歌詞を完全には理解しかねていた。そのため撮影の間、彼女は理想的とは言いかねる歌詞を補おうと、腕を振り回し、ヒールを鳴らし、わざと不安でいっぱいな振りをして、意味の捉えにくい歌詞ではあるが、観客がそれを気にすることなく過ぎてしまうよう努めた。「マリアの不安を伝えるために、少しおかしい人みたいに演じようとしたの。実際に、あの曲の助けになったと思うわ」

　『自信を持って』の撮影はまた、大々的な宣伝効果をもたらすことになった。1964年5月22日にマリア・フォン・トラップが現場を訪れたのである。実際のところ、それなりにこの訪問は彼女とワイズ監督との仲をとりなす役目を果たした。というのも、この撮影が始まる前に、マリアが映画のアドバイザーになろうとするのを、監督が礼儀正しくはあるが、にべもなく断っていたのである。マリアから要りもしない多数のアドバイスを受け取ったワイズ監督は、1964年3月20日に、とうとう一通の手紙を書いた。彼が強調したのは、『サウンド・オブ・ミュージック』はドキュメンタリーでもなければ、独創性のない再現作品でもなく、ただ「漠然とフォン・トラップ家の物語を基にしているだけ」ということであった。事実、ワイズ監督はわざわざトラップ家の実話の細かな点を全て確かめたりはしなかった。「私の仕事はあのミュージカルを映画に作り替えることで、実際にあったことを全て取り上げなければならないとしたら、押し潰されてしまうだろう…彼女は横柄なところがあったが、監督指揮を執っているのは私なのだ。だから、彼女のそういうところが好きではなかったね」

　このような、状況をコントロールしようとする態度は、マリアのエネルギッシュで責任感に満ち、時に支配的になってしまう人柄の中枢に根ざしていた。彼女は常に自分はスターだと思っていて、世の人々にその威信を思い出させる義務があり、またそうする決意でもいたのである。末っ子のヨハネスは、こう語る。「母は自分が権利を売ったということは、映画製作者たちがトラップ家の話を基に好きなようにできるという意味なのだと、絶対に納得

することはありませんでした…母は物事を自分で調整するのに慣れていたのです…父の姿がブロードウェイで演じられていたよりも、もっと寛大で思いやりがある人物として描かれることを見届けようと一生懸命でした」

マリアの口出しの件が一段落すると、ワイズ監督は現場にいるマリアが「美しく魅力的」であることに気づき、『自信を持って』の撮影中に、彼女と娘のローズマリーを後方——それも、かなり離れたところ——を歩くエキストラとして出演させた。常に精力的で主張の強いマリアは、何度も撮り直しをする映画製作は自分の好みには全くあわないとわかった。遠景を歩いて通りすぎる数秒間の場面で7回のテイクを要求された後、彼女はこのように感想を述べた。「映画に出るという野望は諦めたわ」。そして、自分の映画人生は始まった日に終わったと宣言したのだった。

周りにいるハンサムな男性たちに気後れすることなど決してなく、マリアはクリストファー・プラマーを見かけると、出し抜けにこう言った。「あなたって、私の本当の夫よりもずいぶん格好いいわね、あはは」。プラマーは、撮影現場に来たマリアは騒々しく笑ったり、ふざけて冗談を言ったりしていたと回想し、「ふくよかで魅力的…快活で姉御肌の」女性だと述べている。マリアはプラマーに強い感謝の気持ちを持ち続けており、映画が公開されて何年も経ってから、ナッソーの総督が開いた集まりで彼を見つけ出したときには、社交辞令や堅苦しいマナーをまるで気にせず、いつも通りの気さくな態度で、いかにも嬉しそうに「私の亭主！私の亭主！」と叫んで抱きついてきた。プラマーは、2人の関係についてこのように語っている。「私たちは、とても仲良くやっていました…私は本当に彼女のことを敬愛していたのです」

アンドリュースとマリアは現場で出会ったときから真心のこもった友情を交わし合い、その友好な関係は、マリアにアンドリュースを評価する機会を与える一方、常に礼を失することのないアンドリュースは、自分はただ良い印象を与えたいと思っているだけなのだと気付いた。「私は少し神経質になっていました。だって、マリアが自分を演じるこの女性は一体どんな人なんだろうと、不安になっているに違いないとわかっていましたから。私としては、すぐにお互いが好きになったと思いたいわ」。映画のオリジナル製作ノートには、マリアがアンドリュースにこのように言ったと記されている。「あなたがマリアの役を、おてんば娘みたいに演じているのがとても嬉しいわ——本当にそうだったんだから」。もちろん、マリアはおてんば娘というだけではなく、本当にパワフルな人物だった。ジュリー・アンドリュースも約173センチほどあったが、ほっそりしたスタイルだったので、マリアと並んでいるアンドリュースを見たプラマーは、「本人と比べると、かなり華奢なようだね」と述べている。

フォックスが1964年に宣伝していた内容とは全く異なり、1977年にマリアはミュージカルと映画で演じられた自分の役について無遠慮な評価をしている。彼女が率直に言うには、

メアリー・マーティンもジュリー・アンドリュースも「上品すぎて──（米国の名門女子大学である）ブリンマーカレッジから出てきた女の子みたいだった…私は手におえない存在だったのに」。しかし、どんなに異議を申し立てようが、マリアがアンドリュースに心から愛着を感じていたのは事実である。数年後、マリアがアンドリュースのテレビ番組にゲストとして出演し、2人は旧交を温めている。彼女たちが語った映画についての冗談は台本通りだったのかもしれないが、それでもなお面白い話である。

　　アンドリュース　　：私、どうだったかしら？
　　マリア　　　　　　：（微笑みながら）あなたは本当に素晴らしかったわ──でも…

　それから、マリアの「でも」は音楽の前奏となって、彼女はアンドリュースに真のオーストリア・ヨーデルはどのように歌うのかを実演してみせた。

　しかしながら、2人の間のそうした冗談は、全て未来で起きることである。撮影当時に話を戻すと、ワイズ監督が『自信を持って』の撮影を終えようとしていたとき、雨粒が落ちてきたと思ったらすぐにどしゃ降りになってしまった。雨が映像に映り込むようになる前に、ワイズ監督は屋敷の門の前でマリアの最後のショットをなんとか撮ろうとした。雨が滝のようになって、撮影を止めてしまう前に。

　屋敷の門を撮影する際の問題は、まさにスクリーン上でフォン・トラップ家の邸宅をどのように表現するかということにほかならなかった。この曲のクライマックスに実際の屋敷を使うこと以上にシンプルで本物らしく見せる方法などなかった。だが、それにはたくさんの問題があった。たとえばこの建物は戦争による被害を受けることはなかったのだが、ハインリヒ・ヒムラーに奪い取られてから、彼の命令によって（強制労働者たちが）家の周りに堅固で威圧的な壁を立ててしまった。この壁は屋敷の外観を損なうだけではなく、雰囲気を完全に変えてしまったのである。解決策はあるだろうか？

　ワイズ監督の言葉によれば、3人とも「お城のような建物は可愛らしすぎるし、おとぎ話の要素が強すぎて、鼻につく感じになるから避けたがっている」とわかっていて、レヴェンとワイズ監督、スベラノは撮影で一つの屋敷であるかのように見せることができる、二つの違う家を見つけた。（今ではモーツァルテウム大学の所在地となっている）フローンブルクにある、瀟洒で非常に印象的な17世紀に建てられたその家は、二つのシーンでトラップ家の屋敷の正面として使われることになる。一つはマリアが最初に到着したときの場面で、もう一つは、ハネムーンから戻って来た大佐が、家の前に掲げられていたナチスの旗を引きずり下ろす場面である（旗を引き裂く場面の面白い逸話を、ゲオルク・スタイニッツが回想している。特殊効果のスタッフが、旗が裂ける箇所を少し強めに縫いすぎてしまったので、〈クリストファー・プラマーが掛かっている旗を引っ張って裂こうとしても、うまくいかなかっ

たんだ。彼は一生懸命引っ張って、最後にはターザンみたいに旗にぶら下がってた。それでもまだ、旗は落ちなくてね。旗を縫い直して、ようやくその場面が撮れたよ〉)。

建物の見栄えを良くするために植木が刈り込まれ、屋敷の壁はマリア・テレジアイエロー（シェーンブルン宮殿の壁の黄色）からフォン・トラップ家の屋敷の色である白とオークルに塗り直された。ロケ地は申し分ないものだった——もちろん、途中でハリウッド流の改良がいくらか加えられたからなのだが。ヨハネス・フォン・トラップは、映画版の屋敷について皮肉交じりに感想を述べている。「私たち一家はたくさんの召使がいる、広い庭のある大きな家に住んでいたのですが、映画では、ただの居心地のよい屋敷ではなくて、宮殿で暮らしていることになっていますね。いくらか、やり過ぎの感も否めませんでしたが」。どうすれば、もっとうまく邸宅の堂々とした貴族的な感じを伝えられるだろうか？ レヴェンが入口に鉄の門を付けたことで、その問題は解決した。『自信を持って』の終わり近くで、立派な門で閉ざされている重々しい雰囲気の屋敷を目の当たりにしたマリアは、息をのんで「ああ、なんてお宅なの！」と呟くのだが、鉄の門があることで、彼女の呟きがいっそう真実らしく響いてくるのである。

これで屋敷の正面に関する問題は解決されたようだが、フローンブルクの裏手には、マリアと子どもたちが大佐と男爵夫人の目の前で水の中に落ちるシーンに必要な湖もテラスもなかった。正面の外観は思い描いていた通り完璧であったので、その場所を諦めきれず、レヴェンとワイズ監督は湖とパティオのシーンはアメリカ研究の学校が所有していたレオポルドスクロン宮殿で撮ることにした。（人口の）湖、ボート乗り場、湖に面している広々としたテラスといった、そのシーンに必要なもの全てがレオポルドスクロンに揃っていたのだ。これで準備万端？ いや、そう急かさないで。ここにきて、その城での撮影が禁じられていることがわかったのである。何事にも臆さず、どんなときにも当意即妙な対応ができるレヴェンはレオポルドスクロンの隣にあり、同じ学校が所有しているベルテルスマンという物件の敷地内にセットを作り直した。これら二つのロケ地は、ウィリアム・レイノルズによって、まるで一つの建物であるかのように編集されることになる。

二つの屋敷を使うという、レヴェンのシンプルながらも賢明な解決策は、室内の視点からの場面を置き換えるために、いささか巧妙なテクニックを必要とした。マリアが初めてトラップ家の屋敷に着き、執事のフランツ（ギル・スチュアート）に出迎えられる時、屋敷の正面に立っているマリアの視点から撮影した、2人の会話が始まる様子は、フローンブルクのロケ地で撮られている。翻って、フランツの視点からのショットは、ロサンゼルスの屋内セットで撮影された。二つの大陸を股に掛けた二つのセットは、一つの屋敷に統合されたのである。

同じような手法は、大佐とマリアがハネムーンから戻ってきた時の場面でも使われている。子どもたちは両親を外で迎えて、2人にハグをしてから屋敷に入る。家の入口はロケ地で

撮影されたが、そこから大佐とマリア、リーズルが話をしながら家の中に入る様子は、フォックスの屋内スタジオのセットで撮られた。この室内のシークエンスには、ドロシー・ジーキンスによって、微妙ではあるが注目に値する変化が盛り込まれている。それぞれの登場人物が、どのような感情を抱いているのかを表すことに気を配りながら、ジーキンスは意図的に、アンドリュースの衣装を以前よりもスタイリッシュで成熟した女性らしいデザインにしている。マリアの人生は変わったのだ——彼女はいまや妻であり、母であり、衣装スタイルは、これらの新しい役割を反映しているのである。それに加えて、マリアはまた、夫に対する呼び方も変えている。以前は「大佐」や「旦那さま」と呼びかけていたのに対し、今では「あなた」と呼んでいる。途中で「ゲオルク」と呼ぶこともなく（映画のなかで、マリアが大佐をゲオルクと呼ぶことは一度もない）。

　まったく別のロケ地を正確に合わせるため、ワイズ監督は屋外のセットとそこへ続く道を写真やフィルム映像でさらに撮っていた。それらは、合成に必要な詳しい青写真となった。彼はまた念のため、編集者のウィリアム・レイノルズにムビオラ（フィルム編集に使われる映写機）をセットに運び込むよう頼み、それを使い、2人で映像を細かくチェックして、数か月後に編集室での作業に入った時に、目立った連続性の矛盾が発生しないよう徹底した。

　ベルテルスマンにはテラス、湖、ボート乗り場が整っていたので、フォン・トラップ家の7人の子どもたちが、水に落ちる前にマリアとボートの上で楽しげにはしゃいでいるシーンの撮影がおこなわれた。この場面の高揚感を出すのに、一つだけ困ったことがあった。キム・カラスが水を怖がったのである。

　ぐらぐらとボートが揺れて、子どもたち全員が船外に落ちるという台本だったので、やむを得ずカラスも水の中に落ちることになった。泳げない彼女はひどく心配してはいたが、皆に合わせようと決心した。「ワイズ監督は、製作に関わっている人に自分はチームの一員なんだと思わせる才能を確かに持っていました。それがその人の一番良いところを引き出すのです」。ジュリー・アンドリュースが常に彼女から目を離さないでいるから大丈夫だと言われて安心し、カラスはボートに乗り込むと、不本意ながらも水に落ちる準備をした。アンドリュースが水中で彼女を捕まえ、テイクが終わると、深い安堵のため息をつくカラス。しかし、ワイズ監督は最初のテイクが気に入らず、今度は子どもたちがボートから落ちて岸まで水の中を歩いて行くロングショットを撮りたいと言いだした。

　カラスが水の中から早く出られるように助ける人物が必要だったので、ワイズ監督はヘザー・メンジースに、2回目のテイクが終わるときに彼女を岸まで連れてくるように伝え、その場所での最終的な指示を受けると、役者全員がボートの定位置についた。

　「カメラを回せ」

「録画 OK」

「アクション！」

カメラが回り、ボートが傾いた。だが、今回はアンドリュースが落ちたのとは逆側にカラスが落ちてしまい、水を飲んだ5歳の少女は、湖底に沈み始めた。カラスの母親は「あの子が！ あの子が！」と叫びながら立ちすくみ、助監督のレジー・カロウの息子アラン・カロウが水に飛び込むと、カラスを救い出した（レジー・カロウは『ド・レ・ミの歌』で出てくる馬車の御者として映画に出演している）。

メンジースがすっかり怯えきったカラスを抱き上げた時、カラスは溺れて呑み込んだ水を彼女に向けて全て吐き出してしまったのだが、温厚なメンジースは、清潔な水でそれをただ洗い流しただけで、文句ひとつ言わなかった。結局、3回目のテイクで全員がボートの同じ側に落ちて、カラスの苦行は終わった（最終的な編集で使われたのは2回目に撮られたもので、鋭い人が見れば、カラスを救出しようとするキャストとスタッフが映っている場面を削除する必要があり、突然メンジースのカットが挿入されていることに気が付くだろう）。

溺死しかけたことを除けば、賑やかなボートから落ちるシークエンスは、そのすぐ後に続くマリアと大佐の緊張感に満ちたやり取りと好対照をなしている。2人が大佐の親としての厳しい対応について激しく言い争った後、ゲオルクはマリアに直ちに屋敷から去るように告げる。しかし、子どもたちが男爵夫人に歌を歌っているのを聴くと、彼の態度は和らぐ。ワイズ監督の言葉によれば、それは「物語の重要なターニングポイント」になっている。プラマーとアンドリュースは、あらかじめワイズ監督とこの場面の流れを綿密にリハーサルし、マリアの大佐に対する率直な非難だけでなく、お互いが不満を言う声のボリュームがどのように大きくなっていくかを念入りに計画した。2人とも、直接対決に切り込む機会を楽しんでいたのである。ワイズ監督は、こう述べている。「あのようにできて、本当に満足だったよ」

『ド・レ・ミの歌』：マリア・フォン・トラップと世界初のミュージック・ビデオ

全部門のスタッフが、この映画の目玉となる『ド・レ・ミの歌』に取り掛かろうとしていた時、この歌が果たして実際に映画の中でうまくいくのだろうかという、最も重要な疑問がまだ残されていた。軽快で楽しい音楽作品として——ミュージカルでメアリー・マーティンが、観客がいるまさに同じ空間でギターをかき鳴らしているように、難なくできるだろうか——あるいは、現実の世界では子守りと子どもたちがフィアクル（四輪馬車）で歌ったりはしないし、どうしようもなく古臭いものに思われてしまうだろうか？ アーネスト・レーマンが考え出したのは、音楽のシーンの連続として作るというアイデアで、子どもっぽく見えそうな繰り返し歌

う箇所は、多数のロケ地を使って秒刻みのタイミングで場面を変え、脚本家の観点からは、この曲がただ単に話の筋を進めるだけではなく、夏が過ぎる様子を描くことで、時間と空間の感覚を凝縮しているかのように見せるつもりでいた。

「歌を通して時間と空間を凝縮する」など、言うのはたやすいが、実際どうやって映像化できるのだろうか？ ソンドハイムの歌詞ように、言外の意味を考えなければならない複雑な箇所はない。シンプルでわかりやすいけれども、9分間の映像にする必要があった。

振付師のマーク・ブローは、次のように述懐している。「彼らは『ド・レ・ミの歌』をどんな振付にするつもりかと尋ねてきたんだ。僕は一日二日考えてから、〔マリアは家庭教師になろうとしているのだから、旅行談みたいにして、街のいろんな所に行かせるようにしようよ〕と答えた。僕はカットをたくさん使うのは好きではないけど、8小節か4小節ごとにマリアと子どもたち（そして観客も）が新しい場所にいるように考えたんだよ…」

ブロー、ワイズ監督、レーマンが選んだロケ地には、モーツァルト橋から山腹の草原に至るまで全ての場所が含まれていた――ワイズ監督が非常に気に入っていたので、少しだけ映されることになったヴェルフェンの氷洞までも。子どもたちは氷洞で撮影することはなかったが、ワイズ監督は特に、曲が始まるときにクルトとフリードリッヒがボール遊びをしている映像に工夫を凝らし、高く投げられたボールをカメラで追うことで背景に氷洞がしっかり見えるようにした。この映画のどのシークエンスよりも、『ド・レ・ミの歌』はワイズ監督の最も重要なコンセプトを最大限に表現するよう計画されていた。ザルツブルクは物語の中でもう一人の登場人物であるかのように、突如スクリーン上に現れるのである。

一つ一つの動きがうまく一致しなければ、この映画で最大の見せ場となる曲が、大きなスクリーンで映し出されたときに初めから違和感があるようにみえてしまうかもしれない。そのことを懸念していた振付師のウッドとブローは、ロケ地での撮影が開始される前に、ロサンゼルスでの数週間にわたるリハーサルで子どもたちを容赦なく特訓した。子どもたちは、フォックス社の裏にある敷地の通りや路地を何度も自転車で走らされた。1人が「ド」と歌う時、その子はみんなの前に全速力で飛び出し、次に別の子が「レ」と歌いながら前に出てくる。一行の最後には、自転車のペダルを漕ぐマリアがいて、後ろのシートにはグレーテルがちょこんと座っている。キム・カラス以外の全員が、先頭者が次々に変わっていく自転車ゲームの間、歌詞を口パクで歌いながらミュージカルのリズムに合わせてペダルを漕ぎ、スピードを変えて自転車に乗る方法を覚える必要があった。シャーミアン・カーは、この曲について次のように述べている。「みんなザルツブルクに着いた時には、この曲のことは全部わかっていたわ。2カ月もリハーサルしたんですもの」

5月と6月の半分以上をかけて、9カ所ものロケ地でこの曲の撮影をすることになったワ

イズ監督と撮影技師のテッド・マッコードは、山腹の草原でマリアがギターをかき鳴らし、子どもたちに歌を教える場面からこの曲を始めようと考えた。それはマリアと子どもたちが、まるで風景に溶け込んでいるかのように見せるためであった。そこでは、マリアの自由な精神と熱意が、ハーメルンの笛吹きのごとく子どもたちを率いるイメージへと凝縮されている——草原とそびえ立つ峰の純然たる美しさに皆が喜びを感じ、頭をのけぞらせて楽しそうにしているのだ。驚くほど景勝に富んだオープニングが流れたあと、マリアはこう切り出す——「さあ、みんな」——すると、その曲はヴィンクラーのテラスでの新しい場面に切り替わり、皆が違う衣装を着ている。このカットだけで、数週間が費やされた。ミュージカル版よりもかなり長いこの歌が終わる頃には、夏が過ぎているように見えるだろう。

　全てがタイミングよくいけば、マリアと子どもたちが景色の中を駆け抜けたり、ボートに乗ったり、自転車を漕いだりして、心の赴くままに躍動する姿は、観客に自由で解放的な感覚を与えるだろう。そしてまた、フォン・トラップ家の子どもたち全員がその景色の中に溶け込むことで、観客はなぜオーストリア人にとって祖国の問題がそれほどまでに重要であるのかを、別のレベルで理解するようになるだろう。ジュリー・アンドリュースは、次のように語っている。「あの一連のシーンの撮影は、この映画の真髄ともいえる時間だったわ。私たちはザルツブルク中を駆けめぐったんですもの——市街地にいて、そこから飛び出して山に行ったかと思えば、噴水の周りを走ったりして。子どもたちが家での厳しい規律から自由になる様子や、その自由を与えてくれたマリアを敬愛するようになる様子を、あのシーンの連続で示したのは、とても優れた演出だったと思うわ」

　この場面の狙いは、『踊る大紐育』で『ニューヨーク、ニューヨーク』を歌いながら、フランク・シナトラとジーン・ケリー、ジュールス・マンシンがニューヨークの見どころをはしゃぎながら回っていく光景、海軍から24時間の上陸許可を得て、生きている喜びでいっぱいになりながら、ニューヨークの街中を走り回る姿をみて、観客がわくわくするのと同じ感覚を生み出すことだった。それはまた、『ファニー・ガール』で『パレードに雨を降らせないで』を歌いながら、場所を移動し、走る汽車に乗り、自由の女神像の脇を誇らしげに船で通りすぎていくストライサンドのように、まっすぐ自由に向かって突進していく様子を表してもいた。

　ワイズ監督、ブロー、ウッドが避けたかったのは、『ブリガドーン』（1954）の映画版やロジャースとハマースタインのミュージカル『南太平洋』と『回転木馬』が陥ったような落とし穴にはまらないことだった。ロジャース＆ハマースタイン協会の会長であるテッド・チェイピンは、こう語っている。「『南太平洋』は、ほとんど三つの映画を一つにしたようなものだ。その場所の美しさを讃える旅行談、ミュージカルの音楽、優れたところもあるし、粗雑なところもあって、一番成功した部分は——戦争の話だね。フィルムに色付けをしてしまって、

まったく感動できない代物だけど。多くを盛り込み過ぎて、気が散ってしまう。素晴らしい要素が沢山ある『オクラホマ！』でさえ、『いくつもの新しい日々』の場面は演劇っぽくみえる。なぜ彼女たちは、あの部屋の中で踊っているのだろう？ 映画化を完璧に成功させるためには、ミュージカルはロバート・ワイズ監督のような巨匠の手にかからなくてはならない。『オクラホマ！』を撮ったフレッド・ジンネマンは優れた監督だけど、彼はまたロジャースとハマースタインを映画のプロデューサーとして扱っていた。それは全く違う原動力となっているんだよ」

　しかし、巨匠の手に掛かろうとも、ブロードウェイ・ミュージカルの映画化には、予期せぬ困難が待ち受けていた。たとえばロケ地での撮影が必要な映画があって、それがラーナーとロウの『ブリガドーン』だったとしよう。映画史上最高といえる 2 人のダンサー、ジーン・ケリーとシド・チャリシーが出演し、（『恋の手ほどき』や『巴里のアメリカ人』を撮った）偉大なるヴィンセント・ミネリが監督するこの映画は、彼らが野外でのダンスに全力を挙げて取り組んだ美しいミュージカル・シーン（『ヒースの丘』）が見ものである。だが、予算がかさんでいくのを気にした MGM が、海外での撮影に資金を投入することを拒んだため、最終的にスコットランドの高地を表現するためのセットを作り、大掛かりなダンスシーンを撮影することになった。観客はすぐに、それが全て本物ではなくセットであると気づいた。映画が盛り上がるべき所で、期待外れのものになってしまったのである。

　まったく同じように、『回転木馬』でも明らかにセットとわかる場面が幾つかあり、今まさにワイズ監督とマッコードがザルツブルクの市内や周辺で取りたいと思っているような、自然のままの美しさや味わいを観客が感じることができない。完全なミュージカルを超現実的な映画に作り変える過程で、ワイズ監督はロケ地でのどんな困難にも――滝のような雨や凍えるような寒さ、協力的ではない農夫たちでさえも――活気のない作り物のセットで撮影して台無しにしてしまわないように、耐えることを厭わなかった。彼は『ド・レ・ミの歌』のモンタージュが、アラン・ジェイ・ラーナーの金言「優れた歌は 17 ページ分の対話に匹敵する」になんとか適うようにしたいと心に決め、そのことばかりを絶えず考えているほどだった。

　この曲を山のピクニックで皆が集まって歌っているところから撮り始めるというのは、良いアイデアであり、ザルツァハ渓谷の上にあるヴェルフェンは、確かに胸の躍るような舞台だった。しかしながら、山腹は凍てつくような寒さで、標高が高すぎるために、どこから見ても役者たちがいるところは雲の中だった。

　何度も撮影の準備がされたが、不吉な雲が湧いてきて、霧雨がどしゃ降りに変わった。6 月の気温は季節外れの低さとなり、出演者とスタッフはブランケットにくるまってカード遊びをしたり、作り話をしたり、時おり温まるために手作りのシュナップスのお相伴にあずかったりした。例によってジュリー・アンドリュースは、度重なる休憩の間、ギターを手にする

と子どもたちに歌を歌ってあげるのだった。

　垂れ込めた雲は、実際のところ、ある特別な意味においては恩恵でもあった。マッコードとワイズ監督は鮮明なテクニカラーでフィルムに色付けをしたくないという意見で一致し、その代わりにソフトフォーカスで夢のような感じを強めることにしていたので、金色に輝く日の光や綿雲のかたまりなど、様々な色や形の雲や空は、劇的効果や質感を加えることになり、事実、見栄えを悪くしてしまう要素を軽減するのに役立った。

　ようやくヴェルフェンに陽射しが戻ったとき、長々と待機していた現場はすぐさま「用意、位置について、始め!」という騒がしさでいっぱいになった。アンドリュースは、この撮影について次のように回想する。「テッド・マッコードは絶えずファインダーを覗いていて、突然、こう言うの。〔あと5分で晴れのカットが撮れるかもしれない〕。みんな、きちんと指示を受けて、いつでも撮影の準備が出来ているようにしなくてはならなかったわ」。結局、マリアがハーメルンの笛吹きのように子どもたちを引き連れていく、この曲のオープニングショットは、丸3日間のうち視界が晴れたほんの数分間の間にすばやく撮影されたのである。

　ロバート・ワイズは、キャストもスタッフも同じように、いつでも撮影に入れるよう皆が仕事に没頭し、天候による休憩の間に冗談を言ったり歌を歌ったりしていても、全員が常に準備万端でいることを期待していた。眼鏡をかけたアメリカ中西部の保険代理人のような外見のワイズ監督は、見たところ温和そうであるし、実際にそうであった。しかし、彼の映画に関わっている誰もが、現場では彼の言葉が絶対だということを忘れはしなかった。彼は自分が望む結果を得るために、声を荒げる必要を感じることなど全くなかった。たとえば、ある俳優について能力がない、あるいは十分に協力的ではないと感じたならば、ワイズ監督はただその俳優を辞めさせるだけであった。『悪人への貢物』で手に負えないスペンサー・トレイシーを解雇し、もっと協力的なジェームズ・キャグニーを代わりに起用したように。オットー・プレミンジャーだったら相手を怖がらせるような場面でも、ワイズ監督は穏やかに説明するのだ。

　穏やかではあるが確固とした統制のおかげで、『ド・レ・ミの歌』の撮影の間、キャストやスタッフ全員は良い働きをした。この曲全体の構成は、アルプスでのピクニックが2分、彫像の頭を軽くたたくのに10秒、モーツァルト橋で9秒というように秒刻みだった。断片的な撮影方法で、この曲全体の効果を把握するのは難しく、ほとんど不可能であったが、一行は前進あるのみで、失敗すらも歌の効果を増すように思われた。川沿いの道をマリアと子どもたちがスキップをする場面を撮っているとき、突然カラスが転んでしまった。ワイズ監督とレイノルズは、このハプニングがシーンに自然な感じをもたらすかもしれないと思い、最後の編集まで残しておいた。カラスはどう思ったのだろうか?「私ったら、ドジよね」

カラスはまた、食べ物の好き嫌いが激しかったので、『ド・レ・ミの歌』のもう一つの面白い逸話を生み出している。外国の料理を目の前にして、5歳の少女はパンとアーティチョークのフライ、つまり、かなりの体重増加につながる食事しかとらなかった。その結果、この曲の撮影でアンドリュースの記憶に最も鮮明に残った出来事の一つは、標準以上にずんぐりとしたカラスを後ろのシートに載せて、力いっぱい自転車のペダルを漕いだということであった。数年後に、アンドリュースはテレビ番組『エレンの部屋』に出演したとき、『サウンド・オブ・ミュージック』の7人の子どもたち全員のことが本当に大好きで楽しかったと回想し、こう言い添えている。「みんな、とっても愛らしかったわ。でも、末っ子（カラス）がたぶん私にとって一番大変だったと思う。だってあの当時、彼女は少しおデブさんだったんですもの。今では、びっくりするくらい綺麗な、モンロー風のゴージャスな娘さんになっているけどね」

この映画の他のどの曲よりも、ソール・チャップリンの音楽的ノウハウから恩恵を受けたのは『ド・レ・ミの歌』だった。この映画の何でも屋であるチャップリンは、今ではもうワイズ監督の右腕となるアドバイザー、振付師ディ・ディ・ウッドとマーク・ブローと作業する音楽コーディネーター、みんなの士気を高めるチアリーダーになっていた。ワイズ監督は大いに感謝して、このように述べている。「ソールはジュリーの出演場面に携わり、撮影前の録音ではオーケストレーションの指示を出し、全ての声音部——いや、映画の音楽的な構成要素すべてを取りまとめるうえで助けになった。彼はキャスティングに関わり、脚本や衣裳を含めた映画のあらゆる面に貢献してくれた。本当に、創造性があったんだ」。ジュリー・アンドリュースは、このようなエピソードを語っている。「ソール、マーク、ディ・ディ、そして私の4人でザ・ボーカル・ゾーンズという合唱団を作ったの。山腹で温まるために、活気づくような下卑た歌を歌ったわ。カード遊びをしたり、冗談を言ってふざけあったり——とっても楽しかった…一番よく歌ったのは、「ハワイアン・ウォー・チャント（タフワフワイ）」だった」

チャップリンはとても愛想がよく、子どもたちとも非常に打ち解けていたので、スクリプター（シーンがうまく繋がるように撮影されたカットの管理、記録をする係）のベティ・レヴィンは、初めのうち現場で彼を騒がしい奴、あるいはかなり手に負えない人物だと思っていた。しかしながら、お互い室内楽が好きなことが判り、レヴィンとチャップリンはザルツブルクで一緒にコンサートに行くようになり、驚くほど打ち解けた関係になった。数年後にベティはこう述べている。「（ホールに）ろうそくが灯っていたの。18世紀に戻ったみたいに…今までにないくらい美しくてロマンチックな時を過ごしたわ…」。そして友情は愛へとかわり、やがて結婚し、1997年にチャップリンが亡くなるまで2人の関係は続いた。ベティは笑いながら思い出を語っている。「室内楽が好きで、煙草を吸わない人なんて、他にはどこにもい

なかったわ」

　ゲオルク・スタイニッツの言葉を借りれば「本当に立派な紳士」であるチャップリンの親しみやすい雰囲気は製作全体に浸透し、ヘザー・メンジースは彼の魅力的な人柄を讃えながら、愛をこめて次のようにまとめている。「この映画ではっきりと示されている愛の一部は、ソリー自身だと言ってもいい。彼には、ものすごい生命力があったのよ！」ダン・トゥルーヒットも同じような見方をしている。「ソールはロバート・ワイズと同じくらい素晴らしい紳士だった。それは、すごいことなんだよ。彼は本当に音楽の天才だった。現場では、とても寛大で親切だった。何年か経って、僕がMGMのスタジオにいたとき、ソールが車に乗って通りかかったんだ。彼は車を止めて、僕に声をかけて挨拶するためだけに、わざわざ後を追いかけてきてくれた——本物の紳士だね」

　カリフォルニアでのリハーサルの間、7人の子どもたちとアンドリュースがペガサスの彫像がある噴水の縁を再現した実物大の模型の周りで、腕を振り回したり足を蹴り上げたりしているのをみているうちに、チャップリンはインスピレーションが湧き、この曲の最後で歌われる8つの音階に合わせて、ミラベル庭園の近くにある8段の階段を使ってはどうかという名案が閃いた。ワイズ監督はこのアイデアを気に入り、ウッドとブローは、子どもたちとアンドリュースが階段を駆け上ったり下りたりする振付を考え、曲の最終部で、アンドリュースが最後の音を伸ばしながら、さらにオクターブ上げ、感嘆の歌声で曲を終えるときに、全員が階段をもう一度駆け上るようにした。気分を浮き立たせる最後の音は、アンドリュースが思いついたアイデアだった。「階段を昇りながら、もっともっと高いところまで行ったら楽しいだろうなって思ったの。オクターブを思い切り上げていくことはできないかしらって尋ねたら、みんなが〔それはいいね〕って言ってくれたのよ」

　数か月後、『ド・レ・ミの歌』の撮影がついに完了したが、果たしてどれくらい上手く曲を繋ぎ合わせられるかという点に関して疑念が満ちていた。ザルツブルクのロケ地に詳しい者として雇われたゲオルク・スタイニッツは、まさに次のように認めている。「我々は『ド・レ・ミの歌』があれほど並外れたものになろうとは、想像もしていませんでした。本当のことを言うと、ドイツ人とオーストリア人のスタッフはあの曲が成功するなんて思っていなかったのです」

　ただ1人、ウィリアム・レイノルズは全く違う考え方をしていて、この曲のラフカットをまとめる作業に取り掛かっていた。カメラの位置が止まっていたり変わっていたりするところを正確にカットし、それぞれのロケ地を次のものと継ぎ目なく繋ぎながら、彼はこの歌がただ単に楽しいものであるだけではなく、3時間にも及ぶロードショーの中間で、観客の関心をしっかりと惹きつけるセンセーショナルなものになるとわかった。この曲の最初のカットからして彼は非常に鮮やかな手腕を振るったので、オーストリアの小さな劇場でこの歌のシー

ンを上映した後、全て見終えたテッド・マッコードは、プロとしての見地から、簡潔ではあるが深い洞察力に基づく感想を述べた。「これは本当に大層なものになっているね」

テッド・マッコード、そしてすぐ後には全世界の人々が、レイノルズは前代未聞ともいえる最高級のミュージカル・ナンバーのカットを一つに纏め上げたということに気づいた。

かくしてマリア・フォン・トラップは、世界初のミュージック・ビデオで主役を務めることになったのである。

「幸せな子どもたち」

『ド・レ・ミの歌』は、皆が驚くような嬉しいサプライズを引き起こした。アンドリュースが、この映画の導き手になるというのはごく自然なことだが、7人の子どもたち全員が、予想以上に優れた効果的な演技をしてみせたのである。

ワイズ監督が若い役者たちと打ち解けられる度量の広い人だということは、意外ではなかった。『キャット・ピープルの呪い』から『地球の静止する日』まで、多様な映画で子どもたちの素晴らしい演技を引き出しているように。『E.T.』でのスティーブン・スピルバーグと同じく、ワイズ監督は彼らに威張ったりせず、偉そうに接したりもしなかった。彼はよく、子どもと目線を合わせるために跪いて、シーンが求めているものを説明したが、比喩的な意味でも、文字通りの意味でも、子どものレベルで一緒に仕事をする必要があるとわかっていた。彼の指示は簡潔で要を得ていて、ニコラス・ハモンドが回想しているように、まさに核心に触れるものだった。「これを覚えていて、ニッキー、君のパパがここにいて、その前で君は自分が強くなったと見せようとしているんだ」

ワイズ監督が、仕事に集中していない子どもたちを叱らなければいけないと思ったのは、たった一度だけだった。「君たちは仕事をするために、ここにいるんだ。自由時間に遊べるだろう。私のための時間に遊ばないでくれ」。普段は彼らに優しく話しかけていたので、この異例の叱責は深く印象に残った。「僕たちは監督に認めてもらいたかったんだ…だって、素敵な人だったんだもの」。とニコラスは語っている。ゲオルク・スタイニッツは、監督の子どもたちへの配慮について、こう述べている。「ロバート・ワイズは、子どもたちがいたので幾つかの言葉は現場で使わないように周知していました。彼は子どもたちのことを気にかけていて——とても優しかったですね。彼らは行儀が良くて、しつけもされていました。実際に、ワイズ監督が怒っているのを見たのは一度だけで、子役の1人があまりにも遅くまで寝かされずにいた時でした。彼は、子どもたちを大事に扱うようスタッフに徹底したいと思っていたのです。現場には家庭教師がいて、子どもたちはそこで宿題をやっていました。そし

て、常に撮影の準備を整えていました。あたりをうろついたり、退屈して何か問題を引き起こしたりしていたのは、何人かの親だけでしたね。でも、ワイズ監督は全ての人を気にかけていました。本当に、彼を最大限に讃えたいと思います。彼が和やかな現場の雰囲気を作り上げたのです。怒鳴り声など聞いたこともありません——「静かにして」なんて叫び声は、セットの雰囲気に合いませんでしたね」

ワイズ監督の全てを包み込む父親のような対応のおかげで、7人の子どもたち全員がこの仕事を心躍るものだと感じ、成長期の悩みも何もかもすっかり楽しんだ。ここでいう悩みとは、しばしば字義通りのものだった。デビー・ターナーの乳歯が抜けたので、歯科医は抜けた部分を埋める仮の歯を、本物に見えるよう作らねばならなかった。ニコラス・ハモンドは、撮影の間に身長が160センチから175センチまで急に伸びたので、シャーミアン・カーと並ぶ後半のシーンでは、カーは弟よりも背を高く見せるために箱の上に乗らねばならなかった。事実、ハモンドの背が急速に伸びたのは、他の子役にとって皮肉なことでもあった。というのも、(ニコラスの妹役の) ヘザー・メンジースは撮影の前に、ニッキーよりも7.6センチ背が高かったので、キャストに選ばれないのではないかと心配していたのである。

シャーミアン・カーはプラマーも宿泊しているブリストル・ホテルに滞在していたが (21歳のカーは、彼女を除くと年長の子は13歳だったので、他の子どもたちよりも28歳のジュリー・アンドリュースに年齢的に近かった)、カー以外の6人の子どもたち (そしてダン・トゥルーヒット) は、両親とミラベル・ホテルに泊まっていた。大抵の場合、子どもたちは行儀よくしていたが、ホテルでちょっとした悪戯をした。靴を夜の間に磨いてもらうルーム・サービスを頼み、でたらめに入れ替えた靴を客室のドアの外に出しておいたために、時々大混乱が引き起こされたのである。しかし、男の子も女の子も、この「お仕事」で非常に楽しんだので、他では問題を起こそうとは思わなかった。

彼らは、ロケに同行している個人教師ジーン・シーマンと1日4時間半の勉強が求められたが、それさえも嫌がることはなかった。実際にザルツブルクやオーストリアの田園地帯を回って、地理や歴史を学んだりして。アルプス山脈の地形に関する地理や、ヨーロッパの歴史がどうやって作られたかを学ぶことは、授業として充分なのだろうか？ いや、ここでは無味乾燥な教科書など考えないでおこう。子どもたちは、まさにその山頂に立っていたのだから。

『サウンド・オブ・ミュージック・ファミリー・スクラップブック』には手書きのレポートの複写が載っていて、そこから生き生きとした雰囲気が強く感じられる。氷洞を訪れた時のことを記したアンジェラ・カートライトのエッセイは、彼女の言葉によると、絶対に「できる限り恐ろしく」しようとしたので、想像力に富んだ楽しい読み物になっている。子どもたちですら小生意気にも『サウンド・オブ・ミュージック』を題材にふざけることがあり、年上の子

どもたちは『エーデルワイス』のパロディを作って面白がっていた。その締めくくりの歌詞はこうである。「出演料を讃えよ、永遠に」（このパロディは、年下のデビー・ターナーとキム・カラスには、2005年の40周年記念祝賀会まで聞かされることはなかった）。

子どもたちは非常に気心の知れた仲間となっており、ロサンゼルスで撮影が再び始まった時、地元の教育委員会は驚いて、助監督のレジー・カロウに手紙を送っている。ここ最近の記憶にあるどの映画と比べてみても、『サウンド・オブ・ミュージック』の子役たちにはほとんど問題がない、と。さらに驚くべきことは、スクリプターのベティ・レヴィンの証言であろう。「親御さんたちですら、素晴らしかったわよ」

子どもたちは、気の合うスタッフや、彼らが何としても喜ばせたいと思う監督、美しい景色、敬愛するスターに囲まれ、この上なく楽しい時を過ごしていた。彼らはまだ若く、経験も浅かったけれど、内面的には十分に成長していて、ここでの体験がどれほど特別であるかを理解する見識をすでに備えていた。ハモンドはカーと『ド・レ・ミの歌』の撮影について、次のように回想している。「僕たちはみんなでしゃべったり笑ったりしていたよね。ソールはミュージカルについて語ったり、僕たちが朝食で食べた堅いパンとチーズについて冗談を言ったりしてた。君の笑い声を覚えているよ。その時、こう思ったんだ。〔雨がずっとやまなければいいのに。この現場も、ここにいるみんなも、この世界も大好きだ〕って。今でもそう思う」

7人の子役は幸せな時間を過ごし、ワイズ監督の確固としてはいるが穏やかなリーダーシップのおかげで、スタッフ全員がオーストリアを存分に楽しんで現場を後にした。ただ1人、不幸な人物がいたが。とても不幸だったのだ。

その人物とは、クリストファー・プラマーである。

不幸な大佐

クリストファー・プラマーは、オーストリアに不満があったわけではない。彼が気にくわなかったのは、『サウンド・オブ・ミュージック』の現場で過ごした時間だった。苦心の甲斐あって、シェイクスピアやイプセンを扱った舞台での演技が、第一級の評価を得るようになっていた彼は、この映画がシリアスな古典を演じる俳優としての評判にどのような影響を及ぼすかを懸念していたのである。しかし彼は黙って耐えるよりもむしろ、トラップ大佐を演じることは、彼のこれまでの基準からすると非常にレベルが低いのだと、関係者全員にわからせるよう徹底した。彼の言葉を借りれば、「あまりに多くの重要な役を演じて、いい気になっている甘やかされた横柄な若造」のような態度で。あの役をやり続けることが、彼にとってどれほどの侮辱になるかを世間は知るべきだと考え、ことあるごとに彼は人々に

向けて、自分は「強制されて、無理やりやらされたのだから、絶対にもっと報いられるべきだ」と思い出させようとしていた。数十年後、この時の経験を書き記した文章で、彼は率直にこう認めている。「私の振舞いは、とんでもなかった」
　この名目上は幸せな家族のミュージカルに、いまや著しく不幸な俳優が部分的に関わっていたのである。それゆえ、現場に不満げな雰囲気が広がっても不思議ではなかったが、そうならなかった。彼には才能があり、（自分としては隠しているつもりだったが）まぎれもなく魅力的な人柄だったので、２人の明白な味方がいたのだ。ロバート・ワイズ監督と主演女優のジュリー・アンドリュースである。プラマーはこう語っている。「私の真意を完全に理解してくれているみたいで、困ったことなど何もないように振舞ってくれたのが、ジュリーだった。誰よりも忙しかったのに。そのことで彼女には本当に感謝していたんだけど、それを一度も伝えたことはなかった」
　アンドリュースはプラマーに対して、最初から現場でもそのように接していた。冷静で鋭い観察眼を持ったプラマーは、すぐに彼女の振る舞いに気付いた。彼は自伝のなかで、共演したスターであるアンドリュースへの偽りない感情を書き記しながら、率直にこう述べている。「彼女は私たち２人をしっかり結びつけ、一つのチームにしたのです」。この感情は、間違いなくお互いが抱いていたものであった。というのも、アンドリュースはプラマーについて、同じ言葉を使っているのである。「彼には、私たちをしっかり結びつける素晴らしい力がありました――自制力があって、物腰も柔らかで、とてもかっこいいしね」。アンドリュース自身が述べているように、彼女が撮影開始時からプラマーに畏敬の念を抱いていたのならば、その感情はすぐにお互いへの尊敬に変わったのだろう。数十年後に、彼女は次のように回想している。「それ以来ずっと、私たちは良い友達なの」
　６週間のはずだったロケ地での撮影が１１週間に伸びて、みんなで過ごす時間が長くなるにつれて、主要メンバーの基本的な人柄がはっきりと表れてきた。参加者全員を独特の立ち位置からみてきたシャーミアン・カーは、これらのことに気がついた。アンドリュースは不満を漏らしたりせず、プラマーは悪態をつくことがあって、「ボブ（ワイズ監督）は、毎分ごとの台詞が頭に入っていて、冷静さを失うことは絶対になかったわ」
　毒づいたり、苛立ったりするプラマーの態度は、子どもたちとの関係にも影響を与えた。７人の子どもの多くが公然と彼女に心酔するようになるほど、子役たちと親密な絆を結んでいるアンドリュースは、まるで一家を繋ぎ合わせる接着剤のようであったが、子どもたちとプラマーの間には、全くそのような関係は築かれなかった。こうした現実においての距離感は、実際のところ映画には役立つ結果となり、主演男優と子役たちとの隔たりは、フォン・トラップ大佐と彼の実子たちとの距離としてスクリーン上に反映され、本物らしく見えた。

ヘザー・メンジースの回想によると、撮影があった7カ月のうち、プラマーは「カメラが回っていないときに、私に一言も話しかけることはなかったわ。ただの一言もね」。台本に、子どもたちが『サウンド・オブ・ミュージック』を歌っているときに父親と心を通わせるようになると書かれていたときでさえ、彼女はこのように記憶している。まったく「彼のことを信じられなかったわ。映画の公開初日に、彼が私を抱きしめながら会えて嬉しいよって言って、愛情を伝えてくれるまで」(デュエン・チェイスによると、プラマーは彼には少し違うやり方で好意を示していたようで、カメラが回っていないときに一緒に撮ったおどけた写真に、プラマーが〈2人の笑っている男の子たちへ〉とサインしたものを受け取ったという)。

　メンジースは、彼がよそよそしい態度をとる原因の一つは、役に扮しているためなのかもしれないと思っていたが、そこにはまた別の原因があり、ただ単にプラマーがわざと冷笑的な考え方をしていたからだった。彼はおどけてこう言っている。「映画が甘ったるくならないように、少しは皮肉っぽくなる必要があったのさ」。おそらく子どもたちの耳には入らなかっただろうが、彼は実際にこの作品を「SM」と呼んでいたことを後に認めているほどである。

　しかしながら、プラマーが時々怒りっぽくなる最大の理由は、子どものことが総じて嫌いだったから——もう少し言葉を選んでいうならば、無関心だったためである。どのような理由であれ、そうした彼の態度は映画の効果を高めた。彼は子どもたちに対する見方を、わざと笑いを誘うような言い方ではっきりと述べている。「彼らのことが大嫌いなんだ。まったく厄介な奴らだって、いつも思っているよ。仕事の準備ができていても、組合の規則があって、あの小さな怪獣たちと一度に5分以上は、仕事をしてはいけないんだよ。だから、撮影の間はナチスの怖い軍人になって、子どもたちを家畜みたいに扱うのを楽しんでいたんだ」

　照れくさそうに、舌でぐりぐりと口の内側から頬を押しながら、彼はこう続けた。「大好きになっていったけどね。僕は暴れん坊じゃないんだよ。そうそう、彼らはまだ学校に行かなくてはいけない年だった、あの隠遁所みたいなところにね」。21世紀になって、プラマーはキム・カラスに再会した時、その変貌に呆然としたようで、次のように回想している。「あのおチビさんがびっくりするくらい変わって——ゴージャスになってた。もちろん、あの当時、私たちは彼女にイライラさせられたものだよ。いたずらっ子だったんだから。でも、今の彼女を見たら、何だって許してしまうだろうよ」

　時が経つにつれて、プラマーのなかでは子どもたちに対する愛情が芽生えていったが、撮影の最中は、彼は苛立ったり、逆に周囲をいらいらさせたりしたままで、いつも温和なソール・チャップリンでさえも、彼の振る舞いはよくないと思うほどだった。プラマー本人も自認しているような撮影中の子役に対する彼の偉そうな態度に向かって、チャップリンは抗議した。「彼は、まるで自分が名高い伝説的な俳優で、まだ幼いアマチュアの共演者は彼のお

かげで見栄えが良くなっているだけで、しかも、そのことを許してやっているかのような態度をしていました。時々、トランシルバニアからの逃亡者みたいにケープを羽織ったりして」

　この映画の題材に共感できないことだけが、プラマーを不快にさせていたわけではなかった。さらに、この映画がミュージカル作品であることがその一因となっていた。映画で歌った経験はないものの、プラマーはトラップ大佐が歌う部分は全て自分の声を使ってほしいと強く望んでいたし、まったく訓練を受けていない声であることは彼自身もよくわかっていたが、吹き替えられることは断固拒否していた。ワイズ監督、チャップリン、アーウィン・コスタルの3人と、彼は長い時間をかけて話し合いをして意見をぶつけ合い、その結果、彼らの間で歩み寄りがなされた。プラマーは歌唱力を上げるようはげみ、撮影が終わってから彼自身がボーカル部分を録音してみて、もしプラマーの歌が、作品の質に必要なレベルに達していないと創作チームが思った場合にはあとから吹き替えをするということに、プラマーは仕方なく同意したのである。彼は撮影の間、こつこつとボーカルの技術を学び、最終的には確かに標準レベルを下回ることはないくらいになったが、それでもまだ人を感動させるほどではなかった。アンドリュースの完璧なまでのソプラノと一緒に聴いてしまうと、特に違いが際立った。プラマーも認めているように、2人で歌うシーンでは何か物足りなさが残った。彼の率直な意見はこうである。「あれでは、ミュージカルとして十分とは言えない…アンドリュースと一緒に歌うとき、私の長く伸ばした音が、彼女の音と比べるとあまり良くないのがわかる」

　プラマーの言うことは正しかった。彼の歌を何気なく聞いただけでも、音程は合っているが歌声に柔らかさが欠けていることがわかる。音程を保つために力が入っているのが明らかで、彼の歌を聴いている間、観客はまったくリラックスできない。緊張感が空気に伝わり、まるで観客までもが、懸命になっているプラマーと一緒になって、音を保たなくてはいけないような気がする。結局、プラマーのボーカル部分はビル・リーによって上手く吹き替えられることになった。ちなみに彼の妻は、この映画でシスター・キャサリン役を演じているエイダ・ベス・リーである。マーニ・ニクソンの男性バージョンともいえるリーは、1958年に公開された映画版『南太平洋』でジョン・カーの歌声を吹き替えてもいる。

　毎日現場にいる必要はないとわかり――「ザルツブルクには9週間か10週間いたんだけど、働いたのはたった1、2週間だったね」というプラマーは、ザルツブルクの景色や音を楽しむ時間を作った。彼は次第に撮影のあいだ本拠地にしていた、小さなぬくもりが感じられるブリストル・ホテルをとても気に入るようになった。彼は特に、朝の早い時間にラウンジにあるピアノを弾いて楽しんだ（ソール・チャップリンは彼の日頃の横柄な振る舞いを軽蔑していたが、それはピアノを弾くことにまで及んでしまった。プラマーは過去にクラシック音楽のピアニストとして訓練を受けていたがチャップリンは彼の演奏を評価せず、絶え間

なく意味のないアルペッジョを使った騒々しい弾き方だとコメントしている）。真夜中に大酒を飲んでお祭り騒ぎをして友人を付きあわせようとするフランク・シナトラのように、プラマーはいつもバーにいる人たち——ブローやウッド、ベティ・レヴィン——が部屋に戻って寝ようとすると怒り出したものだと、シャーミアン・カーは回想している。「彼は、雨が降って撮影が中止になるかもしれない時でも、早起きをしてメイキャップをしなくてはいけないことを不満がっていたわ。私たちがそろそろ寝ようと思ってバーを出ようとすると、怒り出すのよ」（ゲオルク・スタイニッツはこう述懐している。〈彼をバーから出そうと、いろんなトリックを使ったよ。時々、第一助監督のレジー・カロウが、わざと1日前に彼のリハーサル告知をしたり。何がおこなわれているのか気づいた時に、彼は怒りまくっていたね。本当に〉）。

　プラマーの楽しみはシュナップスとペーストリーになり、衣装を大きくする必要がでるほど、幸せそうに食べ続けていた。彼は最終的にザルツブルクが大変気に入って、それ以来ずっと、音楽を聴いたり、景色を楽しんだり、友人に会ったりするために何度も訪れるようになった。アンドリュースは、オーストリアは「永久に私の脳裏に焼き付いているわ——色彩や雰囲気、アルプス山脈のとっても新鮮な空気——本当に美しいのよ」と述べているが、実際には撮影が終わってから3回戻っただけで、一番近い時期では、映画の50周年記念DVDに特典映像として含まれるドキュメンタリーの撮影のため、2014年9月に訪れている。

　カーは、プラマーが保護者として付き添ってくれて、初めてシャンパンや白ワイン、赤ワイン、ウイスキーの味を楽しんだことを懐かしく思い出している。カーの父親というには若かったが、プラマーは仲良しの親戚のおじさんの役をしているようで、実父の失踪によって生じたカーの空しさを、ある部分埋めてくれる存在であった。実際に、家を出ていった父親と酒に溺れはじめた母親の間で、カーは不幸な家庭で育った子どもたちが感じてしまいがちな気持ちを抱くようになっていた。家族の問題すべては、自分のせいで起こったのだと。それゆえ、『サウンド・オブ・ミュージック』の製作中に、彼女がそれほど複雑ではない新しい家族の輪に入れたことに気づいて、幸福に感じたのも不思議ではない。魅力的な異国の環境のなかで生き生きと活動し、彼女は熱中できる健全な体験を積みながら、厭世的な気持ちになることはなかった。ロケ地にいるとき母親に宛てた手紙のなかで、彼女はマリア・フォン・トラップを忍ばせるオーストリアへの愛を書き記しており、その手紙には、なぜ7人の子どもたち全員がカメラの回っていないときでも本当に幸せそうに見えるのかを知る手掛かりがある。「ここにずっといられたらいいのに。まるで天国にいるようなの。胸がわくわくするような川があって、高くて青々した木々が立っている——神様に向かって、みんな伸びていくの」

　プラマーはスケジュールが緩かったので、オーストリアの田園風景を楽しむ余裕があったが、天候による撮影の延期は、映画のスケジュールをどんどん遅らせていった。湿気のあ

る寒い日ばかりで、毎日張り出されるリハーサル告知はすぐに三つのパターンに変わった。晴れ、曇り、デューラー・スタジオでの屋内撮影。それでも、天候は非常に変りやすく、今日は天気を心配しなくてもいいと思われていた屋外のシーンでさえも、問題が生じることがあった。雨に悩まされた撮影の最たるものが、テラスでの「ブルーベリー摘みの場面」である。レーマンによって新しく書き加えられたこの場面を撮ろうと、カメラを回しているまさにそのときに軽い霧雨が降り始めた。子どもたちがマリアを恋しがり、意気消沈しながら歌い始めた時（ここで観客は、フォン・トラップ家に活気がなくなった時、物事が悪い方向に行くことを知るのであるが）、ぽつぽつと落ちていた雨粒が絶え間なく滴るようになって、降りしきる雨へと変わった。テッド・マッコードが、これ以上スケジュールを遅らせることはせずに、防水シートでテラスを被ってから照明を調整したので、何事もないかのように撮影が続けられた。ロバート・ワイズはこの時の撮影について、こう語っている。「テッドは、防水シートの下で演じている場面を、防水シートがない場所で演じている場面と合わせるために、人工的に光を調整しなくてはならなかった――彼は素晴らしい仕事をしたんだ」。結局、とても巧妙に照明を当てたので、ブルーレイ版を観ている鋭い観客ですら、このシーンに雨の痕跡を見つけ出すのは困難であろう。

　5月14日に始まった撮影は、ほとんど最初から雨が多かったので、『すべての山に登れ』を撮るために、ワイズ監督は修道院長室のカバーセットをロサンゼルスで作り、オーストリアのデューラー・スタジオに船で運んで使うことにした。ついに監督は、オーストリアで完全にコントロールできる環境を得たのである。彼は、『サウンド・オブ・ミュージック』の根幹となる信仰や精神の高揚といったメッセージを伝えるうえで、『すべての山に登れ』が観客の感情に訴えかける意味合いが強まっているとわかっていた。修道院の心地よさを後にして、自由の新しい可能性に向かっていくようマリアを促しながら、修道院長が歌うためのセットアップ（カメラ位置）を、監督は気に入っていた。しかし、彼にはぬぐい去れない心配があった。ミュージカルでこの曲を聴いた時に、彼は困惑したのである。大音量の力強いショーストッパー(公演が中断されるほどの喝采を受ける歌)として舞台上でこの曲が歌われた時、彼は演出に操られているように感じたのであるが、この歌は9メートルのスクリーンではどのように見えるだろうか？ 彼は、感傷主義の集いになりかねないこの歌を、どうやって撮影しようとしているのか？ 同じく、『さようなら、ごきげんよう』の屋外演奏や、映画を締め括る山登りの場面、そしてその歌自体も、どうやって完成させようとしていたのだろうか？

　優れた映画監督なら誰もがやりそうなことを全部思い出して――あとはカメラに物語を語らせよう。

　それから全てのルールを破るんだ。

14.
歌とダンス

『すべての山に登れ』

この曲を歌う時には感情を露わにしなくてはならないのだが、過剰になりすぎないようにするにはどうすべきか考え込んでいたワイズ監督は、このシーンを横のアングルから撮ることで、ペギー・ウッドが演じる修道院長が直接カメラに向かって歌う光景に観客がたじろぐ可能性を避けられるのではないかと、テッド・マッコードに話してみた。9メートルの高さの画面に、まるで修道院長が観客を脅すかのように歌いながら現れるのを見たい人などいるはずもなく、ワイズ監督とマッコードは話し合った結果、ウッドがカメラに背を向けているシーンから撮り始めるという斬新な手法を選ぶことにした。この映画ではソフトフォーカスをよく使っていたので、マッコードは、ここではその代わりに濃い影を使うことにした。ウッドが振り返った時でも、彼女の顔はぼんやりとした明かりの中に現れるのである。この歌には心を奮い立たせる力があるが、このシーンを大げさに見えないように撮影することでそれがトーンダウンされ、もの問いたげなマリアに対する修道院長のアドバイスをそれらしく表す歌になるだろう。

マリアへの言葉を対話の形から歌へと変えながら、ウッドは窓へと歩みより、まだ影のなかにいるときから彼女が歌い始めるのに合わせて、カメラはパンする。窓際に立ちながら歌い終えるとき、彼女はもはや深い影のなかにはいないが、部分的に照らす明かりでぼんやりと見えるだけである。暗闇から光へ——修道院長も、歌も、マリアも同じように移り変わっていく。

ウッドの優れた演技力は、この曲に気高い厳粛さを吹き込んだ。そして、持ち前の温かみが音楽と結びつき、意図的に抑えられた雰囲気が、映画のなかで真に記憶に残る瞬間を生み出したのである。このシークエンスは、心に訴えかけるように展開していったので、ジュリー・アンドリュースでさえも演じるときに影響を受けるほどであった。「あれは、とても演じやすかった——彼女の話し声が大好きだったの。彼女のおかげで、あのシーンは

実に上手くいったわ…最初にあの場面を撮影し始めた時、本当に泣きそうになったのよ――歌もオーケストラも素晴らしくて、マリアにとってまさに感動的な瞬間だった」

『さようなら、ごきげんよう――パートⅡ』

『すべての山に登れ』が完成すると、次の解決すべき問題は、フォン・トラップ家が別れを告げる演奏会のシーンを撮るため、極寒の夜に行われた撮影がもたらした複雑な事情と絡んでいた。問題を引き起こしたのは、ロケ地ではなかった。ボリス・レヴェンとモーリス・スベラノは、ロック・ライディング・アカデミーの雰囲気ある野外劇場が、演奏会の理想的な舞台になると考えていた。元々、大司教の厩舎(きゅうしゃ)として使われていたその劇場は、映画のクライマックスのために、まさに相応しい劇的で不穏な雰囲気を醸し出していた。脚本家のレーマンが当初考えていた、兵士たちがアーチから飛び降り、森を抜けてフォン・トラップ家を追っていく追跡劇は、実行不可能となったのだが。

実際の撮影に先立って照明の準備に数日を費やしていたテッド・マッコードは、わざと粗い写真のように撮ることで、危険な感じが充分に表現できると気付いた。レーマンのアイデアの代わりに、円形の劇場に元からある100以上のアーチに突撃隊のシルエットが音もなく浮かび上がる光景をただ示すだけで(観客の中には、なぜナチスは銃を2、3発打ち鳴らして『さようなら、ごきげんよう』のコーラスを途中で止めて、大佐を第三帝国海軍の新しい役職へと急き立てなかったのだろうと、いぶかしく思う人もいるかもしれない。しかし、もし彼らがそうしていたら、私たちはグレーテルのソロを聴くことはなくなってしまうのであるが…)。

この曲の撮影が初めて延期になったのは、製作者たちの予測とは正反対に、野外劇場で時代物の衣装を身につけた1000人ものエキストラたちのなかで、『エーデルワイス』の歌詞を知っている者は誰もいないことが判明した時だった。助監督のゲオルク・スタイニッツは、このように述べている。「私の仕事は、エキストラの人たちに『エーデルワイス』の歌に加わるよう伝えることでした――しかし、まずその歌を教えなくてはいけなかったんです! ロバート・ワイズ監督は、この曲をオーストリア国歌と間違えていたのではないかと思います。だから私は〔違います、監督――あれは、ロジャースとハマースタインが作った曲です〕と言わなくてはなりませんでした。私たちはコーラスのメンバーを最前列に座らせて、演技に合わせて歌ったり口パクをしたりするように配置を変えました。実際に、それで非常に上手くできたんですよ」。オスカー・ハマースタイン2世の歌詞を猛特訓したので、撮影は明け方まで長引いてしまったが、5歳のキム・カラスがナチスの衣装を着たエキスト

ラたちと（トランプ遊びの）ジンラミーをしている光景が、皆を活気づけた。

　ロック・ライディング・アカデミーでの夜間撮影で誰もが覚えているのは、5月だというのに極寒の気候となったことである。4日かかった撮影について、クリストファー・プラマーは、数年後に映画を観ながら思い出を語っている。「私は、あの場所で完全にしらふだったとは思えない。私たちは暖を取って気持ちを高めようと、酒を飲んでいたからね」

　『ド・レ・ミの歌』のモンタージュが、その複雑な構成と天候による遅れで5月いっぱいかかったため、一行がタイトル曲の一部と、映画の最終部で一家が自由へ向けてアルプス山脈を越えていくシーンの撮影にようやく取り掛かったのは、6月4日のことだった。ロケ地探しでは、スイスへの逃亡をフレームに収めるのに適した山を幾つか見つけられたが、そのなかで必要な人材や機材すべてを運ぶための主要道路が通っていたのは、オーバーザルツベルクだけだった。

　ジュリー・アンドリュースは、あの眺めのよいマリアの草原で回転しながら歌う大変な仕事をやり終えるとすぐに、トラップ家のメンバーに加わるためにオーバーザルツベルクへ旅立った。そのロケ地で、すでに他の共演者たちはみな身を落ち着けていた。アンドリュースは、撮影場所が本拠地から何マイルも離れていて、トレーラーや食料を積んだトラックは山頂からかなり遠い、山の裾野に駐車するしかなかったと回想している。「この場面を撮るのに、私たちはとても長い道のりを歩いて行かなくてはならなかったの——それに、すごく寒かった。でも、あの景色が見られるなんて、私たちは幸せ者よね！」しかし、ゲオルク・スタイニッツの記憶は違っていて、道路は幅が広く舗装されていて、最終的にロケ地に近い場所に駐車スペースを確保できたので、そこへ行くのはさほど大変ではなかったと言う。どちらの記憶が正しかったにせよ、素晴らしい光景が見られたことは確かで、この映画は始まるときとまさしく同じように、驚くほど全景を映し出した広がりのあるショットで締め括られる——アルプス山脈の息をのむような光景のただなかで。

　しかしながら、世界中の観客を『すべての山に登れ』と激励するフルコーラスが流れる最後の場面は、予想していたよりも大変なことがわかった。5歳のキム・カラスがでんぷん質の多い食事ばかりしていたことで引き起こされた、後から考えると面白い問題のせいで。撮影の間に、ほんの少しとは言い難いほど体重が増えたカラスは、今では抱えるには重すぎて、クリストファー・プラマーは彼女を背負って山を越えるのなら、もっと軽い代役にしてくれと言い張った。山を越えて逃げる場面は12テイクも撮り直したので、それは良いアイデアだった（事実、撮影中にカラスの重さに驚いたのは、プラマーだけではなかった。ウッドとブローの振り付けによるパーティの夜に披露される『さようなら、ごきげんよう』では、曲のクライマックスで、シャーミアン・カーは末っ子のカラスを持ちあげることになっ

ていた。何度か撮り直した後、カーは語気を強めてこう言った。〈なんて大変なの！ この子ったら、本当に重いんだから！〉）体重増加や他にもいろいろあったが、12回目で最後となるテイクを撮り終えて、フォン・トラップ家は自由を得るためにスイスへ向けて無事に歩き出すことができたのだった。

　6月27日に『ド・レ・ミの歌』の撮影が完了すると、（メイキング：シャーミアン・カーの「ザルツブルクをたずねて」と題したドキュメンタリーを撮り終えるために、ザルツブルクに残るシャーミアン・カーを除いて）子どもたちは、7月6日から室内での撮影を再開するためにロサンゼルスに戻された。プラマーや助演者たち全員が、すでにザルツブルクを後にしていたが、ジュリー・アンドリュースだけがオーストリアに残った。国外から来たキャストやスタッフの滞在費用を抑えるために、ロケ地撮影の最終日までタイトル曲は保留にされていたが、いまやこの曲を完成させることが、差し迫った最後の大仕事となっていた。案の定、天気が崩れてスケジュールは大幅に遅れ、ゲオルク・スタイニッツの回想では、天候が悪い日が続き、この曲の撮影は数日間引き伸ばされることになった。「スタッフはジュリー・アンドリュースを何マイルか離れたホテルに滞在させていて、私は太陽が出てきそうなときに、彼女を現場まで連れて行くのを任されていた。彼女の部屋に行き、起きて山に来るよう頼むのは気を遣う役目だったけど、彼女の対応は見事だったよ。とても感じが良くて、気取らないし、気持ちを乱したりしない――一緒に仕事をするのに素晴らしい人だった。彼女はこう言ったものだよ。〈晴れないかもしれないって、わかっているわ。でも、とにかく行きましょう〉。スタッフは全員、彼女はすごいと思っていたよ」

　いまや道路はジープでさえ通れないほど、すっかり流失してしまい、ジュリー・アンドリュースはカメラや音響道具と一緒に牛車に乗せられて、大きな岩や泥濘を避けて縦や横に揺れながら、草原へと続く急な斜面やひどいでこぼこ道を運ばれていった。へとへとに疲れるロケ地での撮影が終わりに近づき、この数百万ドルもするミュージカルの主演女優は、今まさにあの有名なタイトル曲を撮ろうとしているところだった。毛皮のコートにくるまって機材に押されながら、悪臭を放つ牛車でロケ地へと運ばれて。毛皮のコート？ 若い修道女見習いのマリア・ライナーが、山腹で歌をさえずるときに着るような衣服ではないだろうが、決して不満を漏らすことのないジュリー・アンドリュースは、せめて暖かくしていなければならなかったのだ（数十年経って、アンドリュースは毛皮のコートを着るなど、かなりおかしなことをしてしまったと回想している。〈マリア役の私がミンクのコートなんて！〉と不思議そうに叫びながら）。

　そして、この場面を完成させるために、毛皮を着たアンドリュースがようやく緑の草原に到着した時、土地を所有している農夫が敷地の外から走ってくると、彼女に向かって卑猥

な言葉を叫び始めた。ドイツ語で。アンドリュースはどんな冷めたコメントをしたかって？「幸いにも、彼が何て言ったか、わからなかったわ」

　ハリウッドから来た侵入者たちが農夫の乳牛をひどく怯えさせたので、ミルクが出なくなっていたのである。いまいましいハリウッドめ——「私の土地から出ていきやがれ！」（この曲の撮影に居あわせてはいなかったが、ゲオルク・スタイニッツは農夫が言っていた内容について、面白い疑問を投げかけた。〈どうして彼は叫んだりして、問題を起こそうとするんだ？　大金をもらっていたというのに！〉）後にわかったことだが、ワイズ監督は「そのまま」の草原を使う契約を結んでいたのに、撮影のために到着してみると、監督が草原をさらに魅力的にすると考えていた背の高い草を、偏屈な農夫が刈りとってしまっていたのである。撮影を遅らせる余裕はなかった。短く刈られた草原で撮るしかない。

　しかし今のところ、怒っているドイツ人農夫と折り合いをつけなくてはならないもう一つの問題があった。どのようにして、この曲にあの名高いオスカー・ハマースタイン2世の歌詞を組み込めばよいのだろう。この草原には小川などないのに、「私の心は弾む／小石に踊る流れのように」という歌詞を？　経験豊富なプロダクション・デザイナー、ボリス・レヴェンは、ゴムの裏地を付けた本物のように見える小川を作って水を引き、この問題を解決しようと考えていたが、撮影スタッフ一行が天候によって一日遅れた7月1日に現場に着いた時、憤慨した農夫が熊手を持ち、ゴム製の小川にわざと穴をあけて、すっかり水を抜いてしまったのを発見したのだった。

　2日後、小川が作り直されて再び水が張られると、この曲の特別なシークエンスの撮影準備が整った。ただ一つを除いて——水晶のように澄み切った山の光が、このうえなく芸術的に射し込む樺(かば)の木立はどうすればいいだろう？　撮影のために調達して植えられた樹木は、実際には背の高い切り株のように見えたが、マッコードがちょうどよいアングルを使ったので、とても素晴らしく映し出された。そして、まだら模様に差し込む光が柔らかな陰影に富んだものになるよう、スタッフは頭上にそのままキャンバスを張って調整した。

　陰影——ちょうどいい。

　小川——水で満ちている。

　天気——まだよくない。

　どしゃ降りの雨が止むまでじっと待ち続け、ついに日の光がきっかり20分間降り注ぐ恩恵にあずかった。音と速さをカメラと合わせて、ジュリー・アンドリュースは小川のなかに絶妙な位置に置かれた石の上をぴょんぴょんと跳びはね、事前に録音した音楽に合うよう小石を放り投げると、揺るがぬ正確さで的に当てた。晴れやかな笑顔で、彼女はシークエンスを撮り終えると、次の撮影の準備に取り掛かった。アンドリュースがカメラに向かって

走り、ちょうど「私は高原に行く」というフレーズを歌うときに丘の頂上に達する場面である。

　1カ月も前に撮影した曲の前半部分とうまくつながるよう、活気あふれる楽しそうな様子をいかにも自然な調子で合わせながら、ジュリー・アンドリュースは何回もおこなわれたテイクを堂々とやりぬき、映画史に彼女の名を刻むことになるミュージカルナンバーを完成させたのである。しかし、この曲の最後のテイクを撮り終えた時、映画史に残ることなど彼女の頭には全く浮かばなかった。このとき彼女が望んでいたのは、娘のエマを抱きしめ、熱い風呂にゆっくりとつかって骨の髄まで冷え切った身体を温め、アメリカへ戻る準備をすることだった。

　ハリウッドがこの時ほどいい場所に思えたことはかつてなかった。

15.
帰国: ハリウッド万歳

疲れ切ってはいたが、まだ気力に満ちているアンドリュースは、他のキャストと合流するためにハリウッドへ戻った。もう悪天候を耐え忍ぶ必要もなく、撮影のペースはかなり早まり、フォックスの第15防音スタジオで、次々と各シーンがスムーズに撮られていった。

時折、思っていた効果が得られた。撮影のかなり早い段階で、リチャード・ヘイドンの無礼とも言える当てこすりが、マックスの出演しているシークエンスを活気づけることが明らかになったのである。またある時は、全く想定外ではなかったが、あらゆる予想を上回る気品と情緒的深みを伴う伏線や言外の意味をこめて、それぞれのシーンが演じられていた。ウッドとブローによる卓越した能力は『ド・レ・ミの歌』で発揮され、大佐が男爵夫人のために催したパーティで、マリアと大佐が『レントラー』を踊るときに、彼らはきらめく瞬間を作り出した（この2人のダンスシーンで使われた曲は『ひとりぼっちの山羊飼い』が、ワルツのテンポでアレンジされたものである）。

そのような感動的なダンスのリハーサルは、実際のところユーモアに富んだ雰囲気で始まった。50年後になっても、ディ・ディ・ウッドはクリストファー・プラマーがリハーサルの開始時に現れた様子を思い出して笑ってしまうほどである。「初日に、クリストファーはバレエ用のタイツと黒いバレエシューズを履いて、その上にTシャツを着て現れたの。私は、彼にこう言ったわ。〔プラマーさん、そんな格好をしなくてもいいんですよ。いつものズボンと靴で結構です。それに、その方がいいかもしれません──ダンスを踊っているときに演じている役柄のままでいた方が〕。後になって、彼は私たちに、わざとあんな格好にしたんだって言ってたけどね！」

ダンスの場面では、マリアは最初フリードリッヒ*と踊っていて、途中で大佐が彼と交代する。いくつかのオーストリアのフォークダンスからステップを組み合わせて、ウッドとブローはあのような控えめな調子のダンスを考案した。マリアとゲオルクが躍っている間に、2人が恋に落ちたことを観客が見てとれるように。手を広げつつ、マリアはダンスの途中でためらいがちになり、2人がお互いの眼を見つめ合いながらゆっくりと回るとき、彼らは自分たちが恋に落ちていることがわかる──そして、それに気づいて、突然立ち止まる。このうっとりするような沈黙の瞬間は、この映画に満ち溢れる幸福感を語るとき、しばしば見落とさ

れてしまいがちであるが、ミュージカル女優としてのアンドリュースの能力の高さが明らかになる重要な場面の一つとして評価できる。アンドリュース自身でさえも、最後のダンスに参ってしまった。「ロマンチックな雰囲気だったわ。私たちが腕を交差させてカメラの前をちょうど通りすぎるときに、まるで素晴らしい瞬間をかすめ取るように撮影したの。私たちは宙に浮いているみたいだった」。ディ・ディ・ウッドは、最終的にこの場面を分析してこう語っている。「この映画の他のどの場面よりも、あのシーンはマリアと大佐の物語を進展させたと思う。一度踊り始めて、それから互いに見つめ合いながら止まる――あれは映画の残りの部分の鍵となっていたわね…私は『レントラー』が本当に大好きなの。2人があんなふうに見つめ合うと――観客はピンときて気づくわよね、〔まあ、2人は本当に恋してるんだ〕って。彼らは両方とも、あのシークエンスで本当に素晴らしかった。クリストファーは踊っているとき、ずっと紳士的で――大佐の役にぴったり合っていたわ。そして、ジュリーは――何と言っても一緒に仕事がしやすかった。わずかな隙もないプロで、完璧な才能があったの」

　事実、アンドリュースの能力は非常に高かったので、彼女の演技で最も印象に残る感情のこもった瞬間を二つ挙げるならば、そのどちらもが黙ったまま反応を示す場面であろう。一つは、大佐が子どもたちと歌っているのを彼女が見ている間に、彼に対するマリアの成就しなさそうにみえる愛が、顔の表情だけで演じられる時である（驚くべきことに、ある時点までワイズ監督は、歌っている子どもたちに大佐は加わらない設定でこのシーンを撮ろうと決めていた。しかしすぐに、大佐が歌うことでこの場面に感情的深みが出ると気付いたのだった）。

　アンドリュースが心を動かされている様子を示す、この瞬間の演技をするために、テッド・マッコードの演出が大いに役立った。子どもたちの歌に加わってから、大佐は自分のやり方が間違っていたと悟り、すぐにマリアに屋敷に残ってくれるよう彼が頼むとき、慎重な言い回しで彼が言う要望――命令ではなく、初めての頼み――は、家庭教師と大佐の関係を変えるターニングポイントとなる。マリアが彼に答えるため階段の途中で立ち止まると、階段の格子模様の手すりを前にして彼女の影は背後の壁に映り、重要な変化が訪れる瞬間にマリアを空間と光を使ってくっきりと浮かび上がらせることで、このシーンの情景に特別な感じが添えられている。マッコードは光と影を使って自分の仕事に注目を集めようとしているわけではなく、ただ物語がうまくいくよう努めたにすぎない。ジュリー・アンドリュースは、この場面こそ大佐がマリアに恋した瞬間だと分析している。

　二つ目はさらにいくらか念入りな演技がされている場面、マリアが修道院に逃げ帰った後でトラップ家の屋敷に戻ってくる時である。大佐が男爵夫人と結婚すると聞いて――ワイズ監督の言葉では、このニュースは「みぞおちへの一発」を意味しているが――マリアの

悲しみと静かな諦めは、アンドリュースのこのうえない苦悩と失望を映し出す瞳を通じて、無言で伝えられる。それはみごとに調子を変えた演技で、彼女はワイズ監督の称賛を受け続ける栄誉を得た。実のところ、監督を驚かせたのは、主演女優の活気のよさと才能だけではなかった。経験豊かなベテランのワイズ監督でも、アンドリュースの仕事に対する強い倫理観に少なからず畏敬の念を抱き続けていて、彼女は監督の辞書にある最高の賛辞の一つを与えられたのである。「ジュリーは何度もリハーサルをやりたがって、どんどん良くなっていくんだ。彼女と一緒に働くのは楽しかったし――彼女が他の俳優たちと仕事をするときも、本当に素晴らしかった。時々、私にこう言ったものだよ。〔もう少し良くできますよ〕と。たとえ私が上手くできたと思った後でも…」

アンドリュースは、その賛辞に十分応えた。彼女もまた監督を称賛しており、それは、彼女の演技の全体像を形づくったワイズ監督の能力に対してだけではなかった。彼女はさらに、映画で演じるための重要な技術を彼から教わることに全幅の信頼を寄せていた。彼女にとって映画出演はたった3回目であったが、ある一点を見つけてそこから目を動かさずに、相手役の顔をじっと見つめているように見せる方法や、クローズアップでじっと動かないでいる方法を教えてくれたのは、ワイズ監督だった。要するに、彼女が強調しているのは、「映画での演技について私にたくさんのことを教えてくれた」信頼できる人物はワイズ監督だということであった。

同じメロディを共有している『レントラー』の控えめさとは対極的に、『ひとりぼっちの山羊飼い』では、参加している役者たちが『ド・レ・ミの歌』に見出されるのと同じ幸福感で満たされている。ミュージカルの舞台では、マリアが嵐におびえる子どもたちを元気づけるために『ひとりぼっちの山羊飼い』を歌うが、レーマンはこの曲のために改良を加えたある企画を考案した。マックスは、子どもたちには才能があるのだから、人前で歌うこと――それからお金を稼ぐことも――許されるべきだと大佐に示そうと、マリオネットのセットを購入する。この企画だけでレーマンは、冷笑的でがめついけれども、なぜか憎めないマックスの人柄を説明している。たとえ彼がいつも抜け目なく利益を求めているにせよ、マックスは本当に子どもたちのことが好きなのである。

しかしながら、この曲をさらにもっと忘れがたくしたのは、第2の変更だった。実際にマリオネットを使って、ハマースタインによるたくさんの韻を踏んだ歌詞を歌うようにしたのである。

Men on a road	荷物を背負って道を行く
With a load to tote heard	男たちも聞きました

この曲でマリオネットを使うことが決定されるや否や、スタッフは世界的に有名なザルツブルク・マリオネット劇場（1913年設立）に協力の依頼をした。劇場側は映画に参加するチャンスを断ったのであるが、現在の劇場監督バーバラ・ホイベルガー博士は、断った理由についてユーモアを交えて説明している。「おそらく当時の責任者たちは、その映画はアメリカ的過ぎると考えたのでしょう。大きな間違いですが！」断られてすぐに、スタッフはアメリカ人の名高い人形遣いビル・ベアードとコーラ・ベアードに頼むことにした。喜んで契約すると、ベアード夫妻はブローとウッドと協力して何週間も仕事に取り組み、音楽にちょうど合うタイミングで操り人形の紐をひっぱる振付をした。演者たちの誰もマリオネットを扱った経験がなかったので、ベアード夫妻は役者の動きを必要最小限に簡略化して、複雑で巧みな動きは全て自分たちが操ることに決めた。ワイズ監督は年上の5人の子どもがマリオネットを操っているショットを一つか二つ撮り、年下の2人、デビー・ターナーとキム・カラスには背景を変える簡単な役目を与え、もっと複雑で陽気なポルカに合わせた生き生きとした動きを調整するのは、ベアード夫妻に任せることにした。

　狭苦しい場所で行われ、皆をぐったりさせたその曲のシーンを見ると、アンドリュースと子どもたちは音楽に合わせてマリオネットを動かそうとしながら、非常に熱いライトの下でぎゅうぎゅう詰めにされて、事前録音した曲に合わせて口パクをしているのがわかる。しかし、ニコラス・ハモンドにとってこのシークエンスは、まさに無上の喜びの一つだった。ここでようやく彼は、何時間も続けてアンドリュースの隣に立っていることができたのである。「僕は彼女を崇拝しすぎていたから、たとえカメラにフィルムが入っていなかったとしても気にすることもできなかったよ」

　『ひとりぼっちの山羊飼い』自体は元気のいい──まさにユーモラスで──浮かれ騒ぐような曲だったが、それと同時に、子どもたちとマリアの出し物に対する大佐とエルサの反応をカメラが巧みにとらえているので、大佐とマリア、男爵夫人の三角関係がいよいよ始まったことがわかる。最終的に、これは観客を本当に楽しませる曲となったが、いかに劇的効果があろうとも、マリオネットについてディ・ディ・ウッドが言ったことほど決定的で最高に愉快な言葉はないだろう。彼女は面白そうに、こう尋ねた。「あそこに出ていたマリオネットの女の子たちは、とても胸が大きいって気づいた？ すごいわよね？『サウンド・オブ・ミュージック』に出ているのにね！」彼女の言うとおりである──この曲のシーンをもう一度見直す人は誰でも、一度目と全く同じ反応をすることはないだろう。（あの胸で）新鮮な田園の空気を吸っているのだ…

　マリオネットを使った映画版の曲を大成功させた今、7人の子どもたちと同様に、マリアはほとんど非の打ちどころがなさすぎて、真実味がないように思えてしまう──彼女が精通

していないことなど何もないのだろうか？ マリオネットをくるくる操ったり、カーテンで7人にぴったり合う遊び着をあっという間に縫い上げたり、常に変わらない朗らかさを振りまいたりしたので――彼女は一番共感している観客からも、冷笑的な見方を引き出しかねないだろう。そしてそれこそがまさに、エリノア・パーカー演じる男爵夫人の切れ味鋭いワンカットで、見事にこの甘ったるさを削り取った理由である。マリアと子どもたちが器用にマリオネットを動かしながら快活にヨーデルを歌っているのを見ながら、男爵夫人はマックスにこう囁く。「ハーモニカを持ってくるよう、言ってくれればよかったのに」。エルサ男爵夫人とシスター・ベルテ――彼女たちは、本心では辛辣なのだ。

さらにうまいことに、マリアが良い修道女になれるか確信が持てず、心配そうな表情をしているのを見て、パーカーは次のように囁く。「何か必要ならば、喜んでお手伝いするわ」。パーカーにこの役を割り当てるという、ワイズ監督の本能的判断が正しかったということが、まさにこの短いシークエンスにあらわれている。まったくの偽善者になって、彼女はこの選りすぐりの台詞を、如才なく、しかし辛辣にならないように言うのである。

パーカーは実在する男爵夫人、(トラップ家の子どもたちから〈イヴォンヌおばさん〉と呼ばれていた) プリンセス・イヴォンヌの本質を実際に掴み取っているようにみえる。大佐の愛をめぐるライバルについてマリアが自伝で書き記している文章を読むと、パーカーがイヴォンヌの言葉をそのまま使っていることがわかる。マリアと初めて会ったとき、彼女はそっけなくこう述べる。「そうそう、不思議なお嬢さんのことは、よく聞かされているのよ」。そしてイヴォンヌがマリアに、大佐は「あなたが子どもたちと、とても気が合っているから非常に気に入っているんだ」って言ってたわ、と幾分いじわるに伝えた。この後、2人の決定的な違いがはっきりと示される。マリアがプリンセスになぜ大佐との結婚に子どもたちを含めようとしないのかと尋ねると、彼女がこう答えるのだ。「あらまあ、私が子どもたちと結婚すると思っていたの？ なんて変わったお嬢さんなのかしら！」

パーカーの演技は、撮影をしていくなかで迫力と技術を増していくようにみえ、『何かよいこと』があれほどまでに成功した主な理由の一つは、直前のシークエンスでパーカーの演技が優れていたからである。もっと下手な女優がやったならば、男爵夫人がマリアを見つけに行くよう大佐を促すシーンは、わざとらしくて不自然に思われてしまっただろう。エルサの痛みと事実を受け入れようとする気持ち、大佐との結婚がうまくいかないと気がつき始めた様子を黙ったまま伝えることができる彼女の眼、そこに現れた演技力を見れば、彼女が映画女優として40年も活躍し続け、オスカーに三度もノミネートされたことが理解できる。映画公開から数十年たってから、ワイズ監督は次のようにコメントしている。「あの映画を観るたびに、彼女の演技に感心して尊敬の念を抱くんだ」。パーカーに対するワイズ

監督の賞賛には、気難しいプラマーも賛同していた。彼は彼女の美しさと落ち着き、洗練された気品を激賞して言った。「彼女のせいで、あやうくジュリーを捨ててしまうところだったよ！」

　撮影が終わりに近づき、現場で楽しい時間を過ごしていた7人の子どもたちは、8月10日、クリストファー・プラマーと『サウンド・オブ・ミュージック』を再び感情を込めて歌う直前に、ロバート・ワイズ監督からこれが皆で撮影する最後のシーンになると告げられて、一様にショックを受けた（シャーミアン・カーだけは『もうすぐ17歳』の撮影が残っていたが）。ともに過ごした旅路が終わろうとしており、テクニカラーの『オズの魔法使』のごとく、魔法がかけられたような映画製作の後で、白黒の世界として描かれていた"カンザスの"日常生活に戻るのかと思うと、子どもたちは涙が溢れてきて、このシーンに感情を吹き込むのに役立った。作品に内在する力と、現実でも映画の中と同じようにプラマーが彼らを実際に気にかけてくれていたのだと気付いたことが合わさり、子どもたちは本当の気持ちで応えられるようになったのである。シャーミアン・カーは、ワイズ監督ですら感動していたと述懐している。「あの場面を撮っているとき、監督は泣いていたと思う。彼の眼に涙が少し浮かんでいるのを見たの。あの涙は本物だったわ」

　フォックスの敷地内での製作は、あと数日で終わろうとしていた。この頃、疲れ切っていたアンドリュースは、『何かよいこと』の撮影中に笑いが止まらなくなってしまい、撮影を完全に止めてしまうことになる。大佐とマリアのラブストーリーが、リチャード・ロジャースによる新曲と共にクライマックスを迎える場面だったが、ジュリー・アンドリュースの笑いがシーン全体を台無しにする恐れがあった。5カ月も大変な撮影を続けて、アンドリュースの疲労はピークを越えており、彼女自身も認めているように、疲れた時にはいつも「変てこりん」になってしまい、笑い出してしまうのだった。

　彼女は吹きだして全部撮り直しにならないよう一層気をつけていたのに、すぐにプラマーも止めようのない笑いのツボにはまってしまった。うかつにも、これを引き起こした元凶は誰なのだろう？撮影技師のテッド・マッコードである。

　セットで照明の調整をしているとき、マッコードは、この曲に使われる六角形のあずまやには複数のガラス板が全て違う角度ではめ込まれていて、彼がどんなに工夫しても、光が屈折して複雑なアングルで跳ね返ってしまうことに気付いた。この幾何学的な状況を背景の円形パノラマと合わせて夜の雰囲気を出すために利用したうえで、マッコードはセットを特大のアーク灯からの光で満たす必要があると判断した。真直ぐに上から照らすライトは、擦れあうカーボンフィルターを使って強い光を生み出すのだが、旧式のライトに使われているカーボンが互いに擦れあうとき、誰かがおならをしたのとそっくりな音がしたのであ

る——大音量で。アンドリュースの完璧な発音による再現によれば、アーク灯が「ブーッ」という音を出した。「ブーッルーベリー」と発音しているみたいに。女王陛下とのお茶の時間に相応しい話題であるかのように、おならの音を上品に言い換えられたのはジュリー・アンドリュースくらいのものだろう。

　ますますプレッシャーがかかり、時間もお金もかかっているのに、アンドリュースとプラマーはせつない愛のバラードの途中で笑い続けた。ワイズ監督は撮り直しを求めた。それから、もう一度。そして、もう一度。どうしようもなくなった。プラマーは、彼女の顔のすぐそばに立ったまま、愛する人に向けて歌うなど馬鹿げていると以前から言っていたこともあり、アンドリュースと同じくらい悪い状態に陥っていった。ディ・ディ・ウッドの回想では、ワイズ監督は「時計を見続けていたけれど、決して大声を上げたりはしなかった。それは彼のスタイルではなかったから」。その代わりに、監督は2人に昼食をとって休憩するよう伝えた。考えられないことが起きたのである。完璧に振る舞い、プロフェッショナルなアンドリュースが、撮影を遅らせたのだ。

　昼休みが終わり、2人は戻ってきたが、またしても笑いをこらえられなくなってしまった。最終的に、ワイズ監督はこのシーンをシルエットで撮ることを思いついた。横顔だけが映し出されて、にやついたり得意げに笑ったりしているのが見過ごされるだろう。数時間後に、ようやくこの場面を撮り終えた。皮肉にも間に合わせの解決策が、湖の方にさまようマリアをフィルターなどを使って昼間の撮影を夜間に見せる方法でマッコードがロケ地で撮影した場面と、水辺のベンチで大佐とマリアが心を打ち明ける場面を流れるように繋ぎ合せたシークエンス全体を、完璧なものにした。2人があずまやに入り、愛を歌うとき、マッコードは視覚的な最後の仕上げとして、2人の間にハート形の光を映し出してさえいる（この撮影の最終日に、テッド・マッコードはアンドリュースに次のことを伝えた。〈あなたにお伝えしたいと思っていたことがあって、鼻筋の隆起を直してくだされば、私たち全員がもっと楽になるのですが〉。アンドリュースは笑いながら当時のことを振り返った。〈私は何もしなかったわ〉）。

　雨やフラストレーション——そして、たくさんのわくわくするようなこと——に満ちた撮影が何カ月も続いた後で、たったワンシーンだけが残された。『もうすぐ17歳』である。ウッドとブローは、この曲をプロのダンサーではなくティーンエイジャーが自然に踊っているようにみえるような構成にしようと考えていた。ウッドはこのように述べている。「あの曲はとても楽しかったですね。あずまやの中にある円形状に置かれたベンチが、彼らの動きに躍動感を与えるようにしたんです。ベンチからベンチに飛び移って——真ん中で会ってキスをする——なんて楽しいんでしょう」。50年後、ウッドとブローと仕事をしたことを思い出しながら、

ダン・トゥルーヒットはその当時と同じように感激しながら語っている。「彼らはこのうえなく親切で素敵な人たちでした。私たちは 6 カ月もリハーサルをしたんですよ！ 50 年も前だけど、昨日のことのように思えます」

ウッドとブローに絶えず厳しく教え込まれながら、カーとトゥルーヒットは自分たちのペースを掴もうとしていた。音楽の再生準備が整いカメラが回されると、ナチスに入りたての 17 歳のロルフと、うぶな 16 歳のリーズルは思春期の恋について歌い始めた。ベンチからベンチへ飛び移るとき、ドロシー・ジーキンスがデザインしたカーのドレスはゆったり流れるように躍動感を高め、2 人が生きていること、若さ、恋していることの溢れんばかりの喜びを表現しながら、この曲は美しく展開していった。音楽とダンスがテンポを速め、2 人が最終部に向けて回転していた時――カーの靴底が滑り、彼女はあずまやのガラス板の一枚に衝突してしまった。

「カット！」

足首をひねったが切り傷は負わずにすみ、カーは包帯を巻いて、靴底を滑りにくくしてもらい、アドレナリンが高まって撮影を推し進めた。何回かテイクを重ねてこのシーンが完成したとき、スタッフは拍手喝采して褒め讃えたので、製作に 7 カ月もかけたなかで、この撮影はカーにとって最もうれしい思い出となった。フォックスの重役たちは、ピックアップ・ショット（演者を必要としない細々としたショットや、編集のために撮り直しや追加で撮影すること）のための数日を除くと、800 万ドルもかかりスケジュールを何カ月も遅らせた、テクニカラーのミュージカル映画の撮影がついに終了したことを知らされて喜んだ。

今やワイズ監督と彼のチームがやるべきことは、数十万フィートのフィルムを編集し、相応しい BGM を付け、映像にあった色合いを指示し、リチャード・ロジャースを喜ばせ、スタジオを幸せにして――題名を伏せた試写会までの 5 カ月の間に、これらの仕事を一つ残らず完成させることだった。

ウィリアム・レイノルズは、すぐに仕事に取りかかった。

演技の種類、ペース、監督の意図がバランスよくなるよう試行錯誤し、ワイズ監督の多様なテイクと様々なアングルを調整のために使いながら、レイノルズは多すぎるともいえる選択肢を抱えながら 8 月から 9 月いっぱいを編集室で過ごしていることに喜びを感じていた。彼には音楽的才能があったので、リズムに一致するようフィルムを的確にカットした――ここではもっと早く、そこではもっとゆっくり、まず加えてあとで削除する、という風に。『ド・レ・ミの歌』は、高まっていくビートで脈動するようになった。この連続するシーンが最終形になりつつある過程で、まずはレイノルズが、それからワイズ監督がどんどん興奮していった。イメージが次々とスクリーンに映し出され、テッド・チェイピンが指摘しているように、

「この映画から観客が想像する象徴的なイメージの90パーセント——私たちが最も親しみを感じる全て——が『ド・レ・ミの歌』に見出されるとわかる」ようになる。

　余計な部分を省き、切り返しのショットやクローズアップを短くしたが、レイノルズとワイズ監督はこの作品が3時間ほどの長さになってしまうことに気づいた。1秒間に24コマを入れるのが伝統的な方法だとすると、この映画の最終版はちょうど2時間54分あるので、20万コマ以上を使っていることになる——65ミリフィルムで約9.75キロメートル以上になってしまう。

　『サウンド・オブ・ミュージック』は、叙事詩ほどの分量になろうとしているようだった。編集と同時に、音楽部門のスタッフは全員、長いBGMの効果を高めるために休むことなく調整作業に取り掛かり始め、最後の一瞬まで続けていった。音響効果は根気のいる仕事だった。たとえば、鳴り響く鐘の録音コレクションから、ウェディングベルにちょうど合う音が探しだされた。さらさらと吹く風の音や鳥のさえずりなど——全ての音がオープニング・クレジットで流されたときに、最大の効果を発揮するよう注意深く分析されたのである。アーウィン・コスタルは音楽を試すために数週間を費やし、音の断片を加えたり削除したりして、リチャード・ロジャースの曲だけを使用するという契約条件を守りながらも、望ましい劇的効果のバランスをとろうと努めた。コスタルにとって最も大変だったのは、墓地に逃げ込んだ一家をナチスが捜索するときの音楽であった。「一番難しかったけれど、一番やりがいがあったのは、映画の終わり近くのナチスと修道女たちのシーンでした。最も多く私のオリジナリティが求められていたのです——リチャード・ロジャースとの契約を守らなくてはいけませんでしたが、何一つ変えずにクリエイティブでいられたのです」

　それぞれの部門が仕事を進め、1964年10月にラフカット（暫定的な編集がなされた映画フィルム）がリチャード・ロジャースのために映し出されると、彼はとても満足したと感想を述べた。しかしながら、当然のように製作者たちは自問し始めた。自分たちの興奮は正当なものなのだろうか？　本当に全く新しいミュージカル映画を、『巴里のアメリカ人』のようなMGMフリード・ユニットの古典と肩を並べるほどの作品を作ることに成功したのだろうか？　あるいは、木を見て森を見ずになっていて、撮影が終わって実際に完成した映画があるという事実そのものに安心してしまって、勝利を収めたと間違った考えをしているのではないだろうか？　街の外で笑いものになるだろうか？　それとも、20世紀フォックスの救世主として歓呼して迎えられるだろうか？

　題名を伏せた試写会で、それが判明しようとしていた。

---

* 原文そのまま。映画ではクルトと踊っている映像が採用されている。

16.
題名のない試写会

　1965年1月15日にミネソタ州ミネアポリスのマン・シアターで催される初めての公開試写会が近づき、20世紀フォックスの敷地ではざわめきが起こり始めた。編集室からは、ある噂が漏れ聞こえてきた。ロバート・ワイズ監督が想像もつかないことをやってのけたようだ。子どもも大人も同じくらい惹きつける新しいミュージカル映画が完成したらしい。

　リチャード・ザナックと同様に、ワイズ監督は映画の可能性を本当に測る方法として、試写会の効果を信じていた。観客の反応——どこで笑い、どこで退屈するようになるか——に耳を澄ませば、何を微調整すればよいかがわかる。ワイズ監督は題名を知らせずに試写会を行いたいと思っていた。ただしアメリカの中心的な地域だけで。ロサンゼルスとニューヨークの皮肉屋たちには軽蔑させておこう。これはファミリー向けの映画であって、『ウエスト・サイド物語』の最初の試写会が行われたのと同じ、ミネソタの中流階級の人たちは、みんなが望ましい反応をしてくれる、映画に相応しい観客であった。

　ワイズ監督、ザナック、『サウンド・オブ・ミュージック』の宣伝チームは、雨降りのザルツブルクが牧歌的に思えるほどの気候の中、ミネアポリスに到着した。日中でさえ気温が零度に達することはなかったし、日が沈むと急速に冷え込んできた。こんな環境で誰が観に来てくれるというのだろうか？

　上映が始まるまでには、寒さには十分慣れている中西部の人たちがやって来て、劇場を満席にした。大スクリーンにオープニングのシークエンスが映し出されると、観客は壮大な自然の美しさに圧倒されて、スクリーンの下部に映し出されているいくらか残念な舞台設定の字幕の言葉には、誰も注意を払っていないようだった。「オーストリア、ザルツブルク、1930年代、最後の栄光の時」栄光の時？　世界的な大恐慌で、同時にアドルフ・ヒトラーが台頭しつつあるのに、どこが栄光の時なのかと率直に尋ねる人がいるかもしれない。おとぎ話のように映画の舞台を設定したのは問題なかったが、言葉の選択をレーマンが珍し

く少し失敗してしまった結果であり、あの伝説的な『風と共に去りぬ』の始まりでスクリーンに流される言葉に対抗できるだけのニュアンスが欠けていた。

> 騎士道が花咲き　綿畑が広がるその土地を　人は"古き良き南部"と呼んだ
> その美しい世界にかつて生きた　雄々しい男たち　あでやかな女たち
> そして奴隷を従えた支配者たちも　今では　すべて夢
> 人々の心にのみ残る　風と共に去った時代である

　これらの表現は、たぶん、アフリカン・アメリカンの共同体では好意的に受け入れられはしないだろうが。

　しかし、真冬のミネアポリスの観客は、1930年代後半についての歴史を学ぼうとは誰も思っていなかった。ワイズ監督とフォックスの重役たちは、観客がどれほどジュリー・アンドリュースを好きになったか――いや、好きでは足りないくらいになったか、すぐにわかった。彼女がそれぞれの曲を歌い終えると、喜びのため息が漏れることが示しているように、観客は彼女に恋してしまったのである。彼女の歌声はただ楽しませるだけではなく――胸をときめかせた。それは、フレッド・アステアかジーン・ケリーのダンスをスクリーンで観ているのに似ていた。この2人の達人が躍っているとき、彼らはダンスをしながら女性を魅了しているだけではなく、ダンスが人生の問題の解決策であるかのように表現する。ジュリー・アンドリュースが歌う時、それがタイトル曲でも『自信を持って』でも『ド・レ・ミの歌』でも、観客は全く同じように感じたのである。全てのことが、最後にはきっとうまくいくと。

　ジュリー・アンドリュースは現存する有名な人物を演じているのだが、観客が恋に落ちた相手はアンドリュースであって、もっと明らかな欠点をもった実在のマリア・フォン・トラップではなかった。もちろん、そのような反応は、優れた伝記映画にはみられることであった。観客が夢中になったのはジュリア・ロバーツであり、本物のエリン・ブロコビッチではない。また、バーブラ・ストライサンドが崇拝の対象となったのであり、ファニー・ブライスではない。輝かしい『サウンド・オブ・ミュージック』は、マリアを最良の光で照らしだしたのであり、そのため観客はジュリー・アンドリュースに恋したのであるが、観客をそのような気持ちにさせたのはアンドリュースだけではなかった。彼らは子どもたちにも心を動かされた。夕食の席でマリアの椅子に松ぼっくりを置いたのを見てくすくす笑ったり、幼いグレーテルがすることを観ては、みんなで「あらあら」と言って目を細めたりしながら。

　観客は全て思った通りの場面で笑い、珍しくミュージカルに対して寛容なようだった。会

話のシーンで退屈そうな音をたてることもなく、煙草を吸いに出て行く人もいなかった。そして、特に『ド・レ・ミの歌』を喜んでいるように見えた。休憩時間が近づき、マリアがトラップ家を去るために鞄に荷物を詰め込んでいるときには、完全な沈黙で覆われた。ペースの計算を間違えたのだろうか？ ワイズ監督とザナックは、ライトが付いたとき覚悟した。それから、思いがけないことが起きた。

観客は立ち上った。ストレッチをするためでもなく、ポップコーンを買うためでもなく、化粧室に向かうためでもなく、映画に拍手するために。休憩時間に。それも1965年に、である。今ではブロードウェイ・ミュージカルでのスタンディング・オベーションというのは、どんなに平凡な作品であろうとも高い料金を払ったのだから、よい時間を過ごしたのだと自分を安心させたい観客が形式的にするようになっているものだが、これはそれよりもまだずっと前のことであった。いや、この映画が観客をとても幸せに——震えるほどの感動を与えさえしたので、彼らは立ち上ったのだ。喜びを表現するために。65ミリフィルムでスクリーンに映されている、ステレオ音響が完備された光り輝くテクニカラーの世界こそ、観客が望んでいる人生であった。そしてさらに——この映画は実話に基づいているのである。これはメリー・ポピンズが傘をさして空から降りてくるよりすごいことだった。ここには、魔法をかけたかのように素敵な、カーペット地の旅行鞄を持った実在する女性、父親と子どもたちに加わって幸せな大家族を作る女性がいるのである。

最も理想的で、おそらく全く予想外なことに、観客は大佐とマリアのラブストーリーにすっかり夢中になった。全体にBGMと効果音が付けられ、編集されたこの試写会用フィルムの段階でようやく、プラマーがこの映画にもたらした素晴らしい貢献の全貌が垣間見られることとなった。ほとんど手こずることなく、プラマーは見かけの厳しさが子どもたちへの確固たる優しさを隠してしまっている海軍の英雄を、血の通った生身の人間として演じることができていた。

彼の演技のうまさは、絶妙なタイミングで優しさを弱める皮肉めいた言葉にあるのではなかった。むしろそれは、彼が穏やかでいるときに表れている。「ああ、私のいとしい人 ("Oh, my love")」とつぶやきながら、マリアへの愛を優しく告げるときに。この短い3音節で、彼はこれまで押しとどめていた感情を全て呼び起こしているのである。月明かりに照らされた愛の告白シーンは、ワイズ監督、マッコード、アンドリュース、プラマーに大問題を引き起こしていたが、笑いが止まらなくなったことなどスクリーン上では微塵も感じられなかった。その代わり、このシークエンスにはおとぎ話の雰囲気にぴったりあう夢のような質感が漂っていて、観客は完全に引き込まれた。アーネスト・レーマンにとっても、この月に照らされたあずまやでの愛の告白は、必ず泣いてしまうワンシーンとなっている。「あの場面に

は私の胸を打つ何かがあるんだ」

　映画がクライマックスに向かうにつれて、観客の喜びはさらにはっきりと感じられるようになっていった。夢見るように歌っていた家庭教師が、歌を披露するスターたちを育てるようになり、彼らの戦争の英雄である父親と結婚し、邪悪なナチスを出し抜いて、家族全員をその後ずっと幸せな人生へと導いていく？　そう、その通り。観客はこのパーフェクトに近い人生を信じるつもりでいたのだ。たぶん、人生とは本当にめでたしめでたしで終わるのかもしれない。結局のところ、彼らはスクリーン上で実在する家族に起こった出来事を観ていただけなのである。それ以上、何を求めようというのだろうか。いや、何も必要ない。

　観客の採点スコアが、それを証明している。この映画が「すばらしい」が223ポイント、「良い」が3ポイント、「普通」が0ポイント。

　次の夜、オクラホマ州タルサでの2回目の試写会が催され、ちょうど同じくらいの観客が満足したことがわかると、フォックスの重役たちは実質的に成功を手にしたと信じてもいいだろうと思った。親たちは家族が楽しめる健全な映画を望んでいるので、この作品は総計で——4千万ドルになるかもしれない。誰もわからないが——海外でも上映をすれば、たぶん5千万ドルになるかも。いや、それは求めすぎかもしれないが、でも…

　1965年2月2日、報道陣向けの試写会が近づくなか、レイノルズとワイズ監督は余分な箇所を削ったりしながら、まだ製作を続けていた。『ド・レ・ミの歌』のモンタージュのなかで、ロルフとリーズルが会う場面がシークエンスのペースを遅くしていた——削ってしまおう！

　ドラマチックなシーンであっても、完全にカットした。夕べの礼拝に遅刻した後、マリアが部屋で祈っている場面は余計だったので、それもすぐに削除された。

　同じく、男爵夫人がゲオルクの友人たちと会うことになるパーティについて、マックスと話しているシーンも省かれた。元々の計画では、大佐への想いが募っていくことを考えてマリアが切なそうに窓の外を眺めている一方で、テラスでマリアのことを考えながらゲオルクが物思わしげにしているシーンと、この対話は並置される予定だった。しかし最終的に、ワイズ監督の命令で両方のシーンが削除された。「我々はこの箇所に、あまりに多くのことを盛り込もうとしていたようだ——いっぺんにやりすぎたんだよ」

　試写会での成功を手にして、フォックスの重役室には数百万ドルの興行収益への夢が広がり、目下の問題は、3月のワールド・プレミアの前にどうやって宣伝するのが一番いいかということであった。マイク・カプラン率いるフォックスの広報部は、稼ぎを得ようとし始めていた。

17.
宣伝方法

　アポリスとタルサでの2回の試写会が催される前から、フォックスはこの家族向けの映画の広報にかなりの費用をかけることを決めていたが、両方の試写会でセンセーショナルな反応を得られた後で、スタジオはカプランと彼の広報チームに300万ドルという相当な額の宣伝費を出した。この作品が広い地域で公開されることには疑いの余地はなかったが、むしろ徐々に公開を始めて注意深く調整することになるだろう。劇場数は少ない方がいい──131カ所がちょうどいい。全席予約にして、1日の上映回数は限定する。『サウンド・オブ・ミュージック』は真の映画鑑賞イベントとして位置付けられるだろう。

　戦略は決まったが、宣伝用のポスターが完成していなかった。一目でこの映画の魅力をとらえているとわかる芸術的なアイデアは、どこにあるのだろう。様々なバージョンの図案が描かれては即座に却下された。映画の陽気さと家族愛を取り戻す話を、的確にとらえているものは無いようにみえた。次々と案が出され12個が却下されてから、ようやく皆がこれだと思う答えを見つけた。ジュリー・アンドリュースが丘の頂上に登ってくる姿が前面に描かれており、満面の笑顔で幸せに満ち溢れ、飛び跳ねて地面から浮きあがっているようだ。ギターと鞄を自由に揺らしながら。クリストファー・プラマーは横のほうに立って、厳しく力強い感じで腰に手をあてて立派にみえる。7人の子どもたちは黄色い服を着て一列に並び、ジュリー・アンドリュースの後ろに続いて丘を駆け上がっている。音楽、景色、笑顔。ずっと続いていく幸せ。あるいは、キャッチフレーズにあるような「世界中で一番幸せな音色」

　これに決まった。

　次にいこう。数が限られているそれぞれの劇場に合った宣伝を、どうやって企画していけばよいのだろうか？　カプランは残業をいとわず、映画が公開される都市ごとに物語の要約を念入りに考えると、宣伝に個性を持たせた。基本的な戦略は次のとおりである。口コミ

が広がるようにすれば、人々は上映している都市へ観に行くようになるだろう。『サウンド・オブ・ミュージック』を、中流階級のアメリカ人家族を映画館へ向かわせる確実なイベントにするのだ。

『サウンド・オブ・ミュージック』は、映写室がスクリーンと近すぎるような小さな映画館では公開されない。風変わりだが少しわくわくするようなムーア式のデザインが施された1920年代の映画館は、ほとんど姿を消しているようだったが、独立したスクリーンが一つだけ設置されている劇場はまだ残っていて、ワイドスクリーン上映を何不足なく受け入れ、この映画を観に行くという経験が、観客にとって制服を着た案内係がいた頃を思い出す契機となるのには十分だった。

カプランは、トッド・AO方式のワイドスクリーン投影について実際の技術に関する仕様書を書き上げた。ほとんどの者が、詳細な専門用語を本当に理解してなどいなかったとしても。『サウンド・オブ・ミュージック』を特別な作品に見せているもの。それはトッド・AOプロジェクションで、マイク・トッドがアメリカン・オプティカル・カンパニーと協力しあい、彼の指揮下で改良され、65ミリ幅の映画フィルムを使用した方式だった。被写体深度ではなく、映し出された画面の幅が鍵となっていて、結果的に画像の横縦比が2.35：1の割合——高さよりも幅が2倍以上のイメージ——で映されるようになる。3本のフィルムを映写するシネラマよりもシンプルな再生方式を劇場に提供できて、シネマスコープで製作したものよりも明るく、より安定した映像が特徴で、スクリーンの裏側と劇場中にスピーカーを設置しているトッド・AO方式では、磁気テープの録音帯が、標準では4本であるのに対して、6本使用されている（録音帯6本分の幅5ミリが映像部分の65ミリに加わり、結果として70ミリのフィルムに収められた『サウンド・オブ・ミュージック』は、〈トッド・AO方式〉を特色として宣伝されることになる）。

カプランはこの優れた技術について全て書き上げたが、彼にとって重要なのは、トッド・AO方式のわけのわからない詳細ではなかった。彼は、心地よいクッションのシートに座ってポップコーンをほおばっている観客に、彼らもアルプス山脈に囲まれているように感じてほしかったのである。まるで彼らもマリアと一緒に、丘に逃げ込んでいるかのように。この映画の技術がいかに素晴らしいかを伝える新聞記事で頭がいっぱいになった観客は、並はずれた視覚的経験を期待して映画館へと足を運んでくるだろう。

2年前にアメリカにカラーテレビが導入されたばかりで、アカデミー賞はまだ白黒部門とカラー撮影部門に分かれていた時代だったので、『サウンド・オブ・ミュージック』に見られる鮮やかな色の配置は、映画を観る人々の注意をまだ集めることができていた。そして、これから観ようとしている人たちが何を見ることになるのか、しっかり理解できるように、ポ

スターにはある言葉が出し抜けに書かれていた。シャーミアン・カーとクリストファー・プラマーの間に、ロバート・ワイズ監督の名前とほぼ同じ大きさで、このように記されていたのである。

COLOR
BY DELUXE
（デラックス社によるカラー映像）

　ポスターが完成し、131本の映画フィルムが準備されて、宣伝キャンペーンが全米中で巻き起こった。国民は作品についての情報を入手した。『サウンド・オブ・ミュージック』が世界と向かい合うときが迫っていた。
　しかし、まずワイズ監督とスタジオは、二つの厳しいテストをうまく乗り越えたいと思っていた。作曲家のリチャード・ロジャースとフォン・トラップ家全員による承認を勝ち取るのである。映画に対して「素晴らしい」と感想を言い、出来栄えに高揚感を覚えたと言明したうえ、老練のロジャースはタイトル曲を特に褒め称えて、最後に率直な意見を述べた。「彼らは全てうまくやり遂げたと思う」
　それでもなお、ロジャースはハリウッド版とブロードウェイ版を比較して、自分が関わったレベルの違いについて指摘せずにはいられなかった。彼はもはや自分が創作した作品のプロデューサーではなくなっていた。マリア・フォン・トラップは、自らの人生のハリウッド版に複雑な反応を見せていたが、彼女と共鳴するに違いない言葉を使って説明しながら、彼はこのように語っている。「映画化されるミュージカルの作曲家になるというのは、花嫁の父親になったような気がするものだね。娘が自分の子どもであることは変わらないと思いたくても、厳しい現実が押しかけてくるんだ」
　フォン・トラップ家に関しては、20世紀フォックスが正式な公開の直前に、家族とその近しい友人のためにニューヨークでプライベートな試写会を準備していた。そこには、ヨハネス以外の全員が出席することになっていた。彼はその頃、ニュージャージー州にあるフォート・ディクス（陸軍軍事教練センター）で基礎訓練に耐えていたのだ。試写会に参加するために休暇を申し出たが、きっぱり断られた。それから、彼はどうしたのだろうか？ニューヨークまで行くために、まず友人に車を借りて、また別の友人が試写会の夜のあいだ彼の寝台で代わりに寝ていてくれれば、見逃さないで済む。フォート・ディクスを出て2、3分走ってから、ヨハネスはふと気がついた。ニュージャージーの有料道路を通って、マンハッタンへのホランドトンネルを抜けるだけのお金を持っていなかった。そこで彼は、その道を行く代わりに一般道のルート1を通ってニューヨークに着き、ウェリントン・ホテル

でチェックインを済ますと、「ダイニング・ルームに歩いて行って、夕食は部屋につけてもらったんだ。軍隊に比べれば全て最高の経験でした」。そして家族のほとんどのメンバーと同じように、彼は試写会を楽しみ、陸軍に咎められることもなかった（まったく同じ状況で、ダン・トゥルーヒットは海軍にいたため、プレミアに出席できなかった。〈僕はプレミアには行けなかったんだ。ようやく映画が観られたときも、海軍の制服を着ていたよ──許可を得て、映画を観るために抜けてきたんだ〉）。

マリアの映画に対する反応はどうだったのだろう？ 娘のローリーによると、マリアは物語にすっかり夢中になって、「結婚式のシーンではすっかり入り込んで──実際に席から立ち上がると、まるでもう一度父と結婚するかのように通路を歩いたのよ」。マリアがロバート・ワイズ監督に送った1965年2月24日付の電報には、このように記されている。「あなたは私が今まで思っていたよりも、ずっとずっと素晴らしい芸術家です…家族と私自身から、お礼を申し上げます。友人として。マリア・トラップ」

リチャード・ロジャースも喜んでいた。フォン・トラップ家の家族も幸せだった。20世紀フォックスの重役たちのように、彼らは椅子に深く腰掛けて世間の反応を待っていた。そして、評決が伝えられようとしていた。

18.
ワールド・プレミア

" 今まで観たどのミュージカル映画よりも完璧に近いですね…オスカーもきっと気に入ると思います "
オスカー・ハマースタイン2世夫人

1965年3月2日、マンハッタン劇場地区の中心、ブロードウェイと49番通りが交差する角にあったリヴォリ・シアター。

ロバート・ワイズと20世紀フォックスは自信満々だった。題名を伏せた試写会では、観客はこの映画を大変気に入っていた。口コミの評価は上々だった。スタジオの重役たちは興行推定額を高く見直し、総計6千万ドルくらいは見込めるのではないかと今では思っていた。ジャック・ワーナーは、アンドリュースが人気スターではないという理由で『マイ・フェア・レディ』のキャスティングから外したのかもしれないが、ワイズ監督はアンドリュースのスターとしての資質にかなり自信を持っていたので、プレミアの前夜に、彼は微笑みながらこのように言い切った。「ジャック・ワーナーの損失は、私の利益になったんだよ」

全てのキャストが一緒に撮影してからすでに6カ月が過ぎており、このプレミアのために関係者全員が喜んで再び参集した。この特別封切が、黄金期のハリウッド・スタイルで催される、最後の大がかりなスタジオ・プレミアの一つになることは確実だった。（強力な照明の）クリーグ灯で照らされ、華やかに着飾ったスターたちが集い、屋根なしの観客席から聞こえるファンの歓声が会場に流れているサウンドトラックと混ざり合っている。だが1人、重要な人物がいなかった。マリア・フォン・トラップ本人である。不可解なことに、フォックスの広報部が作成した招待客リストから漏れていたのだ。

キャストが到着すると、フラッシュがたかれ、ファンが称賛の声を上げた。シャーミアン・カーにとって、この夜の出来事は始まりからカーテン・コールまで印象的なジャンプカットで早送りされたように感じられた。「あのプレミアがどんな風だったか、正確に思い出せるわ。まるで、うっとりするようなおとぎ話のなかにいるようだったし、夢のなかにいるみたい

だった。この夜がずっと続けばいいのにって思っていたわ」。心躍る雰囲気に包まれながら、カーはジュリーを迎える歓声の大きさに驚いて振り返ると、そのとき自分の人生が大きな変化を遂げたことに気づいた。「ほんの1年前には、医者の診療所で尿のサンプルを検査していたのに。今では、全国の人々に向けて歌を歌っているなんて」

　観客が椅子に腰かけると、はっきりとした期待感で観客席は満ち溢れていた。リヴォリ・シアターで最近上映された作品、あの散々な結果に終わった『クレオパトラ』のことは忘れよう。業界内の『サウンド・オブ・ミュージック』についての触れ込みは好意的で、「疑り深く」洗練されたニューヨーカー達は期待しつつも慎重な態度だった。ロバート・ワイズは本当に、あのひどく感傷的な部分を上手くカットしたのだろうか？

　室内灯が暗くなり、幕が上がった。オープニング・ショットが映し出されると、手ごわいニューヨークの観客でさえも一斉に息を呑んだ。大スクリーンには、ザルツカンマーグート湖水地方から撮影した、ワイズ監督、マッコード、セカンド・ユニット・ディレクターのモーリス・スベラノによる一連の驚くべきオープニング・ショットが流れた。雪を頂いた山脈と静かな湖、青々とした草原のポストカードのような景色を、カメラがゆったりと上から見下ろすように映していく。スクリーン上の田園風景は、時空を超えた、古き良き時代の気品あるヨーロッパの見本のように見えた。その映像は風の音だけを伴って滑るように流れ――映画の始まりに20世紀フォックスのロゴが提示された時も、静かなままだった。

　かすかな鳥のさえずりが風の音と混ざり、自然の音が幾層にも重なり合ってボリュームを増し、60人編成のオーケストラがわずかに聞こえ始めると、一つの人影が遠くに現れる。水平線にほんの小さな点として見える人物は、カメラがスピードを上げてズームしていくにつれて次第に大きくなり、さらに近づくと、ストライプの修練女の衣装を着たジュリー・アンドリュースが微笑んでいる姿が見える。彼女はくるくる回って前を向くと、まっすぐ天に向かって「丘は生きている」と朗々と歌い上げる――世界中の人々と自然を抱きしめるかのように腕を大きく広げて。ブロードウェイ版で使われていた導入部分はなく、マリアが物思わしげに「丘での一日は終わろうとしている。わかっているわ」と打ち明けたりはしない。その代わりに、ジュリー・アンドリュースはカメラに向かって堂々と歩き、観客の観ている光景と心のなかでくるくると回転するのである。みんながため息をつく。そして、彼らは少なからず恋に落ちる。全てが上手くいっていた。

　カメラが猛スピードで近寄り、アンドリュースの光輝く笑顔をクローズアップで映すシークエンスは、とても巧みな構図で編集されていたので、何度も観てようやくこの流れるようなシークエンスに、ジュリー・アンドリュースがちょうど回って振り返るときの（地上での）ワンカットが挿入されていることを判別できるくらいだった。全く問題ない程度に。

このオープニングの場面で、ワイズ監督は観客をミュージカルに引きこみ、同時にマリアが生きがいを感じる広々とした野外で『サウンド・オブ・ミュージック』の曲を流すことに決めていた。彼は本能的にカメラの配置を理解しており、ミュージカル全体をいとも簡単に始めているため、観客は違和感を覚えずにすんなりと入り込めた。ほんの3分で、ワイズ監督と他のスタッフは、山々に囲まれて過ごした時のことについてマリア・フォン・トラップ自身が語った次のような言葉を、実際に映画のなかで捉えていたのである。「あなたが山で育ったのなら、本当に山にいるべきだわ。山が必要なの。それはあなたの人生を絶対に守ってくれる存在になるのよ」。アンドリュースが大きく広げて回している両腕は、自然界全体を抱きしめていて、それはハマースタインがほとんど全てのショーで示してきた自然の治癒力に対する心からの信頼を、完全に映像化していた。「丘は生きている」、「ああ、なんて美しい朝…」(『オクラホマ』より)、「六月は一斉に花開く」(『回転木馬』より)

休憩時間

マーニ・ニクソン：「私が初めて完成版を観たのは、プレミア試写会でした。それに参加できて光栄でしたし、あの夜の興奮をまだ覚えています。それまで、あのような経験をしたことが無かったので、こう思ったのを思い出します。〔まあ、なんて素晴らしい映画なの！〕あらゆる点で、もっとも輝かしい経験でしたね。実際に映画を撮っていた頃の記憶がよみがえってきました──やりがいのある仕事をしていたのだと、わかったのです。そこにいた誰もが、互いがもっと良くなるように──いえ、もっとも良くなるように努力をしてくれていたのです。あらゆる技術、セット、照明の人々が、ロバート・ワイズ監督に率いられた一つの大きなチームのように一緒に仕事をしていました。彼らはその作品に多大な貢献をしていましたし、作品を映画化するに当たり、映像と舞台という媒体の違いを常に意識して一つ一つの決断がなされていました。全て非常に上手くいきました。すばらしい夜でしたね」

ニコラス・ハモンド：彼は『ド・レ・ミの歌』で使われていたようなフィアクル馬車で劇場に到着して、ハリウッドのプレミアを待っていた。そのとき彼は、照明や群衆、6カ月ぶりに共演者たちと再会できるチャンスに興奮しながら、異国情緒あふれたロケ地で撮影したプライベート映画のように思っていたものが、今や世界中で上演されるのだと実感した。休憩時間に、大勢の観客がキャストに称賛の言葉を投げかけていたとき、彼は「自分たちの人生に地殻変動が起こって、出演者の誰もがこれまでと同じではなくなった」と思わずにはいられなかった。

永久に。

新たなファン

ジュリー・アンドリュース：これまでゴールデン・グローブ賞、BAFTA（英国アカデミー賞）を受賞し、あとたった1カ月もすれば『メリー・ポピンズ』でアカデミー賞を受賞することになるが、ジュリーは映画業界に入ってからは、まだ比較的経験が浅かった。『サウンド・オブ・ミュージック』は彼女のたった3本目の映画で、新人として十分に通用するくらいで、彼女はプレミア試写会でベティ・デイヴィスと会ったときの感激を、数十年後に思い出してこのように述べている。「ニューヨークのプレミアで、あるご婦人が私の方にやって来たの。それがベティ・デイヴィスだったのよ。彼女はちょうど映画を観たばかりで、私にこう言ったわ。〔あなたは大スターになるわね！〕考えられない褒め言葉よ！　私はびっくりしてしまったわ。何て言っていいかわからなかった！」（事実、デイヴィスのこの言葉はリリアン・ギッシュがペギー・ウッドに言ったことと同じだった。〈ジュリー・アンドリュースは次の偉大な映画スターになるわよ！〉）

観客は幸せだった。ベティ・デイヴィスは感動していた。だが、ワイズ監督とザナックは、ニューヨークの批評家たちが違った感想を抱いていることをまだ知らなかった。全く違う感想を。

19.
けんか腰の批評家たち

　雑誌『バラエティ』や『ハリウッド・レポーター』による前評判の高さは、映画を待ち構えている大都市の批評家からも歓待されるだろうという自信をワイズ監督とザナックに与えた。『バラエティ』はこの作品を「見事に映画化した…心温まる魅力的なドラマ、華麗な衣装と素晴らしいキャスト」と評して、全面的に褒めちぎった。さらに注目すべきなのは、『ハリウッド・レポーター』は先を見越したかのように、ファンがすぐに繰り返し映画を観に劇場に戻ってくる理由を甘い言葉で書きたてていた。「それは、観る者の映画に対する信頼を取り戻してくれる。静かに座って身を任せるならば、人間性への信頼も取り戻せるかもしれない」。『ライフ』誌は表紙をジュリー・アンドリュースにすると、その巻頭特集で簡潔に記している。「ジュリーの輝きがスクリーンに溢れている」

　そのため、静かな自信を持って、ワイズ監督とソール・チャップリンは翌日の『ニューヨーク・タイムズ』紙の予定原稿を開いた——そして、真っ青になった。映画批評のチーフであるボズレー・クラウザーは、ジュリー・アンドリュースは落ち着いて自信をコントロールしているとだけ褒めて、映画については慇懃無礼な言い方で非難していたのである。元となった題材を、ロジャースとハマースタインにあるまじきオペレッタの駄作として切り捨て、彼は最も手厳しい言葉をクリストファー・プラマーに向けて次のように書いている。「大人たちはかなりひどい、特にフォン・トラップ大佐役のクリストファー・プラマーが。ショーウィンドーに並べられた山岳ガイドのマネキンと同じくらい、見た目だけは立派な詐欺師のように見える…」

　これらの非難は全く予想外だった。少しくらいの文句は避けられないだろうと思われたが、こんなにあからさまな敵意は想像できただろうか？　こうした酷評が広く読まれることで、この映画がヒットする機会が台無しにされてしまうのではないか？　それは可能性として確かにあり得る。しかし、最後の一行に、この題材に内在する魅力がうっかり指摘されており、そこに映画が成功する道筋があった。「この映画は感傷性に富んでいる。だが、商業的な賢さのあるワイズ氏は愚かではない」

　おそらくワイズ監督とザナックは、こうした批評に驚くべきではなかったのだろう。1960

年代半ばまで『サウンド・オブ・ミュージック』は、いやに感傷的で古臭い中流階級のエンターテインメントという批評における代名詞としての地位を獲得していると思われていたのだから。まだ映画製作中であった1964年7月、雑誌『エスクワイア』の巻頭特集として「新たな感傷性」と題したロバート・ベントン監督と脚本家のデヴィッド・ニューマンの名高い記事が初めて世に出た。（イタリアの映画監督）ミケランジェロ・アントニオーニとマルコムXはそのなかに入り、『サウンド・オブ・ミュージック』とジーン・ケリー、ジョン・ウェインは決定的に外れていると、彼らは宣言したのだ。この記事の重要性は、執筆者たちが厳しい選別評価を作り上げたことよりも、むしろ今にも耳障りな狂騒へと変わりつつあるアメリカ文化に対する1960年代の世論を先導する立場にあったことにある。

　ベントンとニューマンは『俺たちに明日はない』の素晴らしい台本を書こうとしていたが、無用なものと一緒に大事なものも捨ててしまうようなこの記事のアプローチには皮肉な結末があった。実際、彼らがどうしようもなく時代遅れと見なしていた芸術作品が、次の50年の間に評価されるようになるのである。『サウンド・オブ・ミュージック』は映画のプレミアの後、優に半世紀は世界中で愛され続け、1974年に『ザッツ・エンタテインメント』が公開されると、ジーン・ケリーはミュージカル映画で独創性を打ち出す監督の1人として疑う余地のない地位を確立し、ジョン・ウェインはヴェトナム戦争を指示する保守的な立場で評判を落としながらも、『黄色いリボン』や『捜索者』、『リバティ・バランスを射った男』に至るまでジョン・フォード監督の西部劇での素晴らしい演技で称賛され、批評家から再評価を受けている。

　しかし、映画のプレミアの時に話を戻すと、ザナックとワイズ監督は『サウンド・オブ・ミュージック』を知的な態度で軽蔑しているのはベントンとニューマンだけではないと知ることになる。さらに批評を読むと、2人は多くの大都市の批評家がこの作品を嫌っているどころの話ではないとわかった。彼らはこの映画を個人的な侮辱であるかのように扱い、容赦なく非難の言葉を並べ立てて嫌悪していたのである。スタンリー・カウフマンは『ニュー・リパブリック』誌の記事で、ロジャースとハマースタインの曲を「うんざりする」と評し、ジュリー・アンドリュースを「映画史のなかで最も不快で稚拙な女優」になる運命の女性と呼んだ。

　驚くべきなのは、現代のインターネットに見られるような破壊的な評価の本質だけではない。カウフマンは、かなりきざな言い回しで大げさに問いかけながら、自分のことをこの映画を堪え忍んでいる殉教者（じゅんきょうしゃ）のように感じていたのである。「映画評論家にとって特別な天国はあるのだろうか？　私はそれを『サウンド・オブ・ミュージック』の全てに耐えた後、はっきりと感じた。だが、このロジャースとハマースタインの大失態を聴かされて座っていること

への埋め合わせには、天国ではささやかすぎる」

　引用できそうな文章を探そうと、ワイズ監督はクラウザーの批評にもう一度ざっと目を通すと、最初に思った以上に悪い内容だとわかった。腰の低い物言いで、クラウザーはこう書いていた。「この映画は、ワイズ氏によって演劇人でさえも古臭いと思うお涙ちょうだいの独りよがりな方法で製作されている」。たった一行で、クラウザーは（〈演劇人でさえも…〉などと書いて）ワイズ監督のみならず演劇界全体をもさげすむことに成功したのだった。そう、ワイズ監督はクラウザーの批評に人々が何年も不満を抱いていたと合理的に考えることもできた。なぜならクラウザーが映画界で一流のものを見抜けるかどうか、確信できる者などいなかったからだ。そして2年後に彼は、『俺たちに明日はない』は暴力を賛美した作品だと簡単に片づけてしまうというミスを犯したことが知れ渡ることになる。しかし、今のところ、『ニューヨーク・タイムズ』紙の酷評はこたえた——ものすごく。

　『ニューズウィーク』誌は、ジュリー・アンドリュースは映画そのものに打ち勝っていると裏の意味にとれる賛辞を送っただけで、他の批評と同じ態度だったが、最も大きな打撃は、東海岸で誰よりも脚光を浴びている2人の批評家、ポーリン・ケイルとジュディス・クリストから打ち込まれた。

　『サウンド・オブ・ミュージック』は、クリストの好みに合う種類ではなく、彼女はビリー・ワイルダーの賢明なる皮肉のほうが好きだった（オスカーを獲得した彼の『アパートの鍵貸します』について、率直に〈この映画で我々は大人になった〉と記しているくらいだ）。クリストは、アンドリュースのことを「次の数年間のうち、スクリーンに現れる最も魅惑的で完璧な表現者」と呼んで気に入っていたようだが、作品のことになると態度を一変させて、3月3日の『ニューヨーク・ヘラルド・トリビューン』紙に載った批評では、映画を『サウンド・オブ・マシュマロ』と名づけている。クリストの作品への攻撃——「カロリー計算をしている人、糖尿病患者、8歳から80歳までの大人は最も注意してください…」といった批判は、ミュージカル映画を理性的に考えているというよりも、むしろ議論を巻き起こすためにわざと激しい言葉を使って書かれているように思われた。ほかのどの映画よりも『サウンド・オブ・ミュージック』は、すでに名の知れているクリストを、大衆文化をめぐる議論の先駆者に押し上げたのだった。

　見出しに「糖尿病ならば、この映画を観るべからず」と掲げ、クリストは始めから終わりまでこの作品を激しく非難した。「7人の可愛らしい子どもたちを、子ども嫌いのW.C.フィールズが指摘するような本当に胸が悪くなる存在へとすぐに変えてしまう特大スクリーンほどすごいものはない」。NBCテレビのニュース番組『トゥデイ』で映画批評をしている立場を利用して、クリストはテレビでも同じように映画を批判し続け、『パリ・ヘラルド』紙

には彼女の批評が転載されて、3カ所で完全に『サウンド・オブ・ミュージック』を叩きのめすことになった。彼女は笑いながら、こう述べている。「あの批評で世界中から嫌がらせの手紙がきたわ！」

　クリストには『サウンド・オブ・ミュージック』を同じように酷い言葉で批判するたくさんの仲間がいたが、少数精鋭の批評家がもっと節度のある言い方で彼らの侮蔑に追随した。その一番中心にいたのが、名高いケネス・タイナンである。彼は「大抵は退屈だったが、断続的に思いがけなく心を動かされた」ことを認めていた。ほとんどの批評家たちのように、彼もアンドリュースの「舞い上がるような声とまったく汚れのない純粋さには、用心深く観ているときでも、かたずをのんだ」と心からの賞賛を送っている。同じように、伝説的な監督ジョージ・キューカーは、この映画の「真の無邪気さ」について語っている。「その素朴さにもかかわらず、観客は引き込まれていることに気づくのです。その中心には強い引力があるのでしょう」。キューカーは実にうまく言い当てていた。つまり、ワイズ監督は本当の甘美さと甘くて鼻につく感傷主義の間の細い糸を巧みに操ったのであり、ジュリー・アンドリュースの見事な演技に導かれたキャスト全員が、真の無邪気さの表現を立派にやり遂げたのである。

　真の無邪気さ？　大都市の批評家はそんなこと気にしないし、良いと思ったりもしなかった。『ザ・ニューヨーカー』誌のブレンダン・ギルは持論に基づいたひどく極端な評価をして、「本物のロケ地撮影はほんの少しで、それもスタジオの紛い物の光を放っている」と書いている。彼の主張は、この映画は正確には――ほんの少しどころではなく――かなり多くのロケ地撮影を行っているにもかかわらず誤解を与え、テッド・マッコードの優れた撮影技術を否定するものであった。実のところ、『サウンド・オブ・ミュージック』の最も著名な「批評家」――クリストファー・プラマー――でさえ、マッコードの並はずれた仕事を褒め称えて彼を「異才」と呼び、オーストリアの田園をおとぎ話の絵葉書のように見せかけるのではなく、自然の光彩のなかで映し出してオープニングシーンにする技術に信頼を置いていたのであるが。「彼の技術は、丘をより自然に見せていたよ。もし彼がフィルムに後から色を加えていたならば、かなり偽物っぽく見えただろうがね」。しかしながら、ギルはそのようなことは全く認めなかっただろう。

　高い評価に臆することもなく、ギルはアンドリュース、プラマー、パーカーの演技を「そこらの高校生レベルよりもかなり下」と言い、この映画を好きであろうがなかろうが、アンドリュースがマリア役でどれほどの演技力を発揮しているかを不問に付していた。この受賞歴のある3人の役者に少しでも近い演技力を備えた高校生など1965年でも2015年でもいなかったと言って間違いないのだが、映画によって引き起こされた情熱が強すぎて、常

識以上に誇張した表現が使われていたのである。

『サウンド・オブ・ミュージック』叩きレースで、クリストとギルに加わった才気あふれる好戦的なポーリン・ケイルは、この映画は紛い物だと感じた——気まぐれな人柄や実現しない願望を認めない、全て偽物の「幸せな家族」の意向なのだと。批判精神を倍増させて、彼女は芸術的基準がわかっているような厭世的な態度で、ため息交じりにこう語った。『サウンド・オブ・ミュージック』は「何か価値あることや、現代社会に関すること、創意や表現に富んだことに挑戦するのを誰にとってもより一層難しく」してしまった。

大衆がこの映画に夢中になっているのをみて、ケイルはさらに攻撃を押し進めた。上手く注目を集めながら、彼女は大胆にもこうした「豪華な虚偽性」のある映画は「おそらく数年にわたって、映画の芸術的自由を何よりも抑圧する影響を及ぼすだろう」と主張した。この映画の「罪」を、「人々がすぐに信じたくなってしまう体裁の良い嘘、それも大嘘」を信じる愚かなアメリカ大衆に負わせているのは、他の誰よりもケイルのようであった。

芸術的自由を抑圧するほど強力だと彼女が思っている嘘とは、厳密にどのようなものなのだろう？　たしかに、この映画は幾つかの出来事を圧縮しているが、事実に基づいたドラマは、全て同じことをしているはずだ。ベン・アフレックのアカデミー賞受賞作品『アルゴ』は実際に起きた事件を元にしているが、人質たちがイランから脱出するときに、過激派が彼らの飛行機を追って滑走路を疾走したというのは事実と異なる。あのシーンは劇的なクライマックスを高めるためだけに挿入されたのだ。マリアについて言えば、本当にマリア・フォン・トラップはノンベルク修道院に入り、フォン・トラップ家の子どもたちの1人を教えるために修道院を出て、7人の子どもたちの愛と信頼を得て、オーストリア海軍の大佐と結婚し、一家をプロの合唱団へとまとめあげ、ナチスから逃れたのである。これらの事実は本当にあったものだ。全て提示の仕方の問題である。ワイズ監督は簡潔にこう述べて、その論争に正面から挑んだ。「事実でないことを言っているのではない——ただ事実を凝縮しているだけだ」

クリストと同様にケイルは、他の何よりも、この映画には純然たる中流階級の人々に訴える何かがあると感じて、露骨に苛立っているように見える。彼女がすぐさま距離を置きたいと思っている、中流階級の文化のゼロ地点としてこの映画を扱いながら。雑誌『マッコールズ』に掲載された彼女の有名な記事は、あまりに否定的すぎて彼女はその雑誌の映画批評家としての職を失うことになるのだが、そこで次のように言葉巧みに尋ねている。「誰の気分を害するというのかって？　好意的な反応を示す者もいるかもしれないが、操られるのが嫌いな者もいるのだ」（操作されるという感覚は、批評家以外も辛辣にした。大学生もまた、次第にこの映画を嫌いになっていったのである。ミネソタ州ムーアヘッドの学部生

は、街に一つしかない映画スクリーンを独占しているこの映画に公然と抗議している。〈40週間も安っぽい感傷をみせられるのは、もう十分だ〉)。

実際、最も不快なのは、この映画の魅力に対するケイルの批評が「庶民に人気のあるものは粗悪だ」という典型的な表明のようにみえることである。しかし、この博識な批評家が一つの映画に惚れ込んだときには、やりすぎというくらいになる。1973 年のベルナルド・ベルトルッチ監督による『ラストタンゴ・イン・パリ』の公開を、ロシアの作曲家ストラヴィンスキーの『春の祭典』に例えたりして。ベルトルッチの叙事詩的作品の長所がどのようなものであれ、ケイルの批評は『ラストタンゴ・イン・パリ』のプレミア以来 40 年の時を経ても役立ってはいない。

そしてケイルが、ワイズ監督に最大の攻撃を用意していたことが後に判明する。それは、『サウンド・オブ・ミュージック』は「批評家が絶望的かもしれないと思うような作品であり、もはや我々批評家たちはロバート・ワイズ監督に〔あなたの勝ちです。あきらめました〕とか、あるいは〔私たちは両方とも負けましたね。すっかり〕といった電報を打てばいいのに」といった彼女の信念の要を叩き込むものであった。彼女の冷笑的な言葉には、多くの批評家と同じく、ワイズのような保守的な監督への軽蔑が込められていた。そうした監督の適用性の広い技術は、スタジオ・システムのなかでは効果的であったが、幅広いジャンルに及んでいるスタジオ・システムに割り当てられた仕事というのは、個人のものだとすぐに見分けられるスタイルの発展を阻んでいたのである。この特色あるスタイルの欠如は、知識人たちを本当に憤慨させているようで、独創性を打ち出す監督を作品の真の作者とする理論を広めるにあたって鍵となるアメリカ人、アンドリュー・サリスは、ワイズ監督を「強い個性のない技術者」と簡単に名づけた。

スタイルの欠如に対してエリート批評家から浴びせられる批判に、ワイズ監督は特に悩まされることもなかった。しかしながら、シドニー・ルメットは、もっとぶしつけにこう言い返した。スタイルというのは「ある物語を語る方法」にすぎないのであり、監督は常に題材を提示すべきで、その逆ではない。議論から逃げることなく、ルメットは本当のスタイルを持っている者と、彼が「装飾家」と呼ぶ者の区別を強調し続けた。「批評家はスタイルを映画から切り離して語っている。なぜなら、彼らは明確なスタイルを必要としているのだから。どうしてそうなのかと言うと、彼らは本当に映画を観ていないからだ…その点、装飾家はすぐにわかるものなんだ。批評家が装飾家をとても好むのは、そういう訳なのさ」

後に、ほかならぬマーティン・スコセッシは、ワイズ監督についてこう語っている。「彼の編集スタイルが素晴らしいので、私は彼の映画に次第に夢中になっていったんだ。非常に簡潔ではっきりとした編集スタイルは、シーンのなかで観客が観るポイントをしっかり押

さえている」。ワイズ監督の映画が全部で67回もアカデミー賞にノミネートされて19回も受賞し、彼自身は7回ノミネートされて4回オスカーに輝いているという事実は、彼の仕事には変わらない特質があることを物語っている。

　批評家がワイズ監督、台本、子どもたち、あるいは物語の本質を攻撃しようとしなかろうと、度を越えた批判が問題なのは、それによって作品の本当の欠点をもっと理性的に分析しにくくなってしまうからだった。この映画が実際の短所を克服しようとした方法と理由を興味深く吟味することが、曖昧にされてしまいそうだったのである。

1. 映画のなかのミュージカル・ナンバーはうまく撮られているが、パーティに集まったゲストが異口同音に完璧な調子で子どもたちに手を振って、「さよなら」と歌うとき、『さようなら、ごきげんよう』の最後の箇所は大げさになってしまっている。この曲のラスト30秒はばかばかしい以外の何ものでもないように見える。

　　パーティ客のために演じられる、みんなで歌う家族の催し物の本質を前提とすると、ケイルのユーモアを込めたコメントは的を射ている。ゲストのために歌いたくなどないと言う、フォン・トラップ家の子どもは、実際に1人もいなかったのだろうか？（フォン・トラップ家の子どもたちがビールを飲んだり、げっぷをしたり、タバコを吸ったり、ラップを聴いたりする面白い寸劇が書かれようとしていたのは、間違いない）。良い子すぎて信じられないフォン・トラップ家の子どもたちが、反抗したことなどなかったのだろうか？　彼らはどうやって、そんなにいつも善良でいられたのだろうか？　思春期の不機嫌さなど、少しも見せずに？

2. 修道女たち——1200年の歴史を持つ女子修道院で暮らす、真面目で、知的で、よく働く信心深い女性たち——は、ほとんどが手におえなさそうなマリアの喜劇的な引き立て役として描かれている。たしかに、マリアの風変わりな行動は、修道女たちを困惑させるには十分なほど苛立しいものだった。

3. ナチスが広場を行進していく短いショットはうまくいっているが、ナチスが引き起こす差し迫った恐怖感はどこにも見られない。この短いシークエンスのなかですら、武器を持ったドイツ人は1人もいない。これではほとんど、マリアの活力と意欲的な精神に、ナチスの自動車からキャブレターを盗むという修道女たちの粋な協力が加われば打ち勝てるような困った問題を、ドイツ人が単に提示しているかのようである。映画にはユダヤ人の姿はなく、たしかにマイノリティもいないし、オーストリ

ア併合の時にヒトラーを温かく歓迎するオーストリア人に観客が戸惑うこともない。

それでは、ここでもう一度確認しておくが、『サウンド・オブ・ミュージック』は論争の種として作られたのでは全くないし、歴史を学ぶことを意図しているのでもない。ミュージカルとは本質的に——スティーブン・ソンドハイムの『アサシンズ』や『太平洋序曲』のような有名な例外はあるが——物語の背景として以外は、政治的問題を真剣に探求するために作られているのではないのだ。アルゼンチンのファシストであるペロン家に始めから終わりまで焦点を当てている『エビータ』でさえ、重要な政治論は抜きにして、農婦からファーストレディになるエヴァ・ドゥアルテ・ペロンのシンデレラストーリーを売り物にしている。

皮肉なのは、最も『サウンド・オブ・ミュージック』を嫌っている人達が、その批判を題材への嫌悪に留めず、この映画を好きな人は人生のあらゆることはめでたしめでたしで終わるという「嘘」を信じているという想定へと飛躍させたことである。それは間違った想定であり、1930年代の観客が、自分たちの人生にもアンディ・ハーディの映画で起こったようなハッピーエンドが訪れると信じていると仮定することに近い。

この現代の文化的優越感の傾向は、1930年代のシャーリー・テンプルの人気をからかった21世紀の観客の例と似通っている。「私たちはもっといいものを知っている」という冷笑的な態度で、そうした文化批評家は、大恐慌時代の観客は単純だと間違った想定をした。真実はどうだったかと言うと、大衆は愚かどころではなく、子役スターとしてのシャーリー・テンプルにはセンセーショナルで、小さいながらもエネルギッシュに踊って歌う類まれな才能があるという理由で、彼女のことが好きだったのである。そして『サウンド・オブ・ミュージック』のファンもまた、自分たちの人生がスクリーン上のフォン・トラップ家のようにはうまくいかないだろうとわかっていた。そうではなく、観客たちはシャーリー・テンプルの場合とまったく同じように、快い響きとよどみない巧みな方法で願望が達成される高揚感を享受していたのだ。

『歌え！ドミニク』や『ドリトル先生不思議な旅』のような非常に劣った『サウンド・オブ・ミュージック』のコピー作品でさえも、『サウンド・オブ・ミュージック』と同じくらいの辛辣な批評は受けなかった。このような事態になったのは、これらの模造品が『サウンド・オブ・ミュージック』と同じようなやり方でどれも「甘ったるい」のに、それらは見事な構成も撮影も演技もほとんどなくて、全く印象的ではないとわかりきっていたためである。批評家をひどく怒らせたのは、『サウンド・オブ・ミュージック』が実に効果的であるからだった。

もちろん、1960年代半ばから後半に強烈な批判を招いたのは、『サウンド・オブ・ミュージック』だけではなかった。この厳しい激動の時代の批評をみると、批評家たちは特に

辛辣で時には悪意のこもった言い方をしていることがわかる。もしこれが、あらゆる批評が屈折した皮肉を込めて世に出される、21世紀のインターネット時代であれば、この60年代半ばの批評家たちは、ますます意地悪くなっただろう。まるでひどい批評をすればするほど、彼らの誠実さがさらに確固たるものになるかのように。ドリス・デイのように以前好まれていたものは批判されるだけではなく、実際に嘲笑されることもあった。1960年代後半のハリウッドについての優れた研究書『*Pictures at a Revolution*（変革期の映画）』のなかで、マーク・ハリスが指摘するように、『タイム』誌はチャーリー・チャップリンの『伯爵夫人』を嫌いなだけではなく、「引退の時だ」というひどい見出しを付けて台無しにしていた。『伯爵夫人』は素晴らしい作品ではないかもしれないが——たしかに素晴らしくはなかった——しかし、この映画にはチャーリー・チャップリン、マーロン・ブランド、ソフィア・ローレンというはっきりとした伝説的人物が関わっていて、公平な判断がなされる価値はあった。1960年代半ばから後半までは、映画に少しでも感傷的なところがあったり、感傷性に任せていたりすれば、批評家からナイフで刺されて銃が撃ち込まれるのだ。その映画がうまくいかない理由を説明するよりも、他者を犠牲にしてうまいことを言うほうが優先されたのである。

　批評家たちを特に困惑させていたのは、彼らがようやく消えたと思っていた古臭くて「甘ったるい」内容が復活したことを『サウンド・オブ・ミュージック』が表しているという事実だった。アステアやロジャースのミュージカル、あるいはスクリューボールコメディ（展開の早い喜劇映画）といった空気よりも軽いお菓子のような作品は、ハリウッドのカチンコから消えていた。事実、ハリウッドの確固たる信念を持った監督アルフレッド・ヒッチコックは、1960年の傑作『サイコ』で、感傷主義の映画に向けた最初で最も強烈な爆弾を打ち込んでいる。『サイコ』によって覚醒され、ハリウッド映画は曖昧さや皮肉をこれまで考えられなかったスケールに転換し始めた。1961年のモンローとゲイブルによる『荒馬と女』から『未知への飛行／フェイル・セイフ』や『博士の異常な愛情』（両方とも1964）にみられるような核兵器への恐怖といった、風刺や孤立がますます上映リストに挙げられるようになった。しかしここに、語りと物語の進行が全てに取って代わった保守的な映画製作を体現している『サウンド・オブ・ミュージック』があった。断固とした古いやり方で、『サウンド・オブ・ミュージック』は幕を開け、すぐに地球上で最も人気のある映画になった。アメリカだけではなく、それが公開された全ての大陸で、『サウンド・オブ・ミュージック』は次々と売上の記録を伸ばし、熱烈なフィーヴァーを巻き起こして、最も辛辣な批評家にある重要な質問をさせるほどだった。

　世界中の観客は、頭がおかしくなったのだろうか？

フォン・トラップ家、1941年

1959年12月：ブロードウェイでマリア・フォン・トラップを演じたメアリー・マーティン。両側にいるのは『サウンド・オブ・ミュージック』の製作チーム。左から右に、リチャード・ロジャース、オスカー・ハマースタインII世、ハワード・リンゼイ、ラッセル・クラウス

一家の顔ぶれ：
ブロードウェイ（1959年）から…

…ハリウッドへ（1965年）

『菩提樹』と『続・菩提樹』の英語吹き替え版（1960年）『トラップ・ファミリー』。
ルート・ロイヴェリークとハンス・ホルトがマリアとゲオルクを演じたが、映画はヒットしなかった。

脚本家　アーネスト・レーマン

オスカー受賞歴のある監督ロバート・ワイズは（上は1963年に公開されたホラー映画の傑作『たたり』の撮影現場で撮られた写真）、当初『サウンド・オブ・ミュージック』の映画監督でありながら作品に不満を抱いていたウイリアム・ワイラーの代わりとして誰もが望んだ人物だった。

キャストと行った衣装合わせ。前列左から右：キム・カラス、デビー・ターナー、アンジェラ・カートライト、デュエン・チェイス、ヘザー・メンジース、ニコラス・ハモンド、シャーミアン・カー　後列：ジュリー・アンドリュース、クリストファー・プラマー

ドロシー・ジーキンスのスケッチから
世界的に有名な回転へ

子どもたちとの事前録音。音楽監督アーウィン・コスタルは、補佐的なボーカリストを加えて音を増幅した。

『私のお気に入り』 ジュリー・アンドリュースと子どもたちが一緒に撮影した最初のシーン——スターと子どもたちの間には、あっという間に絆が生まれた。

修道院へ駆け戻る――いつものように遅れて

婚礼の日。オスカーにノミネートされたペギー・ウッド（修道院長）が左奥にいる。
花嫁衣装をまとったジュリー・アンドリュースはこう述べている。
「あとにも先にも、あんなに自分が綺麗だと感じたことはないわね」

ギターとカーペット地の鞄を携え、貧乏人でも欲しがらない服を着てフォン・トラップ家の屋敷に到着するマリア

マリア・フォン・トラップは現場を訪れ、ゲスト出演を果たすと、たった一日で映画俳優を引退すると宣言した。

クリストファー・プラマーと写っているのは、エリノア・パーカー（エルサ男爵夫人）、リチャード・ヘイドン（マックス）。この2人はほかの出演者たちからも慕われていた。

『ド・レ・ミの歌』の撮影時、寒さの中で雨による撮影延期の間じっと待ちながら

ジュリー・アンドリュース、7人の子どもたち、「ザルツブルクの街」が出演している『ド・レ・ミの歌』の一連の場面

現場での辛辣な存在。彼の言葉によれば「ギターなんて、まっぴらだ!」

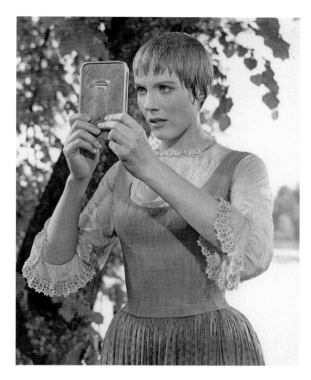

大佐と対立するテラスでの撮影前に、ずぶ濡れでメイクをチェック

映画撮影技師テッド・マッコードによる精密なライティング——そして大佐がマリアに心惹かれ始めた瞬間

『ひとりぼっちの山羊飼い』振付師ディ・ディ・ウッドはこう語っている。「あのマリオネットの女の子たちはとても胸が大きかったわね!」

『レントラー』を踊っている間に大佐に恋してしまった。

めずらしく楽しげな様子を見せる現場でのプラマー。デュエン・チェイス（クルト）と一緒に

アンドリュースとプラマーの笑いが止まらなかったので、ワイズ監督はこのシーンをシルエットで撮ること余儀なくされた。

『もうすぐ17歳』のダン・トゥルーヒットとシャーミアン・カー。最後に撮影されたシーン

1965年3月2日のワールド・プレミアにて。作曲家リチャード・ロジャースがジュリー・アンドリュースと初めて仕事をしたのは、1957年のテレビ版『シンデレラ』だった。

13番目の候補──そして最終的な──ポスター。海外では新たに面白いタイトルが付けられた。写真の通りスペインでは『*La Novicia Rebelde*（反抗的な修練女）』

ハリウッド・ボウルでのシング・アロング現象

40周年記念祝賀会で2005年に再結集。
後列左から：シャーミアン・カー、ニコラス・ハモンド、ヘザー・メンジース、デュエン・チェイス。
前列：アンジェラ・カートライト、デビー・ターナー、キム・カラス

50年後もなお大の仲良し

20.
10億ドルの質問

"ウェールズのマイラ・フランクリン夫人は、
なぜその映画を900回も毎週月曜のマチネーで同じ席に座って観たのかと聞かれて、
ただこう答えたの。「幸せな気持ちになるから」"

シャーミアン・カー『リーズルよ、永遠に』

　一般の予想に反して、ロードショーが封切られたとき、一枚3ドル50セントのチケットはすぐに売り切れにはならなかった。しかし、好意的な口コミが拡がるにつれ、売り上げは上がり始めた。初めは、ミュージカルのファンが観に来ていた。それから、ジュリー・アンドリュースのファンが次第に増えてきた。最後には、ハッピーエンドを望む観客が——どこであろうと——ぞろぞろとやって来るようになった。この時、最も不思議なことが起こった。この映画のファンが皆、もう一度作品を観に戻ってきたのである。それから、もう一度。そして、さらにもう一度——この現象は結果的に、最初の公開から4年半も上映され続けるという新記録を樹立するまでになった。観客はこの映画から離れることができず、とりつかれたかのように止められなくなり、何度も足を運んだ。映画が終わったことを受け入れたくないと思い、フォン・トラップ家と過ごした3時間が消えてしまうと、男女問わず観客はただ映画館に戻ってきて、中毒になったみたいに、再びフォン・トラップ家の世界に入り込むのだった。

　実際、この映画が圧倒的な人気を得た一番の理由であり、映画の成功について議論される時にほとんど見過ごされているのは、ロジャースとハマースタインの総譜が素晴らしかったということである。ロック革命も何もかも含め、ロジャースとハマースタインの音楽はあらゆる世代のファンに訴えかけ、財布のひもを握っている親世代が観客になるターゲットとされていたが、それに加えて多くの若者がこの映画のファンとなって、フォン・トラップ家のミュージカル世界にどっぷりとはまり込むようになった。

　サウンドトラックが2千万枚も売れたことが立証しているように、全世代の人々が、家族や失恋、愛といった最も根源的な感情に対するロジャースとハマースタインの解釈に好まし

い反応を示したのである。人々が2人の総譜を受け入れたのは、それぞれが少し違う形の愛を歌ったラブソングを次から次へと見せ場にするというとても賢明な方法がとられているためだった。それはつまり『サウンド・オブ・ミュージック』はマリアの心からまっすぐに自然へと向けられたラブソングであり、『ド・レ・ミの歌』はマリアと子どもたちの間で感情の橋渡しとなり、『エーデルワイス』は愛国者と国との絆を示し、さらに『すべての山に登れ』は最高に心を奮い立たせる信仰に対する愛の歌ということである。これらの歌の愛の対象があまりに広い範囲に及んでいるので、マリアと大佐の甘くロマンチックなデュエット『何かよいこと』は、全曲のなかで唯一の伝統的な男女間のラブソングとして位置づけられるかもしれない。どのような形式であれ、観客はこれらの愛の宣言に心を奪われ――夢中になったのである。

　ロジャースとハマースタインのような名匠であるアーヴィング・バーリンとコール・ポーターは心の琴線がどこにあり、どのようにかき鳴らせばよいかがわかっていた。彼らは実業家タイプだったかもしれないが、彼らが書いているものを心から信じていたし、偶然にもそこに大成功の鍵があった。『サウンド・オブ・ミュージック』の映画版に思いつきから生じたいい加減な論評がなされたとき、ロジャースは映画をセンチメンタルだと批判する者に狙いを定め、猛烈に相手を攻撃することに躊躇しなかった。ロジャースはマリア・フォン・トラップの世界を信じていたし、正直な感情が繰り返されるのに対して、批評家たちは悪意を抱いているようだといぶかしく思った。なぜ、邪悪さに打ち勝つ善を描いたことに謝罪しなくてはならないんだ？　どうして、冷笑的になる必要があるんだ？　彼が思うに、批評家がわざと否定するのは、彼らが人生の基本的事実を無視しているからだった――「我々のほとんどが感傷を抱いて生きているのに」。4年後に、彼は街で「かっこいい」と思われている新しいミュージカルに、さらにいくつか批判を投げつける機会を得ることになる。「（感傷を拒否するなんて）私にはばかばかしいと思える。それに、そういう彼らのしていることなどこの程度だ。意味すらないようなものを受け入れて、情緒なんて今よりもっとなくなっていくのだろう。『ヘアー』みたいに。」

　ロジャースは、少なくともある部分では正しかったように思われる。（ロック・ミュージカルの元祖といわれる）『ヘアー』の創意に富んだ総譜は、プレミアから40年余りの間は栄光を保っていたが、脚本がこれからどうなるのかは、正確にはまだ誰にもわからない――その理由の一つとして、このミュージカルが一流のプロダクションで絶えず再演されているわけではないことが挙げられる。それにひきかえ、ロジャースとハマースタインの世界では、登場人物や音楽、歌詞が密接に結びついており、その結果として、彼らの曲や他の黄金期の作曲家や作詞家の作品は、日常生活の重要なイベントのBGMとして使われて

いる。記念祝賀会では『ロマンチックじゃない?』が、バルミツヴァ(ユダヤ教の成人の儀式)では『サンライズ・サンセット』が、結婚式の行進では『サウンド・オブ・ミュージック』の「結婚行進曲」が、告別式やポスト 9-11 の連帯宣言では『人生ひとりではない』が流されるのである。

　観客と同じようにロジャースとハマースタインは、フォン・トラップ家はスイスへの道のりを歌い上げることができるし、『回転木馬』のビリー・ビゲローは名誉を回復して罪をあがない、そして実際に、私たちのなかには再び 1 人で道をゆかねばならない人など、誰もいないのだと信じていた。この世界観においては、信仰が持ちこたえられ、気持ちを高めるようなバックコーラスとオーケストラの音量が増すなかで、観客が困難に耐えてすべての山に登るよう促される時、ほとんどの人が喜んでそれに従うのである。彼らも信じたいと思っているのだ。

　この映画が最初に公開された時には、感傷性への抵抗感は、21 世紀が始まったときほど高まることはなく、批判合戦のルールはすぐに変っていった。そして、激しさを増す文化的主導権争いの真っただ中で、堂々とした懐古的な映画『サウンド・オブ・ミュージック』は人気を得るようになった。『サウンド・オブ・ミュージック』に曖昧なところはなかった。その善性はただ良いというだけではない——彼らは神聖だったのだ。悪は、この世で最も邪悪なナチスの形で示されている。この極度に単純化された世界は安全で守られていて、なによりも人を元気づける。実人生で経験される痛みも、みせかけの心の平穏や安定は偶発的な事態や災難があればすぐに崩れてしまうのだという事実も、マリア・フォン・トラップの世界には存在しないということがこの作品の根本的な魅力なのだ。

　『サウンド・オブ・ミュージック』に見られる確固たる道徳性によって、この映画のファンはスクリーンに映し出される世界の様相や音、感覚を喜んで受け入れ、何度も繰り返し観る行為が願いを叶える方法のようになっていた。そして、それは映画のなかの世界を生きて、フォン・トラップ家の人間になろうとしている以外の何ものでもないようにみえるほどだった。観客は自分たちの生活とスクリーン上で起きていることには違いがあるとわかっていたが、それでもその世界に入りたかったのである。それは、ウディ・アレンが『カイロの紫のバラ』(1985)で美しく描いている気持ちと同じだ。その映画で、セシリア(ミア・ファロー)は暴力的な夫と結婚し、先の見えない仕事に行き詰まっていて、映画の世界に逃げることを心の拠り所にする。彼女は『カイロの紫のバラ』を何度も観すぎたので、映画のなかのスターが画面から出てきて彼女の人生に現れ、恋に落ちるのである。フォン・トラップ大佐と結婚したいと夢みる全ての女性にとって、またマリアのような母親か家庭教師を望む全ての子どもにとって、この気持ちは胸に強くこたえるだろう。純粋であろうが、分別があろ

うが、こうした熱狂的なファンは誰しも、何よりも優先させたいという願いを抱いている。スクリーンの中に飛びこんで、『サウンド・オブ・ミュージック』の世界で暮らしたいのだ。その世界にすっかり没頭するだけで、充分なのだろう。それに対してニコラス・ハモンドは、このように述べている。「世界中のだれもが、僕たちのホームムービーのなかに入りたいと思っているんだ――自分の子どもに観せてあげたほうがいいよ」

　ここで、コメディアンのロージー・オドネルの言葉を引用しよう。「私の母が亡くなった後、ジュリー・アンドリュースが母になってくれることを夢見ていました。私は、ジュリー・アンドリュースが我が家に現れて、父と恋に落ち、どういうわけか乳母かベビーシッターのような感じになって、家族に変わるという夢を繰り返し思い描いたのです。私にとって、それは夢や希望、願い、ファンタジーで、悲しみにいくらか留まっていた私を元気づける何かだったのです」。ロージー・オドネルは、『サウンド・オブ・ミュージック』を高く評価する著名人のなかで珍しい存在というわけではない。テニスの伝説的プレーヤー、クリス・エヴァートは難しい離婚協議の最中で、彼女のおとぎ話のようなすばらしい人生はひっくり返ったが、「幸せを感じるのはどんな時ですか？」と聞かれて、すぐにこう答えた。「『サウンド・オブ・ミュージック』を観ている3時間ですね」。この映画は、クリス・エヴァートにとって心休まる場所であり、ロージー・オドネルにとって回復できる場所であった。

　もちろんこの映画は、著名人であろうとなかろうと女性のためだけの試金石ではなかった。この作品があらゆるもののなかで最も感動的だと証明するものとしては、2010年に『サウンド・オブ・ミュージック』の出演者たちがオプラ・ウィンフリー・ショーで再会した時、ヴェトナム戦争の退役軍人が、1966年に彼の妻がその映画を観に行かせようと彼をどうやって「引きずって」いったかを語った話が最適であろう。彼は7カ月後にヴェトナムに配属されると、信じがたいことに合計で127回もその映画を観たのである。「私は3時間のあいだ、別の世界に行くことができました。自分のなかの自由な部分に、気持ちを向けることができたのです。何も心配せず、何も悲しまず、何も気に病むことのない部分に。3時間、本当に素晴らしく、贅沢な平穏を味わうことができました」

　アメリカ社会の転機となる1965年に、カウンターカルチャーが勢いを増し、国が真っ二つに割れたように見えたとき、アメリカの自己イメージは、第二次世界大戦とそれからすぐに始まった戦後の時代に見られたような一体感とは異なるものになっていった。ヴェトナム戦争と人種をめぐる不安定な社会状況を背景にして、『サウンド・オブ・ミュージック』は、従来の観客があまりに早く変化する社会のなかで、当惑するようなものに感じているカウンターカルチャーに対する要塞として打ち立てた、最初にして最大の、そして最も持続する大衆文化の記念碑となった。

反戦と公民権運動で国が混乱に陥るにつれ、あらゆる古い社会規範——男は髪を短くする、身だしなみを整える、教会に通う、権威あるものは全て無条件で尊敬する、アメリカ政府には絶対に忠誠を誓う——といったものが、膨大な数の中流階級の人々には、めちゃくちゃに壊されたように感じられた。「物言わぬ多数派」と特徴づけられている、このような人々の大多数が、あっという間に巻き起こった文化革命にどうしたらよいかわからずにいた。1968年にリチャード・ニクソンを選出し、まとまりのある法と秩序を重視する社会がバックミラー越しに素早く遠ざかっていくように感じて、それを懐かしんでいるのは、ほかならぬ彼らだった。そして、伝統と家族の安定性を最もよく表している最も有名な例として、『サウンド・オブ・ミュージック』が前景に堂々と現れてきたのである。

　ロバート・ワイズ監督自身は、「この物語の不朽の価値」を生み出す主な要因としての家族を描くことに目標を置いていた。そして、安定性や家族への切望が、それとは正反対のものを強調する重要な要素であるというのは、7年後に公開された『ゴッドファーザー』で描かれたドン・コルレオーネの世界もまた同じように人気を博したことを考えると、決して拡大解釈ではないだろう。『サウンド・オブ・ミュージック』も『ゴッドファーザー』も（両方ともウィリアム・レイノルズが編集しているが）家族の概念を困難な世界からの避難所、確かな愛や支え、帰属意識を与えることを受け入れる場所だと捉えている。マリアとコルレオーネとは実に奇妙な組み合わせだが、両者とも永遠の真実を敬い、家族は人生におけるほかの何よりも大事だということを保証している。コルレオーネ家もフォン・トラップ家も一様に、家族がお互いを気にかけて注意を払い、理解し合うことを日々の決まりとしている（もちろん、一つの家族はマシンガンを使い、もう片方はミュージカルソングを歌って労わるのだが…）。

　映画公開から40周年記念の際、ジュリー・アンドリュースは『トゥデイ』の司会者アン・カーリーにこう語っている。映画が成功し続けたのは、それが「楽しくて、上品で、善良だったからだと思います。映画全体に誠実さが感じられました」。映画の中で言われていることや行われていること全てを通じて、この作品は最も貴重な人間らしいもの、つまり希望を生み出しているのである。ハイデッガーの言葉に、こうあるように。「可能性は現実性より高い次元のところにある」

　この点において、『サウンド・オブ・ミュージック』は、もっと慎みがあり道徳性の高かった過去が今や永遠に失われてしまったのではないかという、絶えず消えることのない懸念の中で、オアシスのような存在となっていた。それは、あたかもフォン・トラップ家のもとに戻ることで、観客は何か平穏なもの、スコット・フィッツジェラルドが「ゴールデンアワー」と名付けたようなものがかつて存在していた場所とそのころの気分を取り戻せると思っている

みたいだった。映画の世界に戻るだけで、観ている人は再び希望を持って生きられるのである。純粋さや確実性、安心といった昔の感情を、もう一度体験できるという希望を。

　そのようなノスタルジア、事実ではなく感情に基づいた人生に対する捉え方は、現実世界をより良く生きていくための助けとなるので、特に大変な時代にはいつでも盛んになるものだ。それまでの経験や人間関係は、バラ色の眼鏡を通して見られ、その結果、痛みや憂鬱な気持ちとは無縁の過去として思い出された。最後には、望ましいハッピーエンドになるか、あるいはもっと多くを望むとすれば、終わることのない物語、ずっと先まで進んでいって、上手に作った解決策が用意されているのである。

　この世界は、もちろん、ノスタルジアの魔法にかけられた世界ほど単純ではない。スティーブン・ソンドハイムによるミュージカル『メリリー・ウィー・ロール・アロング』のなかに、壊れた友情を振り返りながら、失望してはいるものの世才のある賢い女性が歌う、的を射た歌詞がある。

　　どうして昔みたいにならないのかしら？
　　誰もがそう思うもの
　　こんなはずではなかった
　　起きたことも
　　起こらなかったことさえも

　しかし、『サウンド・オブ・ミュージック』では、実際にこれまでなかったような世界が目の前に現れたのである——しかも、テクニカラーで。

　フォン・トラップ家は、今も昔も、大体の観客が自分を反映していると信じられるような悲しみを抱えた家族を提示しているために、世界中から共感を得ている。地元の劇場でポップコーンを楽しみながら見ている一般的な観客は、大佐や修道女や豪華な舞踏室のある世界に暮らしたことはないかもしれないが、日々を過ごすのにただ最善を尽くそうとする家族には共鳴するものだ。不幸な家族が、家族以外の者に癒される話は、親しみやすさと願望成就の両方を表しているのである。

　この映画に観客は強い親しみを感じており、公開から50年経っても、この映画の魅力が続いている理由の一つは、タイトルを聞いただけで、初めてこの作品を観たときの思い出がありありと目の前に思い浮かぶためである。思い出されるのは映画自体だけではなく、子どものころに観ていた記憶も浮かんでくるのだ。

　『サウンド・オブ・ミュージック』が好きな人々にとって、この映画は、望ましい幸せな

子ども時代に経験する感情に近いものを引き起こす。家族に守られて、愛に満ち、人生はいつも絶対に勇気づけてくれるような展開で進んでいくことが決まっていて。間違いはいつも正され、公正な扱いがなされ、慈悲深い神様が天から見ていてくださる。親子の和解を前面に押し出しているこの映画のハッピーエンドは、観客に実人生を書き直させ、無愛想な自分の父親もマリアと出会う前のフォン・トラップ大佐のように、内面では素直になろうとする気持ちを隠し持っているのではないかという考えに固執させるのだった。観客は、自分たちの家族が理想的ではないとわかっていたが、カーリー・サイモンが歌っているように、『サウンド・オブ・ミュージック』は「家族はこうあるべきだと、いつも聞かされてきたとおり」だという印象を実際に示している。

　それこそがまさにポーリン・ケイルが、『サウンド・オブ・ミュージック』は私たちみんなが考えられる限り世界で一番良いところに住んでいるかのように偽っていると嘲笑う理由だが、彼女は観客の多くが理解していた重要な点を見過ごしていた。それはつまり、暗黙のうちに観客たちもまた偽っていたということだ。観客は、自分の人生がスクリーンで観ているようになることを願っていた——おとぎ話が実現するかのように。しかし、彼らは現実との違いを知っていたし、その意味では、評判の良かったこの映画の劇場パンフレットの書き出しが「昔々」であったことは、覚えておくに値する。アガーテ・フォン・トラップは、この映画についてこう思っていた。「人々にとって、この話が本当かどうかなど問題ではなく、それは観ている人の感情に訴えかける、美しくて健全な物語なのです」

　それとはなしに『サウンド・オブ・ミュージック』は、中立的な年長の観客に、健全な意味での反抗心をマリアと共有すらさせた。修道院の規則と大佐の横暴なルールの両方に苛立つマリアを観ている観客にとって、彼女が個性を堂々と表すのは非常に満足するものだった。というのも、結局のところそれは神と国の保守的な価値を認めようとすることになるのだから。『サウンド・オブ・ミュージック』は、映画史研究家のデヴィッド・トムソンが「かつて映画に存在していた信仰と超越への観客のあこがれ」という、非常に印象的な言葉で言い表した特徴を、まさに満たしているのである。

　信仰と超越へのあこがれそのものが、多額の興行収入を得る以上のものへと変わっていった。小さな町の批評家たちや、業界での評価、大都市での成功が、インテリによる軽蔑に打ち勝った。1965年に公開された映画に対するアカデミー賞ノミネートが発表されたとき、保守的な映画アカデミーは自らの見解を極めてはっきりとさせた。『サウンド・オブ・ミュージック』は、10を超える部門でノミネートされた。そこには、熱望された最優秀作品部門も含まれていた。バカにしたい奴には好きなだけさせておけばよい。金色に光り輝く彫像という形で示される、究極の評価がもうすぐそこまできていた。

21.
アカデミー賞

1966年の初頭、アカデミー賞ノミネート作品が発表されるとすぐに、賞レースは2本の大ヒット映画による一騎打ちになると判明した。『サウンド・オブ・ミュージック』と『ドクトル・ジバゴ』の両方が、合計10部門でノミネートされていたのだ。『サウンド・オブ・ミュージック』は、以下の通りである。作品賞、監督賞（ロバート・ワイズ）、主演女優賞（ジュリー・アンドリュース）、助演女優賞（ペギー・ウッド）、美術監督・装置賞（ボリス・レヴェン、舞台美術のウォルター・スコット、ルビィ・レヴィット）、撮影賞（テッド・マッコード）、衣装デザイン賞（ドロシー・ジーキンス）、ミュージカル映画音楽賞（アーウィン・コスタル）、音響賞（ジェームズ・コーコラン、フレッド・ヘインズ）、編集賞（ウィリアム・レイノルズ）。まったく素晴らしいニュースだった。ただ一つひどい欠落を除いて。アーネスト・レーマンは、別の題材から着想した作品に与えられる脚色賞にノミネートされなかったのである。代わりに、この部門に名を連ねたのは、『キャット・バルー』、『コレクター』、『ドクトル・ジバゴ』（ロバート・ボルトの脚本にオスカーが与えられることになる）、『愚か者の船』、『裏街・太陽の天使』の5作品の脚本家だった。

彼は、なぜ省かれたのか？おそらくその理由は、『サウンド・オブ・ミュージック』は「正真正銘のミュージカル作品」で、レーマンはかなり浅薄な内容の作品を、極度に単純化したミュージカル映画へと、ただ焼き直しただけだと思われてしまったからだろう。事実、各部門のノミネートが発表された時、ワイズ監督は『砲艦サンパブロ』を撮るためにアジアのロケ地にいたのだが、レーマンに「君は誤審されたんだ」と簡潔な文章で海外電報を打った。自尊心を慰めながらも、レーマンは友人からの電報に感謝し、多少苛立ちを抱えつつ、最終的に彼はノミネートされなかったことを、もっと違う見方で捉えようとした。この映画の成功のために自分は重要な役割を担っていたし、現にうまくやり遂げたとわかっていたので、彼はこう心情を語った。「私にとって、この映画に関することがどんなものであれ、良くない感情を抱くのは非常に難しいと思っています」

実は、このような憂き目にあっていたのはレーマンだけではなかった。歌曲賞にノミネートされた作品リストには、絶大な人気があり、その後も人々を魅了し続けている『The

Shadow of Your Smile』と『What's New Pussycat?』が含まれていたが、ロジャースがこの映画のために新しく作った曲は、完全に見過ごされていた。信じがたいことに、『ヘルプ！四人はアイドル』のためにビートルズが作詞作曲した全ての曲も、同じく見向きもされなかった。別の言い方をすれば、『The Ballad of Cat Ballow』や『I Will Wait for You』、『The Sweetheart Tree』が、『何かよいこと』、『ヘルプ』、『涙の乗車券』、『悲しみはぶっとばせ』を差し置いて、ノミネートをかっさらっていったのである。

　アカデミー賞を誰が獲得するのかという興奮が最高潮に達した時、広報担当のカプランは、候補に挙がっている『サウンド・オブ・ミュージック』が有利になるよう非常に賢明な策を編み出した。1965年のアカデミー会員は比較的少数——21世紀の会員数のたった半分——だったので、カプランはフォックスの敷地内で土曜の朝に、この映画の上映会を開催したのである。会員と同伴者1人だけではなく、その家族全員が同様に招かれた。打ち解けた気楽な雰囲気によって、メンバーの間で映画への好意的な気持ちが生じるだろうとカプランは考え、実際にそうなった。

　オスカーの発表が近づくなか、アカデミー賞に次ぐ各映画賞の授賞式が行われ、20世紀フォックスの重役たちやスタッフの間で期待が高まった。ハリウッド外国人記者協会が主催するゴールデン・グローブ賞では、ドラマとミュージカル／コメディ部門が別の部門に分けられていて、『サウンド・オブ・ミュージック』は作品賞（ミュージカル／コメディ部門）に輝き、ワイズとペギー・ウッドは監督賞、助演女優賞にノミネートされ、アンドリュースには主演女優賞（ミュージカル／コメディ部門）が贈られた。同時にワイズ監督は、ベスト・プロデューサー賞（誉れ高いデヴィッド・O・セルズニック全米製作者組合賞）と全米監督協会から最優秀監督賞の栄誉も受けることになった。

　『サウンド・オブ・ミュージック』の主要メンバーが、各々が所属する組合から最高の賞を贈られることで、この作品の勢いはますます高まっているようだった。レイノルズは全米映画編集者協会から最優秀編集賞として「エディー賞」を受賞し、レーマンは喜ばしいことに全米脚本家組合の全米最優秀ミュージカル脚本賞に輝いた。アンドリュースはダヴィッド・ディ・ドナテッロ賞で最優秀外国人女優賞を獲り、同様にゴールデン・ローレル賞も受賞し、英国アカデミー賞（BAFTA）の最優秀英国女優賞にノミネートされてもいる。さらに驚くべきことに、彼女はニューヨーク映画批評家協会の最優秀女優賞で、2番目に多い投票数を得たのである。

　この映画自体もナショナル・ボード・オブ・レビュー（米国映画批評会議）によって、その年の映画トップ10の一つに選ばれたが、これらの栄誉は全て、オスカーと比べると色あせて見えた。アンドリュースは、ミュージカル映画でアカデミー賞最優秀主演女優賞

に二度も続けて輝く、初めての女優になるのだろうか？　こうした昔ながらの映画が人気と成功を得て、急速に変化する映画産業のなかで、最高の賞を獲得できるのだろうか？

　夫のトニー・ウォルトンが別の場所での仕事で来られなかったため、アンドリュースは1966年4月18日の授賞式に、友人であり共同製作者のソール・チャップリンと共に出席した。その夜、授賞式が幕を開けると、瞬く間に『サウンド・オブ・ミュージック』は技術に関係した三つの賞に輝いた。最優秀ミュージカル映画音楽賞、最優秀音響賞、最優秀編集賞。その夜、一番ウィットに富んで一番奥ゆかしいスピーチをしたのはレイノルズだった。常に紳士的な編集者である彼は、オスカーを強く握りしめ、観衆にこう語った。「この映画は編集するのがとても楽しい作品でした。何か問題があればいつでも、ジュリーの場面に切り替えればよかったのですから」

　この夜のイベントは、予想通り『サウンド・オブ・ミュージック』と『ドクトル・ジバゴ』による一対一の勝負であると開会後すぐにはっきりとした。『サウンド・オブ・ミュージック』が技術的な分野で3つの賞に輝いたのは、『ドクトル・ジバゴ』がそれらを逃したという意味だった。しかし、マッコードは、『ドクトル・ジバゴ』で優れた仕事をしたフレディ・ヤングに最優秀撮影賞（カラー部門）を惜しくも譲ることになったし、革命時代のロシアを描いたジョン・ボックス、テリー・マーシュ、ダリオ・シモーニが支持されて、プロダクション・デザイナーのレヴェンは受賞を逃した。ジーキンスが最優秀衣装デザイン賞（カラー部門）で選に漏れ、『ドクトル・ジバゴ』のフィリス・ドルトンに決まった時、『サウンド・オブ・ミュージック』の関係者の間で不安な雰囲気が漂い始めた。

　ウッドが最優秀助演女優賞で残念な結果となり、『いつか見た青い空』のシェリー・ウィンタースが獲ったとわかったとき、その懸念は高まった。マーティン・バルサムが『裏街・太陽の天使』で最優秀助演男優賞に輝いたあと、人々の注目はその夜最大の賞に向けられた。最優秀音響賞など、すっかり忘れて。人々は、『砲艦サンパブロ』の撮影のために欠席しているワイズ監督が、デヴィッド・リーンに勝つかどうかを知りたがっていた。また、全てを覆すような大逆転が起こるかもしれない。もし『コレクター』を監督したワイラーに決まったとしたら、アカデミーによる評価は、ワイズ監督がノミネートされているまさにその映画『サウンド・オブ・ミュージック』に、彼が別れを告げる決断を下したことを正当化する理由になるのだろうか？（ワイラーはその夜、権威あるアーヴィング・タールバーグ記念賞を受賞して、『サウンド・オブ・ミュージック』を彼が撮っていたら全く違うものになっていたかと尋ねられ、笑いながらこう答えている。〈そうだね。私が撮ったら失敗作になっただろうよ。この映画は大成功したんだ。私の作品だったら、上手くいかなかったかもしれないね…ボブ・ワイズはあの作品で大金持ちになって、私は嬉しく思っているよ〉）。

3時間近く緊張し続けたあとで、プレゼンターのシャーリー・マクレーンが封を開け、最優秀監督賞としてワイズの名前を叫んだ時、アンドリュースが彼の代わりにステージへ歩み出ると、彼女が演台に立つまでの間ずっと、観客から轟くような大喝采がおくられた。まだ携帯電話もインターネットもない時代だったので、ワイズ監督が受賞したというニュースは、本人にリレー方式で段階的に伝えられた。まず香港の新聞社が、海岸で待機している『砲艦サンパブロ』のスタッフに電話をかけ、それから、監督が撮影しているボートに無線でその結果が届けられたのである。監督の知らないうちに、スタッフは彼が勝利を収めると期待して、クラッカーと中国の龍の踊り手たちをこっそりとボートに乗せていた。ニュースが届いた時、クラッカーの音が雷のように鳴り響き、閃光がきらめいて、予想外のサプライズで受賞に喜びを感じている監督を祝ったのである。

　最優秀主演女優賞が発表される瞬間になると、会場の緊張感は目に見えて高まった。アカデミーは、2年連続で家庭教師を演じたアンドリュースに報いるだろうか？　彼女は世間で一番注目されている新しい人気スターで、アカデミー会員たちも『メリー・ポピンズ』でオスカーに輝いた時に彼女が披露した気のきいた受賞スピーチにとても好感を抱いていた。「あなた方アメリカ人が、もてなし上手で有名だとは知っていました。でも、これは本当に思いもよらないことだわ！」ゴールデン・グローブの投票者たちは前年の『メリー・ポピンズ』に引き続き『サウンド・オブ・ミュージック』でも彼女に勝利の彫像を送っていたので、オスカーでも彼女の受賞は期待できそうだった。賞の行方を予想する者たちは、サマンサ・エッガー（『コレクター』）やエリザベス・ハートマン（『いつか見た青い空』）、シモーヌ・シニョレ（『愚か者の船』）が選ばれる可能性があるとはあまり思っていなかった。その代わりに、まるで競馬でもするみたいに、イギリス生まれの2人のジュリー（アンドリュースとクリスティ）のどちらが最優秀主演女優に選ばれるかを予想していた。クリスティは、『ダーリング』で世の中に幻滅しているファッションモデルの役で批評家から激賞されていた。アンドリュースとクリスティは、授賞式での同席を冗談にするくらい、良き「ライバル」だった。アンドリュースはプレゼンターとして、『キャット・バルー』のリー・マーヴィンに最優秀主演男優賞を手渡したばかりだったので、最優秀主演女優賞が発表される前に席に戻る時間がなかった。そのため、彼女は舞台袖で待ちながら、最優秀主演女優賞が前年度の最優秀主演男優賞の受賞者によって発表されることで、さらに緊張していた。プレゼンターは、アンドリュースがブロードウェイの『マイ・フェア・レディ』で共演したレックス・ハリソンだったのである。十分に間をとってから、ハリソンは封を開けると、厚かましくもこのように発表した。「ジュリー（長い間をおいて）…クリスティ、『ダーリング』」

　おそらく選考委員は、アンドリュースはすでに十分すぎるほど報いられていると感じたの

だろうし、自分自身にこう問いかけたのかもしれない。「歌を歌う子守り役をもう一度やるのは、どれくらい難しいのだろう？」答えはこうだ。とても難しい。にもかかわらず、アンドリュースの人並み外れた演技力は、実際に彼女自身に反作用を起こしたのかもしれない。彼女が歌って踊って演じることを流れるように一度にやってのけるので、誰もがとても簡単だと——きっとすごく簡単なのだと思ってしまうのである。あの偉大なフレッド・アステアが、この世のものとは思えない才能で、最も複雑なダンスのステップをちょっとした小手先の芸として、簡単にやっているだけのようにみせたのと同じく、アンドリュースの演技も注意深く考え込まれたものなのに、その努力の跡は微塵も見えない。彼女の演技はそれほど圧倒的だったので、実の娘でさえもマリアの虜になってしまったほどである。まだ幼いエマがこの映画を観た時のことを、アンドリュースは微笑みながら回想している。物語にすっかり入り込んで、マリアが一時トラップ家を去ることになる場面で悲しくなったエマは、母親のジュリーに、とっさにこう言ったそうである。「〈それじゃあ、私もすぐに行かなくちゃならないわ、ママ！〉彼女は、私が悲しんでいるのを見たくなかったのよね」

　ついに、今年の最優秀作品賞が発表される時が来た。ジャック・レモンは注意深くアルファベット順にノミネート作品を読み上げた。『ダーリング』、『ドクトル・ジバゴ』、『愚か者の船』、『サウンド・オブ・ミュージック』、『裏街・太陽の天使』。彼は封筒を切り開くと、「『サウンド・オブ・ミュージック』」と叫んだ。共同製作者チャップリンは、ワイズ監督の代わりに賞を受け取りにステージに向かった。『サウンド・オブ・ミュージック』は勝利を手にして、2年連続でミュージカル映画が最優秀作品賞に輝くという記録を打ち立てた。前年の受賞作品『マイ・フェア・レディ』と共に、今やこの映画は、ブロードウェイミュージカルでトニー賞の最優秀ミュージカル賞と、アカデミー賞の最優秀作品賞を両方とも受賞した、たった二つしかない作品の一つになったのである。

　批評家たちは目を回し、観客は正しさが証明されたと感じ、20世紀フォックスの立場として最高だったことに、興行収益がもう一度跳ね上がった。ソルト・レイク・シティでは50万人以上の入館者があった——町の人口の3倍にあたる数だ。ソルト・レイク・シティだろうが、デモインだろうが、ヒューストンだろうが、あるいはスリッパリー・ロックだろうが、『サウンド・オブ・ミュージック』はどこでも大ヒットし、その現象が広がるにつれて、アジア、オーストラリア、アフリカ、カリブ海諸島といった世界中で成功が繰り返されるようになった。この映画は外国語に吹き替えられ、風変わりな新しいタイトルが付けられた。でも、そんなことは問題ではない。アンドリュースが魅力的に演じる、あるオーストリア人修道女が全世界を支配していたのである。

22.
国際的な一大現象

"映画に関する最も重要な事柄で、他の何よりも私の心を本当に捉えているのは、
映画によって伝えられる言語には普遍性があるということだ…
それは映画に備わっている利点の一つで…全世界にメッセージを届けることができる"

ロバート・ワイズ

『サウンド・オブ・ミュージック』は、世界中でどれくらい人気があったのだろう？ フィリピンでこの映画が初めて公開された時のことを、例として考えてみよう。そこでは休日にチケットを買おうとする群衆があまりにも多すぎて手に負えなくなり、高まる熱狂を鎮めるために警察が出動しなくてはならなかった。『俺たちに明日はない』や『ゴッドファーザー』の公開時には、騒動が起きないようにするために、警察に見張っていてもらう必要などなかったが、『サウンド・オブ・ミュージック』の興奮しすぎた熱狂的なファンには、どう対応すべきだろうか？ 増援隊を呼んでもらわなくては。

　国から国へ、大陸から大陸へと、もはや誰も抗えない存在になった『サウンド・オブ・ミュージック』は世界中を席巻し、何百万人もの人々を喜ばせ、批評家たちにフラストレーションを与え（アメリカよりも海外の批評家の方がかなり優しかったけれども）、興行収入の新記録を次々と打ち立てていった。世界中で最初の公開から上映が延長されていったという事実は、どれほど圧倒的な成功が続いていたかを証明するものであり、1967年に開かれたフォックスの株主総会では、『サウンド・オブ・ミュージック』が生み出した利益によって、四半期の一株当たりの配当金が、30セントから40セントへと3分の1引き上げられることが承認された（高級ホテル、ウォルドルフ・アストリアで行なわれたこの株主総会についての『ニューヨーク・タイムズ』紙の記事には、かなり驚くべきニュースも含まれていた。〈メディアへの露出も多く広く名を知られていた投資家で〉株主の1人であるイーヴリン・Y・デイヴィスは、バットマンのコスチュームを着たまま出席し、重役たちに質問したようだ)。

　映画が公開された場所ではどこでも先例のない成功を収め、イタリア、オーストラリア、イギリスやタイといった国々で何カ月にもわたるロングランとなり、記録に刻まれることになった（そこでは、マーキー〈映画館の入口の上にある上演作品名が掲げられる廂〉に、〈天

国から聞こえてくるような音色が持つすばらしい魅力〉と書かれていた）。ワイズ監督自身は、この映画が成功した理由にはタイミングも関わっていると考えていた。「この世界の人々は、『サウンド・オブ・ミュージック』のような温かさや感情のこもった家族で楽しめる作品に飢えていたんだ。世界中の人々が同じように思っていたみたいだ…私は、日本でも香港でも上映されているのを見る機会があって——そこでも、あらゆる記録を破っていたね。映画館のシートに座って、日本の観客がこの映画の本質に同じような反応を示すのを見るのは、素晴らしい体験だった…そのようなタイミングは、自分では映画に取り入れられないものだ——運が良ければ、合うものなんだよ」

　監督が言うように、映画の成功はタイミングにも助けられてはいる。しかし、この場合は、もともと優れている作品にほんの少し力を添えた程度である。『サウンド・オブ・ミュージック』は、家族愛という普遍的なテーマを扱っていたうえに、ロバート・ワイズやジュリー・アンドリュースのような天才には国境による垣根などないので、海外でも受け入れられて成功したのだ。

　ただし、ドイツとオーストリアを除いて。

　この映画がドイツとオーストリアで曲解されたわけではない。だが、冷たく厳しい現実として失敗した。それも完全に。

　もちろん、表面上は、これらの国でこの映画が受け入れられなかったのは、政治的な理由によるものではないとされていた。しかし、オーストリアとドイツの人々は、『サウンド・オブ・ミュージック』が、非常に人気のあった『菩提樹』と『続・菩提樹』の領域を踏みにじったと感じているようだった。ドイツで製作されドイツ語が使用されているこれらの２本の映画は、ハリウッドで製作された英語のミュージカル映画で表現されていたよりも、フォン・トラップ家がオーストリアから逃亡することの政治的な意味合いを重視していなかったので、国民から共感を得たのである。

　失敗の理由は、映画の内容だけではなかった。オーストリア人は、『サウンド・オブ・ミュージック』がオーストリアの民族衣装をハリウッド・バージョンに作り変えたことを非難して、騒がしく言い立てた。（オーストリア出身の）ゲオルク・スタイニッツは、この問題についてこう述べている。「私たちは、映画で使われているオーストリアの衣装は、まがいものだと思っていました。まったく、オーストリアの民族衣装のようには見えませんでした。でも振り返ってみると、映画のコスチュームはそのころ私が思っていたよりも正確だったのだと気がつきました。トラップ・ファミリー聖歌隊の写真を見たのですが、彼らが着ている服は、映画の衣装とかなり近いのです——まあ、カーテンで作った衣装は別ですけどね」（同様に映画の撮影中、クリストファー・プラマーは彼の衣装が設定に合っていないと言い

張り、ザルツブルクの店先に展示してある暗い色の衣装に変えてくれるよう、必死になって頼んだ。しかし、最終的に彼は、ワイズ監督とドロシー・ジーキンスが明るい色合いの衣装を選んだのは正しかったと認めた。そのほうが〈映画の雰囲気がもっと明るくなって、センチメンタルになりすぎるという窮地から、この映画を救ってくれるだろうから——もっと前向きに見えるように。ただ、世界中の他の人たちには良くても、オーストリア人は、まだあの衣装を嫌っていたけどね！〉

しかし、この作品がオーストリアで失敗した本当の理由は、この映画がナチス統治時代を舞台としており、全住民が完全に忘れたいと思っている時代を思い出させてしまうという事実にあるのかもしれない。映画の中で、フォン・トラップ大佐がドイツ帝国海軍の役職を信念に基づいて拒否する様子が描かれているが、オーストリア人にとって、それは住民の大多数がヒトラーを熱烈に歓迎したことを想起させるだけだった。2012年に、ザルツブルク・ユダヤ教団の代表を務めるマルコ・ファインゴールドは、次のように語っている。「今日でさえ、オーストリアの人々は、ナチスを受け入れたことに自分たちはほとんど関わっていなかったと主張しています。自分たちは侵略されたのだという主張の陰に隠れようとしているのですが、それは真実ではありません。無理やり侵入されてはいなかったのです。住民の98パーセントが、オーストリア併合を望んでいました。彼らはそのような過去を直視せず、全てを否定しています。それについて何も聞きたくないのです」

しかしながら、ゲオルク・スタイニッツによれば、この見解は矛盾している。この映画のプレミアの時に、彼はオーストリアで暮らしておらず、フロリダ州立大学の映画学科で働いていたのだが、彼はこの映画がオーストリアで人気を得られなかったのは、オーストリアの歴史をハリウッド中心の考え方で作ったためだと主張している。「政治的思想は関係なかったのです。他にもその主題を扱っている映画はいくつもあって、多くの人々を惹きつけていました。併合の前に、オーストリアでは人の権利など考えない社会主義者による独裁政治が敷かれていたことを思い出してください。保守派が権力の3分の1を、そしてナチスが3分の1、無法な社会主義者が3分の1を占めていたのです。ヒトラーが脅威を突き付けたとき、社会主義の頃と比較してみると、市民による抵抗はほとんどありませんでした——反対するような人々はすでに刑務所にいるか、強制収容所に入れられていたのです——もちろん、ナチスほどではありませんが、それでも収容所には変わりありません」。生まれ故郷のザルツブルクでこの映画がヒットしなかったことを悲しそうに笑いながら、彼はこう回想している。「ザルツブルクで初めて公開されたとき、たった3日間しか上映しなかったのです。映画に出ていたエキストラがみんな観に行って——それでおしまいだったのです！」

実は、20世紀フォックスのミュンヘン支社長ウルフガング・ウルフが自らの責任で、映

画の3分の1である最後の1時間をカットした結果、フォン・トラップ大佐とマリアが結婚して物語が終わることになった。広場を横切りながら行進するナチスのショットはなく、鉤十字もないし、脅威を与えるサーチライトもない。全て取り繕われてしまったのである。彼が許可なく編集したという話がロサンゼルスのフォックス・スタジオに届くとすぐに、彼は解雇されて、映画は元の長さに戻された（皮肉なことに、ワイズ監督は、海外の観客が『すべての山に登れ』のシーンでしばしば退屈し始めるのがわかり、その曲を幾つかの国ではカットする許可を出している。しかし、政治的な理由でカットすることには、彼は賛成しなかっただろう）。

　削除した箇所が戻されて、ドイツでも本来の長さで上映されるようになってからも、まだ入場者数は伸び悩んでおり、興行収入が思わしくなかったので、配給業者が総計71カ所の映画館から得た利益は、たったの2万2千ドルにしかならなかった。このような大失敗に直面して、追加上映のための229件の予約はキャンセルされた。

　出演者は、ドイツとオーストリアでの失敗をどのように感じていたのだろうか？ 生粋のイギリス人らしく礼儀を重んじるジュリー・アンドリュースは、これまで公の場で他人を批判することを嫌っていたが、おそらく、フォックスがザルツブルクでの撮影に90万ドルを費やしたことが頭に浮かんだようで、そのとき彼女は、このように呟いた。「本当に、なんてひどい人たちなの」。アンドリュースは1966年にこう呟いていたが、『サウンド・オブ・ミュージック』は21世紀になって世界的に有名なザルツブルクのマリオネット劇として上演され、同市のランデスシアターでも演じられているので、彼女の意見は今なら明らかに違ってくるのではないかと思う。

　事実、『サウンド・オブ・ミュージック』は、ジュリー・アンドリュースを世界で最も人気のある映画スターにしたのである。彼女は、その時まだこの映画を愛していただろうか？ きっとそうに違いない。彼女は、人々からの期待や注目を全て喜んで受け入れたのだろうか？

　それは…

23.
ジュリー・アンドリュース：ハリウッドの女王

"甘ったるくなりそうなところが、感じのよいものになっていたし、古臭くなりそうなところも見事に演じられていて、あれこそジュリーそのものだった。彼女はもっと粗雑になることもできるのよ…もちろん、良い意味でね。ジュリーがあの映画を全て担っていたわ。仕上げに彼女が『スプーン一杯の砂糖』を歌いながら振りかけたって、観ている人は糖尿病になんかならないわよ" キャロル・バーネット

『サウンド・オブ・ミュージック』の総収入が最高額に達したとき、この映画についてどのような議論がされようと、ある事実が明らかになった。ジュリー・アンドリュースは、絶好調の波に乗っている、地球上で最も人気のある映画スターになったのだ。世界中から崇拝され――彼女はみんなが夢見る憧れの的だった。その結果、彼女に対する賞賛と罵りの言葉が同時に沸き上がってきたのである。

　正しい情報ではないものの、世間一般に広がりつつあったのは、ジュリー・アンドリュースは『メリー・ポピンズ』と『サウンド・オブ・ミュージック』に連続で出演したことでスーパースターの地位にのし上がったが、それからすぐに大失敗を繰り返して、トップチャートの高い位置から落ちたのだという見方だった。そのような見解は、アンドリュースが60年代後半になっても、『ハワイ』や『引き裂かれたカーテン』、（彼女が初めてブロードウェイで成功を収めた『ボーイ・フレンド』を思い出させるような）『モダン・ミリー』に続けて出演し、大ヒットを生み出す女王として影響力を増しているという事実をまったく無視しており、公正な見方とは言いがたい。

　1965年から1967年にかけて、ジュリー・アンドリュースは男女問わず世界で最も高い興行収益を上げたスターとなり、『サウンド・オブ・ミュージック』が公開されてから、ショービズの世界で彼女以上に人気を集めたスターはいなかった。確実な演技力があっただけではなく、彼女自身のスターとしての資質とそれに驚くほど相応しい役に抜擢されて、ジュリー・アンドリュースは見事なまでに世界中の人々を夢中にさせたのである。いつも通りの控え目で思慮深い言い方で、彼女は後にこのように認めている。「あの映画の影響力の大きさに、私はしばらくの間すこし戸惑っていました。あまりにすごい反響が、あっという間に起こったのです」。『メリー・ポピンズ』と『サウンド・オブ・ミュージック』での人並み

外れた演技が印象深かったため、アンドリュースは普通の人ならば到底やり遂げられないような道徳的規範を実行しなくてはならなくなった。いつも笑顔で、つねに思いやりがあり、清純で、手は届かないけれども親しみやすい人物として。さらに面倒なことに、彼女は世界中の人々が見ているなかで、そのように振舞わねばならなかったのである。

　人々からの憧れと崇拝の気持ちを一身に集めて、アンドリュースは、自分がいまや気が重くなるような状況におかれていることに気がついた。日常生活のむなしさを解消したいと願って、夢中になるのに相応しい対象を探し求めていた一般の人々にとって、ジュリー・アンドリュースは安心して近づける女の子に見えた。もちろん、彼女はそのような存在ではない――実際に気安く話しかけられる女の子が4オクターブの幅を持つ声で歌ったり、見事な手腕を発揮してミュージカルや映画の中で演じたりはしないはずだ。しかし、社会的な大フィーヴァーによってアンドリュースへの関心が高まるなか、彼女はそれらの期待に沿うよう、素晴らしい対応をしたのである。そして、世間の人たちに自分も彼女のようになれると思わせたのは、アンドリュースではなかった。彼ら自身が、自分もそうなると決意するようになったのである。

　彼女の人気に潜む最大の皮肉は、ジュリー・アンドリュースは親しみやすそうに見えながらも、誰も彼女に追随できないほどの成功を収めたという事実にあった。1960年代に社会不安が高まり、日を追うごとに生活の先行きが見えなくなるにつれ、大衆は、他の有名人と同じように、アンドリュースをさらに重要な存在として考えるようになる。教会や銀行、市民団体、そしてアメリカン・ドリームへの信頼が薄れ、その代わりに有名人に信頼を置く時代が本格的に始まったのである。彼らをこれまで以上に崇拝することは、日々の暮らしの水面下では確かな基盤となるものが失われてしまったと感じている人々にとって、生きる希望を与えてくれた。そう、このような推論がされていたのだ。「あの俳優たちは、裕福だし名前も知られている――だからきっと、彼らは幸せに違いない」。そして、ジュリー・アンドリュースよりももっと有名な――あるいは、もっと素敵な――人はいるのだろうか？ そんな人は誰もいなかった。

　彼女は国民的人気スターになり――その先少なくとも3年間は――親しみやすいアメリカ人の女の子の代表であったドリス・デイは、世界で最高額の興行収益を上げるスターの座をアンドリュースに譲り、デイの善人ぶった役柄のイメージに対して、アンドリュースには彼女がかなり窮屈に感じることになる非の打ちどころのないイメージを植え付けることにとりわけ関心が向けられた。これら2人の女優は史上に名高い成功をなし遂げたために、無理からぬことではあるが、「イメージ」という言葉をひどく嫌うようになったという。

　アンドリュースもデイも学業と言う意味では、高い教育を受けているわけではなかったが、

2人ともとても聡明な自分に厳しい女性で、映画と同様にレコーディングも見事にやり遂げている。

デイはアンドリュースよりも、ソロの歌い手としてのキャリアをさらに発展させて、歌手として数年間コロンビア・レコードと契約を結び、7曲がヒットチャートでトップになり、21曲がトップテンに入り、12枚以上のアルバムがゴールドレコード受賞の対象になった。

それとは対照的に、アンドリュースがレコードで成功したのは、全てサウンドトラックやキャスト・アルバムに関係していた。『マイ・フェア・レディ』、『キャメロット』、『メリー・ポピンズ』、『サウンド・オブ・ミュージック』のサウンドトラックは、全て100万枚以上を売り上げ、プラチナディスクとなったが、彼女がソロで出した曲は、それらと比較するとかなり売れ行きは落ちた。おそらく、アンドリュースの磨きぬかれた声には強さがあったので、デイが驚くほど美しく表現したような親密さや脆弱性をそれほど感じさせなかったし、ストライサンドがレコーディング・スタジオで生み出したような、非常に印象的でロマンチックな究極のドラマを伝える種類のものでもなかったのだろう。アンドリュースは常にコントロールをきかせて歌っており、それはまるで失恋したとしても、少しでも意欲的になって不屈の精神を奮い起こせば、すぐに立ち直れると示しているかのようだった。

デイは『サウンド・オブ・ミュージック』の大成功に迫るほどの映画には出演しなかった——彼女だけではなく、これまでそのような女優はほとんどいないのだが——その代わりに、デイはアンドリュースよりも様々な種類の作品で見事な演技を見せている。芸術的な観点からみると、傑作と評価されている『知りすぎていた男』でアルフレッド・ヒッチコックの世界を巧みに表現しており、その演技は、アンドリュースが同じくヒッチコック作品である『引き裂かれたカーテン』（1966）で問題のない程度にうまく演じたものよりも、さらに陰影のある役に相応しい神経質な感じを醸し出していた。しかしながら、「隣にいそうな女の子」を演じた2人に共通していたのは、映画館に来る大衆が彼女たちを家族の一員であると信じてしまうような魅力で、それはまるで2人の本質であるかのようにみえた（彼女たちとは正反対に、ジョーン・クロフォードやベティ・デイヴィスには、〈気さくに話しかけやすい女の子〉のようなところは全くなかった。クロフォードがかつてこう言ったことはよく知られている。〈隣にいそうな女の子が欲しければ、隣に行けばいいのよ〉。クロフォードもデイヴィスも、永久に続くドラマのなかにいるような歌姫として2人とは違う人気を得ている）。だが、アンドリュースやデイと一体化したように思っている観客は、彼女たちは世界中のファンのものであるかのような意識を持つようになり、2人の女優に大きな犠牲を払わせることになった。ファンのそうした独占欲によって、アンドリュースは表向きは親しみやすいように見えても、それとは気づかれないように、常に警戒し続けることになったし、デイは全ての公の場での

生活を完全に諦めることになった。

　アンドリュースとデイは「隣にいそうな女の子」として決めつけられたが、2人の仕事は本質的に違っていた。実際にデイは、気楽に話しかけられる完全なアメリカ人少女としてスクリーンに登場していた——そう、まるで隣に住んでいる女の子が、上手に演技ができて、とても元気に歌えて、ダンスも踊れるし、夜のお楽しみをうまくごまかせる程度の慎ましい性的魅力があって、ママに紹介するために家へ連れていくこともできるような。アンドリュースは、同じように小ざっぱりした外見だったが、落ち着きがありつつも、非常に楽しいヨーロッパから来た従妹といった感じで——内面から湧き上がる、控えめながらもそれとわかるような情熱を持った礼儀正しい人のお手本のようだった。そのなかでも一番誇張した表現を使っているのは、1966年12月の『タイム』誌に掲載されたアンドリュースを崇拝した記事で、次のようなイメージで彼女を描き、賛美している。「雪の中で聞こえるクリスマス・キャロル。暖炉の傍で温めあう友。パントマイムをして笑っているピエロ。寒い冬の夜、詩を読んであげたい少女」。これはいくら何でもやり過ぎているけれども、『タイム』は彼女に備わっている何かを掴んでいる。まさにこの瞬間、ジュリー・アンドリュースは、どんな人の望みにも応えられそうな存在にみえていた。

　アンドリュースのスターとしての個性は、ミュージカルに最もよく現れている。彼女は華奢だったが、ミュージカルで歌っている間は実際の体格以上に存在感を放っていた——それは、彼女がセンセーショナルな歌い手だったからというだけではなく、彼女に音楽的才能があったために、トップスターとしての本質と有名になるきっかけの両方を得るという幸運に恵まれたからで、それらが現在の地位まで彼女を押し上げたのである。『ハワイ』や『引き裂かれたカーテン』、『プリティ・プリンセス』でも成功していたので、彼女がミュージカル以外の作品に出演すると、やや名声が傾いたように思われることがあった。しかし皮肉にも、実際にまったく逆の状況がデイに起こっている。優れた才能を持つ歌手のデイは、『情欲の悪魔』や『パジャマゲーム』といったミュージカルで高い評価を得ていたが、ロック・ハドソンやケイリー・グラント、ジェイムズ・ガーナーと共演した、ミュージカルではないロマンチック・コメディに何作か出演したときに人気のピークを迎えたのである（ガーナーは『卑怯者の勲章』でアンドリュースと、『スリルのすべて』と『女房は生きていた』でデイと共演しており、彼は2人のことをこれまでに共演したなかで最もセクシーな女性だと述べており、デイについては〈彼女は性的魅力が滲み出ているけど、それは人を微笑ませるようなものなんだ〉と語っている）。

　デイとは異なり、アンドリュースは、彼女が出演した最も人気のある映画の中で、妻らしく見える演技をしたことは本当に一度もなかった。『メリー・ポピンズ』でも『ビクター／ビ

クトリア』でも『プリティ・プリンセス』でもなかったし、『サウンド・オブ・ミュージック』でさえ結婚について描かれるのは映画が4分の3も過ぎてからだった。60年代前半にロック・ハドソンやケイリー・グラントとセックス・コメディを演じたデイとは違って、アンドリュースは流行雑誌から出てきたような人でもなかった。彼女が美しくやり遂げたのは、マリア・フォン・トラップや彼女の当たり役として有名になったヒロイン全てを、しっかりとした実行力を持って自らに重ねることだった。彼女は自分の心を語り、気概を持って、『サウンド・オブ・ミュージック』のなかでは雇い主を情熱的に批判することまでしている。アンドリュースは特別なのだ――それまでも、これからも、私たちがスクリーンを通じて出会うどんな女神とも違った、特殊な人なのである。

　2人とも同じような良いお嬢さんの役を演じていたので、1960年代半ばのアメリカでは、興行収入の女王として、アンドリュースがドリス・デイにとって代わったという確信を人々は抱いていた。デイは興行売り上げのトップの座からあっという間に転落した。というのも、『ただいま熱愛中』(1965)や『ニューヨークの大停電』(1968)のようなセックス・「コメディ」は喜劇どころかますます陰鬱な気分になるものだったのだ。彼女はこれらの映画がひどいものだとわかっていたが、彼女の夫であり代理人のマーティー・メルチャーがかなり資金繰りに困っていたため、彼女がそれらの作品に出演すれば必要な額を稼げると言い張ったのである。それと時を同じくして、『メリー・ポピンズ』と『サウンド・オブ・ミュージック』が成功したおかげで、ジュリー・アンドリュースが流星のようにトップに躍り出てきたのである。入れ替わりは素早かった。1966年1月の『モーション・ピクチャー・ヘラルド』誌による世論調査では、アンドリュースは前年度のビッグスター・ランキングで、ショーン・コネリー、ジョン・ウェイン、デイにつづく第4位になった。そして1年後の同じ調査では、アンドリュースの名前は人気ランキングの最上位に輝いている。1965年から1967年にかけて、『サウンド・オブ・ミュージック』、『ハワイ』、『引き裂かれたカーテン』と連続してヒットを飛ばし、アンドリュースは3年連続で最高の売り上げを記録した作品に出演した、本物の映画スターになったのである（その当時、ポール・ニューマンやアルフレッド・ヒッチコック以上に、アンドリュースのスターとしての力はものすごかったので、ヒッチコックの全作品の中で『引き裂かれたカーテン』が最も収益を上げる作品となるだろうとされていた）。

　彼女はこうした三連勝に続き、『モダン・ミリー』でも飛び切りの成功を生んだ。あまりにも長い映画で、観客は後半で息切れしてしまうけれども、この映画はユニバーサル社にとって大ヒット作となった。ジュリー・アンドリュースが、どれほど歌ったり踊ったりしても、観客は見飽きないようだった。彼女はそれ自体がルールになるくらいの、スターの頂点に達していた。アンドリュースが出てさえいれば、何でも大目に見られて、受け入れられた。

『モダン・ミリー』では、主人公のミリーはアメリカの中心部で生まれたという設定になっていたのに、なぜか彼女は明確にわかるイギリス英語を話している。それでも、観客の反応は好意的で単純だった——そんなこと、誰が気にするというのだろう？ アンドリュースに歌わせればいいのさ。ミリーは彼女のゆく手を阻む障害を、歌ったり踊ったり古風にみえる元気の良さで乗り越えていく。まるでアメリカ版マリア・フォン・トラップとメリー・ポピンズであるかのように。

これらのミュージカルが圧倒的な成功を収めたことで、アンドリュースには世界的な喝采だけではなく、越えなければならない幾つかの余計なハードルも与えられた。彼女は、まぎれもなく知的で上品な言葉使いをする、才能ある女優であり歌手だったが、大衆は彼女が演じた汚れのない善良な女性にあまりにも強く影響されて、彼女本人もスクリーンで描かれている女性のようであることを求めた。親切で強い信念を持っているが、人に優しく、あらゆる問題を解決して、ハッピーエンドにしてくれる母のような人物として。言い換えるならば——完璧な人として。

アンドリュースは、これらのミュージカルが全て上映された時にはまだ32歳で、自分のことを女優であり歌手であり若い母親だと考えていた。10歳の頃から働き始め、彼女は個人的にと言うよりも、プロとしてかなり自信を持っていたが、大衆から崇拝の対象にされて、世界的な大スターと、理想化された「隣にいそうな女の子」として、両極端の立場に立たされていた。完璧なまでのマリアの陰にすっかり覆われながら、彼女は大人として十分に成長し、人前では皆が望むように振る舞わねばならなかった。他の誰もがそうであるように、ジュリー・アンドリュースも年を重ねるにつれて変化していき、興行収益ランキングのトップから退きはしたものの、女優としては深みを増して、妻として母として世間から何を言われようとも堪え忍び、成熟して——変わっていったのである。

世の中の人々が、彼らにそのままでいてほしいと願おうと願わなかろうと、『サウンド・オブ・ミュージック』に関わった誰もが変化しているのだ。ここで、とんでもない質問を投げかけてみることにしよう。関係者たちは、一体どうやって『サウンド・オブ・ミュージック』を越えていくことができたのだろうか？ そんなことが本当にできたのだろうか？

答えは「ノー」だった——しかし、そのための彼らの努力は、人々の心を引きつけるものだと後にわかることになる。

24.
『サウンド・オブ・ミュージック』のあとで

クリストファー・プラマー

" 私は子どもたちが大好きになってしまったよ…結局ね "
クリストファー・プラマー

『サウンド・オブ・ミュージック』が公開されてから、クリストファー・プラマーのキャリアにとって最も恐ろしい悪夢が現実になったような日々が始まった。彼は、たしかに古典劇で主役を務めるほど、演劇界では申し分のない経歴を持っていた。しかし、この映画に参加することで批評家からの軽蔑を蒙るだろうと危ぶんでおり、実際にそのとおりの反応を受け、それがまだ続いていたのである。1966年8月の『エスクワイア』誌は、彼のことをただ「ハリウッドで主演男優になった懐かしの俳優」と言及しただけで、辛辣な扱いをした。

映画公開から数十年の間、プラマーはいつまでも尾を引くこの映画の影響と、なんとか折り合いを付けようと模索し続けていた。シェイクスピアや（英国の劇作家）ピンターの作品で彼がどれほど素晴らしい演技をしようとも、世間には大佐役が広く浸透したままだった。彼が危惧していたように、大佐の「奥行きのない」人物像が、彼のありとあらゆるキャリアのなかで、一番長い影を落としていることがわかった。

プラマーのこの映画に対する気持ちは、非常に複雑なままだった。彼はこの作品を『サウンド・オブ・ミューカス（痰がからむ音）』と呼んでいたことを認めているし、ある時点では、ジュリー・アンドリュースを含めた他の誰もがそう呼んでいたと主張していた。しかし、アンドリュースは全力でそのことを否定し、プラマーがこの映画に軽蔑的な言葉を使っているのを知ってはいたものの、彼がそんな言葉を使っているのを直接聞いたことはないと主張するほどだった。映画の40周年記念のときには、アンドリュースは熟考したうえでこのように語っている。「彼は、今ではこの作品に携わったことをとても誇りに感じていると思うわ。私にこう言ったんですもの。〔あの頃の僕は、今とは全く違う青二才だった〕と」

実際のところ、センチメンタルとは無縁のプラマーであるが、共演者であるアンドリュースについて世界中の観客が聞きたいと思っている通りの言葉を発したのはほかならぬ彼だった。「『サウンド・オブ・ミュージック』は、本当のジュリー・アンドリュースをスクリーンに映し出している。もし私と同じくらい実際の彼女を知っている人であればわかるよ。彼女は映画の中の姿そのままなんだ」。アンドリュースは少し違った言い方ではあるが、その好意的なコメントにお返しをするかのように、こう述べている。「彼は愛すべき怒りんぼうなの。本当に慈愛に満ちた人なんだけど、それを知られたくないと思っているのよ」

　映画が公開されてから50年経って、プラマーはその作品に関する若かりし頃の傲慢な態度を、今では脇に押しやることができた。「実戦には加わりたくないという兵士みたいな、甘い考えをした奴がいるとすれば、それは当時の私だった。そんなことをして、私はぶっ飛ばされるべきだったんだ」。今では、彼はその映画で熟練の技が映し出されるのを、ただ楽しむことができる。「うまい具合に感傷的な場面が撮られていると思うよ」。2007年にコネティカット州にある自宅で、子どもたちのイースター・パーティを開いた際にこの映画を観て、彼は率直にこう認めている。「そこには、かつての冷笑的な私が映っているんだ。くだらないことに、すっかり気をとられて。でも、あの映画に参加できたという誇りが突然こみあげてきたのを感じたよ」

　数十年が経つにつれ、『サウンド・オブ・ミュージック』に関してプラマーと大衆の間でも、ついに相互的な和解が生じたようだった。実際に、彼はこの作品のおかげで次世代の若者に自分の名前がどれくらい認識されているのかを知ったのであるが、もっと重要なのは、この映画が人々にとってどれほどかけがえのないものであるかを、彼がようやく理解して感謝するようになったことである。それと同時に、世間の人たちも彼のキャリアの幅広さや深みを十分に理解し始め、フォン・トラップ大佐の面影を微塵も感じさせず、難しい役をいくつも成し遂げる変幻自在な才能がプラマーにはあることに気がついたのだった。

　自分より年齢が半分も下の若者のようなエネルギーに満ちて、映画と舞台の両方で休みなく演じ続けたプラマーは、ニール・サイモンの『名医先生』から、トニー賞のミュージカル部門で最優秀主演男優賞を獲得した『シラノ』(1974)まで、あらゆる舞台に出演している。ブロードウェイの名高いパレス・シアターでは週に8回も生で歌い、そこには彼の吹き替えで歌っていたビル・リーの姿はなかった。プラマーは批評家も観客も同じように魅了したのである。ハロルド・ピンターの『ノー・マンズ・ランド』から、トニー賞を再び受賞することになる一人芝居『バリモア』(1997)、『オセロー』から『マクベス』まで、彼の幅広い才能は、『サウンド・オブ・ミュージック』とは全く関係なく、大衆の意識にインパクトを与えるようになった（しかしながら、報道関係者は完全に忘れることはな

く、2004年にリア王の演技で大成功を収めたプラマーがニューヨークに凱旋したときに、『ニューヨーク・タイムズ』は次のような見出しでプラマーを褒めたたえながら紹介している。〈伝説的人物ともう一人の男：横目でにらむリア王がフォン・トラップ大佐の呪いを解く〉。

　大分くつろいだ気分で物事を捉えるようになり、非常にとは言えないまでも、かなり愛想のよい人柄で、彼は健康なまま年を重ね、忙しく仕事をこなしていった。演劇の舞台に出ていないときは、次々と大量に製作される映画に出演し、（1984年の『ドリームスケープ』や、1986年の『ブロンドはお好き』のように）その全てがいつまでも残る名作ではないにせよ、ジョン・ヒューストンの『王になろうとした男』（1975）から、新聞記者のマイク・ウォレス役で出演し、アカデミー作品賞にノミネートされた『インサイダー』（1999）まで、沢山の優れた映画に携わった。クレジットの4番目に名前が載った2001年の最優秀作品賞受賞作『ビューティフル・マインド』を経て、『人生はビギナーズ』（2010）で年老いたゲイの父親役を演じ、彼はついにオスカーを手にすることになった。82歳でアカデミー賞に輝いたとき、彼は微笑みながらこう語っている。「この歳でオスカーを受賞するというのは、これまでの経歴を遡ったようで、とても若くなった気がするね」。『サウンド・オブ・ミュージック』の世界的な成功は、プラマーを以前は思いもしなかったほど世間から認められる立場に押し上げ、トラップ大佐のイメージをなかなか払拭できずにいたものの、もうその重圧を感じることはなくなった。クリストファー・プラマー・フォン・トラップは、ようやく俳優クリストファー・プラマーに完全に戻ったのである。

リチャード・ロジャース

『サウンド・オブ・ミュージック』の映画版によって、ロジャースは最後で――最大の――人気を勝ち得た。しかしながら、映画が公開された後、彼は次第にこれまで感じていたような喜びを作曲に見出せなくなってきて、晩年のミュージカルは批評家からも観客からも評価されることはなかった。1965年にハマースタインの秘蔵っ子であるスティーブン・ソンドハイムと共作した作品（『ワルツが聞こえる？』）はそこそこの成功を収めたが、互いに気質が合わず、『サウンド・オブ・ミュージック』が公開されてから数年間は、彼は別の作詞家と組んで作曲していた。『Two by Two』（1970）と『ママの思い出』（1979）ではマーティン・チャーニンと、『Rex』（1976）ではシェルドン・ハーニックといったふうに。彼のメロディに対する驚くべき才能が完璧な形で発揮されたのは断続的であり、この3作品にはいくつかの問題が生じ、ブロードウェイではどれも1年間続けて上演されることはなかった。

　とはいえ、人生の終盤に差し掛かるにつれて、数々の生涯功労賞が急に贈られるように

なり、ガンと心疾患で亡くなる前年の1978年には、バーナード大学から最大の名誉であるバーナードメダルが授与されている。しかし、作曲家に対するこれら全ての評価のなかで最も彼に相応しいのは、同じ年に、ケネディ・センター名誉賞の最優秀賞受賞者として選ばれたことだろう。彼は20世紀の偉大なアーティスト4人、マリアン・アンダーソン、フレッド・アステア、ジョージ・バランチン、アーサー・ルービンスタインの仲間に加わるという、申し分ない賛辞を贈られたのである。

ロバート・ワイズ

"この映画が大変な人気を得て、とても嬉しく思っています。
そのような観客の反応によって、映画とは私たちが理解していた以上に
力強いものなのだと気づかされました"
ロバート・ワイズ

『サウンド・オブ・ミュージック』がオスカーを総なめにした翌年、ロバート・ワイズはアカデミー賞の別部門、「常に高いクオリティの映画製作に取り組む姿勢が作品に反映されている創造力に富んだ監督」に与えられる、名誉ある格式高いアーヴィング・タールバーグ賞を受賞した。しかし、当然のことながら、彼は再び『サウンド・オブ・ミュージック』が成し遂げたのと同じくらいの興行収益を上げることはなかった。

オスカーにノミネートされることになるボリス・レヴェンによる目もくらむばかりのプロダクション・デザインが特徴的な『アンドロメダ…』(1971) で、ワイズ監督は本調子を取り戻し、『ヒンデンブルグ』(1975) では、1970年代半ばに流行した「パニック映画」の波に乗ってまずまずのヒットを飛ばしたが、輪廻転生の話を扱った『オードリー・ローズ』(1977) は、それほど観客数を伸ばさなかった。彼は70年代の一時期を、気が休まらなくなるようなある作品の準備に費やしていた。(『盗まれた街』を執筆した) ジャック・フィニイによる人気タイムトラベル小説『ふりだしに戻る』を映画化する計画である。それは (『たたり』、『Until They Sail』、『地球の静止する日』で) ワイズ監督がすでに申し分のない結果を収めている三つのジャンル、ミステリー、ロマンス、サイエンス・フィクションが見事に混ざり合った小説で、ワイズ監督のキャリアのなかで (うまくいきさえすれば) 最大の作品になるはずだった。『ふりだしに戻る』がワイズ監督の製作意欲をかき立てた理由は、映画の舞台として1800年代後半のニューヨークを再現できるチャンスがあるからということだったが、それがこの映画を最終的に失墜させる理由にもなった。予算の大きさに、財務係が恐れをなしてしまったのだ。この小説は (ニューヨークのミステリー専門の書店)

マーダーインクの読者人気投票で常にベスト5の一つに入る著作ではあるが、いまだ映画化されずにいる。

公開前から大いに期待されていた『スター・トレック』（1979）は大ヒット作となったものの、この映画製作はまた、ワイズ監督にとって不満の溜まる経験でもあった。公開時期をクリスマスに合わせるために、ポストプロダクション（撮影後の編集作業）が大慌てで行われ、完成した作品はワイズ監督が思い描いていたような映画にはならなかった。『スター・トレック』に続いて、彼は1980年代に多数のプロジェクトを進めていった。その中でも最も興味深いのは、ソール・チャップリンとアーネスト・レーマンと再び組むことになった、ブローウェイ・ミュージカル『その男ゾルバ』の再映画化である。アンソニー・クインが、かつて彼を有名にしたのと同じ役に再び抜擢され、当時爆発的な人気のあったジョン・トラボルタがゾルバに踊りを習う若者役として出演する予定であり、このミュージカルは映画化への体制が整っているように見えた。しかしながら、ワイズ監督はこの作品の準備に10カ月を費やした後で、膨れ上がる莫大な予算を削減しなくてはならないという越え難い障壁に突き当たった。予算削減は、彼の計画が不可能になるということを意味していた。その結果、ワイズ監督は次の作品を撮るまで10年もの空白期間をあけ、彼が再びメガホンを取ったのは、すっかり満足のいくものではないけれども、小さなスケールで製作した刺激的な都会劇『ルーフトップ』（1989）だった。

映画製作に関わっていないときでも、監督をしている時と同じくらい忙しいスケジュールをこなし続け、『サウンド・オブ・ミュージック』の大フィーバーが落ち着いてからは、ワイズ監督は1971年から1975年まで全米監督協会の会長となり、映画芸術科学アカデミーでは1985年に選出されてから3期にわたって会長を務めた。AFIの評議員とAFI先端映画研究所の所長も長く務め、彼の60年ものキャリアが批評家から再評価されて、芸術にまつわる格式高い賞が次々と贈られるようになった。1988年にD.W.グリフィス生涯功労賞、1992年にアメリカ国民芸術勲章を授与され、『サウンド・オブ・ミュージック』の功績を讃えて、オーストリア共和国有功大栄誉章も受けることになった。

次の世代の映画製作者を後押しすることに関心を抱き、ワイズ監督は若い監督たちにアドバイスをおくり続け、ホロコーストの時期にハンガリーのユダヤ人が生活を再興する様を描いた1992年公開の短編映画『I Remember』の製作が進むよう援助している。ワイズ監督がこの映画に関心を寄せるまで、無名の製作者たちにとって、この作品のために資本金を集めることはかなり難しかった。製作者のアンソニー・O・ロスは、こう述べている。「ワイズ監督の名前で、街中の全ての扉が開いたのです」

1998年、彼の業績に相応しく、ワイズ監督はAFI生涯功労賞の26人目の受賞者に

選ばれた。その夜、深いVネックのスパンコールが散りばめられた黒いドレスを纏って、本当に若々しく光り輝いているジュリー・アンドリュースが司会を務める受賞記念パーティが開かれ、ワイズ監督はいつものように受賞スピーチの大部分で、共同製作者たち、とくにアーネスト・レーマンと「私の特別な友」と彼が呼ぶソール・チャップリンに感謝の念を述べた。インディアナ州で過ごした自らの原点にも言及した監督らしい飾らない言葉と、彼の映画製作に対する哲学に裏打ちされたスピーチは、AFIの祝祭に出席者した人々との間に共鳴を生じさせた。そのスピーチで彼は、『サウンド・オブ・ミュージック』のような映画に惹かれることについて、次のように語っている。「優れた映画というのは、とてつもなく大勢の人々に訴えかけ、私たちが最善の瞬間、輝いている瞬間に成し遂げられる素晴らしい物事を証明しているのです…あらゆる偉大な映画には、一つの根本的なメッセージが含まれています ―― 人間の尊厳は常に守られる価値があるのだと」

年が経つにつれて、彼は自分よりも若い世代の卓越した才能ある監督への称賛を表すようになり、なかでもスティーブン・スピルバーグとマーティン・スコセッシには、特別な賛辞を送った。事実、AFIの受賞者にワイズを選出するよう積極的に押したのはスコセッシであり、1940年代にRKOでB級映画を撮っている時代から、製作者／監督として何百万ドルもの費用をかけたハリウッドの壮麗なる映画を作り上げた1960年代、70年代に至るまで、ワイズ監督の仕事の幅広さをスコセッシは公の場で称賛していた。

『ルーフトップ』公開から11年後、ワイズ監督は彼にとって最後の映画で2000年に放送された、ロッド・サーリング脚本のテレビ映画『ある夏の日』の製作に取り掛かった。ピーター・フォーク演じる年輩のユダヤ人店主が、突然幼いアフリカン・アメリカンの少年の面倒を見ることになるというこの映画は、いくらか話の結末が予測しやすい面もあるだろうが、観る人の心を動かす物語で、ワイズ監督が70年間のキャリアに徹底したプロ意識を持って別れを告げる作品となっており、子ども向け特別番組部門でデイタイム・エミー賞に輝いた。86歳のワイズ監督にとって、それは自らのキャリアを閉じるに相応しい方法だった。これまでと等しく、感動的で心のこもったセンチメンタルなこの映画は、最後の最後までワイズ監督のプロとしての信条を反映している。何よりも物語が大事なのだ。

何十年もの間、心から溢れ出る愛情と、特別な幸せを感じられる仲間との心地良さをずっと感じていたいという思いから、ワイズ監督は『サウンド・オブ・ミュージック』のキャストの多くと密接に連絡を取り合っていた。彼が連絡を取っていたのは子どもたちや主演俳優だけではなく、撮影の間中、ユーモアのセンスで楽しませてくれたリチャード・ヘイドンとも、数十年以上も親しい友人関係を続けており、6カ月から8カ月ごとには顔を合わせる仲だった。ワイズ監督は、ペギー・ウッドとも撮影が終わってから何年も連絡を取り

続けており、彼女の訃報を知った時、彼はこう述べている。「彼女の死は、私にとってかなりの打撃でした——彼女は本当に素晴らしい人だったのです」

彼は『サウンド・オブ・ミュージック』に関わったプロたちのなかで、ジュリー・アンドリュースと最も親しい結びつきを保っていて、1968年に前評判が非常に高かった『スター！』で再び仕事を共にしたが、それは予想外の失敗に終わってしまった。見たところ、眩いばかりの煌びやかな作品ではあるものの、総譜が全く首尾一貫しておらず、肝心なところで作中の曲が虚ろに響くだけだった。それでも、2人の友情が消えることはなかった。『スター！』の撮影以降、定期的に会うことはなかったが、毎年何回かは決まって連絡を取り合い、何十年もお互いに誕生日カードを送る仲だった。ワイズ監督は誇張した表現を使う人ではなく——彼には中西部の堅固な価値観に基づく何らかの理由があって、ハリウッド流の迸り出るような度を超えたやり方で誓われる永遠の愛など信じなかったが——ワイズ監督とアンドリュースの関係は本物だった。彼は心から彼女を評価して、こう述べている。「ジュリーは驚くべき女性だよ。私は彼女が大好きなんだ」。そして、アンドリュースは次のような賛辞を返している。「ロバート・ワイズは、私の心の拠り所なの。彼が頭のなかで、自分のやるべき課題に取り組んでいるのを見れば、どうして彼が偉大な監督になったのか、わかるはずよ」

ワイズ監督は、他の多くのスタッフとも同じように交流を続けていた。ボリス・レヴェンとは連絡を取り合わなくなったが、アーネスト・レーマンとの親交は絶えることはなかった。『重役室』、『傷だらけの栄光』、『ウエスト・サイド物語』、『サウンド・オブ・ミュージック』で一緒に仕事をしたことで、2人の友情は堅固なものになっていた。ソールや彼の妻のベティ・チャップリンとも同じく強い絆で結ばれ、ワイズ監督は彼らとの友情について感激しながらこう述べている。「私たちは本当に良い友達で、たびたびお互いに会うため行き来しています」。編集者のビル・レイノルズや絵コンテ作家モーリス・スベラノとも、同様にいつまでも親しい仲間でいた。スベラノとは、1949年にフィルム・ノアールの『罠』で初めて仕事を共にしてから、ワイズ監督は彼が製作した全ての映画で「スビー（スベラノの愛称）」の絵コンテを使い続けた。『サウンド・オブ・ミュージック』の後も、『砲艦サンパブロ』、『スター！』、『オードリー・ローズ』、『スター・トレック』で2人は同じチームとして製作に携わり、その結びつきはスベラノが1994年に82歳で亡くなるまで途切れることはなかった。

ワイズ監督は、一流のスタッフが揃った素晴らしいチームで仕事を続けたいと思い、『砲艦サンパブロ』でテッド・マッコードに再び製作に加わってほしいと願っていたが、その頃マッコードは心臓の病で体調を崩しており、ロケ地探しの旅に参加した後で、彼は不本意ながらも、この仕事に従事するのは体力的に厳しいとワイズ監督に告げざるを得なかった。

『サウンド・オブ・ミュージック』の後、マッコードはたった1作品だけ、1966年に公開されたショーン・コネリー主演の『素晴らしき男』（アーヴィン・カーシュナー監督）に携わっている。引退を宣言してから10年後、マッコードは1976年に75歳でその生涯を閉じた。

ワイズ監督個人のキャリア全体のなかで、何年もの間、『ウエスト・サイド物語』が最高傑作とみなされていたとしても、彼の心の中心にあり続けたのは『サウンド・オブ・ミュージック』だった。彼は映画に出演した7人の子どもたちにとって、ずっと第2の父親のような存在であり、そして次第に信頼のおける友人のようにもなっていった。カリフォルニアでワイズ監督の近くに住んでいたシャーミアン・カーとは、特に親しい交流があった。この映画のブルーレイ版が発売された時期には、その頃もワイズ監督は子どもたち全員と連絡を取り合っていたと明かし、今なお変わることのない紳士的な話し方で、彼らの近況を嬉しそうに次々と語っている。キム・カラスは「ニューヨークに住んでいて、フランス人の銀行員と結婚して子どもが生まれたばかり」で、「アンジェラはまだ同じ場所で暮らしていて、3人の可愛い子どもがいる」。「デビーも結婚して3人の子どもに恵まれ、ミネアポリスに住んでいる」し、「ニッキーはオーストラリアで生活していて、舞台や映画で演じ続けているようだ」。「デュエン・チェイスは科学の道に進んだらしい。長年にわたって、私たちは一緒に集まる機会を持っていたよ——プロモーションのために、全員でロンドンに行ったこともある——その時ニッキーはそこで暮らしていてね——子どもたちとのそうした付き合いは、今日まで続いているんだ」

2005年9月にワイズ監督が91歳で亡くなる時まで、彼が（独創性と個性をはっきり打ち出す映画監督を意味する）オトゥールの殿堂入りをしなかったという事実は、全く理不尽なことのように思われた。数々のオスカーとAFI生涯功労賞を受賞していたのに、批評家の賛同を得られなかったのは筋が違うようにみえる。何本もの人気映画を撮ったこの監督は世界中から愛されていて、彼の死は、全世界で報道された。彼が亡くなったことで、長い歴史を持つ伝統あるハリウッドは、ほんの数名しかいない、まだ伝説であり続けていた貴重な人物の1人を失っただけではなく、音響効果や映画音楽から編集や演出といった映画製作のあらゆる側面を理解していた、世界的に尊敬されて優しくものを言う紳士を失ったのである。当然のことながら、その頃、ワイズ監督が亡くなったと報じるどの新聞記事にも記載されていたのは、彼を世界中のだれもが知っている存在にした映画のタイトルだった。「『サウンド・オブ・ミュージック』と『ウエスト・サイド物語』でオスカーに輝いた映画監督、ロバート・ワイズ氏が…」

止まった時間：フォン・トラップ家の子どもたちを演じてからの年月

『サウンド・オブ・ミュージック』の映画でフォン・トラップ家の子どもたちを演じた子役の間には真の友情が芽生え、今日まで続いているが、もしそれが本当の気持ちに根差していなければ、うんざりするようなものに思われるだろう。2010年に、主要キャストはテレビ番組の『オプラ・ウィンフリー・ショー』に出演するために集まった。ジュリー・アンドリュースとクリストファー・プラマーと一緒に、7人の子どもたち全員が顔をそろえたのは、1965年3月に開かれたハリウッドでのプレミア以来、初めてのことだったかもしれないが、子どもたちは撮影が終わってからずっと、それぞれ密に連絡を取り合っていた（報道されているのとは違って、ダン・トゥルーヒットは『オプラ』の番組プロデューサーから出演依頼を受けなかったことに対して腹を立てたりはしなかった。〈彼らのなかに入れるなんて、思いもしなかったよ。一緒に出演できれば良かっただろうとは思うけど、そうできなかったからといって絶対に怒ったりはしなかった〉）。

『オプラ』の収録前夜に、出演者たちが急遽、一緒に夕食をとることになったのを、テッド・チェイピンは微笑みながら回想している。「あれから何年も経っているのに、〈子どもたち〉がジュリーとクリスに以前のように接しているのを見るのは、懐かしくて嬉しい気持ちになったよ。ジュリーがテーブルを全部引き寄せて、全員がうまく座れるようにしたので、彼らは本当に近くに座って話をしていてね。とても楽しい時間だった。通りに面して窓が並んでいたので――もしも誰かがそこから覗いたら、フォン・トラップ家がもう一度集まっているのを見ることができただろうね！」

ニコラス・ハモンドは7人の間の一風変わった結びつきについて、次のように要約している。「それぞれの結婚や離婚、家族との死別、良い時も悪い時も共に過ごすことで、信頼できる関係が築かれていったんだ…僕たちが過ごしたこの年月にあったことを本当に理解できる人なんて、他には誰もいない。一緒にいたというだけではなくて、精神的にもとても密接なつながりを持つようになったんだ」。『サウンド・オブ・ミュージック・ファミリー・スクラップブック』に記されているように、彼らの妻や夫までもお互いに親交を深め、子役の女の子たちと結婚した男性たちは、『サウンド・オブ・ミュージック：夫の会』と自分たちの集まりを名づけたくらいであった。なかでも最も深いつながりがあったのは、アンジェラ・カートライトとヘザー・メンジースで、ヘザーの夫である俳優のロバート・ユーリックが癌のため死の床に横たわっている時、アンジェラは数日間を一緒に過ごして彼女を支えた。ヘザーが大変な状況にあるこの時期に、デュエン・チェイスはシアトルから飛行機に乗り、彼女に会いに来ている。人生の幸せな時もそうでない時も共に過ごし、彼らの絆は

続いていったのである。

　7人を結びつけていたのは、愛情や友情だけではなかった。全員が、『サウンド・オブ・ミュージック』そのものと、この映画界の遺産とも言える作品に自分たちが出演したという誇りを守り抜きたいと思い、この映画に対して、忠誠心をわかちあっていたのである。そのことについて、シャーミアン・カーは「私たちはみんな、この映画のファンをがっかりさせたくないと思っていたの」と、語っている。ニック・ハモンドが思いを巡らしながら語った言葉は次の通りだった。「人々がやって来ては、僕にこの映画への感謝を述べて、彼らにとってそれがどのような意味を持つかを話してくれる。そんな人生を送れるなんて、めったにないことだよ」

　確かに、映画の圧倒的な成功は、実際のところ、若い役者たちに思いもよらない問題を引き起こしている。映画公開時に小学校1年生だったキム・カラスにとって、映画の大ヒットは学校での彼女の立場を難しくするものとなった。彼女は映画出演で有名になったことで、学校でいじめに遭い、そのうえ喘息（ぜんそく）と近視に苦しんでいた。そのような状況のなか、周囲に溶け込むうえで最も良くなかったことは彼女が実際に優等生であったことだ。彼女の両親がキムに、他の生徒たちはあなたをうらやましく思って嫉妬しているので、そんな風にいじめたりするのだと諭すと、彼女は現実的に物事を捉えるのに十分なほど成熟しており、両親の言葉に「小さな慰め」を見出しながらその状況に耐えたのだった。

　それぞれの生活にどのような違いがあったとしても、7人の役者たちは一つの圧倒的な重荷を全員で背負うことになった。映画が公開されてから何年かが過ぎても、人々の記憶のなかでは、彼らはスクリーンで見たときの子どものままだった。ファンの年齢を問わず、『サウンド・オブ・ミュージック』はいつでも、男性であろうと女性であろうと観客を若返ったような気持ちにして、それが自分たちの子ども時代と直接結びついているように感じさせる。『サウンド・オブ・ミュージック』はショービズならではのやり方で、プルーストの『失われた時を求めて』のなかで語り手が昔を思い出すきっかけとなるマドレーヌと同じくらい不思議な強い力のあるものとなり、そこにはファンがこうつぶやくとき、思いがけず辛辣な別の要素が加わるのだった。「フォン・トラップ家の子どもたちは、どうやって年をとるのかしら？」世間の人達は、青年期を過ぎただけではなく、白髪交じりの中年になった彼らに会うと、驚き、失望することさえあるようにみえた。

　おそらく、この子役たちが年をとるという事実は、彼らの年のとり方がどんなに上品であったとしても、それらは単に人々の心を苦しめるのだろう。なぜなら、トラップ家の子どもたちが中年になった姿を見るということは、観客自身がどれほど年をとったかを思い出させるからだ。『シカゴ』のロキシー・ハートの言葉を借りれば、そのように感じる観客は「これま

で自分がそうなるだろうと思っていたよりも今では年老いている」のである。

　このようなファンはまた、役者たちがスクリーン上と全く同じように、映画の外でも素晴らしい家族であってほしいと切に願っている。数十年間のうち、7人の子どもたちが答えた質問のなかで、もっともよく聞かれたのは、単純でありながら映画の裏側を見たいという気持ちから生じた問いだった。「ジュリー・アンドリュースは、本当はどんな感じなの?」もちろん、この質問には、「彼女は『サウンド・オブ・ミュージック』で演じていたのと同じくらい素晴らしいと言ってちょうだい——お願い!」ということが言外に仄めかされている。ファンにとって嬉しいことに、ほとんどの場合、7人の子どもたちはためらうことなく、彼らが望んでいるとおり正確に答えた。

　興味深いことに、シャーミアン・カーは、アンドリュースよりもたった7歳若いだけだが、よく聞かれる質問に対してぴったりの返答をしていた。アンドリュースはどんな人かと聞かれると、彼女は簡潔にこう答えた。「彼女はプロだわ」。この映画の重責を一身に背負っているアンドリュースは、自らのやるべき仕事に集中していたので、カーは彼女とは本当の意味で個人的な関係を持つことができていないと感じていた。「私たちメンバーの多くは親しい付き合いをするようになったのに、ジュリーは前に進むことを選んだみたい。どうしてなのかわからないけど」

　実際、アンドリュースのキャリアがこの映画の公開で最高潮に達した時、忙しすぎて7人の子どもたちと親しい関係を続けることはほとんど不可能になってしまったのだろうが、おそらくカーが感じた隔たりは、生粋のイギリス人らしいアンドリュースの礼儀正しさにあったのかもしれず、長年にわたって、報道関係者の多くも同じような気持ちを抱いてがっかりすることになった。1990年に25周年記念パーティが催された時、数年ぶりにアンドリュースと再会したカーは、彼女は「いつもどおり、穏やかで親しくも礼儀正しい人」だと思った。熱い友情を示すというのではなく、かといって曖昧な態度では決してなく、節度が感じられるのだ。彼女は足の先までプロなのである。

　しかしながら、時が経つにつれて、カーはアンドリュースが以前よりも打ち解けるようになったと気付いた。おそらく彼女自身が今では70歳近くなり、アンドリュースが感じていたプレッシャーを前よりも理解できるようになったのだろう。理由は何であれ、2010年11月に、アンドリュースと子どもたちが『トゥデイ』に出演した時、全員が「家族」という言葉を強調し、そこで彼ら8人が表した感情はうそ偽りないものに見えた。『サウンド・オブ・ミュージック』に対するカーの評価はどうだったのだろうか? 彼女は心からはっきりと宣言している。「この作品は私たちにもう一つの家族を与えてくれたのよ」

　他の記念DVDの時と同じように、例によってアンドリュースは映画の40周年記念

DVDのためにコメントを録音しているが、そこで彼女は時間を割いて、7人の子どもたちそれぞれに賛辞を述べている。「シャーミアンの優雅さと美しさを、いまでも覚えているわ。ニコラスはいくらかシャイなところがあって、少し頑固で不器用だった。それが可愛らしく思えるようになっていったの。ヘザーはそばかすのある綺麗な顔立ちで、彼女もかなりシャイだったわね。デュエンのことも、大好きだったわ——あんな風に愛嬌のある顔をしているから、ほっぺをつねりたくなっちゃうのよ。アンジェラ・カートライトは見てのとおりの美人さんで、撮影当時でも彼女は特別だとわかった。おチビのデビーはちょうど歯が抜けていて、舌っ足らずで話すの——なんだか彼女を抱きしめたくなったものよ。それから、あの愛らしいキムがいたわね——彼女はいつも私の傍にいて、足元にまとわりついていたわ」

7人の子どもたちは、たまに『サウンド・オブ・ミュージック』に関する不満を漏らすことがあった。彼らのフラストレーションは、いつもお金に関するものだった。数千万部を売り上げた『サウンド・オブ・ミュージック』のサウンドトラックが、これまで発売されたサウンドトラックのなかで最も高い収益を得ていたが、ジュリー・アンドリュースを除いて、サウンドトラックで歌を収録した者はこれまで誰も売り上げの分配金を貰ってはいなかった。サウンドトラックでも、記念行事に関係した宣伝活動でも、報酬を得られなかったことに失望し、(すでに大人になっている)「子どもたち」は不服をあらわにした。そして、ロンドンで行われた映画公開の25周年記念祝賀会で彼らの不満が頂点に達し、論争が引き起こされた。彼らは、自分たちが費やした時間に対する対価が支払われるようになるまで、今後の記念祝賀会や重要なイベントで映画の宣伝をしないと言い出したのである。彼らの不満に大変驚いたワイズ監督は、7人を恩知らずとまで呼んで、彼らにさらなる報酬を支払うことに「ノー」という返事をした。ワイズ監督の考えでは、1964年当時まだ子どもだった7人は、すでに仕事に関する報酬は貰っているはずであった。

7人全員はワイズ監督のことが好きだったし、尊敬していたが、彼がこの映画を撮ってからかなり裕福になっていったという事実に気が付いていた。映画の収益の10パーセントがワイズ監督と彼の会社であるアーガイル・エンタープライズに入るのだ。彼は、映画と関連商品の売り上げを共有しており、映画のレンタルが製作コストの2.5倍、大体2千万ドルくらいになった時には、その一部が彼に入るようになっていた。売り上げが費用を上回ったのが1965年の夏の終わりだったという事実は、その後何十年もの間、ワイズ監督には数百万ドルの収益が入るということを意味していた(共同製作者としてのソール・チャップリンの分け前は、ワイズ監督の取り分の中から出されていたが)。

この映画に関与したスタッフや出演者のなかで、ワイズ監督を彼の報酬の件でねたむ人など誰もいなかった——監督として、またプロデューサーとして、彼の構想が映画の成功

に多大な貢献をしたのだから。今では、ミュージカルのオリジナル台本を執筆したリンゼイとクラウスにも数百万ドルの分配金が入っているが、それについても同じような理解を得られている。リンゼイとクラウスが、最初にこの作品を構成したのである。スウィフティ・レイザーに先見の明があったおかげで、純利益が1千200万ドルに達したら、ミュージカルの脚本家にも分配金が入るという規約が結ばれていたのだが、映画の総収入がさらに増え続けたために、その約束はすぐに果たされることになった。ラッセル・クラウスが亡くなった後、金銭的には間違いなく幸せな未亡人となったアンナは、こう述べている。「私が今日言えることは、スウィフティありがとう！ってことだけよ」

しかし、ワイズ監督、リンゼイ、クラウスはさておき、映画に出演した子どもたちは、自分たちも映画の成功にかなり貢献していたのに、何十年も給料をもらわずに映画の宣伝をし続けてきたのはおかしいことであり、金銭的な面でも報いられるべきだという考えを今では持つようになっていた。その一方、大人になって7人の役者たちは、自分たちは実際のところ、ただ観客が懐かしく思い出してくれるので力を持ち続けてこられたのだと気がついた。この映画のファンは、アイコン的な一家の今の姿を見たくて、『サウンド・オブ・ミュージック』のイベントにやって来るのである。最終的に彼らは和解に至り、シャーミアン・カーはそれについて、こう語っている。「結局のところ、あれは家族内の喧嘩みたいに解決したの…すっかり片が付いたわ。これからの宣伝活動には、報酬が出ることになったの」。騒ぎが収まり、ワイズ監督の彼らとの友情は、監督が亡くなるまでその後の人生でずっと続いていった。彼はいつも、子どもたち全員が堅実で仕事熱心でプロ意識を持っていて、私生活ではスキャンダルなど微塵も引き起こさなかったと、誇らしげに語っていたのである。

シャーミアン・カー　カーが名声や彼女ならではの演技を身につけられたのは、『サウンド・オブ・ミュージック』のおかげだったが、彼女はまた「少しの間、リーズルのことを完璧で誰からも心から愛される、厄介な双子のように感じ始めた時期もあった」と認めている。彼女が解決しなければならなかったのは、何十年も変わることのない、実際よりもかなり誇張されたスクリーン上の完璧なイメージとどうやって共存していくか、という問題だった。彼女が時おり感じた不満は、時が経つにつれて次第に消えていったが、カーは「リーズルがまるで実在する人物であるかのように、彼女に憤りを感じた」時もあったと告白している。

1965年に映画が公開されてから、疲れなどまるで感じさせずに映画の宣伝大使として、彼女は世界中を飛び回り、丸2年間を世界中で映画のコマーシャルのために過ごした。『サウンド・オブ・ミュージック』の後、彼女が女優として一番活躍したのは、テレビ番

組用に製作されたスティーブン・ソンドハイムのミュージカル『イヴニング・プリムローズ』（1966）で主演を務めた時だった。彼女は二度の結婚を経験し、2 人の娘を育て上げ、今では 2 人の孫がいる祖母になっている。

　著名なインテリア・デザイナーとなった彼女は、アーネスト・レーマンやマイケル・ジャクソンを顧客に持ち、マイケルのネバーランドの装飾にも携わっている。終生『サウンド・オブ・ミュージック』のファンだったマイケルは、カーを彼のインテリア・デザイナーとして雇っただけではなく、意図的にカーが住んでいた（ロサンゼルス郊外にある住宅地）エンシーノにネバーランドを建設した。このデザイナーとスーパースターは、マイケルの一風変わった、時には常軌を逸するほどの構想を実現しようと楽しく共同製作に取り組み、ジャクソンの終わることのない整形手術をめぐって 2 人が衝突するまで親しい関係を続けていた。カーは、マイケルについてこのように説明している。「彼が肌を漂白している時、私はそこにいたの…彼が初めて鼻を整形した時も、一緒にいたのよ」。シャーミアンはもう一度鼻を整形しようとするマイケルを止めるために、彼を説き伏せようとしたが、マイケルは彼女の言うことを聞き入れず、2 人は次第に疎遠になっていった。いかにも『サウンド・オブ・ミュージック』の子どもらしく、カーは少々のことで陽気さを失うことはなかったが、2000 年に受けたインタヴューのなかで、マイケルが整形をした後の写真を見たときの印象について、彼女は日ごろの気遣いなど捨て去り、ありのままの気持ちを詳しく語っている。「コメントのしようがないくらいひどいわ。以前の彼は可愛らしい顔をしていて、とても魅力的だったのに。彼が自分自身にやったことを考えると、気分が悪くなるわね」

　彼女はその後再び主要な映画に出演することはなかったが、『サウンド・オブ・ミュージック』を代表して、記念行事や『サウンド・オブ・ミュージック』の上映の際に行われるシング・アロング（観客が一緒に歌う形式の上映会）には参加し続けた。歌の集いの祭典には、膨大な数の熱烈なゲイのファンが集まり、カーは、ゲイの人たちのアイドル的存在になってどんな気持ちかと訊かれて、微笑みながらこのように説明している。「すごく良い気分よ。ジュディ・ガーランドのことを考えたり、ベット・ミドラーのことを思い出したりするわ。それから、こう思うの。〔まあ、彼女たちの仲間に入れるなんて、名誉なことだわ〕」

ニコラス・ハモンド　『サウンド・オブ・ミュージック』が公開された後、ハモンドはブロードウェイの『軍旗の陰影』（1970）に出演し、1970 年代に CBS で放送されたテレビ番組シリーズ『スパイダーマン』では主演に抜擢された。

　1980 年代半ばに、テレビ番組のミニシリーズでオーストラリアを訪れたハモンドは、すっかりその場所に惚れ込んでしまい、そこに滞在することを決め、結局、オーストラリア国籍

を獲得するまでになった。脚本家と俳優の二足の草鞋を履いて忙しい日々を過ごしながら、彼は150本以上のテレビ番組に出演している。そして2013年には、オーストラリアの劇場で催された『An Evening with Julie Andrews』のホスト役を務めた。このショーではアンドリュースの60年に渡るキャリアが紹介され、年を重ねたファンが劇場一杯に集まり、『サウンド・オブ・ミュージック』に出演した2人の役者を、以前と同じように喜んで迎えたのだった。

ヘザー・メンジース 『サウンド・オブ・ミュージック』から2年後、メンジースは『ハワイ』でジュリー・アンドリュースの妹役として、彼女と二度目の共演を果たした。アンドリュースと同じく、メンジースも『サウンド・オブ・ミュージック』で植え付けられた健全なイメージから脱却できないと感じており、1973年に雑誌『プレイボーイ』にヌード写真を掲載して（そのグラビアのタイトルは〈Tender Trapp（優しげなトラップ）〉だった）それまでのイメージを壊そうとしたが、その試みでさえも健やかで良識的な印象を与える『サウンド・オブ・ミュージック』との生涯続く関係を損なうことはできなかった。『プレイボーイ』のグラビア写真に対する、彼女の率直な評価はこうである。「失敗だったわ」

リビー社のコンビーフのテレビコマーシャルの撮影でロバート・ユーリックと出会い、メンジースは彼と1975年に結婚し、テレビ番組シリーズ『私立探偵スペンサー』、『ベガス』、『特別狙撃隊S.W.A.T』で共演する姿が見られた。雑誌『Us』で1990年にインタヴューを受けたとき、メンジースは『サウンド・オブ・ミュージック』から離れたい気持ちを、簡潔な表現でまとめている。「あの映画は、一生に一度きりの素晴らしい時間でした。でも私の人生においては、もう終わった章なのです」

2002年にユーリックが滑膜肉腫で亡くなった後、3人の子どもの母であり、2人の孫の祖母でもあるメンジースは、自らも卵巣がんを克服すると、ミシガン大学がんセンターでユーリック肉腫研究基金の活動に積極的に取り組み始めた。

アンジェラ・カートライト 『サウンド・オブ・ミュージック』に出演してからも、カートライトはテレビで活躍し続け、最もよく知られている仕事は、3年間続いた人気番組シリーズ『宇宙家族ロビンソン』（1965-1968）である。彼女は『Make Room for Grandaddy』でダニー・トーマスとマージョリー・ロードと再共演しているが、このシリーズはすぐに打ち切りになってしまった。1976年に結婚すると、2人の子どもたちのために家にいたいと思い、子育てを中心とした生活を送る傍ら、Rubber Bootsという衣料品店を営むようになる。カリフォルニア州ステュディオシティーのギャラリーでアーティスト兼写真家もしている

カートライトは、ヘザー・メンジースと製作会社を設立し、ショービジネスの世界にも関わり続けている。また、2004年には、(トム・マクラレンと)『Styling the Stars』を共著で出版している。

デュエン・チェイス　『サウンド・オブ・ミュージック』関連のイベントに出る以外は、ショービジネスの世界から離れたチェイスは、1976年にカリフォルニア大学サンタバーバラ校で地質学を学んで学位を取得した。今はシアトルで妻と子どもたちと暮らしており、地質学者と地球物理学者のためのソフトウェアを開発している。偶然にも、チェイスの妻ペトラは、かつてオーストリアで乳母として働いていたことがあった。

デビー・ターナー　1980年に結婚したターナーは、その後、デビー・ターナー・オリジナルというフローラルデザインとイベント関連の会社を設立して成功を収めている。ターナーは1980年代半ばに夫と4人の子どもたちと一緒にミネアポリスに移り住んだが、ロサンゼルスとユタ州パークシティでも仕事を続けている。4人の子どものうち1人は、アンジェラ・カートライトに敬意を表して、アンジェラと名付けられている。

キム・カラス　『パパ大好き』など、数多くのテレビ番組にゲストとして出演した後、カラスは南カリフォルニア大学に入学し、最終的に美術史を学ぶためにパリに渡った。彼女はパートタイムで俳優業を続けているが、投資銀行に勤める男性と結婚したあと、(1991年に生まれた)息子エリックの子育てに専念するようになった。

ダン・トゥルーヒット　結婚して6人の子どもと6人の孫がいるトゥルーヒットは、2人の息子をトマス・ロルフ、ロルフ・ピーターと名付けている。彼はこの映画への愛情と自分のキャリアを成功させたいという実際的な目的の両方から、何年もの間『サウンド・オブ・ミュージック』との繋がりを強調し続けていた。ザルツブルクへのツアーを企画したり、『Gazebo Love（あずまやの愛）』というCDを自分で発売したりもしている。『サウンド・オブ・ミュージック』に出演した後、彼はラスベガスの贅をつくした壮大なショー『ハレルヤ・ハリウッド』でジーン・ケリーとフレッド・アステアの役を演じている。数多くの舞台に出演し、ノースカロライナのディナー劇場（食事をしながら観劇できる場所）でフォン・トラップ大佐を演じたこともある。彼は笑いながら、このように語っている。「私はこれまで大佐を演じた人の中で、一番年上かもしれないね——でも、映画公開からちょうど50周年記念にあたる、2015年にもう一度やる予定なんだ」

彼は、この映画が出演者たちに不朽ともいえる名声を与えたことにはっきりと言及しながら、その影響が長引くことを認識していたし、そのことに感謝してもいる。「あずまやでのダンスは、私たちがこの世から消え去った後でも、人々によってずっと語られ続けるでしょう。私は永遠にそれを感謝するつもりです…常にあの映画を観ているわけではありませんが、たまに観た時には、あの作品が作り出す素晴らしい世界に、あらためて驚かされます…私たちに家族がいる限り、それぞれの家族に対しての気持ちを高めてくれる『サウンド・オブ・ミュージック』を観ることになるでしょう。そこには、音楽、対立、愛情、信念があり、それらを経験して私たちの社会は結び付いていくのです」

エリノア・パーカー　『サウンド・オブ・ミュージック』公開後2年のうちに、人々の記憶に残ることはなかった4本の映画に出演してから、パーカーはテレビに活躍の場を移し、60年代、70年代、80年代の最も人気のあるシリーズの多くにゲスト出演している。その番組は『0011ナポレオン・ソロ』、『華麗なる世界』、『ハワイ5-0』、『ベガス』、『ラブ・ボート』、『ファンタジー・アイランド』、『ジェシカおばさんの事件簿』など多岐にわたる。彼女の美しさは健在で、持って生まれた才能のあるパーカーだったが、彼女は、当時のハリウッドには成熟した女性に相応しい役が少なかったために、不利益を蒙っていたようだ。そのような事情もあり、彼女の最後の出演作となったのは、1991年のテレビ放送向けの映画『Dead on the Money』だった。

彼女は晩年の数十年間は静かな生活を送り、2013年12月にカリフォルニア州パームスプリングスでその生涯を閉じた。

アーネスト・レーマン

*"『サウンド・オブ・ミュージック』は、ほとんど現実ともいえるおとぎ話だ。
それは人々に希望を与える。私は直感で、この映画は今から千年経っても、
様々な方法や形式、スタイルで観られるだろうという気がしているんだ"*

彼が『サウンド・オブ・ミュージック』の台本を執筆していた1963年から64年に話を戻すと、レーマンは、ウィリアム・モリス・エイジェンシーの社長であるエイブ・ラストフォーゲルから、(アメリカの劇作家)エドワード・オールビーの作品で、トニー賞などを受賞した『ヴァージニア・ウルフなんかこわくない』を映画化するために台本を書かないかと、度重なる電話での誘いを受けていた。レーマンは一つ条件を付けて、その仕事を引き受けることにした。その条件とは、彼は脚本家としてだけではなく、その作品のなかでシンプ

ルかつ辛辣に描かれている結婚生活の模様を白黒で映像化するプロデューサーとしても参加したいというものだった。レーマンは、『ウエスト・サイド物語』と『サウンド・オブ・ミュージック』でワイズが監督とプロデューサーの二役をこなしているのを近くで見ながら、重要なことを学んできていた。「脚本家として、映画製作に加わっている限り、それを監督している人や関わっている人、台本を書きかえたりする人、あるいはその人が書きかえなかったとしても、映画を実際に撮っている彼らに何の口出しもできないんだ」

かつてレーマンは、脚本家にとって最も働きやすい環境とはどのようなものかと問われたとき、プロデューサーが「私に安心感を与えて励ましてくれて…どんなことがあろうとも、この映画を完成させるんだという熱意を持たせてくれる時だね」と答えている。その意味においては、『ヴァージニア・ウルフなんかこわくない』の脚本家とプロデューサーという二つの役割を兼業することは、レーマンにとって、かなり喜びに満ちた経験となるに違いなかったが、この映画が芸術的な評価を得ただけではなく、商業的な成功も収めたにも関わらず、レーマンにとっては幸福な経験とは言い難くなってしまい、この作品で初めて監督を務めたマイク・ニコルズと何度も口論をすることになった。

『ヴァージニア・ウルフなんかこわくない』のプロデューサーとして、アカデミー賞の作品賞にノミネートされた時でさえ、彼はあの忌まわしい経験をなかなか脳裏から拭い去れずにいた。34年後に、雑誌『*Talk*』は、「アーネスト・レーマンの日記」と題して、この映画での脚本家の経験を事細かに綴った記事を掲載している。そのなかでレーマンは、ニコルズのことを要求が厳しく大酒のみだったと書き記している。この日記が世に出ると、ニコルズやエリザベス・テイラー、ジョージ・シーガルから怒りの手紙が届いた。その手紙でニコルズは、レーマンが最初に書いた台本は「使いものにならなかった」と述べ、プロデューサーとしての務めも、「実際のところ、自分とはほとんど関係のないグループ」に入りたがっている男がやった程度のものだったと記している。自分のしたことに後悔の念を抱いたレーマンは、「35年前に書いた、どうしようもない、ずさんな日記に対する深い謝罪の意」を表した。

レーマンは『ヴァージニア・ウルフなんかこわくない』の後、ミュージカル映画の仕事に戻り、1969年の『ハロー・ドーリー！』の台本執筆とプロデューサーを務めた。この映画はアカデミー賞で作品賞にノミネートされるなどたくさんの良い機会に恵まれたにもかかわらず、結局のところ、旋律にあふれた物語とはいえ幾分大げさな演出がされている作品という印象を残してしまった。その当時の記録に残る破格の金額、2千万ドルもの予算をかけたスケールの大きい映画であったが、その費用を収益で賄うことはできなかった。3年後にレーマンは、フィリップ・ロスの問題作『ポートノイの不満』を映画化して、初めて

監督をすることになった。この作品は、批評家からの評価も得られず、商業的にも成功しなかったが、レーマンは仕事を続け、アルフレッド・ヒッチコックの小気味よい映画『ヒッチコックの ファミリー・プロット』(1976)、(アメリカン・フットボールの最大イベント) スーパーボウルを舞台としたパニックアクション映画『ブラック・サンデー』(1977)、テレビ番組のミニシリーズ『大西洋を乗っ取れ！』(1979) で脚本の執筆に携わり、そのキャリアを閉じている。

　時が経つにつれて、レーマンの人並み外れた仕事の幅の広さが注目され、彼の功績に対する数々の賞や栄誉が贈られるようになった。1972 年に全米脚本家組合からローレル脚本賞を授与され、1983 年から 1985 年にかけて全米脚本家組合の会長を務めると、1995 年にはその組合から生涯功労賞が贈られ、長い間切望してきた評価についに得ることができた。彼が成し遂げた偉業――『成功の甘き香り』、『北北西に進路を取れ』、『ウエスト・サイド物語』、『サウンド・オブ・ミュージック』、『ヴァージニア・ウルフなんかこわくない』――に見られる素晴らしい本質は、ようやく映画業界で理解され、アカデミー賞脚本賞に 4 回もノミネートされた経歴を持つレーマンは、2001 年に脚本家としてアカデミー名誉賞を受賞し、オスカーを初めて手にするという栄誉に輝いた。レーマンにとって、『サウンド・オブ・ミュージック』が「ほんの少しの人々に生涯でたった一度だけ起こる奇跡」であり続けた事実を考えると、レーマンが「美しき人」と呼んできたジュリー・アンドリュースがプレゼンターとなり、この賞が彼に贈られたというのは、その奇跡が本当に起ったのだと非常に納得のいくことのように思われる。

　様々な賞をもらったとはいえ、レーマンは人生の最後まで脚本家の映画に対する貢献を軽んじていた監督たちへの不満を抱いていた。「どういうわけか、監督というのはただ指図しているだけで、彼らが台本を書いたのではないという事実は、監督をしている者にとっては受け入れがたいもので、そのうちの何人かは、その事実を見ようともしなかった。監督は、毎日彼が現場で持ち歩いている台本はほかの誰かによって書かれたものだとわかっているにもかかわらず、それは簡単には呑みこめないことみたいだね」。レーマンは、ロバート・ワイズはほとんどの場面で、そのような慣習から外れた人だと感じていた。「私が最も気楽な関係を築けたのは、ロバート・ワイズで、彼とは 4 本の作品を一緒に撮ったんだ。彼と仕事をしているときでさえ、あちこちで問題はあったけど」

　事実、年輪を重ねても、レーマンの仕事に対する高いプライドが和らぐことはなく、彼は脚本家という素晴らしい役割を顧みようともしない者に悲哀を感じ続けていた。AFI のセミナーで、『北北西に進路を取れ』の農薬散布のシークエンスについてインタヴューを受けたとき、レーマンは「ああいう視覚的なシーンは、脚本家が選ぶような類の場面ではなさ

そうだ」と言ったインタヴューアーに対して、語気に非難を込めて答えた。「だから、映像部分には、脚本家は関係なさそうに見える。君が言おうとしているのは、そういうことなのかな？ それは全くナンセンスだ。私がここで威張っていられるうちに、良いことを教えてあげよう。『サウンド・オブ・ミュージック』の台本の1ページ目を読んでみるといい。そこには映画のオープニングが書かれている。台本で一人称を使ったのは、あれが初めてだった。私がただ書いたのは、〔ここにこそ、私がスクリーンで観たいものがある。ここにこそ、私が作りたい効果がある〕ということだ。私が求めている、とね。君は何を知っていると言うんだい？ 私は、思い描いた通りのシーンを得られたんだ」。40年が過ぎても、レーマンはこれまでと変わらず、脚本家の立場を気にかけていた。それゆえ、彼が「脚本家が作った台本に書かれている提案に、相当な寛容さを示してくれた」ワイズ監督に感謝の意を述べていることが記録として残っているのも、不思議なことではあるまい。

　レーマンの代表作『成功の甘き香り』が、2002年にブロードウェイ・ミュージカルとして上演された。成功したとは言えないにしても観客を楽しませたこの作品の製作に彼は手を貸している。この仕事で、彼のプロフェッショナルとしてのキャリアは一周して元に戻り、それは彼には相応しいことのようであった。彼はこの映画の台本で本格的に脚本家として歩み始め、同じ題材を新しく作り変えることで、そのキャリアを閉じたのだった。昔からの友人で、時にはライバルでもあったデヴィッド・ブラウンと再びチームを組み、レーマンは身体的には弱くなってはいたが、まだ仲間と張り合うほどの元気を持っていた。2002年に発刊された『ザ・ニューヨーカー』誌には、最後の雄叫びを上げようとしている誇り高き老将たちの記事が載っている。この記事でレーマンは、神経がかなり張りつめていて、夜眠りに就くために「（睡眠導入剤の）アンビエンを3錠、（抗うつ剤の）トラゾドンを2錠、強い睡眠薬のハルシオンを1錠」服用しなくてはならないところまで、精神的に追い詰められていることを明かしている。彼が抱えている痛みを人々にわかってもらいたいという一心で、彼はジャーナリストのアンドリュー・ゴールドマンに「長年、たくさんの神経が集まっているペニスの根元に、消えない痛みが続いている」ことを語ってもいる。なんてことだろう…。

　レーマンがロバート・ワイズ監督と組んだ4本の映画は、彼のキャリアの中で傑作と言われ続け、脚本家のデヴィッド・フリーマンが、レーマンは多様なジャンルに精通していると語りながら、彼を「脚本家たちのロバート・ワイズ的存在」と呼んでいるのには、誰もがうなずける（作家のサム・ワッソンがこの賛辞を「おそらく、これまでもこれからも、レーマンに対する最大の評価だろう」と述べたのは、彼なりの褒め言葉である）。2005年に89歳で亡くなるまで、彼はいつも決まったように「伝説的人物アーネスト・レーマン」と呼ばれていたが、その言葉は、全米脚本家組合賞に9回ノミネートされ、そのうち5回も

受賞している彼にとって、全く大げさな表現には思えない。

　彼は監督であり、プロデューサーでもあったが、彼が語ったことや成し遂げたことを思い返すと、レーマンは最初から最後まで脚本家であり続けた。素晴らしい仕事ができたと思う日はどんなときかと尋ねられ、彼は1956年のある午後だったと語っている。そのとき彼は、『成功の甘き香り』に取り組んでいて、『傷だらけの栄光』のために会話を書き加えて、『王様と私』の会話部分に手直しをしていた。あれは「いい日だった」と、彼は言った。

ソール・チャップリン　1965年に『サウンド・オブ・ミュージック』が公開されるとすぐに、ソール・チャップリンが製作チームの中で最も忙しい人物になったのは、疑う余地のない事実であった。彼は海外での上映に向けて、映画のミュージカルシーンの吹き替えを指示しており、この作品の公開を求める国が増えるにつれて、さらに仕事量が増えていった。

　外国の歌手が自国の言語で歌を吹き替えるのに立ち会いながら、チャップリンは、パリ、バルセロナ、ローマ、ベルリンで、ミュージカルナンバーと会話部分の録音が適切に行われているか確認し、RCAレコードがスペイン語、ドイツ語、フランス語、イタリア語でリリースした別売りのサウンドトラックについても、問題がないか調査した。いまだかつてこれほどのスケールの企画は試みられなかったが、多様な外国語でのレコーディングは、20世紀フォックスとRCAレコードの双方に巨額の利益を生み続けることになった。

　『サウンド・オブ・ミュージック』が公開されてから何年か経って、ミュージカル映画に対する観客の熱意が冷めていったときでも、チャップリンはこのジャンルでまだ廃れることなく残っている最大の作品に取り組み続けていた。ワイズ監督と『スター！』を製作し、あまり良い結果とはならなかった『ラ・マンチャの男』（1972）の共同製作者を務め、この作品よりは興行収益を上げた『ザッツ・エンタテインメント PART2』（1976）ではプロデューサーの役割を引き受けている。彼が作詞した最も有名な曲は『プリーズ・ビー・カインド』と『素敵なあなた』で、これらは何十年もの間テレビ番組で使われ続けており、『素敵なあなた』は、1930年代から40年代を舞台としたほとんどの長編特別映画のなかで用いられている。それが顕著に表れているのは、『スウィング・キッズ』（1993）、『アンジェラの灰』（1999）、『華麗なる恋の舞台で』（2004）、『SAYURI』（2005）である。

　1970年代末には、ミュージカル映画はほとんど姿を消し、『ザッツ・エンタテインメント PART 2』がチャップリンの最後の作品となった。正式に引退表明をすることなく、彼は64歳でプロデューサーとしてのキャリアを閉じた。『サウンド・オブ・ミュージック』の分配金と同様に、手掛けた曲の印税がかなりの収入となっており、彼は1994年に自伝『*The Golden Age of Movie Musicals and Me*（ミュージカル映画と私の黄金期）』を出版している。

この自伝には美しい思い出が綴られており、ハリウッド史に残る最高のミュージカル・スター、フレッド・アステア、ジーン・ケリー、ジュディ・ガーランド、フランク・シナトラ、そしてジュリー・アンドリュースとの仕事に関する逸話で溢れている。温和なチャップリンが唯一批判の言葉を口にしたのは、『サウンド・オブ・ミュージック』に対するクリストファー・プラマーの態度に向けてだけだったが、プラマーが自らの言動を反省して改めたことで、チャップリンは彼と和解したようである。『魅惑の巴里』、『カンカン』、『巴里のアメリカ人』、『ウエスト・サイド物語』などの名作を含む彼のキャリアにおいて、チャップリンが最も輝かしい成功を収めたのは、『サウンド・オブ・ミュージック』であった。ひどく転倒した際に負った怪我が原因で、1997年11月15日に亡くなってからも、アカデミー賞を4回も獲得した彼の名声は、後世まで語り伝えられている。

ボリス・レヴェン

『サウンド・オブ・ミュージック』でオスカーにノミネートされてからも、レヴェンはロバート・ワイズ監督と『砲艦サンパブロ』(1966)、『スター！』(1968)、『アンドロメダ…』(1971)で共に仕事をつづけ、それら3作全てでオスカーにノミネートされている。『アンドロメダ…』で彼が作り上げた、複数の階を備えた魅力的な地下実験室には、観客をあっといわせるような映像と迫真性を混ぜ合わせるための、彼のひらめきが表れており、SFの壮大な物語に合うよう細部にこだわったセットは、人命を奪う危険のあるウイルスを封じ込めようとする科学者たちの映画に、もう一つの特質を与えるくらい並外れた素晴らしい効果を発揮している。

レヴェンのキャリアは1970年代から80年代まで続き、『かもめのジョナサン』(1973)、『マチルダ』(1978)、『フレッチ／殺人方程式』(1985)といった作品に携わったが、彼の晩年を際立たせているのは、時代の寵児である監督マーティン・スコセッシと組んだ4本の映画、『ニューヨーク・ニューヨーク』(1977)、『ラスト・ワルツ』(1978)、『キング・オブ・コメディ』(1982)、『ハスラー2』(1986年——彼にとって最後のオスカーへのノミネート作品)だった。1986年に亡くなる直前まで仕事に取り組み、最晩年は『ハスラー2』とゴールディ・ホーン主演のコメディ映画『ワイルドキャッツ』のプロダクション・デザインを行なっている。

映画業界で名の通っているありとあらゆる賞で彩られた彼の経歴において、最後を飾ったのは、レヴェンの死後となる2003年に美術監督組合によって選ばれた殿堂入りである。彼のデザイナーとアーティストとしての両方の能力を考えると、彼がデザインを担当した映

画だけではなく、映画セットの完成想像図や絵画にも彼の遺産が今なお息づいているのはもっともなことであろう。それらの作品は、彼の妻ヴェラによって南カリフォルニア大学とニューヨーク近代美術館に寄贈されている。

マーク・ブローとディ・ディ・ウッド

いくつかの点で、振付師のブローとウッドは『サウンド・オブ・ミュージック』に携わった多くの関係者と同じように、移り気な観客の好みに振り回された。ミュージカルの人気が衰えるにつれて、仕事の数が次第に減ってきたのである。『メリー・ポピンズ』と『サウンド・オブ・ミュージック』で続けざまに世界的な功績をあげた後、ウッドとブローは、1967年に公開されたディズニーのミュージカル映画『最高にしあわせ』の振付師として仕事を続けたが、その映画ははっきり言ってそれほど成功しなかった。しかし、翌年の1968年に人々から愛されるファミリーミュージカル『チキ・チキ・バン・バン』のために振付をすることで、勢いを盛り返した。

離婚後も、2人は振付師として着実に仕事を続けた。どちらも、『メリー・ポピンズ』や『サウンド・オブ・ミュージック』の高みに、再び登ることはなかったが。そのなかでも、ウッドが最も名をあげた仕事は、1975年にテレビ放送されたシェールが出演しているシリーズで担当した振付で、それ以外にも1984年に開催されたオリンピックやベット・ミドラー主演の映画『フォエバー・フレンズ』(1988)でも能力を発揮している。ブローは活躍の場をテレビに移し、『メリー・ポピンズ』に出演していたスター、ディック・バン・ダイクと再び仕事を共にして、『ザ・ニュー・ディック・バン・ダイク・ショー』に振付を提供し、それに加えて、フレッド・アステア司会の特別テレビ番組『思い出のフォックス・ミュージカル』では、最高のダンサーと共同で仕事に取り組んでいる。彼は1976年に公開されたシンデレラをモチーフにしたミュージカル映画、『シンデレラ』にも参加しており、メイ・ウエストが映画に別れを告げることになったシュールな設定の最後の出演作『結婚狂奏曲セクステット』(1978)でも振付をしている。

2013年にブローが亡くなる前、2人は全米振付賞の一つである生涯功労賞を贈られている。この賞は、『バイ・バイ・バーディー』で友人となったチタ・リベラとディック・バン・ダイクから2人に捧げられたものである。彼らより前にこの賞を受賞しているのはハリウッドの精鋭——ボブ・フォッシー、ジャック・コール、ハーブ・ロス、そしてブローとウッドの師匠であるマイケル・キッド——で、これらの人達と同じ賞を獲得したというのは、2人が『メリー・ポピンズ』と『サウンド・オブ・ミュージック』の仕事で、ハリウッドのミュージ

カル史に名を遺したという確固たる証拠である。ウッドは過去を振り返って、次のように語っている。「『メリー・ポピンズ』と『サウンド・オブ・ミュージック』は、私たちのキャリアのなかでかなり早い時期の仕事でした。その当時は、それらの作品がどれほど特別であるのかを、私は充分には理解していなかったのです──〔たまたまそうなった〕くらいにしか、思っていませんでした。いまでは、この2作品について考えたり観たりするときには、どんなに特別な映画であるか思わざるを得なくなりました」

ウィリアム・レイノルズ

『サウンド・オブ・ミュージック』での仕事を終えてからも、レイノルズは一流のハリウッド映画の数々に携わり続けた。その作品の全てが、継ぎ目のない控えめな方法で編集されている。彼は（1966年に公開されて──オスカーにノミネートされた）『砲艦サンパブロ』や『スター！』、『ルーフトップ』で再びワイズ監督と一緒に仕事をし、人種問題に真っ向から切り込んだボクシング映画『ボクサー』の編集では、ジャンルにとらわれない才能があることを、さらに確実に示した。『スティング』（1973）では、意図的に1930年代のスタイルで編集を行い、二度目のオスカーに輝いている。また、ヒット作となった『華麗なるヒコーキ野郎』（1975）、『愛と喝采の日々』（1977）、『リトル・ロマンス』（1979）でも成果を上げている。事実、レイノルズは他の関係者と違って、『サウンド・オブ・ミュージック』でやり遂げた仕事と同等の、また幾つかの点においては、それ以上とも言える仕事をのちに務め上げた人物だったかもしれない。彼の優れた才能のおかげで、ピーター・ジンナーと共同で編集した『ゴッドファーザー』では、アカデミー賞にノミネートされた。この映画では、レイノルズは作品の前半部分を、ジンナーが後半を編集している。

　彼は1980年代から1990年代にかけて絶えず仕事を続け、絶望的なまでに支離滅裂な失敗作『天国の門』（1980）や『イシュタール』（1987）を勇敢にも編集して意味の通るものにしようとしたことさえも、レイノルズの伝説となった。50年目のキャリアに差し掛かり、日常的に携わる仕事として、それほど問題なくスムーズに行えそうな、（ベット・ミドラーが出演している）『ジプシー』（1993）のテレビ映画版に転向したが、彼の編集技術は衰えることはなかった。最後の映画となる、1996年公開の『ドタキャン・パパ』を編集している時にはすでに、彼は編集者に与えられる賞を全て授与されていた。二度のアカデミー賞（ノミネーションは合計で7回）、『サウンド・オブ・ミュージック』での受賞以降三度の全米映画編集者協会エディー賞(ACE)、彼が熱望していたACE生涯功労賞。最後に、さらなる栄誉が与えられた──これは彼の仲間からのもので──業界のなかで余

人をもって代えがたいレイノルズの存在を証明するものである。『フィルム・コメント』誌によっておこなわれた調査でレイノルズは、ハリウッドの歴史における3人の最も偉大な映画編集者の1人に選ばれたのである。

ドロシー・ジーキンス

最終的にオスカーに12回もノミネートされることになる彼女のキャリア全体を通して、ジーキンスの落ち着いたスタイルと、つねに台本に合う仕事をするというモットーによって、彼女は『追憶』のストライサンドから『黄昏』のキャサリン・ヘップバーンまで、さまざまな気質のスターたちとうまく仕事をやり遂げている。スターたちは、穏やかな口調のジーキンスと一緒の仕事を楽しんでいたが、彼女は俳優に主眼を置いているわけではなかった。「私はいつも俳優のデザイナーというよりは、監督のデザイナーでした。私の仕事は字義通りのものだったのです」

ジーキンスは、俳優よりもむしろ台本に書かれている指示に従うことに強く意識を向けていた。ショーン・コネリーが彼女に向けた賛辞は、そのような姿勢で仕事をしていた彼女にとって、より一層意味深いものとなった。19世紀のペンシルベニアを舞台とした炭鉱夫についてのドラマ、1970年に公開されたマーティン・リット監督作品『男の闘い』の衣装を合わせた後、コネリーはジーキンスにメモを書いて渡しており、ジーキンスは、それを俳優からもらった「たった一枚のファンレター」と呼んでいる。まじめ一方のコネリーは、こう記していた。「あなたの衣装は、私を本物の炭鉱夫のような気持ちにしてくれました」。ジーキンスによれば、それは衣装デザイナーがもらえる、最高のほめ言葉だった。

時は流れ、1969年にジョン・ウェインがオスカーを獲得した西部劇『勇気ある追跡』から、第二次世界大戦を舞台とする『追憶』（1973年、オスカーにノミネート）まで、ジーキンスの仕事の幅は広がっていった。彼女は『ハワイ』（1966）で再びジュリー・アンドリュースの衣装を作り、『ヒンデンブルク』（1975）と『オードリー・ローズ』（1977）でロバート・ワイズと仕事をしている。メル・ブルックスが脚色賞でオスカーにノミネートされた『ヤング・フランケンシュタイン』（1974）の見事なモノクロのコメディであろうと、1956年の『十戒』のような堂々とした叙事詩であろうと、あるいは『黄昏』（1981）のような小さなファミリードラマであろうと、ジーキンスが衣装を担当した映画には、彼女の優れた技術が映し出されている。

1990年にジーキンスは衣装デザインから身を引き、それから5年後の1995年11月21日に亡くなった。私生活では何かと問題が多かった彼女にとって、仕事は心の平穏を

保つオアシスであり続けた。とりつかれたかのように、映画の中で過去を再建しながら、デザイナーのなかでも最も自己認識の強いジーキンスは、終生の存在理由を見出している。「真夜中になると、私は自分の世界を短い言葉に集約できるようになります。〔美を生みだす〕。それは私の慰めであり、私の内なる情熱なのです」

ジュリー・アンドリュース

"『サウンド・オブ・ミュージック』は人生の素晴らしいコマーシャル
——人生に対する祈りだと思うわ"
ジュリー・アンドリュース、1973 年

『サウンド・オブ・ミュージック』に携わった様々なスタッフやキャストが、映画の成功の後で直面した困難がどのようなものであれ、ジュリー・アンドリュースに突きつけられた問題の大きさに比べたら、どれもたいしたことはなかった。時代を超えて最も人気のあるミュージカル映画で主演を務め、世界中の人々を夢中にさせた後で、今度はどんなことをすればよいというのだろうか？

女優と呼ぶに相応しいものとして、ジュリー・アンドリュースは全く違うタイプの女性——前作『サウンド・オブ・ミュージック』のマリア・フォン・トラップよりも名の通った——伝説的女優、ガートルード・ローレンスを演じることで、『サウンド・オブ・ミュージック』の巨大な影から抜け出そうとしていた。それは、計画段階ではすばらしい考えであるように思えた。アンドリュースはローレンスの伝記映画『スター！』でロバート・ワイズ監督のチームに再び加わることで、フォックスと 2 作品に出演する契約を全うし、スタジオ側はジュリー・アンドリュースの新しいミュージカル映画に着手して、今回は前作以上にジュリー・アンドリュースを前面に押し出す予定だった。『サウンド・オブ・ミュージック』で彼女が 7 曲を歌ったとするなら、今度は 16 曲もの歌を歌うことになる。アンドリュース自身が認めているように、彼女は『サウンド・オブ・ミュージック』の撮影以上に『スター！』ではハードな仕事をこなした。とても魅力的で、前評判の高い映画だったが——全く成功しなかった。なぜだろう？

最初で最大の理由は、激動の 1960 年代半ばに、大多数の観客はジュリー・アンドリュースのことを理想的な母親であり、妻であり、子どもたちを教え導く人物だと思っていたので、そのような彼女が、そっけなく辛辣で時々性悪になる、一昔前の女優ガートルード・ローレンスを演じるところなど、特に見たくないと思ったのである。スクリーン上に滲み出るアンドリュースの評判高い温かさをもってしても、この一筋縄ではいかない夫人のうわ

べを突き破ることはできなかった。

　たしかに、ワイズ監督やアーウィン・コスタル、ソール・チャップリンが入念に選んだ、コール・ポーターやガーシュウィン兄弟による素晴らしい曲が使われてはいたが、事実、これらの巨匠による作品リストから曲を選ぶという作業が、二つ目の問題を引き起こした。『スター！』のジュリー・アンドリュースに足りなかったものは、ロジャースとハマースタインや、リンゼイとクラウス、アーネスト・レーマンが生み出したような物語の枠組みだった。『サウンド・オブ・ミュージック』でも素晴らしい歌が何曲も使われていたが、それらは常に物語の発展や登場人物たちの気持ちの変化を表していた。『スター！』では、アンドリュースは『ドゥー・ドゥー・ドゥー』、『私の船』、『ライムハウス・ブルース』といったスタンダード・ナンバーを連続で歌っている。しかし、これらの曲はローレンスがいくつものショーで歌った曲であり、彼女の人柄についての観客の理解を助けるものではなかった。目の前にいる女性について特別な情報をもたらさない曲ばかりなので、観客の反応はすぐに「一曲聴けば、全て聴いたのも同然」という風に変わった。ジュリー・アンドリュースは目のくらむような衣装の数々を身にまとい、数百万ドルの宝石で飾り立て、心を込めて歌い上げる映画の主役だったにもかかわらず、ノエル・カワード役のダニエル・マッセイが完全にショーをものにした。アンドリュースのように、ミュージカルのメドレーを歌うという重荷を背負うことなく、マッセイはカワードの曲をそのまま歌う自由を与えられていたので、魅力的で面白く、ショービジネス界のアイコンとしてのカワードの姿を、ありのまま実質的に伝えることができたのである。

　かなりの製作費をかけた『スター！』は、1968年10月に大げさなほどの宣伝とともに公開されたが、興行収益は思ったよりも芳しくなかった。再編集して短いバージョンにした映画を、今度は『Those Were the Happy Times!』と題名を変えて公開してみたが、それさえもヒット作にはならなかった。これで、ジュリー・アンドリュースと20世紀フォックスのミュージカル映画を通じたつながりは、振出しに戻ってしまった。『サウンド・オブ・ミュージック』はフォックスを破産の危機から救ったが、それからたった3年で、『スター！』はスタジオをまたもや財政難に押し戻してしまいそうだった。しかし、これはアンドリュースのせいではなかった——彼女が『スター！』の台本を書いたわけではないのだから——それにもかかわらず、彼女は非難されることになった。彼女の世界的な成功を羨んだり、嘘偽りなく感じの良い彼女の人柄に穿った見方をしたりする人たちのなかには、今回の映画の収入が良くないことで彼女が新たな災難を蒙っているのを見て、ほくそ笑んでいるような者もいるようだった。アーネスト・レーマンからリチャード・ザナックといったあらゆる人たち、ウィリアム・ワイラーまでもが、『サウンド・オブ・ミュージック』でスクリーン・テストを受けていない

アンドリュースを起用したことの功績を自分のものだと主張していたにもかかわらず、今では誰もが『スター！』の大失敗には関わらないでいようとしていた。

　ジュリー・アンドリュースは、もはや完璧な人だとは思われなくなった。3年という短い期間で、彼女は世界で一番のスターから、売上的に大きな疑問符をつけられる身に転落してしまった。ハリウッドのゴシップ誌は、「直近の評価が全て」というビジネス上の基本的な前提に乗っ取って、過剰に書き立てた。「ずっと前からこうなるとわかっていた」という意見はすぐさま、これほどまでに興行収入のトップの座からあっという間に落ちたスターはいただろうか、という問いかけを引き出した。

　ジュリー自身について言えば、1967年にトニー・ウォルトンと争うことなく円満に離婚をして、作家であり監督でもあるブレイク・エドワーズ（『酒とバラの日々』、『ティファニーで朝食を』）と2年後に再婚している。2010年にエドワーズが亡くなるまで続いた2人の結婚生活は充実しており、正反対の性格をした者が互いに惹かれあってできた真の絆で結ばれていた。エドワーズはアンドリュースの気持ちを楽にし、アンドリュースの楽観的な見方は、人生に対して冷笑的でブラックユーモアをこめた考え方をするエドワーズにとって、ありがたい中和剤となった。彼らがそれぞれの世間的なイメージについて、どれくらい滑稽だと思っていたかを明らかにするエピソードを、2人とも数年にわたって語っていた。彼らが出会う少し前に、エドワーズはアンドリュースの人並み外れた魅力を茶化すように分析して、こう述べている。「彼女の魅力がどんなものか、よく知っているよ。彼女の陰毛はライラックの花なのさ」。彼がこの話をした時、アンドリュースは彼の意見に嫌悪感を持つどころか、すぐにこう答えた。「あら、どうしてわかったのかしら？」その後2人は毎年結婚記念日を、ライラックをあしらったケーキで祝ったという。

　エドワーズは、アンドリュースがつらい幼少期とそれに伴う悲しい思い出を、「僕や子どもたち、キャストやスタッフ、全ての人々の世話をすることで乗り越えようと、ものすごい努力をして」過去を埋め合わせていたと感じていた。さらに彼が認めているように、『メリー・ポピンズ』や『サウンド・オブ・ミュージック』は感傷的すぎると皆は笑うかもしれないが、それらの映画で表現されているアンドリュースの温かさや誠実さは、演技というよりも本物と等しいものである。「『メリー・ポピンズ』や『サウンド・オブ・ミュージック』を知らない子どもたちでいっぱいの部屋に、彼女がいるところを見てごらん。彼女は磁石みたいなんだよ。彼らはジュリーに集まってくるんだ」。実際、西部劇のヒーローを演じたジョン・ウェインや、『ファニー・ガール』のストライサンド、『パジャマゲーム』のドリス・デイを考えてみればわかるように、あらゆる優れたスターが、彼らの本質に備わっているものの中から演技を生み出しているとすれば、アンドリュースはまさに『メリー・ポピンズ』や『サウン

ド・オブ・ミュージック』に彼女の理想の人物、才能とタイミングが完璧に合った姿を見出していたのである。

　エドワーズによれば、アンドリュースは打ち解けやすい人物というわけではなかった。子どものころからプロとして仕事をこなし、本質的にはイギリス人らしい控えめさを持っていて、「過去にたくさん傷ついた」経験があったので、自己防衛本能が高いと彼は感じていた。2人はお互い大人として結婚し──必ずしもたやすいわけではないが──うまくいっていた。彼らは時に喧嘩をすることがあっても、しっかりと愛し合っており、アンドリュースは結婚について、このように語っている。「結婚というのは、ずっとやり続ける一番大変な仕事みたいなものよね…（でも）欠点があったり、喧嘩をしたりするから、彼のことをもっと深く愛するようになったわ」

　『スター！』が失敗した後、アンドリュースのキャリアは更なる打撃を受けることになる。エドワーズが妻へのバレンタインの贈り物として、数百万ドルをかけたミュージカル映画、1970年の『暁の出撃』が、わずかな収益しか得られなかったのである。全篇を通してアンドリュースは煽情的な演技をしており、この映画には彼女のキャリアの中でもトップクラスに位置づけられる場面も含まれていて、それは『サウンド・オブ・ミュージック』での演技に匹敵するくらいだった。暗いステージの上に独り立ち、彼女はヘンリー・マンシーニとジョニー・マーサーによる素晴らしい新曲バラード『暗闇にさようなら』を歌う。これまでと変わらず澄み切った歌声で、彼女はマーサーの忘れがたい歌詞を滑らかに歌い上げる。

　　時おり　こう思うの　この悲しい世界が
　　口笛を吹いている　暗闇の中で
　　まるで子どもみたいに　学校からの帰り道
　　遅くなったけど怯まないよう　公園を抜けて

　リリーが回るとき、カメラも彼女と共に回転し始め、まるで恋人のように彼女と楽しげにくるくると回る。最後に、歌が終わってカメラが初めの位置まで戻ると、スクリーンは暗転し、劇場のライトがステージの上にいるリリーを照らし出す。まばゆい演出がなされ──目もくらむほどである。1人で立って歌うジュリー・アンドリュースは、スターの本質を象徴しているかのようだ。

　あいにく、映画の他の場面には、この壮観なシークエンスほど目覚ましいところがなく、観客はその2時間後、完全に当惑したまま劇場を去ることになる。なぜ、第一次世界大戦を舞台としたこのミュージカル映画は、ストリップを演じるジュリー・アンドリュースを観客

に見せたのだろうか？ リリーは善良な女性なのだろうか、それとも、悪女なのか？ この映画が示そうとしているものを、正確に理解できる人などいないようだった。これは、ミュージカル？ 第一次世界大戦のスパイの話？ 冒険談？ それとも、目配せして相手をペテンにかける話？ 口コミではこの映画の評価は低く、その後、賞賛する意見もあったが、興行収益は思わしくないままだった。

実際のところ、『暁の出撃』は『サウンド・オブ・ミュージック』の大ヒットから生じた壮大な災難の一つを蒙ったのである。ロジャースとハマースタインのミュージカルが世界中で集めた興行収入の総額は増え続け、街中のスタジオは『サウンド・オブ・ミュージック』の成功をもう一度繰り返そうと、ますます必死になってミュージカル映画のブームに便乗した。その結果、『暁の出撃』のような構想のよくない映画に数百万ドルがつぎ込まれることになってしまった。

『暁の出撃』は、パラマウント・ピクチャーズを襲った災難だった。それは、まさに20世紀フォックスが莫大な費用をかけた『ドリトル先生不思議な旅』（1967）で惨敗を喫したのと同じ状況であった。この作品はヒュー・ロフティングの児童文学を映画化したものだが、原作が持っている魅力が抜け落ちており、とてつもなく堅苦しく、クリストファー・プラマーが辛うじて避けることのできた大惨事を招いた。製作準備段階からワールド・プレミアまで災難は重なり、映画で主演を務めたレックス・ハリソンは、一番いい時でさえも気まぐれな俳優だった。ハリソンは、常に映画を降板する恐れがあり、クリストファー・プラマーが当時としては破格の25万ドルで彼の役を引き継がないかと依頼されるという、異例の事態が起きていた。しかし、プラマーのキャリアにとって幸運なことに、結局ハリソンはこの映画をやり続けることになった。

ハリウッドの集団意識が最も悪い形で現れ、次々といくつものスタジオがブロードウェイ・ミュージカルの映画化へと先走っていった。次のような最も基本的な疑問を、誰も検討することなく。このミュージカルの物語は、実際にうまく映画化できるのだろうか？ その物語をエンターテインメントとして表現するために、どのミュージカル・スターが相応しいのだろうか？ これらを考える代わりに行動に移したワーナー・ブラザースの『キャメロット』（1967）は、趣を欠いた台本と、不可解な理由でアイシャドウを施した（リチャード・ハリス扮する）アーサー王と、ミュージカルの演出に固執したジョシュア・ローガン監督による指揮という重荷が合わさって、期待していたほどの収益は生まなかった。パラマウントの単調な映画『ペンチャー・ワゴン』（1969）には、ジーン・セバーグ、クリント・イーストウッド（ジャズに精通している愛好家ではあるが、絶対に歌手とは言えない）、全くミュージカルとは無縁のリー・マーヴィンが出演している。フランシス・フォード・コッポラのような真

の偉大な監督でさえも、『フィニアンの虹』(1968) でミュージカル作品の映画化を試みた時には、ミュージカル映画の構造を十分に理解しているようには見えなかった。しかし、『サウンド・オブ・ミュージック』に最も借りがあるミュージカル映画と言えば、かつてマリア・フォン・トラップを演じたこともあるフローレンス・ヘンダーソンが出演した1970年公開の『ソング・オブ・ノルウェー』で、最も評判の悪い映画の一つとして認識されている。エドワード・グリーグの伝記映画である、この活気のない作品は、その景観で観客をわくわくさせることは全くなかった。

『モダン・ミリー』(1967) や、アカデミー賞作品賞を受賞した『オリバー!』(1968)、巨匠ウィリアム・ワイラーが監督し、ストライサンドの目覚ましい映画デヴュー作でもある『ファニー・ガール』だけは、間違いなく成功した作品だった。しかし、『ファニー・ガール』のような成功の裏には常に、『最高にしあわせ』(1967) や『チップス先生さようなら』(1969) といった、総譜と監督、スターがかみ合わずに失敗した例があった。

『サウンド・オブ・ミュージック』には魅力的な物語があり、素晴らしい総譜が使われ、オスカー受賞歴のある監督や、実力が最高潮に達したセンセーショナルなミュージカル女優が携わっているという事実を、誰も気に留めていないようであった。『サウンド・オブ・ミュージック』以降のミュージカル映画が失敗したのは、それらの作品が「もっともっと」というやり方をしていたためである。製作にもっと費用をかけて、もっとスターを出演させて、もっとロケ地で撮影をして——そして最高の結果を期待する。それではうまくいかなかった。

1970年までに、ミュージカル映画の人気が衰えたことと、『スター!』や『暁の出撃』で巨額の損失を出した原因が彼女であるかのように思われたことで、アンドリュースの人気も廃れてきた。これからどうなっていくのだろうか? 彼女は確かに才能を失ったわけではなく、1970年代もこれまでと変わらず麗しい歌声を保っていた。彼女の演技の幅は今までよりも広くなり、疑いようのない美しい成熟した女性へと歳を重ねていった。なぜアメリカの大衆は心変わりをしたのだろうか?

もちろん、その理由の一部は急速な時代の変化にあった。1960年代から70年代、そしてその先へと時代が進むにつれて、圧倒されるほどの深刻な社会情勢や政治不安がアメリカのみならず、世界の至る所で頻発するようになり、人々が大スクリーンで観たいと思うものの傾向が変わってきていた。スクリーン上でもそれ以外でも、確実に荒々しい要素が文化のなかに浸透していたが、彼女が他に何の役をやろうとも、ジュリー・アンドリュースは放埓さとは無縁だった。そう、きちんとして、健全さと生き生きとした活力を周囲に行き渡らせており、もっと言えば、彼女の人並み以上に上品な物腰や、美しい話し方や歌

い方が、優雅な雰囲気を醸し出していて、それがあまりにも色濃いために、1981年の『S. O. B.』でトップレスになった時ですら、育ちの良いお嬢さんというイメージに傷がつくことはなかった。

アンドリュースの類まれな魅力のもとになっている、ほかならぬ長所——非の打ちどころのない発音、爽快な信頼感、元気で一生懸命やれば何でも解決できるという姿勢は、時代にそぐわないようになってきた。スタジオ製作の映画に見られる虚飾を意図的に省いた個人的な映画が、次第に「本物」の世界として認識されるようになってきて、アンドリュースの完璧な話しぶりや円唇母音(えんしんぼいん)は、いかにも先生から授業を受けているという感じがするのだった。『スター!』や『暁の出撃』もまた、不運なことに社会的潮流からすると公開した時期が5年ほど遅れていて、『俺たちに明日はない』や『ミーン・ストリート』の新しい世界と比べると、大昔の話のようであった。ジュリー・アンドリュースのセリフの言い回しは、信頼のおける理に適ったものであり、まさしく自分が行き詰まったときに、仕事場にいてほしいと思うような女性だった。問題は、『俺たちに明日はない』が流行った後の時代に、映画文化の中心が『レイジング・ブル』や『イージー・ライダー』へと移ったことで、優雅さは必要とされなくなったのである。

世界は変わっていき、アンドリュースも変わっていったが、それは同じ方法ではなく、同じスピードでもなかったので、単に大衆は彼女の変化に気がつくことができず、おそらくその違いを認識しなかったのだろう。それについて、アンドリュースはこう語っている。「私は、ハリウッドに来る前の自分でいることなんてできないわ。躍起になって、全ての人に自分が変わっていないっていうのを示そうとすることなどできないはずよ。私はゆっくり成長しているの、それだけよ。あまりにもゆっくりとね」

大スターというのは誰しも、栄光の時が過ぎて凋落(ちょうらく)するのは避けられない——それはスターの地位に元々備わっている特質であり、観客は何か新しいものを絶えず求め続けている。こうした見地からすると、アンドリュースが『サウンド・オブ・ミュージック』の勢いに乗って流星のごとくスーパースターとして現れ、そのあと興行収入が急落した状況は、1968年から世界中で最も人気のあるスターの座に彼女と入れ替わって就くことになった、ある俳優のキャリアを思い起こさせる。その人物とは、シドニー・ポワチエである。アンドリュースの聖人のようなイメージが、彼女自身の姿に重ね合わされたのと同じくらい面倒なことに、間違いなくヒットを生み出す、ただ1人の黒人映画スターとしてのポワチエの立場は、ますます複雑になり、ロールモデルとしての映画スターのイメージを彼に押し付ける結果となった。

アンドリュースと同じく、ポワチエは1960年代初頭にオスカーを受賞し(『野のユリ』

1963)、優れた才能にあふれ、『いつか見た青い空』(1965)、『いつも心に太陽を』(1967)、『招かれざる客』(1967) の三連続で成功を収めて興行収益のトップに躍り出た。ハリウッドの新たな王となったポワチエは、彼をスターの座にのし上げたイメージそのものの罠にはまった。申し分のない演技をし、優しさと寛容さがにじみ出る聖人のような人物で、おまけに『招かれざる客』では知能テストで最上位に入る知能を備えた人として見られていたポワチエは、スクリーン上では、善良すぎて実在しなさそうな男の役をしばしば引き受けることになった。

ポワチエとアンドリュースは両人とも、批評家からよりも観客からの人気が高いことがわかっており、2人の役者は、感傷的とされている映画に対する批評的軽蔑を受けるという被害を蒙った。事実、時が経つにつれて『招かれざる客』の理想化された「(人種間の)友好のメッセージ」に見いだされる「善意に基づいた自由主義」には弱点があることが露呈し、この映画は、スタンリー・クレイマー監督が（他の映画で）示した多くの論点と同じく、熟すことはなかった。そう、そこに見られるお説教は、実際のところ、複雑な問題を些細なこととして簡略化してしまう傾向にあった。しかし、ポワチエが世界で最も人気のあるスターになると、大都市の批評家、それもほとんどが白人なのだが、彼らはポワチエに向かって思いつくままのいい加減な批判をし始めたようであった。そのような態度は、激動の1960年代後半に見られる傾向であり、『ナショナル・レビュー』誌の評論家は、たった20分『招かれざる客』を観ただけで劇場から出てきて記事を書いたという事実を公表した後でさえも、良心の呵責を感じてはいなかった。

これらのほとんどの白人批評家は、ポワチエが演じる役──『いつも心に太陽を』(1967) の聖人のような教師や『招かれざる客』のほぼ完璧な医者──を、どうしようもなく非現実的で時代遅れだと思っていた。もちろん、こうした批判にはいくらか正しい所もあるが、黒人の役者が周辺に追いやられていたり、見向きもされなかったりした時代に、ポワチエはスクリーン上で彼の属する人種のイメージをできる限り良いものとして提示する義務を感じていたのである。

本当のところ、さらに時代遅れな態度は実際には批評家のほうに見られ、『ザ・ニューヨーカー』誌のブレンダン・ギルは、「American Negro（アメリカの黒人たち）」が『いつか見た青い空』でポワチエが紳士的に演じた役を観たら「非常にいらいらする」に違いないという彼の確信を表明する任を、積極的に買って出ている。ごく控えめに言っても、ギルの国内のアフリカン・アメリカン・コミュニティとのつながりは怪しいものだが、ギルのような人間や、自分なりの文化的真実を示したいと躍起になっている人にとって、言葉では言い表せないくらい完璧で間違いなく時代にそぐわないジュリー・アンドリュースやシドニー・

ポワチエは、これ以上ないターゲットになったのである。

　ポワチエはその素晴らしい演技によって、これらのヒット映画で目を見張るような成功を立て続けに収めたが、『夜の大捜査線』がアカデミー賞作品賞でオスカーを獲得したその年に、前年にジュリー・アンドリュースが陥ったのと同じく、凋落するほかなくなってしまった。マーティン・ルーサー・キングではない黒人の闘士達が新聞の見出しを占めている時代に、ポワチエはスクリーン上で全く性的魅力に欠けた役を引き受けていることで、ますます批判されるようになった。1968年という混乱の年に、ロバート・ケネディとマーティン・ルーサー・キング牧師が相次いで暗殺されたことによる急進的な文化の動きは、映画スターに対する大衆の見方を完全に違うものに変えたようである。英雄的でハンサムな存在は、今では「本物」の——すなわち、真剣な——俳優ではないと思われてしまっているようだった。そのかわりに、芸術的な賞賛はごくありふれた外見の役者たちに向けられた。タイロン・パワーやシドニー・ポワチエは、そこには入らなかった。ダスティン・ホフマンやジーン・ハックマンは、その基準にあてはまった。次第に、『失われた男』（1969）や『Brother John』（1971）、『12月の熱い涙』（1973）に見られるような混迷が評価されるようになり、ポワチエはトップの座から降りることになった。

　アンドリュースやポワチエが、引く手あまたの大スターの地位から、その人気に疑問符が付けられるような立場へと急に陥ったのは、スタジオ・システムの崩壊が原因になっているとも言える。スタジオが映画業界を取り仕切っていた頃は、スターの地位は守られており、彼らは7年間の契約を交わしていたため、一つの作品が終わると、次の作品で継続的に仕事をすることができた。それゆえ、『スター！』や『暁の出撃』の収益が芳しくなくても、ジュリー・アンドリュースの立場がすっかり台無しになったりはしなかったはずである。彼女はただ、別の形で企画された映画、彼女の本質的なスターのイメージにもっと合う脚本を使った作品への出演依頼を受けるはずだった。しかしながら、1960年代後半までに、スタジオから保護されることのない、自由契約のスターが起用されるようになり、『スター！』や『暁の出撃』の失敗はひどく問題になった。競争が、以前よりも激しくなったのだ。状況がだんだんと厳しくなるにつれ、人気のある者はさらに活躍するようになり、そうでない者はいっそう落ちぶれていった。

　映画でのメリットのある役が無くなってきたため、アンドリュースはテレビに活躍の場を移すようになった。かなり良い条件で、ABCテレビと週に1回のバラエティ番組の契約を結び、アンドリュースは1972年の秋からテレビシリーズに出るようになった。小さな画面のなかでも彼女の素晴らしさは健在で、音楽的才能は申し分ないままだったが、その番組が大ヒットすることはなかった。彼女の親友であるキャロル・バーネットが、テレビで名声

を得てはいたものの映画スターにならなかったのと同じように、アンドリュースは週一度のテレビシリーズでは成功しなかった。この失敗によって、彼女もまた、週ごとのシリーズ番組でテレビの仕事の足掛かりを得ようとして上手くいかなかったハリウッドの名優たちの長いリストに名を連ねることになった。フランク・シナトラ、シャーリー・マクレーン、ヘンリー・フォンダといった伝説的俳優も皆、テレビに挑戦して不本意な結果に終わっている。

　アンドリュースの番組はエミー賞を何度が受賞したものの、彼女の快活な人柄が、家庭のテレビ画面で熱狂的なファンを生み出すことはなかったようだ。それと対照的に、ドリス・デイは週1回放送されたシットコムで、素晴らしい成功を収めている。デイが、友達同士のおしゃべりに喜んで迎え入れられる、気のおけない旧友であるとするならば、アンドリュースの有能さと消えることのないイギリス人らしいオーラは、リビングでテレビを観ている人たちにとっては、わずかではあるが決定的な距離を感じるものだったのである。

　テレビシリーズで思ったほどの結果が得られなかった後、アンドリュースは映画業界に戻り、一定のペースで仕事を続けた。彼女は演技への志を高く抱いてはいたが、自らのキャリアを夫の仕事のために置き換えたようであり、その後、数十年にわたって、夫婦で多くの映画を一緒に製作している。『夕映え』(1974)、かなり人気を得た『テン』(1979)、痛烈な内容の『S. O. B.』(1981) など、中には『グッバイ、デイビッド』のような失敗作も混じっていたが、アンドリュースの存在が直接成功に関わっている作品といえば、面白おかしいミュージカル映画でジェンダーの概念を越えた内容の『ビクター／ビクトリア』(1982) である。この映画で彼女は、3回目となるアカデミー賞主演女優賞にノミネートされている。女優としてはその頃も絶頂期であるアンドリュースが女装をする男性に成りすます女性を演じ、『ル・ジャズ・ホット』のようなショーストッパーを大きな声で歌い上げているのを観ていると、彼女には並はずれたミュージカルの才能が昔と変わらずに備わっているのだと、改めて思い出される。

　不思議なことに、彼女の最良の演技は、小さなスケールの控えめで写実的な映画『*That's Life!*』(1986) に現れているのかもしれない。エドワーズとアンドリュースの実生活を半自伝的に描いたこの作品は、実際に彼らの家で撮影がおこなわれた。身構えることなく、彼女はトレードマークの快活さを出さずに、明らかに無防備な様子でスクリーンに現れている。この映画では、1964年の『卑怯者の勲章』以来、彼女の最も優れた演技を観ることができるが、幾つか称賛する批評を得られたのにもかかわらず、興行収入に関して言うと、この作品はほとんど利益を得られなかった(『*That's Life!*』も同じ年に公開された『デュエット・フォー・ワン』も、ビジネス的にはあまり成功しなかったかもしれないが、アンドリュースは両方の映画でゴールデン・グローブ主演女優賞にノミネートされている)。アンドリュー

スはそれらの多様な役柄を演じることで、実際に時代よりも少し先に進んでいたのかもしれない。観客は、スターが違うタイプの役を演じることで演技の幅を広げるのを見て、それにゆっくりと慣れていこうとするが、それが多くの人々に受け入れられるようになるのは、数十年先のことなのである。そのような反応について、映画史研究家ジェニーン・ベイシンガーはこう語っている。「21世紀の観客は、いま彼らが〈私の〉ジョージ・クルーニーはこうだと思っているものを観に行っているが——彼は実際には違う種類の役を演じていたりする。もし、それが非常にうまくいけば、多様性がもっと受け入れられるようになるだろう——観客の狭いストライクゾーンから、はみ出し過ぎないようにする必要があるけれども」

『That's Life!』が公開された当時、インタヴューを受けたアンドリュースは、彼女がエドワーズと1970年代に養子にしたベトナム人の娘、エイミーとジョアンナについて、精神的につらい経験をさせてしまったことを驚くほど率直な言葉で語っている。世界的なアイコンであるジュリー・アンドリュースは、今では母親業と仕事のバランスをとることの難しさについて話し合う、働きすぎてストレスの溜まった他の母親たちと同じように語ることで、多くのファンと新たな絆を築くようになっていた。「仕事と母親業の両立は簡単ではないわ。つねに罪悪感が付きまとっているの。私は子どもたちと長い時間を過ごすよりも、短くても親密な時間が過ごせるように努力しているわ」

アンドリュースは5人の子どもを育てていた。エマ・ケイト・ウォルトン、ブレイクの前妻パトリシア・ウォーカーとの子どもであるジェニファーとジェフリー・エドワーズ、そしてエイミーとジョアンナ。他の誰よりも、彼女は完璧な家庭教師のイメージと、カリフォルニアで自分の家族と暮らしながら日常生活で巻き起こる問題に取り組む現実との間には、隔たりがあると気付いていた。彼女もまた、よく知られているような、仕事を持つ母親が罪悪感を抱いてしまう状況にあてはまっていたのだろうか？「これについては、断言できるわ。もし私がいつも家にいて、平凡で昔ながらの居心地良い家庭を築くのんきな母親で、どんな時でも子どもたちのためだと言って家を空けたりしなかったとすれば…彼らにとっては地獄でしょうね」

子育てをしている間は、子どもたちを優先して活動のレベルを落とし、アンドリュースは自分に合う仕事を選んで女優業を続けた。そして、エミー賞にノミネートされることになる1987年のクリスマス特別番組のために、彼女はついにザルツブルクへ戻ることになった。この時はプラシド・ドミンゴとジョン・デンバーと一緒で、その番組の一部はモントゼー大聖堂とレオポルドスクロン宮殿で収録された。それは、好意的な反響を呼ぶ1時間の特別番組となり、おそらく最も注目すべきなのは、オーストリアの田園地帯が『ド・レ・ミの歌』で美しい夏の光景として描き出されていたのと同じように、クリスマスの素晴らしい景色とし

て映し出され、ザルツブルクが懐かしく思い出される点であろう。

　1992年に『王様と私』のスタジオ収録が行われ、アンドリュースのロジャースとハマースタインとの付き合いは40年以上になった。そして、彼女はようやく長いこと待ちわびていたミュージカルの現場に戻ることになる。最初はソンドハイムの『プッティング・イット・トゥゲザー』（1993）で、つぎはエドワーズが監督した『ビクター／ビクトリア』が1995年にブロードウェイでミュージカル化された時に出演している。アンドリュースは絶賛されたが、トニー賞の主演女優賞へのノミネートを辞退した──彼女が受賞するのは確実だったのだが──このミュージカルの関係者は他に誰もノミネートされず、それに対する異議を申し立てるためであった。共演者たちが「ひどく軽視されている」という、彼女の印象的なコメントは、新聞の一面を飾った。アンドリュースは製作者たちがミュージカルにかけた費用を回収できるよう、礼を失することがないように努めていたが、彼女のプロとしての人生のなかで、最も大変な時期が目の前に待ち受けていた。

　『ビクター／ビクトリア』が開演されている間、1週間に8公演で歌ったことで、喉に悪性ではない小さな瘤ができているのを発見し、アンドリュースは1997年にそれを取り除くための外科手術を受けた。不運にも、最初の療養期間が過ぎたあとで、手術で彼女の声帯がどうにも修復できないほど傷ついてしまい、かすれた声がもとに戻らないということが判明した。1999年12月14日に、マンハッタンの連邦地方裁判所で訴訟が起こされ、アンドリュースの右の声帯は手術の必要がなかったにもかかわらず、両側の声帯に手術を施してしまったスコット・ケスラー医師とジェフリー・リビン医師が訴えられた。2000年9月に訴訟は示談に終わったが、和解内容については公開されていない。代理人のピーター・パーチャーとオリン・スナイダーが「思いやりを持ち、優秀な能力で代理を務めてくれた」おかげで、アンドリュースは「望ましい方法で訴訟を終える」ことができて嬉しいとコメントし、「関係者全員にとって不運な出来事である、この裁判」が終了して安堵していると述べた。訴訟は終わったが、声帯へのダメージは残ったままだった。ジュリー・アンドリュースの歌手としてのプロのキャリアは、終わりを迎えることになった。

　『黄昏』（2001）のテレビ映画版で、アンドリュースはクリストファー・プラマーと再共演している。それは特別に印象に残る作品ではなかったかもしれないが、充分2時間を楽しんで過ごせる映画だった。翌年の「ロイヤル・クリスマス」ショーで巡業公演することを決めるくらい、2人はお互いに親愛の情を感じている間柄で、そこではまだ若年のシャルロット・チャーチがショーの大半で歌を披露し、アンドリュースとプラマーはナレーターを務めた。プラマーは詩を朗読し、ジュリーは声が上手く出なかったが、歌と語りで一曲をなんとかやり遂げた。観客の反応は素晴らしく、売り上げも好調で、みんなマリアとフォン・ト

ラップ大佐が再会したことを喜び、40年の年月が過ぎても衰えることのないスターに愛情を感じていた。

　アンドリュースという人間の核となっているのは、歌の才能だった——彼女自身の言葉によれば、「もし（歌を歌う）才能がなかったら、私は途方に暮れていたでしょう。とても悲しい少女になっていたと思います。アイデンティティを持てたことを神に感謝します」——そして、彼女はいま漂流しているような気持ちだった。歌えなくなったことと、大好きだった叔母のジョーン・モリスが亡くなったことが重なって、彼女は深い絶望に陥り、「悲しみに関わる感情的な問題への対処法とカウンセリング」を求めて、アリゾナ州のシエラ・ツーソンという更生施設を訪れた。いかにもアンドリュースらしいが、彼女は歌声を失ったことをいつまでも思い悩まずに、自分がやりたいと思える物事に集中することにした。それは、1971年に『マンディ』を出版した折に取り組み始めた児童書の執筆を続けるというものだった。「私はとても恵まれていて、やっていてワクワクすることを見つけることができました。もし声に問題が起こらなければ、これに取り組んでいなかったかもしれません」。そうした揺るぎない前向きな精神が、マリアやメリー・ポピンズを誇らしいものにしているのだろう。執筆活動に更なる努力を重ね、アンドリュースは娘のエマとたくさんの物語を生み出し（2014年までに27冊にもなっている）、彼女がハリウッドに初めて足を踏み入れる前の年月について思い出をつづったシンプルなタイトルの『Home』は高い評価を得ており、文句なしのベストセラーとなって、今でも売れ続けている。

　年が経つにつれ、アンドリュースの功績は次第に広がっていき、もはや彼女を狙い撃ちにする批評家はいなくなり、彼女の人気は再び上昇した。だが、それでも、誹謗する者もいた。アンドリュースの伝記を執筆したリチャード・スターリンは、その本のなかで彼女の鮮明な人物像を書き表し、『サウンド・オブ・ミュージック』40周年記念上映で、ロンドンのナショナル・フィルム・シアターにアンドリュースが現れた時の様子を、痛烈な表現で記している。彼女は厳重な警備のなか到着し、彼女が建物から出るときはわざとロビーから人々を追い出していたので、スターリンには次のような疑問が湧いた。「どうして彼女はこのような警備をさせなくてはならなかったのだろう。考えていることと、やっていることが、分裂しているようだ」

　アンドリュースは、大衆に対しても報道関係者に対しても同じように、礼を失することなどなかった。彼女の振る舞いがよそよそしく感じられるとすれば、何か理由があるのだろう。40年前、『サウンド・オブ・ミュージック』が世界的な大ヒットを飛ばした時には、ジュリー・アンドリュースは彼女を崇拝したり熱望したりするファンが殺到してしまうので、警備をつける必要があった。彼女はストライサンドのように、大衆の前から隠れることはしなかったが、

その代わりにプライベートの本当の自分を保ち、それを守るための手段として、自分の周りに殻を作った。それは必要な方法ではあったが、F・スコット・フィッツジェラルドのかつての愛人で、長年ハリウッドを観察してきたシーラ・グレアムは、「The Iron Butterfly（鉄の蝶）」と題したエッセイで次のように記している。「アンドリュースは、誰も知り得ない女性なのです。彼女は、突き抜けることのできない鉄で覆われた魅力で包まれているのです」
　彼女は足の先までプロフェッショナルでありつづけた。芸術分野で活躍する多くの女性たちのように、彼女は「鉄の蝶」と呼ばれている事実に対して、アンドリュースは歯切れの良いコメントをしている。「私は陽気で、プロの女優なの。それが鉄だとすれば、そうなのでしょうね」。問題は鉄の意志ではなかった——彼女のキャリアの範囲を広げようとする試みを制限してしまうイメージなのだ。「世間の人々は、メリー・ポピンズがただの役だということも忘れてしまうのよ。私はそれよりももっと複雑な人間なんだけど」。他の女優と同様に、監督が彼女に他の種類の役を割り当てようと考えることを阻んでいる、作られたイメージに、彼女はフラストレーションを感じていた——彼女の言葉によれば「苛立たしくて、じれったい」——ほどに。しかし、彼女は『メリー・ポピンズ』や『サウンド・オブ・ミュージック』を新しい世代の子どもたちに見せ続ける観客への感謝を忘れることはないのだった。
　もし報道関係者がまだ時々文句をつけるとしても、大衆が本当にアンドリュースを見捨てることはない。彼らは、彼女の映画の幾つかは好きになれないかもしれないが、アンドリュース自身を好きなことに変わりはない。彼女のすがすがしいプロ意識が作り出したイメージのために、大衆は彼女が幅広い役を演じることを許容しないかもしれないけれども、彼女の魅力の一部には、そのイメージを作ったのと同じ、仕事に対する確固たる倫理観があるのだ。特別なスターに対して、観客はスクリーンの外での振る舞いにも関心を寄せてしまうものだとすれば、観客は、ジュリー・アンドリュースがスクリーンで表現している善良さは、彼女の日常生活にも反映されていると思っているのである。彼らは、自分たちの愛するスターは他人にも親切で、決して不機嫌になったりせず、常に隠し立てせずにいると確信していた。アンドリュースが次のように宣言しているように。「私は絶対に観客をがっかりさせたくないんです。瑞々しく、素敵な存在でいたいのです」
　新しい世紀の幕開けと共に、彼女は『プリティ・プリンセス』（2001）でのクラリス・レナルディ女王役を始めとして、続けざまに評判の高い脇役で映画に出演している。前作と3年後に公開された続編『プリティ・プリンセス2／ロイヤル・ウェディング』の両方で、彼女は貴族的でありながら優しく、アン・ハサウェイが演じる手におえない孫娘をロイヤルファミリーに相応しい物腰でしつける、皇室の祖母の役を演じている。この2作は、『マイ・フェア・レディ』を反転させたような映画で、今回は他人を意のままに操ろうとするよ

うなヘンリー・ヒギンズ教授役を演じるのは、アンドリュースである。彼女はこれらの作品で、40年近く前に『メリー・ポピンズ』を撮って以来はじめてディズニー・スタジオで再び撮影することになり、2作がヒットしたおかげで、彼女は新たな若い10代のファンを得ることになった。

『プリティ・プリンセス2』では、アンドリュースが下手な手術を受けて以来、初めて歌っている姿が見られるが、彼女が歌っている『ユア・クラウニング・グローリー』は、本当のところ歌とセリフが混ざっていて、アンドリュースの言葉を借りれば、著しく狭くなった音域を今では調整できるようになった「5つの低音」を使っている。メリー・ポピンズとマリアが彼女をみんなが大好きになる仲間にしたとするならば、今では彼女は理想的な女性を別の形で表現したものに姿を変えている――今回は祖母として。クラリス女王、ある種スーパー家庭教師で皇室の一員、彼女の歌声があろうとなかろうと、アンドリュースのスターとしての資質が消えることなく残されている役に。

ハリウッドの歴史におけるトップの座を確実にして、1作目の『プリティ・プリンセス』の後で再び人気を得て頂上へと登ったアンドリュースは、不朽の名作であるエロイーズ・シリーズの児童書を元にした2003年の2作のテレビ映画で酔っ払った役を演じ、不遇の時期があっても最後に笑うことになった。これら両作品（『おてんばエロイーズ／キラキラ星のダンスパーティ』、『おてんばエロイーズ／わくわくクリスマス』）で、アンドリュースは再び家庭教師の役を演じているが、そこではジンを呑みあさり、お尻の大きな醜い老婆に扮している。彼女は喜劇的な場面を一つ残らず楽しんでいるように見える。

これらの映画に加え、大ヒットした3作の『シュレック』（2004、2007、2010）で王妃役として声優を務め、人気映画『怪盗グルーの月泥棒』（2010）でもグルーのママの役で声の出演をしたことで、アンドリュースは国民から愛される国の宝として、新たな領域に進んだことが次第に明らかになってきた。母国イギリスでは、2000年にエリザベス女王から大英帝国勲章を授かり、50年以上も暮らしているアメリカでは、生涯功労賞が次々と贈られるようになった。ディズニー・レジェンド賞映画部門(1991)、ウィメン・イン・フィルム主催クリスタル賞(1993)、2001年にはケネディ・センター名誉賞を授与されている。また、歌と演技の両方が讃えられ、彼女は両方の分野で最高の賞を受けている。ピッツバーグCLO主催リチャード・ロジャース賞ミュージカル・シアター優秀賞(1989)、米ソサエティ・オブ・シンガーズ生涯賞(2001)、映画俳優組合生涯功労賞(2006)、ジョージ＆アイラ・ガーシュウィン賞音楽生涯功労賞(2009)、グラミー賞生涯功労賞(2011)、プリンセスグレース財団賞プリンスレーニエIII賞そして、最近のものとしてはもう一つのグラミー賞で、これは最優秀子供向けスポークン・ワード・アルバム賞(2011)である。アン

ドリュースは、再び全世界的な人気と称賛を得たようであった。

　彼女はチャリティのホスト、主に国連女性開発基金の親善大使として、慈善活動に参加し、2010年にブレイク・エドワーズが亡くなってからは、個人が設立した世界的な救援組織で、夫婦で設立当初から活動への援助をしていたオペレーションUSAの代表として尽力し続けた。喉の手術に関するインタヴューでは、彼女は次第に率直に話すようになり、悲しみに対処するカウンセリングを受けたことを隠さずに語ったりするようにもなった。特に、ありのままの思い出を美しく綴った『Home』では、常にフレンドリーでありながら、外部に対して本当の自分を見せないようにしていた彼女の内面を、観客はようやく覗き見ることができるようになった。ジュリー・アンドリュースは、今ではみんなの家族の一員になったのである。

25.
嬉しくも残念な: 本物のフォン・トラップ家

"僕たちの物語は何度も語られているので、現実とフィクションが混同されるようになったんだ"

ヨハネス・フォン・トラップ

　ゲオルク・フォン・トラップが1947年5月30日にこの世を去った時、マリアは一家が合唱団を続けるのをためらうことなく決意した（事実、彼女はゲオルクが亡くなって非常に寂しく思っていたが、常にシビアな考え方をするマリアは、彼の遺体に靴を履かせずに埋葬した。というのも、戦後の混乱期にあるオーストリアの救援活動をマリアは始めており、彼の靴を全てオーストリアに送ろうとしていたのである）。彼の死後もコンサート・ツアーは続けられたが、もはやマリアは仕事や絶え間なく催されるツアーに子どもたちを専念させることはできなくなっていた。ルーペルトは医者として勤めていたし、マルティーナは亡くなっていて、ヨハンナとローリーは結婚していた。ヨハンナが結婚するつもりだと報告した時、彼女が結婚して合唱団を抜けたら一家の生計を立てる手だてが無くなってしまうと動転したマリアは、ヨハンナを部屋に閉じ込めてしまった。ヨハンナはどうしたかって？ 窓から逃げ出して、駆け落ちしたのである。

　欠員を埋めるために、合唱団に家族以外の歌い手を雇い入れたが、彼らには——マリアが「キリスト教的共産主義」と呼ぶやり方で——給料を支払わねばならなかった。そして、一家はついに合唱団を辞めるときがきたと決断した。マリア本人は喜んでツアーを続けたかっただろうが、今では立派な大人として成長した子どもたちは限界を感じており、一家の最終コンサートは、1956年1月26日にニューハンプシャー州コンコードで開催された。1938年にアメリカに到着してすぐにツアーを開始して1956年に至るまで、ほぼ20年の間に、その当時のアメリカ全ての州となる48州と、海外の30もの国々で、彼らは2000回という驚くべき回数のコンサートを行ったのである。

　事実上、一家の優れた長所である——団結——は、時の流れとともに、短所へと変わっていった。1938年に、一文無しでアメリカに辿り着いた時には、彼らは生き残るために団結した。一家総出でコンサート・ツアーを続け、1942年の初めには、トラップ・ファミリー・ロッジと、そこに隣接する農場、それから音楽キャンプを作った。実際に1956年に

ツアーを辞める頃には、年長の子どもたちは 40 歳近くになっていたが、それまで（農場のある）ストウにさえも、充分に落ち着く機会すら持てなかった。学校に通ったり、デートをしたり、スポーツに勤しんだり、地域活動に参加することよりもツアーが優先された。家族の結束力を生み出すものに忠実でいようとすると、全ての時間を費やさなくてはならなかったのだ。このような状況を、ヨハネスは次のように分析している。「合唱団を辞めた時、家族のほとんどが、ツアーで旅に出る必要がなくなって安堵していました。僕たちは母の夢のなかで生きていたんです――母が子どもたちを通して見ていた夢のなかでね。母は一般の人達と触れ合うのが大好きでした。世間の人々との交際を通じて滋養を得ている政治家のようでした」

そうした活動は、家族の暮らしを全く楽にはしなかった。ヨハネスは、マリアは形式的な家のあり方にかなり素早く「切り込みを入れた」と語っているが、彼らの生活には規律があり、長いこと儀礼的なやり方を重んじていたと詳述している。「僕たちが初めてここからバーモントに移った時――6.4 キロも続く泥道のつきあたりにあるのだけれど――村へ出向くときは、上着を着てネクタイを締めなくてはならなかったんだ…もちろん、今では服装が大切だってことは理解しているよ――どんな服を着るかということは、相応しい振る舞いをするために必要なものだったんだ――きちんとした身なりをすれば、きちんと行動するようになるからね」

1959 年にブロードウェイで『サウンド・オブ・ミュージック』が成功を収めると、一家の知名度は上昇したが、1965 年の映画が世界的に大ヒットしたことで、フォン・トラップ家に寄せられていた期待が急激に高まり、家族全員が映画によって植えつけられた途方もなく高い基準の家族生活を送らざるを得なくなった。彼らが不機嫌になったときや普通の家族がするような言い争いをしたり、人間的な弱さが出てしまうときはどうするかって？ 世間の人達は、そんなことは聞きたくなかったのだ。実際のところ、本物のフォン・トラップ家、本当に慈愛に満ちて堅く団結した一家は、映画が作り出した圧倒的なイメージと、どのように対抗したいと思っていたのだろうか。トッド・AO 方式のステレオ音響を伴う、9 メートルの高さのスクリーンのなかには、世界で最も幸福な家族が暮らしていたのだ。シャーミアン・カーの言葉を引用しよう。「あんな理想的な家族はいないわ。実際には存在しないのよ」

世界中の何百万人もの人々が、完璧な家族に存在していてほしいと思い、実際にそれを必要としていた。それらの要求に映画の絶え間ない宣伝が加わり、マリアでさえも「うんざり」するようになったと認めるほどだった。マリアは紛れもなく思いやりのある人物だったが、疑念や心配事のある時期を経験したために余裕のない部分もあり、偏屈になることもあった。母親について、ヨハネスはこう語っている。「母は驚異的な強さを持ってはいまし

たが、かなり気難しくなるところもありました」。後年になって、娘のローズマリーはさらに率直な言い方をしている。「母は、いつも幸福ではありませんでした——気分にむらがあったのでしょう。私には躁鬱(そううつ)の症状がある友人がいるのですが、その友人は母を思い出させます。母は一般の人達に良くしようとしていましたが、そこから解放される必要があったのです——それで、私たちには不機嫌になっていました」

　しかし、『サウンド・オブ・ミュージック』の伝説は、マリア自身にさえも影響を及ぼすようになっていった。彼女は時々、大衆に苛立つこともあったけれども、1978年に観光客がトラップ・ファミリー・ロッジを訪れた時、マリアは人生を一変させるような経験をしており、彼女の考え方は根本的に変わった。「小さい子ども連れの家族がロッジに来て、その父親が私にこう言ったのです。〔ここを訪れることは、休暇の一番の目的なんです。1年間、このために貯金していたんですよ。あなたにお会いできて、旅行が申し分のないものになりました〕。ただ立ち止まって、微笑むだけで、本物の喜びをもたらすことができるとしたら、それは私に与えられた特別な恩恵なのだと思います」

　もちろん、一家にとって女家長であるマリアは、周囲にとっては手強い人物であり、ストウでトラップ家と交流のあった知人は、あるエピソードを語っている。それによると、マリアは彼女の敷地の前にある道がすぐに除雪されなかった場合には、所有地をカトリック教会に売って、街が彼女の土地から税収を得られなくする、とストウの町を脅しつけたこともあるくらいだった。マリアは屈強で、実にたくましい人物で、ストウの住人は彼女のことを「誰に嫌われていようがお構いなし」といったような人で、「仕事をして、家族の世話をするためにここにいる」ようだったと述べている。仕事の取引をしていようが、あるいは「狂気じみた風に、タイヤを軋ませて」ストウの周辺を彼女の愛車カルマンギアでただドライブしているだけであろうが、マリアは、常に愛情深くはあるものの有無を言わさぬ強引な性格で、人生を生き抜いていたのである。「祈りを覚えたヒバリのように」歌いながら、スキップして小川を渡ることなどせずに。

　ツアーを止めてから、マリアに対する憤りが高まり始め——それはほとんど、思春期や大人になりかけの頃に子どもが親に対して感じる、ごく普通のフラストレーションが、何十年ものあいだ溜め込まれて、ついに噴出したようであったが——マリアが存命中は、その全く動じない性格で、彼女は家族の不満をうまく押さえ込んでいた。あえて女家長に逆らおうとする者など、誰もいなかったのである。ヨハネスはこの問題を、何十年ものあいだ他の何よりも家族が団結するよう皆を促すという、マリアの哲学が行き渡った結果だと分析している。「個人を尊重する生活につながりそうな要素は、母によって厳しく抑制されていました。それはまるで、火山を押さえつけているようでした。最後には、それが噴き出すのです。

しかし、そこには同時に私たちをどんなことにも団結させる規律もありました…彼女はとても複雑な人でしたね。おそるべき意志の強さ、文字通り不屈の意志に支えられた信じられないほどの強さがあって、時々それがあまり喜ばしくない方向へと進んでしまったりもしました。私たちは一対一で向き合う場合もありました。母の子ども時代は、とても不幸だったのです。母と同じ幼年期を過ごしたとすれば、非常に強い人になるか、寄る辺のない人になるかのどちらかでしょう。彼女はとても逞しくなったのです」

マリアの性格はかなり支配的だったので、ローズマリーは、次のように隠し立てせずはっきりと語っている。「母が亡くなってから、みんな自分のアイデンティティを探し始めたわ」。マリアの死後に、それまでの不満が明るみに出るようになった。しかし、マリアの存命中は、子どもたちが母親への不満を暴露したいと思っていたとしても、彼らが実際に苦情を言い立てることはほとんどありえなかっただろう。それについて、ヨハネスはこのように認めている。「母はそれ（苦情）に注意を向けることなど決してありませんでした。ただこう言うだけです。〔おだまり〕」。その後、ビジネス心理学者が、家族間で生じた様々なビジネス問題を解決するために雇われ、母親が生きている間に直接不満をぶつけられなかった子どもたちが、「マリアとの関係を解決できないでいる」と結論付けたのは、なんら不思議ではない。

その結果、映画のなかでフォン・トラップ家の子どもたちを演じた7人の若者たちが、50年前に映画によって固定されたアイデンティティの影から逃れようと懸命になっていたのと全く同じように、本物のフォン・トラップ家の子どもたちも、世界的に有名なフォン・トラップ家の一員として役割を演じながら、自分たちのアイデンティティを確立するために多くの時間を費やしていた。大ヒットした映画と、超人的な母親の両方と上手く折り合いをつけながら、子どもたちは公の場でもプライベートでも自分の道を見つけていったのである。

ルーペルト：1911年に生まれたフォン・トラップ家の長男で、ドイツ帝国に公然と反抗した医者であり、一家がアメリカへと旅立つ重要なきっかけをつくった。ルーペルトは第二次世界大戦でアメリカ軍に入隊していたのでアメリカ国籍を得ることができ、その後ロードアイランド州で医者として成功を収め、忙しく仕事に勤しみ、6人の子どもたちの父親にもなった。しかし、彼が困難なこととして思い出すのは医者の勤めではなく、ツアーのために毎日歌の練習を4時間もしたことで、それを彼は「大変な仕事」と表現している。そうは言いながらも、引退後にバーモントに戻ったルーペルトにとって、一家が携わってきた音楽のルーツは消し去れないものだった。1978年に『ワシントン・ポスト』紙が掲載したトラップ一家の記事のなかで、記者はルーペルトが「16世紀から17世紀にかけてのマドリガルを一家が歌っているレコードを聴いている時、眼に涙を浮かべていた」と書き記してい

る。1992年にルーペルトはこの世を去り、バーモント州ストウにある一家の敷地に埋葬された。

アガーテ：1913年生まれ。トラップ家がアメリカに移住した後、アメリカ国籍を申請した。生涯独身で、幼稚園の教諭として最初はバーモント州ストウで、その後1993年に引退するまでメリーランド州のボルティモアで勤務した。内気な性格ではあったが、スケッチ画の才能あるアーティストでもあった彼女は、ワシントンD.C.のオーストリア大使館で水彩画の展覧会を開催し、自伝のために絵筆をふるったほかに『*Trapp Family Book of Christmas Carols*』の挿絵を描いている。

　ストウで一家が暮らしていた家がロッジになってから、そこに快適さを十分に感じられずにいたアガーテは、何十人もの宿泊客を受け入れるには家が小さすぎると思っていて、1980年12月20日にロッジが火事で全焼した後、このように述べている。「アメリカでの最初の家が火事で焼け落ちたと聞いても、私は残念だと思いませんでした…でも、母にとっては、生涯をかけて取り組んできた仕事が消え去ったようで、かなりの衝撃となっていました。母は、そのショックから完全に立ち直ることはありませんでした…それでも、強い信念を持っていた母は、妥協することなく、情熱を持って人生を歩んでいました。彼女と一緒に暮らすのは、簡単ではありませんでしたが、私たちの音楽的才能を世界と共有できる機会を母が掴みとってくれて、感謝しています」

　『サウンド・オブ・ミュージック』に対する彼女の困惑は、トラップ家全員が感じていた複雑な思いをまとめて表現しているようである。「とても素敵な物語だけど、私たちの話ではないわ。もし私たちの名前が使われていなかったら、たぶん楽しめたのでしょうね」。アガーテは2010年にボルティモアで亡くなり、ロッジにある一家の墓地で眠っている。

マリア：1914年生まれのフォン・トラップ家の次女。マリアは一家がアメリカに移住した時、23歳だった。数十年もトラップ家の合唱団（セカンド・ソプラノ担当）としてツアーに参加していたマリアは、オーストラリアのシドニーで、パプア・ニューギニアからきた司祭と面会した後、――「何か引き寄せられるものを感じて」――42歳の時に宣教師となり、それを生涯の仕事とした。継母の志を継いで、32年間、信徒宣教師として世界中を旅していたが、その間、彼女がバーモントでの短い休暇を取ったのは、たった2回だけだった。主にパプア・ニューギニアで働いていた彼女は、そこで英語を教え、教会の礼拝のために生徒と聖歌隊を結成し、国際的な異文化間の養子縁組が容認されるずっと前のことであるが、キクリ・ムワヌカズィという名の少年を養子に迎えている。

1987年に引退してから、彼女はバーモントに戻り、ロッジの敷地内にある小さな家で暮らして、アコーディオンを演奏したり、異母姉妹となるローズマリーと一緒にオーストリアの踊りを教えたりしていた。ゲオルクとアガーテの間に生まれた子どものうち最も長寿であった彼女は、99歳まで長生きをして、2014年2月に天寿を全うした。彼女は最期の最期までフォン・トラップ家の人間であり、イギリスのドキュメンタリー番組『すべての山に登れ』が撮影した映像には、かなりの年齢になったマリアが、英語の話し方を忘れてしまっても、まだアコーディオンの弾き方は覚えている様子が残っている。

兄弟たちと同じように、彼女は『サウンド・オブ・ミュージック』が一家の好ましい姿を描いているので気に入ってはいたものの、それと同時に、事実を捻じ曲げている点については憤慨していた。「私はいつも、彼らはパン生地からレーズンを取り除いて、新しい生地を作ったんだと言っているのです」。彼女は映画が父親を厳格な軍人として表現していたことを、とくに求められていなかった恣意的な改変だとして、真実の父親の姿に言及しながら考えを述べている。「私たちはみんな、映画で父があのように描かれていてかなりショックを受けました。本当の父は、全く違います。彼は常に私たちの面倒を見てくれていました。特に母が亡くなった後は。映画と自分を切り離して、そうすることに慣れなくてはなりません。単に避けて通れるようなものではないのです」。マリアと同じ見解を、ヨハネスも全霊を傾けて語っている。「私の父はとても素晴らしい人でした。映画で描かれているような人とは全く違ったのです。とはいえ、あの人物像はミュージカル製作の時に初めて作られたものです。メアリー・マーティンを引き立たせるように。そのために、大佐の役はあまり重要ではなくなったのです」

マリアが子ども時代を過ごしたザルツブルクの家が宿泊施設になることが決まり、その直前にもう一度見ておきたいと思った彼女は、2008年の夏にオーストリアに戻った。1930年代にそこを去って以来はじめてその家を訪れた彼女は、懐かしい思い出で胸がいっぱいになった。「私たちの人生すべてがここに、この家にあるのです。とくに、この階段の吹き抜けでは、いつも手すりを滑って遊んでいたものです」。映画の影響があったからこそ、トラップ家に数十年間もスポットライトが当たってきたことを受け入れて心安らかな気持ちになり、彼女はこう語った。「『サウンド・オブ・ミュージック』に感謝しています。そのおかげで、人々は私たちのことを忘れないでいるのですから」

ウェルナー：1915年に生まれたウェルナーは、兄ルーペルトと同じように、第二次世界大戦でアメリカ陸軍に入隊してアメリカ国籍を得た。戦争から無事に帰還できたことに感謝して彼が建てた石造りの教会は、いまでもロッジの敷地に残っている。結婚して6人の子

どもを育て、カトリックから脱退すると、再生派キリスト教徒になり、バーモント州ウェイツフィールドの街で酪農場を営んだ。

　ロッジから比較的近くに住んではいたものの、ウェルナーはどのような形であれ、意図的にロッジの経営には関わらないようにしていた。1978年（最後には解決することになるものの、訴訟にまで発展した家族の言い争いが起こる20年も前のことであるが）、マリアがまだ生きていたその時であっても、彼は率直にこう語っている。「私はストウから50キロ離れた場所にいて、関わり合いにならずに済んで良かった。もし機会があったら、反対意見を言っていただろうし」。おそらく、一家に対する世間のイメージについて10人の子どもたちのなかで最も幻滅を感じていたウェルナーは、1978年のインタヴューで再生派キリスト教の考え方を強調し、いまでは「キリストとの個人的なつながりを得られたので、それまで持てなかった平穏な気持ち」を持てるようになったと確信していると述べている。兄ルーペルトが亡くなったのと同じ1992年にこの世を去るまで、ウェルナーは一家の事業とは距離を置き続けていた。亡くなった時に一家の宗派に戻り、ストウにある家族の敷地に埋葬されている。

ヘートウィク：1917年生まれ。ヘートウィクは、マルティーナの次に早くこの世を去る子どもだった。腕のいい写真家でもある彼女は、一家がツアーを止めたあとで教師として働き、1948年にアメリカに帰化した。ヘートウィクは継母であるマリアとの生活に微妙な考えを抱き続けており、トラップ家の歴史に名高い合唱団のツアーをその本質に切り込むように観察して、弟に向って冷静にこう語っている。「ヨハネス、わかっているでしょうけど、あれは母親のためだからいいようなものの、そうでなければ私たちはコックや召使みたいなものよ」。合唱団をやめたあと、その代わりとして、彼女はハワイのカイルアにあるセント・アンソニー・スクールで長年にわたって手芸や歌を教え、子どもたちの聖歌隊の指揮を執った。
　ツェル・アム・ゼーの湖畔で（「ジョーンおばさん」と呼ばれていた）おばのジョーンと暮らしていた頃は、ひどい喘息の発作に苦しみ、それが元となって彼女は1972年にたった55歳で亡くなった。いまではストウの敷地内の墓地で眠っている。

ヨハンナ：1919年に生まれたヨハンナは、1948年にアメリカに帰化し、その後アーネスト・ウィンターと結婚して7人の子ども（男の子が4人、女の子が3人）を授かった。彼女はオーストリアに帰ってからアメリカに戻ることはなかったので、ロッジとは家族のなかでも一番関わりが少なく、1994年にウィーンで75歳の生涯を閉じた。彼女は長男と一緒に、オーストリアに埋葬されている。彼女が亡くなったことで、オーストリアで暮らすフォ

ン・トラップ家の人間は、もはや誰もいなくなった。

マルティーナ：1921 年生まれ。マルティーナは姉たちの例にならって、1948 年にアメリカ国籍を取得した。フランス系カナダ人のジーン・デュピエールと 1949 年に結婚し、妊娠してからは、初めての出産に備えて 1951 年に一家のツアーから抜けて家に留まった。マルティーナは娘を予定よりも早く出産することになったが、1951 年に帝王切開による合併症を引き起こして死亡した。彼女はトラップ家で最初に亡くなった子どもで、父親の死からまだ 4 年しか経っていなかった。マルティーナは自分の娘と父親、継母、兄弟のウェルナー、ルーペルト、ヘートウィクと一緒に一家の墓地に埋葬されている。妥協することのないプロフェッショナルの集団である一家は、彼女が亡くなった時でさえもコンサート・ツアーを続け、告別式に参列したのはマリアだけだった。

ローズマリー：1929 年に生まれたローズマリーは、1947 年に父親が亡くなったあと、これ以上ツアーに行きたくないと拒んだ初めての子どもだった。彼女はこのように語っている。「私はステージの上で全く幸せではありませんでした。やらされていただけです。母が神を除いて他に何を信じていたのかわかりません。彼女は、皆を修道院に行かせようとしていました。それは牢獄に入るようなものだと、私はわかっていましたが」

彼女自身が認めているように、ローズマリーは非常に内気な性格で、ステージに立つ恐怖に怯えており、ゲオルクの死後、神経衰弱になってしまった。「私は父に頼り切っていました。彼はコンサートの時、いつも舞台裏にいたのです。父が亡くなった時、私は家でうまく過ごすことができなくなりました…そして、ある夜、安らぎを求めて家から逃げ出したのです」。3 日後に、彼女は農夫が所有する畑を横切って、さまよい歩いているところを発見された。彼女が家に連れ戻された時、マリアは家出に代わる治療法として二つの選択肢しか思いつかなかった。修道院で生活するか、精神病院に入るかのどちらかである。ローズマリーは、精神病院で電気ショック治療を施された。「彼らは私に電気ショック療法を受けさせました。あれはやりすぎでした」。失望し、うろたえ、落胆したローズマリーは、方向性を変えることにした。「私は反抗的になりました。煙草も吸うようになったのです」

マリアとゲオルクとの間には 3 人の子どもがいたが、その最初の子どもであるローズマリーは、後年になって驚くことに、マリアが前妻の子どもたちを可愛がり、彼女は構ってもらえずにいると感じていたと述べている。「私の母は、年上の子どもたちに注意を向けていました——映画で描かれていた兄姉たちに」。フォン・トラップ家のなかでも最も精神的に大変な時期に直面していたローズマリーは、その時の経験を率直にではあるが、なんとか言葉

にして語った。「20歳から40歳にかけて、私は大人として難しい時期を過ごしました…その時期の大半は、バーモントで暮らしていました。成人してからの生活で、私は農場の外で働くことはなかったのです。1年だけ、看護師になるために勉強をしましたが、そのあと再び精神衰弱になり、病院に1年間入院しました。私はいつでも失敗してしまうのです」

結婚やボーイフレンドのことを考える時もあったが、ボーイフレンドとの関係は結婚に至ることはなかった。「私は男の子たちと打ち解けることはありませんでした——男の子が怖かったのです。母は私たちに、男の子と関わりを持つよう促すことはありませんでした…男性と付き合うようになったのは年齢がいくらか上になってからで、ボーイフレンドができたときもありましたが、彼はドラッグを使い始めたので、結局別れることになりました…これまでの人生で何かやれることがあったとしたら、結婚していたでしょうね。結婚したいという思いはあったのですが、いざそうなると怖くなってしまったのです。私には理想の夫像がありました。父のような人と結婚したかったのだと思います…私は人生において幾つか間違った選択をしました。その後、結婚することもありませんでした。それに、自動車で2回大事故を起こして、回復するのに大変な努力が必要だったのです」

『サウンド・オブ・ミュージック』の映画に対する彼女の考えは、異母兄弟たちのものと重なる。「みんなでその映画を観た時、私たちの実人生とは少し違う物語を観ているのだと思いました。『サウンド・オブ・ミュージック』は、私たち家族の本当の話ではありません…第一、私たちは野原に駆けていって、あのように歌ったりしたことはなかったのです。映画に出てくるような歌を、歌ったことはありませんでした。映画では、私たちがザルツブルクにいるときのことが語られていて、アメリカでの生活は全く出てきません。私たちの生活は、あの映画で示されているような非常に魅力的なものではなかったと、おわかりになるでしょう。生活のほとんどが、かなり大変でした。生きていくのに一生懸命でした。もがきながら生活し、なんとか辛苦に耐えて過ごしたのです」

ローズマリーは、1956年から1959年までニューギニアで宣教師として勤め、それからバーモントにあるコミュニティの支部で会員となり、「十字架のキリスト会」に加わった。兄弟たちの何人かと同じく、彼女は神との新しい関係に安らぎを覚えた。「40歳のとき、私は自分の人生をどのように歩むべきかわからず、神に私の人生を捧げようと決心したのです。あれが人生のターニングポイントでした。それより前には、私は神に対する自分の信仰を持っていませんでした。いつも家族と一緒に暮らしていて、私は彼らの影のような存在で、彼らにつき従っていて、彼らがすることをしていたのです。神への個人的な信仰を持っていなかったので、自分を信じることもありませんでした。ある日、とても絶望的になっていた時、ラジオを聴いていて、そこで男性がこのように語っていたのです。〔あなたが望みを失ってい

るのなら、神と話をしに行きなさい、あなたの問題をイエスに語るのです。あなたが最初からやり直したがっていて、助けを必要としているのだと、イエスに話すのです〕。これを聞いたのが、40歳の時でした」

　自分の人生を神に捧げると決意した経緯について詳しく話しながら、ローズマリーは、彼女の人生がすぐさま変わったことについても語った。「私は眠りにつき、朝、目を覚ますと失望が消えていたのです。一晩で全てが変わりました」。彼女が神に見出した平穏はまた、ときどき問題を引き起こした母親との関係を修復することにも役立った。「私たちは特別なつながりを持つようになりました。私は母の長女で、多くの点で彼女と似ていました。母にとって、私たちが暮らしていた多少風変わりな生活のなかで私を育てるのは、大変だったのです。そのため、母は姉たちに私を育てるようにさせていたのです」。実際、マリアが1987年3月28日に亡くなる前に数回発作を起こした時、彼女の看病をしたのは、ローズマリーだった。「何年間も、私は自分の問題について母を責めていました。どうやって関係を修復すればよいのか判らなかったのです。ありがたいことに、母が亡くなる前に、私たちは和解することができました」

　ローズマリーは、今では年の半分をバーモントで過ごし（そこで彼女はロッジの客にリコーダーを教えたり、一緒に歌を歌って指導したりしている）、他の時期は、エルサレムの近くにある、北部アラバ地区イール・オボットの隔絶したコミュニティで過ごしている。2006年のインタヴューで、ローズマリーは彼女を虜にした砂漠の魅力について語っている。「この場所は、私に静寂をもたらしてくれます…2001年に初めてここにきて、それ以来、年の半分をこの場所で過ごすことに決めています。ここで6カ月、アメリカで6カ月といった具合に。でもここにいるときが、一番神の近くにいるような感じがします」

エレオノーレ：1931年生まれ。ニックネームはローリー。エレオノーレはトラップ合唱団のファースト・ソプラノを担当していた。フォン・トラップ家がツアーを止めたあと、他のグループで歌わないかと誘われたが、それに対して彼女はただこう答えた。「できません。それは無理です。特別だったんです――私たちのやっていたことは」

　彼女はヒュー・キャンベルと結婚し、7人の娘を育て上げ、兄のウェルナーが住んでいた街であるバーモント州ウェイツフィールドで暮らしている。ウェルナーと全く同じように、彼女は救い主として「神を受け入れ」、彼女自身も生まれ変わったと語っている。姉のアガーテによると、ローリーは「バーモントで伝統的な家族の価値観を取り戻すために取り組んでいるグループと積極的に」活動しているらしい。彼女は園芸に情熱を傾け、そしてまた姉のローズマリーのように、イスラエルを熱心にサポートしてもいる。

ローリーは映画を公正に評価しているが、それは映画全体の有効性に対する評価というよりも、自由を受け入れたいという思いのほうにやや重点が置かれているようである。「（例えば）彼らは、修道女が車のキャブレターを取ってしまうシーンを、完全に作り上げているでしょう——そう、あれは愉快なシーンだし、あの映画には素晴らしい場面がいくつがあるわ…神は人々の心に触れるために、私たちの歌をお使いになったのよ」

1987年3月にマリアがこの世を去った時、彼女の傍らにいたのはローリーだった。「母はとても安らかに最期の時を迎えました」

ヨハネス：1939年に誕生したヨハネスは、ローズマリーとローリーを除いて他の異母兄弟よりもかなり年下だった。彼は兄姉たちより恵まれていて、映画で有名になったオーストリアでの生活にはほとんど関わりがなかったし、ツアーで妨げられることなくダートマス大学に入学する学力もあった。幼いころはほとんど自宅での学習ばかりだったが、寄宿学校に入って勉強し、ダートマスや、その後のイェール大学大学院で過ごしていた時に科学の知識を得た。その時の知識が、ロッジに関する問題を抱えた時に「公正で科学的な評価」をする役に立った。彼はダートマスのルームメイトとクロスカントリー・スキーを楽しんだことから、自分たちが楽しめたのであれば、ほかの人もきっと楽しく感じるだろうと考え、イェール大学で得た林業の修士号の知識を応用して、ロッジの森林にクロスカントリーコースをデザインして実際に作っている。1968年にこれらのコースが公開された時、トラップ・ファミリー・ロッジはアメリカで初めてのクロスカントリー・スキー・リゾートとなった。

ロッジの経営は、必ずしもヨハネスが計画していたキャリアではなかったが、一家の財政が急激に破産へと傾いているのがわかったとき、彼はそのビジネスに乗り出すことにして、母親から日々の運営を引き継いだ。しかし、彼が責任を引き受けたことで、家族内で新たな問題が生じた。マリアの死後、ビジネス心理学者が家族の問題を解決するために招かれたのであるが、結局その問題とは、子どもたちも孫たちも同じように、不満をマリアからヨハネスに移して起きたものであった。

マリアがなぜ快くヨハネスに職権を譲り渡す気になったかというと、彼が多くの点で母親と似ている性格だったからである。外部の人からすると、この母と息子は驚くほど似ていた。「ヨハネスは、カリスマ的で頭が良く、屈強で規律正しい人物で、マリアととてもよく似ていました」。「マリアのお気に入り」として他の人達からも認識されていたヨハネスは、自分が決めたことに一心不乱になり、10人の子どもたちのなかでただ1人、いつもマリアにあえて強く反対意見を述べていた。1973年のインタヴュー記事のなかでレポーターは、マリアがヨハネスと共有していた陰と陽の性格を指摘しながら、こうマリアを評している。「彼女は自

分が誇張して話す傾向があると思われていて、逆に息子のヨハネスは控えめに言う傾向があると思っている」。それから 42 年後に、ヨハネスはこの記事に困惑してこう感想を漏らしている。「私は好ましくない面を強調するのかもしれません——たぶん、それは遺伝的な問題なのでしょう。もちろん、母の過剰な情熱に対して、いまになって何か言うつもりはありません…彼女がすることは全て、突飛すぎて、うるさすぎて、大げさで、性急だったのです」

結局、母と息子の衝突は、彼らの親密さを妨げることはなく、ヨハネスはマリアの本当に慈愛に満ちた人柄は、『サウンド・オブ・ミュージック』で描かれているおとぎ話のなかよりも、もっと多くのところに見出されると、すぐさま指摘している。「母は人々を幸せにするのが大好きでした。彼女は何かの記事で困っている人がいると書かれているのを読み、クリスマスにその未亡人と 6 人の子どもたちを招待していました」

映画によって一家に向けられる、消えることなく輝くスポットライトは、ヨハネスにも兄姉たちと同じように克服しなくてはならない個人的な試練をもたらした。彼は一度ならず、世間の人たちが彼に会ったとき、映画のなかで彼がどの人物として描かれているのかを知りたがると述べている。ヨハネスが、トラップ家がアメリカに来てから自分が生まれたのだと説明すると、彼らはがっかりするのだ。ニコラス・ハモンドが、ヨハネスはフォン・トラップ家の人間で、映画のなかの幻影ではないのだから、ヨハネスの状況の方が自分のよりもましだと言ったとき、ヨハネスは笑いながら皮肉を込めて、こう呟いた。「みんな僕が君だったらいいのにと思っているのさ」

自分の家族の表現方法について、『サウンド・オブ・ミュージック』に感謝と、いくらかの不満の両方を感じてはいるものの、ヨハネスはこの映画は魅力的であり、その映画のおかげでロッジの経営が成り立っていることを理解している。抜け目のないビジネスマンとして、いま彼はトラップ農場とトラップ醸造所、そして観光客にはおなじみのトラップ・ファミリー・ギフト・ショップを監督する立場にある。ある部分は映画のおかげで彼は成功を収めることができ、フォン・トラップ精神の継承者として、そしてファミリー・ビジネスの経営者として社会的な地位を得ている。この映画がオーストリアの文化をハリウッド化している点を批判していた彼は、ロッジのギフトショップで『ひとりぼっちの山羊飼い』を歌う 20 センチの山羊のぬいぐるみが販売されているのをみつけて、こう思った。「ひどいと思いませんか？ …僕のスタッフは何カ月もそれを隠していたんです。でも実際によく売れるんですけどね。重要なのは、我々は俗物にはなりたくないということなんです。時としてそれは難しいことですが。バーにテレビを置くことはきっぱり断りましたよ！」

彼は、自分が実在するフォン・トラップ家の文化をハリウッド・バージョンに合わせるために変えたくはないと思っていることに、問題があると感じていた。「人々はロッジにやって

来て、『サウンド・オブ・ミュージック』の歌を聴きたいと思っています。でも、答えはノーです——クラシック音楽を聴くことになるでしょう。私は自分がロッジにいるときに、サウンド・オブ・ミュージック』の歌を演奏させません。理由の一つは、もう十分聞いてきたからです——それに、あれは私たちではないからです。私たちはクラシック音楽やオーストリアのフォーク・ソングを歌っていました——それは違う雰囲気を持っていました。フォン・トラップ家は真面目な音楽家で、今はなき古い世界と、常にある一定の高いレベルで演奏することを求められている貴族的な流儀のなかで、名声を高めていたのです。私は傲慢にふるまっているわけではありません——全く違います。ただ、私たちはそうであったというだけなのです…私たちは観客をその中に巻き込む感性、芸術的な感性があったのです…」。ヨハネスは、姉のローズマリーが週に2回行っている歌の集いに反対しているのではない。歌の集いでは『サウンド・オブ・ミュージック』の曲も歌われていて——「かなり気に障りますが…『サウンド・オブ・ミュージック』は全てを簡略化してしまうのです。私は、現実とはおそらく神話ほど魅力的ではないけれども、もっと面白いものだと思っています」

　実際に、『サウンド・オブ・ミュージック』はロッジで時々上映されているが、ヨハネスは、ロッジの魅力を伝えるのに一番相応しいのは、ロケーションと風景だと言う。「私たちは美しいバーモントの景色とロケーションという利点を最大限に伝えたいと思っています。それこそが、私たちのセールス・ポイントで、とても誇りに思っている点です。映画についてよく知らずにロッジにやって来る人たちも、本当にたくさんいるんですよ」

　しかし、映画が疑いようもなくロッジの魅力の一部であるのは確かで、そのような大人気を博した映画が、社会的および経済的階級を越えて人々に影響を及ぼしているという事実は、ある部分ではロッジの成功に寄与しているが、同時に運営を難しくさせてもいる。ヨハネスによれば、かつてロッジが焼失したとき、彼はシティコープとの融資契約をまとめようとていた。「私は銀行員にこう言ったんです。〔部屋を見てください。若い人から年輩のお客様までいます。白人も、マイノリティもいます。裕福な人もいれば、そうでない人もいます——これが経営を難しくしているのです。私たちは洗練された旅行者だけではなく、大衆市場にもアピールしたいと思っているのです〕」

　2014年に75歳となったヨハネスは、『サウンド・オブ・ミュージック』に関する全てのビジネスを視野に入れて、次のような発言をするようになった。「私はあの映画に感謝し、自分でも楽しんで、人々にとってどのような意味を持つのかがわかるようになりました。それは屈辱的な経験です。2014年の初頭にあの映画を5分間観て、その素晴らしさにすっかり参ってしまいました。他に類のないものです」。映画を受け入れるようになって、彼は群衆のことを理解し始めた。ある人が述べているように、「トラップ・ファミリー・ロッジに

は大勢の人がやって来て、そこを巡礼地のように捉えている。メロディの流れているメッカ。子守唄の聴こえる聖地ルルドみたいだ」

　21世紀に入ると、オーストリア人も自国を世界的な文化となっている映画のロケ地として認めるようになり、トラップ家の末裔(まつえい)は映画についてのわだかまりを消せたようだった。映画で描かれている出来事とは全くかかわりのない世代にあたるマリアの孫たちは、自分たちの親とは違って、社会から注目を浴びて困ることもない。ヨハネスは、若い世代の人たちは「映画のなかの歴史的あるいは文化的な違いや誤りを、それほど不快には思っていないようですね。彼らにとって、それらと折り合いをつけるのは僕たちよりも簡単なのでしょう」と語っている。マリアの孫であるエリザベス（ウェルナーとエリカの次女で、ソロの音楽家として活動を続けている唯一の孫）は、困惑した調子でこう語っている。「映画を観ているとき、現実離れした話のように思えました。そこにいる子どもたちを観ているのですが、彼らは私たちの年老いた叔母や叔父なのです。本当に、現実を超えたものだったわ」

　映画と一家の関係は、いまや一周回ってもとに戻った。ヨハネスの息子サムは、ヨハネスの義理の息子と一緒にロッジの経営マネージャーをしている。彼は父親がやっていたよりも、さらにロッジと映画のつながりを強調してビジネスに取り入れ、年に1回アメリカのテレビで映画が放映される時、意図的にロッジのテレビコマーシャルに出演することさえあった。サムにとって、今では「重荷」は喜んで抱えるものになっている。「大人になりかけの時は、僕たちは映画を遠ざけたいと思っていました。卑下することはないけれど、祖父があんなふうに厳しい人のように描かれたり、伯母や伯父の名前や産まれた順序が変わっていたりして、少しがっかりすることもありました。それから時が流れて、あの映画が人々にとってどれほどの意味のあるものかわかって、映画を受け入れられるようになっていったのです」

　このように、彼は本物のフォン・トラップらしく語った。

26.
統計でみる50年

　1965年：統計的にみたとき、1965年に発売されたこの映画のサウンドトラックは、年間アルバム賞としてグラミー賞にノミネートされただけではなく、全米レコード協会の歴史上、（2週間という）最も短い期間でゴールドレコード（50万枚以上の売り上げ）の認定を受けた。このアルバムは14週間もビルボードのトップを占めており、その期間はエルビス・プレスリーやビートルズのどのアルバムをも凌ぐほど長かった。

　1968年：サウンドトラックが記録的な売り上げを打ち立てた結果、この年、ブロードウェイ・ミュージカル版を製作したリーランド・ヘイワードとリチャード・ハリディが、オスカー・ハマースタインの遺産相続人とリチャード・ロジャースに対して訴訟を起こし、映画に関連した金銭をめぐる論争がはじめて明るみに出ることになった。ロジャースとハマースタインはサウンドトラックの印税に関してフォックスと別々の取り決めをしていたのだが、オリジナルの共同製作者であるヘイワードとハリディは、その協定について何も知らされなかったというのが、原告側の不満の根幹にあった。実際は、ロジャースとハマースタインの弁護士は、『サウンド・オブ・ミュージック』と『フラワー・ドラム・ソング』のブロードウェイ版サウンドトラックが最初に録音された時と全く同じように、依頼人の代わりに映画版のサウンドトラックの所有権についても交渉したのだった。

　1968年に訴訟が起こされたときには、サウンドトラックは500万枚も売り上げを伸ばしていて、米国仲裁協会の裁定により、ヘイワードとハリディに107万6795ドル21セントを支払うことになった。それは当時、仲裁裁判が認めた裁定額としては最も高い額であった。ジョン・M・マータ裁判官によれば、ヘイワードとハリディは「誰かのことを〈インチキ〉をしていると誹謗しないように、わざわざ遠回しに訴えていた」が、ハマースタインの遺産を管理する遺言執行者とロジャースが「意図的に不正行為を働いた」のは「明白な事実」であった。ロジャース＆ハマースタイン協会は控訴したが、5カ月後に、裁判所の上訴部は160万ドルという破格の額を提示してハワードとハリディの勝訴を確定した。このような一か八かの訴訟ではあったが、審議中は理性的な態度が保たれていたこと

が明かされた。ヘイワードは、調停が始まる前に、リチャード・ロジャースが彼に「弁護士たちを戦わせよう。でも、僕たちは友人のままでいられるよね」と話したと語っている。

1969年12月：『サウンド・オブ・ミュージック』の映画館での上映が終了した。公開から5年と9カ月という、これまでの上映記録を打ち破る長さだった。

1970年：アメリカ軍の東南アジアへの関与が激しさを増し、ラオスやカンボジアに侵攻し、ケント州立大学では反戦運動に参加していた大学生が殺害された。『サウンド・オブ・ミュージック』のサウンドトラックの売り上げは、1200万枚を超えた。

1973年：『サウンド・オブ・ミュージック』が最初の上映を終えてから、まだ3年しか経っていなかったが、世界中の映画館で再び上映されることになった。

1974-1976年：ニクソン大統領が辞任し、運よく後釜となったフォードがホワイト・ハウスに鎮座すると、インフレが進んだ。1976年2月29日、『サウンド・オブ・ミュージック』が初めてテレビ放映される。3時間のテレビのゴールデンタイムに合わせて編集されてはいたが、この時でも映画の人気は根強く、高い視聴率となった。まだケーブルテレビが普及する前の時代でテレビ放送の影響力はかなり強く、非常に高い視聴率を得ることになった初めてのテレビ放映のおかげで、サウンドトラックの売り上げはさらに50万枚も増え、1976年までの合計の売り上げは、1550万枚にもなった。

1978年：1976年の映画のテレビ放送での成功に気を良くしたNBCは、20年間の映画のテレビ放映権を2150万ドルで買い取った。そのすぐ後に、BBCは映画の10回分の放映権に400万ドルを支払っている。

1983年：5月27日の午後、G7サミットがヴァージニア州ウィリアムズバーグで開かれる前日で、そのサミットはレーガン大統領が就任していた8年の間にアメリカがホスト国を務めたただ一つの首脳会議であった。ホワイト・ハウス職員の責任者であるジェイムズ・ベイカーは、大統領が難しい会談の準備を十分にできていないのではと心配し、「コミュニケーションの達人」と評されるレーガンの長所を生かせるように、重要な事柄と数字、話をする際のポイントをまとめた分厚い本を作製した。翌日、大統領と打ち合わせをするためにホワイト・ハウスに戻ってきたとき、G7サミットのことで頭がいっぱいのベイカーは、その本が開かれていないことに気づいた。大統領は、その資料を読まなかったことにどんな言い訳をしたかって？「聞いてくれ、ジム。昨日の夜はテレビで『サウンド・オブ・ミュージック』をやっていたんだよ」

1987年：アマチュアが製作した『サウンド・オブ・ミュージック』の数は毎年増加し、『オクラホマ！』と並んで、この作品がロジャースとハマースタインの全作品のなかで最も有名なものになると、総譜の新しい音源がリリースされるようになった。なかでも最も注目

すべきなのは、1987年にオペラの歌姫フレデリカ・フォン・シュターデがマリア役で出演しているスタジオ録音である。「フリッカ」はひたむきに苦心してマリア役に取り組み、才能に満ちた演技をして——そして改めてジュリー・アンドリュースを誰も忘れることのできない存在にした。

　1990年：映画館で2度目となる『サウンド・オブ・ミュージック』の再上映がおこなわれる。

　1995年：映画の30周年を記念して、イースターに4時間の特別番組がテレビ放映され、ジュリー・アンドリュースが司会を務めた。

　2001年：アメリカ議会図書館がこの映画を「文化的、歴史的、芸術的に重要な」基準を満たしているとして、フィルム登録簿に加えることを決めた時、『サウンド・オブ・ミュージック』は、ついにエリート層からも正式に認められたことになった。どこかでポーリン・ケイルやジュディス・クリストが悔しくて歯ぎしりしているだろうが、アメリカ議会図書館によれば、『サウンド・オブ・ミュージック』には美的重要性があることが、いまや明らかになったのだ（この映画をまだ誹謗し続ける人は、こう言い返すだろう。〈まあ、フランス人にしたって、ハチャメチャな喜劇俳優のジェリー・ルイスを天才だと思っているのですからね〉）。

　2005年：興行収入に関しては、インフレ調整したドルで言うならば、『サウンド・オブ・ミュージック』はつねに総収益でトップ3に位置している。世界中の興行収入の累積総額は11億6210万9500ドルになり、マリア・フォン・トラップの前にいるのは『風と共に去りぬ』と『スター・ウォーズ』だけである。

21世紀における世界的な反響

1950年代から60年代にかけて、『オズの魔法使』が毎年テレビ放送されていたのと同じように、『サウンド・オブ・ミュージック』も年に一度家族そろってテレビ放映を見るという現象を引き起こしていたが、1980年代に家庭用のビデオ市場が拡大したことで、この映画の立場が脅かされたかに思われた。しかし、ビデオの売り上げが伸び、新たに高い支持を得るようになり、2000年代の初めにはこれまでとは違う形でマリア・フォン・トラップの人気も高まってきた。今や『サウンド・オブ・ミュージック』は、世界中の家庭で365日、家族がそろって楽しめる映画として用意されるようになったのだ。1979年にまずビデオとして販売された『サウンド・オブ・ミュージック』は、ビデオとDVDの週間売り上げランキングで、連続して最上位を占める最長記録を保ち続けた。

　これまで以上に映画の注目度が高まったのは、アメリカに限ったことではなかった。家

庭用ビデオ市場が世界中で革命的な広がりを果たした結果、『サウンド・オブ・ミュージック』の魅力が急激に世界へと伝わるようになったのである。この映画はロシアでも広く人気を得るようになり、そこでは面白い音の響きを使って『*Zwucky Musicky*（音楽の音）』という題名をつけられたミュージカル版もかなりのヒットとなった（例のごとく、イタリアではこの映画のタイトルは〈原題とは程遠い〉『*All Together with Passion*（みんなで情熱的に）』と付けられている）。中国で新しく誕生した巨大市場では、この映画はたちまち「中国で最もよく知られる西欧のミュージカル」となった。中国政府はこの作品を害のないものとして捉えたのだろうが、数多くの中国人にとって、抑圧的な支配体制に個人が立ち向かう決意をする物語は、深い共感を呼んだ。映画の中にはアジア人はただの1人も出てこないし、有色人種も全く描かれていないが、マリアと子どもたちは、アメリカ国内と同じようにアジアでも人気を誇っている。

　ヨハネス・フォン・トラップは、経済的援助を得るために資金計画の話し合いを中国人としている間、中国における『サウンド・オブ・ミュージック』の人気を目の当たりにした。「トラップ・ラガー」という銘柄で地域ブランドのビールを作りたいという希望を抱え、フォン・トラップ家の敷地内にビール醸造所を建設する計画を立てていたヨハネスは、それを実現するために十分な融資について話し合うために中国を3回訪れている。そのうち2回の訪問の際、息子のサムを連れて行ったヨハネスは、毛沢東が公開を認めた5本の映画のなかに『サウンド・オブ・ミュージック』が入っていたことで、中国ではほぼすべての大人がこの映画を良く知っているのだとわかった。「誰もがあの映画を何度も何度も観ていたのです」

　中国政府による一人っ子政策が施行された結果、多くの中国人の親たちが、彼らの子どもたちは（3世代以上が同居する）拡大家族によってもたらされる中国の伝統的な感覚を身につけていないと感じ、友人同士で集まって食事や余興を楽しむことで、その問題を解決しているのだとヨハネスは気づいた。ある集まりに彼が参加した時、幼い子どもがベートーベンの『熱情』を感情豊かに演奏した後、ホスト役の中国人がヨハネスを見て、訛りの強い英語で「『サウンド・オブ・ミュージック』から何か歌ってほしい」と頼んできた。ヨハネスは『エーデルワイス』のソロバージョンを歌って、その頼みに応じた。「それは私が歌える唯一の曲だったのです…あらゆる文化や国境を越えた映画の力は、驚くべきものでした。彼らは本当にあの作品を愛していたのです」

　『サウンド・オブ・ミュージック』は、中国での人気と比較すると、オーストリアではそれほど受け入れられなかったかもしれないが、この映画が世界中を魅了したことで何十年にもわたって観光客がオーストリアを訪れるようになり、国民は『サウンド・オブ・ミュージッ

ク』に今では感謝している。フロマーの『バジェット・トラベル・マガジン』が世界中の映画に関係する観光地のなかで、ザルツブルクを第一位にランク付けしているが、それだけが引き金となって、そのような効果が生じたというわけではない——結局のところ、ザルツブルクに張り合えるだけの対戦相手は、他にいたのだろうか？『風と共に去りぬ』のタラのセットは納屋に粉々になった残骸があるだけだし、『ゴッドファーザー』のコルレオーネの屋敷はニューヨークのスタテン島にある個人宅にすぎない。それに比べて、『サウンド・オブ・ミュージック』の撮影地を巡る観光客の数は膨大で、オーストリアの政治家で芸術文化担当のデヴィッド・ブレナーと、『サウンド・オブ・ミュージック・コンパニオン』の執筆者であるローレンス・マズロンも驚くほどである。マズロンは著書のなかで、「（オーストリアを訪れた）年間100万人以上の観光客のうち、30万人以上の旅行者が特に『サウンド・オブ・ミュージック』が好きだからと言う理由で、そこを目的地に選んでいる」と指摘している。

　たしかにザルツブルクはモーツァルトの故郷であるかもしれないが、「ぜひ訪れるべき」目的地としてこの街を選んだ旅行者のうち、ウルフガング・アマデウス・モーツァルトの生誕地であることよりも『サウンド・オブ・ミュージック』のロケ地だからという理由を挙げる人の数のほうが多くなっている。ザルツブルク生まれのゲオルク・スタイニッツは、このように語っている。「この映画のインパクトや、世界中の人々にとってこの映画がどのような意味を持っているのかを、この街と国が認識するのに40年以上かかりました。ザルツブルクの人たちは、旅行者がモーツァルトのために街を訪れることを望んでいるのかもしれませんが、『サウンド・オブ・ミュージック』はそれ以上の人達を呼び込んだのです。『サウンド・オブ・ミュージック』は、神話となったのです——独自のカテゴリーのなかで」

　パノラマ・ツアーズとザッツ・エンターツアーメント・カンパニーが公式の『サウンド・オブ・ミュージック』ツアーを企画したおかげで、旅行者たちは今ではフェリーに3時間乗り、100キロ以上をバスで移動しながら、映画で有名になった場所を巡ることができる。まっさきに『サウンド・オブ・ミュージック』ツアーを組んだ会社であり、1964年のロケ地撮影の間にザルツブルク中を実際にキャストやスタッフを車に乗せて連れ回した業者でもあるパノラマ社は、映画が公開されて以降、毎年3万人の観光客がツアーを利用していると述べている。映画が最初に封切られてから50年経ってはいるものの、夏の観光シーズンの繁盛期には、今でもこのツアーに一日200人もの人々が参加するほど人気がある（スタイニッツは、戯れにこのツアーに一度参加したことがあり、その時のことを次のようにレポートしている。〈ガイドは、そのロケ地で本当は何が起こったかほとんど知らないようだったけれど、人々は楽しんでいた——この映画の思い出が引き継がれていたよ〉）。旅行客は

バスから降りると、今度はオプションとして、ザルツブルク・マリオネット博物館で『サウンド・オブ・ミュージック』に出ていたようなマリオネットを製作することができる。それについて、テッド・チェイピンはこう述べている。「観光業を頼りにしている町の人々は、参加者たちがバスを降りた後も『サウンド・オブ・ミュージック』に関係する何かを求めているのではないかと気が付いたのです――マリオネット製作に参加するのは、実際の場所で経験を広げる理想的な方法で、関係者にとってもツアー客にとっても有益なアイデアでした」

特に観光客に人気のある場所は、ボリス・レヴェンがデザインした『もうすぐ17歳』が歌われるあずまやだった。レオポルドスクロンの雰囲気にぴったりと合った佇まいのあずまやを見て、映画が完成した時に、20世紀フォックスは湖畔にあるあずまやをザルツブルクへの贈り物として残しておくことに決めたのである。その当時は、それは良い考えだと思われた。しかし、映画が圧倒的な人気を博するようになり、予想外の問題が生じた。あずまやを見たいという要望があまりにも多く、驚くべき頻度で不法侵入者が現れるようになったのだ。ザルツブルク市が考え出した解決策は、あずまやをヘルブルン宮殿公園へ移転させるというものだった。新しい場所に合わせてデザインを変えて、あずまやは以前よりも大きくなったが、基本的に外観は変わらず、そのロマンチックな雰囲気は今でもファンから愛されている。

あずまやの人気は衰えることはないけれども、それ以上に観光客を魅了しているのは、もう一つの『サウンド・オブ・ミュージック』のロケ地、『ド・レ・ミの歌』の最後で使われた、ブロックがいくつも繋がっているミラベル庭園の階段である。夏になると、相当な数の観光客の一団が『ド・レ・ミの歌』の階段を駆け上がるクライマックス・シーンを真似しており、その近くにあるシェラトン・ホテルのマネージャーは笑いながら、このようにコメントしている。「ここを訪れる人たちは、チェック・インのときに自分の部屋の番号を聞かないのです――彼らが知りたいのは、音楽に合わせて上ったり下りたりするあの有名な階段へ行くには、どの道が一番近いかということだけなのです。実際の人生を真似て作った芸術作品を、真似て生きているんですね…」

世界中の観客にとって、すべてが単純な方程式となる。アルプス、イコール、『サウンド・オブ・ミュージック』、イコール、歌ったり回ったりするジュリー・アンドリュース、イコール、その後もずっと幸せ。アンドリュース以上に、その連想をよく理解しているものは誰もおらず、彼女は、ロンドン・パラディウム劇場で開催されるコンサートの準備のためにスタミナをつけようと、スイスにある自宅近くの丘を歩いている時のエピソードを笑いながら語っている。丘にはあまり人影がなく、アンドリュースはいくらかの距離を歩いた後で、歌い始めてみようと思った。実際、彼女はどうして「丘は生きている…」と歌い出さないのかと自問

した。自分以外誰もいないか周囲を見渡し、ジュリー・アンドリュースは彼女の代名詞である曲を力強く歌い出し、角を曲がった瞬間、ちょうど丘を登ってきた日本人観光客の集団に出くわした。驚いたジュリー・アンドリュースは、同じく驚いて嬉しそうな日本人の観光客グループを見つめた。スターの困ったような反応は？「彼らは、私がいつもあんなことをしていると思ったに違いないわ」。そうしてくれたらいいのに。

27.
シング・アロング現象

"これは、変わった人たちが観に行くロッキー・ホラー・ショーみたいね"
ビクトリア・レモンド　投資銀行家

仮装した1万8千人のファンが、ハリウッドボウル（主にミュージカルに使われる円形劇場）で『サウンド・オブ・ミュージック』のセリフを一言も漏らさずに真似して歌いながら大はしゃぎしているのを、ワイズ監督は呆然として見つめ、いい大人たちが「（『ド・レ・ミの歌』の「レはレモンのレ」にあたる部分）Ray- a drop of golden sun（輝く太陽の光）」やキャブレターの仮装をしたり、フォン・トラップ家の子どもたちの格好をしている様子に驚いて目を瞠っているとき、このように不思議に思わずにはいられなかっただろう。「一体ここで何が起こっているんだ？ これは私が40年前に作ったのと同じ映画なのだろうか？ まったく、どうやって『サウンド・オブ・ミュージック』は仮装して歌う集団を生み出したのだろう？」

のちにわかるように、『サウンド・オブ・ミュージック』のシング・アロングは、当初は一夜の上映スタイルだったが、1999年にロンドン・ゲイ＆レズビアン・フィルム・フェスティバルで行われたイベントを皮切りに、当初は一晩だけの予定があっという間に国際的な現象へ変わっていった。シング・アロングの主催者は、スコットランドの老人ホームにいる祖母を訪ねたとき、そこで暮らしている人たちが歌詞カードを手にして『掠奪された七人の花嫁』の映画を観ながら歌っていることに感銘を受け、そのアイデアは『サウンド・オブ・ミュージック』にも応用できるのではないかと思いついた。少なくとも彼は、何人かは含み笑いをするだろうと思ったけれども、このようにして一回限りのシング・アロングが企画されたのである。

その夜のチケットがすぐさま売り切れになったために、プロデューサーのデイヴィッド・ジョンソンは1999年8月にロンドンのプリンス・チャールズ・シネマで再演をおこなうことを決め、契約を結んだ。（観客参加型の上映形態を定着させたさきがけである）『ロッキー・ホラー・ショー』が何十年間も深夜の上映会を成功させていることに影響を受けて、『サウンド・オブ・ミュージック』のシング・アロングは、観客も参加できるスタイルで開催された──ただし、気取ったものにならないように。スクリーンの下部に歌詞が映し出されると、何百人もの参加者たちは賑やかに映画のナンバーに加わり、スクリーンに向かって語り掛けることで自らの内なるフォン・トラップ性を引き出し、ナチスの場面にはブーイングをして、

精一杯の声で歌った。

　ロンドンでのシング・アロングが見事に成し遂げられた結果、世界中でも同じく満員御礼となる上映会が開催されるようになった。オランダ、スウェーデン、ノルウェー、ベルギー、スイス、マレーシアといった国々では、すぐにイベントが催され、2000年9月にニューヨークのジーグフェルド劇場でも行われて、最終的にアメリカでも新たな旋風を巻き起こすまでになった。マンハッタンに現存する、最後の伝統的なシングル・スクリーンの大映画館であるジーグフェルド劇場は満席となり、ダン・トゥルーヒットと、映画でフォン・トラップ家の子どもたちを演じた7人の俳優が参加したので、観客は大いに喜んだ。

　ジュリー・アンドリュースとクリストファー・プラマーは出席しなかったが、リチャード・ロジャースの娘で才気あふれる作曲家のメアリー・ロジャース・ゲッテルは、「これは映画に対する愛情のこもった素敵な称賛の表し方だと思います」と述べ、お墨付きを与えた。困惑しながらもイベントを是認しているゲッテルにインタビューした『ニューズデイ』紙のレポーターによると、彼女は「いくらかジュリー・アンドリュースが演じたマリアのようにインタビューに答え…真珠をたくさん身につけてはいたけれども控えめな装いで、騒々しい催しにも気立てのよさが感じられる威厳をもって参加していた」という。

　新しく巻き起こった旋風のニュースが世界中の注目を集めるようになったので、クリストファー・プラマーは仮装したファンについて悪意のない評価をして、誰よりも面白い感想を述べている。「チロル地方の革の半ズボンを穿いている人たちみんなが、私が撮影中に感じていたのと同じくらい不快ならいいのにって思っているよ」。（古代ケルト人の地である）ガリアへと歩みを進めるカエサルのように、いまや歌の集いはシカゴを征服し、ついにはハリウッドボウルに到達すると、そこの野外劇場では7人の子どもたち、アーネスト・レーマン、ロバート・ワイズが揃って、1万8千人のファンを喜ばせた。数年が経って、ボウルでのシング・アロングは6回も売り切れが続き──その後もイベントは開催され続けた。ここで、一体何が起こっていたのだろうか？（ヘンデル作曲の）メサイアをみんなで歌う会の、ポップ・カルチャー・バージョン？

　実際のところ、このイベントは同窓会のような側面や、キャンプ場でのにぎやかな集いのような部分があり、総じて参加者たちが「ミュージカル・コメディのオタク集団であることをカミングアウトし、『サウンド・オブ・ミュージック』への愛を世界に向けて宣言する」場所であることが判明した。そこではコスプレ衣装大会が行われ、ちゃんとした賞ももらえたし、上映会ごとに発声練習をするとき観客を率いるホスト役も決められていた。ファンたちは互いの映画に対する思い入れの深さで影響を受け合い、キャストをまねて頭にスカーフを巻いたり、場内の売店で小さなゴム製の修道女の人形を買い求めたりしながら、「エーデルワ

イスを風に揺らして」や「トラップ（口を意味する俗語）を大きく開けて歌いましょう」といったキャッチフレーズを使って励ましあった。別の言い方をすれば、この上映会は、観客たちを日常的な縛りから解き放ち、彼らにいつもはできない馬鹿げたふるまいをしたり、嘲笑されるのではないかと心配したりすることなく『サウンド・オブ・ミュージック』が好きなのだと認める機会を与えたのである。修道女の衣装を着ている男性もいたし、「（私のお気に入り』の歌詞にある）月夜を飛ぶ野生の雁」の仮装をした女性もいた（これまで『サウンド・オブ・ミュージック』の衣装に大層な価値などあるものかと疑いの念を抱いていた者を納得させるには、カリフォルニアのプロファイルズ・イン・ヒストリー・オークションで2013年7月に映画に関するいくつかの品物がオークションにかけられた時、大金が積まれたのを一目だけでも見せれば十分だろう。映画の中でトラップ家の子どもたちが穿いていた花柄の革の半ズボンと、（見たところ）マリアお手製のドレスを含む衣装の数々は──オークションのパンフレットに〈小麦色の素朴なブラウスと、濃茶色の素朴なオーストリア風ドレス〉と記載されていて──130万ドルという破格の値で落札された）。

　それぞれのシング・アロング上映会が始まる前には、その夜のホスト役は観客が実際に『サウンド・オブ・ミュージック』のパワーをその手に掴めるよう、彼らを指導する。本当にホストは、映画が始まってすぐに、全員がジュリー・アンドリュースの名前を呼び続ければ、彼女がその呼び声を聞いてグルグルと回って歌い始めるのだと説明するのである。するとやっぱり、ロジャース&ハマースタイン協会の副会長であるバート・フィンクが冗談めかしつつも的確に「世界で最も有名な草原」と呼んだ場所にカメラが近づいていくとき、観客はこのように呼び掛け始める。「ねえ、ジュリー」、「こっちだよ、ジュリー」、「歌って、お願い──回って、回って、回って！」

　男爵夫人に向けたヤジが飛び、最も騒々しい怒鳴り声がナチスに対して浴びせられた。大人たちは『さようなら、ごきげんよう』を7人の子どもたち全員と一緒にいるかのように歌っている。この時そこにいる全ての人々が、真剣に歌う素振りを見せていた。

　だが、しかし。

　各会場の全てのシング・アロングで、映画が上映されると、冗談めかした雰囲気はゆっくりと消えてゆき、おどけた感じを残しつつも参加者たちは心からの偽りない気持ちを表すようになる。ここではまさに、「ただ結びつけよ」というE・M・フォースターの格言が、その場所に集まってきた人々によって実現されていた。世間から身を守るための皮肉という外套の下に隠れてやってきた観客も、ふざけて仮装し、映画をバカにしているように見せかけることで、本当はひそかに賞賛しているものに浸ることができるようであったが、結局はその仮面も取り去ってしまう。幾層にも自己防衛の策を重ねてはいるが、その下には「いつまでも幸せに暮

らしました」という結末を求める子ども時代の思いが今なお存在しているのである。

　観客たちは、いまでは現実社会を以前よりもよくわかっていたが、それでもなお、おとぎ話と違うわけではないと思いたかったし、シング・アロングについていえば「承知の上」というのがキーワードであった。すでに大人になってしまった観客は、この世界は単純ではないとわかっているし、世間の荒波に揉まれたことで、どんな家族であろうと、ときには乗り越えらないくらいの不幸な出来事に直面するものだと理解していた。それでも、シング・アロングの3時間は、みんながこの世界はそんな冷酷なものではありませんようにと、心ひそかに願うことができたし、実際に自分たちは世の中を知り尽くした賢い大人ではないというふりをすることができた。

　みんなで一緒に歌う3時間には、子どもの頃に夢みた魔法を少しくらいはまだ信じていたいという共通の願いが込められており、さらに重要なことに、そこで『サウンド・オブ・ミュージック』は、観客を彼らが実際に経験した子ども時代と、そうであればいいのにといつも願っていたような子ども時代の両方に引き戻してくれるのである。初めてこの映画を観てから数十年後にまた観ることで、すでに数えきれないほどこの作品を観てきた人々は、大人になった今では、これまでとは違う冷笑的な見方をしているのだと自らに言い聞かせることができる。実際には、彼らが映画に入り込み、あこがれてきた幸福に浸りながら心の中で想像をして、映画のストーリーを追体験しているのだが。ほとんどの観客は、この映画を観ることで、これまで決して得られずにいたものの方が、実際に手にしている全てのものよりもずっと多いのだと、ぼんやりと感じとるのである。

　それでも仕方ない。彼らは自分にこう言い聞かせる。本当はナチスに面と向かって（反抗するような）歌を歌ったりすれば、絵に描いたように悠々と山を越えて見事に逃げたりできず、殺されるのが落ちなのだから。そう、いまや我々はすっかり賢くなったのだ。スティーブン・ソンドハイムが『メリリー・ウィー・ロール・アロング』で、とても正確に書き表しているように。

　　いまでは　わかってる
　　いまでは　わかってる　人生は忌まわしく　苦痛に満ちていると

　しかし、シング・アロングに参加することによって、観客は何の得にもならないような見せかけの皮肉な態度を捨て去り、心の底から楽しさを享受できるようになったのであり、その現象には明らかな効果がみられる。何度も冷笑的な態度を見せてはいるが、彼らは仮装しているのである。スクリーンに向かって発せられる陽気なやじが示しているように（たし

かに、クリストファー・プラマー演じるフォン・トラップ大佐が乗馬用の鞭を手にして現れた時、卑猥な言葉が投げつけられることなど、映画製作に関わった者は誰も予想できなかったが）、世界中でシング・アロングに参加した人たちは、恥ずかしがったりせず、嬉しそうに皮肉な態度をやめて楽しむようになるのだった（『メリー・ポピンズ』のシング・アロングで、実際に『サウンド・オブ・ミュージック』のような現象が起こらなかったのは、偶然というわけではない。『メリー・ポピンズ』は、やや元気が良すぎる映画であるし、魔法の効果がありすぎるのだ。映画が非常に楽しげな作品なので、観客はそれと同じような自由な感覚やおとぎ話風の幸せな結末を共有できないのである。結局、メリー・ポピンズは映画が終わると姿を消し、おそらく他の家族を助けるために飛んでいったのだろう。マリアの魔法は、他とは比べ物にならない特別なものなのだ）。

　アンドリュースは、シング・アロング上映会には一度も参加したことがなかった。自分が行って、もし誰かに見つけられたら、人だかりができて大変になると充分わかっていたからである。それでも彼女は、参加するならば「自前のエリザベス・テイラーのかつら」を被って行こうと思いを巡らしていたのだが。このイベントが巻き起こした現象は、スターであるジュリー・アンドリュースまでも楽しませ、興味をそそった。彼女はイギリス人らしく何食わぬ顔をして、こんな冗談を言っている。自分が本当に考えていたのは、「誰が映画の使用料をもらうのかってこと。私が考えられるのは、それだけよ。絶対に私ではないけれど…」。2001年12月に受けた『アイリッシュ・タイムズ』紙のインタビューでは、彼女のニューヨークのかかりつけの医者が、シング・アロングの一つに参加したことがあると言っていたので、非常に驚いたと明かしている。「まったくもう」そして彼女はこう聞いた。どうして彼が――医者なのに！――集団で馬鹿げたことをやるイベントに参加せざるを得ない気持ちになるのかしら？　彼のシンプルな返事は、その仲間である何万人もの参加者にとって、良いお手本になることだろう。「ジュリー、わからないよ。仮装して、叫んだり、わめいたり、歌ったりすることは、気持ちをスッキリさせる浄化法のようなものなんだ」。別の言い方をすれば、世間でカッコよくないと思われることはするべきでないという、あらゆる社会的抑制が、あの3時間は打ち捨てられるのであり、医者にとってさえも、楽しい子ども時代に戻るというのは、ごく普通のことなのである。そのイベントが、ナチスの自動車から取り外したキャブレターに扮するという、風変わりな仮装を生み出し、それで参加者が子ども時代に戻ったと感じているのなら、ますます結構なことだろう。それはハロウィーンの夜に、8歳の子どもが扮装するようなものだ――果てしない未来と限りない可能性が、今なおそのまま残されていると不思議なくらい信じて。

28.
新たなオマージュ

21世紀になると、『サウンド・オブ・ミュージック』の新しいバージョンが、あっという間に全米の注目を集めるようになった。2013年12月にNBCで、カントリー／ポップ・シンガーのキャリー・アンダーウッドがマリア役を演じるテレビ版ミュージカルが、生放送として放映されたのである。

2人の著名なミュージカル・プロデューサー、クレイグ・ザダンと（『シカゴ』の）ニール・メロンが生放送のテレビ版ミュージカルとして何か製作しようとしていた時、すぐに第一希望として挙がったのが、家族向けの『サウンド・オブ・ミュージック』だった。この番組がテレビで流された翌日、批評家たちは「これは全く得体のしれないものだ」といった表現を使って、再びこの作品に対する酷評を並べ立てた。これは実際に現場で見ている観客のいないミュージカル作品で、映画館で上映される映画でもなく、テレビで放送されたものである。それは、ミュージカル作品なのだろうか？　それとも映画？　特別にジャンルを組み合わせたテレビ番組？　一体何がここで起こっていたのか？

今回の批評が以前と違う点は、批評家たちが『サウンド・オブ・ミュージック』のわかりやすい感傷性に批判の目を向けているというよりは、テレビで流された一夜限りのイベントが、ロバート・ワイズ監督による映画バージョンや素晴らしい才能を持ったジュリー・アンドリュースには、とうていかなわないという事実に注目していたところにある（興味深いことに、映画の40周年記念のための記者会見に姿を見せたアンドリュースは、もし映画がリメイクされるとすれば、キャメロン・ディアスがマリア役を演じるのに最も相応しいと思う、とコメントしている）。ロンドンの批評家たちが、2006年にアンドリュー・ロイド・ウェバー製作によるリバイバル公演を、ウエスト・エンドのオリジナル上演のとき以上に敬意を持って迎えたのとまったく同じように、このテレビ版の『サウンド・オブ・ミュージック』を批判した者たちでさえも、その元となった作品に対して相応しい評価をしたのである。それは時が経ったことで、批評家たちが元々の題材にみられる完全なまでのプロ意識に、改めて敬意を示すようになったのだと思われる。

むしろ、今回のテレビバージョンに対する批判的な反応は、番組そのものよりも製作者

側に対するものだった。キャリー・アンダーウッドの演技は未熟だったために笑いものになったが、彼女の歌は称賛された。それでも、ロジャース＆ハマースタイン協会の会長であるテッド・チェイピンはこの番組を褒めたたえ、アンダーウッドについても過剰なくらいの賛辞の言葉を送った。「なんという素晴らしい仕事への熱意を持っているんだろう。彼女は仕事の鬼みたいに働いて、みんなから尊敬されたんだ。マリア役は彼女にとって、大きなリスクだった。すばらしい歌手だが、女優として訓練を受けたこともないし、経験もなかったからね。思い切って引き受けてくれた彼女はさすがだよ」

批評家が何を言おうが、視聴者は気にしなかった。この生放送で行われたミュージカルは高い視聴率を得て、2000万人以上が観た計算になる。初回の放送があまりにも人気だったので、2週間以内に再放送された。そして、DVDがすぐに発売されるとそちらも評判を呼び、その売り上げは数日でランキングのトップまで上昇したのだった。

のちにわかるように、この製作について最も論争を引き起こしたのは、批評家ではなかった。キム・カラスとシャーミアン・カーがこのテレビ放送について非難したコメントが、議論を呼んだのである。映画で共演したシャーミアン・カーとアンジェラ・カートライトと一緒に番組を見ていたカラスは、「どう捉えていいか戸惑ってしまうし、がっかりだわ」と呟いて、「幾つかのシーンなんて、実際のところ見ていられないと思わずにいられなかったわ。」とツイートした。キャリー・アンダーウッドについて、カーはどう思ったのだろう？「彼女はとてもいい女優とは言えないわ」

初演から55年も経った全てのミュージカルが、21世紀に急増しているコンピューターを利用したエンターテインメント業界で、いまなお文化的流行を保てるわけではない。そんな中、テレビ版が生放送されたことよりもさらに重要なのは、そのミュージカル作品が、芸術家にとっての試金石として力を持ち続けていることであろう。彼らは異文化を理解するために、手始めとしてこの映画を利用したり、敬意を示したり、パロディにしたりするのである。

ロックの歌姫カイリー・ミノーグは、バズ・ラーマン監督によるジャンルを超えた映画『ムーラン・ルージュ』で『サウンド・オブ・ミュージック』を歌っただけではなく、その後のツアーでも映画で録音した曲を使用している。さらに注目すべきなのは、ロック・シンガーのグウェン・ステファニーで、彼女はミュージック・ビデオ『Wind It Up ～グウェン姐さんのねじ巻き行進曲～』のなかで、ジュリー・アンドリュースがヨーデルで歌う『ひとりぼっちの山羊飼い』をサンプリングしており、この映画にずっと夢中になっていたと嬉しそうに認めている。彼女は『サウンド・オブ・ミュージック』のなかの幾つかの場面を違った形にアレンジして取り込んでおり、ステファニー・バージョンの修道女の衣装はミニスカートになっているし、そのミュージック・ビデオの視覚的なモチーフは、映画のオープニング・

シーンをキュビズム風に解釈したもので、緑色のブロックは山腹を表している。『サウンド・オブ・ミュージック』をサンプリングするなんて、時代遅れではないのだろうか？ ステファニーはそんなことは気にせず、むしろ逆に考えていた。「ロックのビートに『サウンド・オブ・ミュージック』を取り入れるのが私の夢だったの。一番好きな映画だから。最もインスピレーションを受けたものの一つなのよ」

これまでに、およそ40本の長編映画が『サウンド・オブ・ミュージック』を作中に取り入れており、そのジャンルは1960年代半ばのウディ・アレンの喜劇的映画『What's Up, Tiger Lily?』から、『熟れた果実』や『ダンサー・イン・ザ・ダーク』といった破滅的な内容の映画まで幅広い。こうした模倣的な表現は、確かに作品への賛辞を最も誠実な形で表しているようにみえる。というのも、テレビでも『Lonely Guy』から陽気なドラマの『ふたりは友達？ ウィル & グレイス』のシリーズに至るまで、およそ30本の番組が、同じようにこの映画について触れているのだが、特に『ウィル & グレイス』では『サウンド・オブ・ミュージック』のシング・アロング上映会を舞台にした回があり、そこでグレイスが迫力満点の歌い方をしたので、子ども達を怯えさせてしまっている。

また、プロデューサー兼編曲者のピーター・キースウォルターが率いるブルックリン・ランドファンク・オーケストラータは、『サウンド・オブ・ミュージック』に向けたトリビュートアルバムをリリースしているが、従来とは異なる音楽が組み込まれており、フォークソング、ロック、ヘビーメタル、ジャズ、ファンクといった様々な音楽ジャンルのフィルターを通して、斬新なアレンジをした12曲が収められている。違うジャンルをごちゃ混ぜにしたもののなかで最も優れているのは、『ド・レ・ミの歌』をジャクソン・ファイブの『ABC』と組み合わせた曲である。つねに注意深く楽曲の使用を見守っているロジャース＆ハマースタイン協会は、初めてこのアルバムの存在を知ったとき、2人の総譜が笑いものにされているのではないかと懸念して、発売停止命令を出した。しかし、会長のテッド・チェイピンと副会長のバート・フィンクはキースウォルターと面会してみて、彼は『サウンド・オブ・ミュージック』を茶化しているのではなく、自分が好きで大事に思っている音楽をただ楽しみ、新しい解釈をしているだけなのだとわかった。完成したCDは、実際のところ総譜を新鮮に感じさせるものとなった――ときどき、原曲がわからないものもあったが。フォン・トラップ家は、オーケストラータのCDを認め、ロッジに新しく演劇センターを創設したときには、彼らをオープニングセレモニーに招いて演奏してもらってもいる。たしかに、元の総譜を風変わりにアレンジしてはいるものの、全体的な印象としては、1959年にフォン・トラップ家が自分たちでミュージカルの楽曲から選んだ曲を録音したものよりは、まだわかりやすいと言えるだろう。本物のトラップ家を模したミュージカルを、さらに本家が歌っていて、まさに

究極ともいえるが、聴衆は合わせ鏡を見ているようで目がくらんでしまうのだ。

　そのように様々なメディアがロジャースとハマースタインの総譜に関心を寄せるなか、『サウンド・オブ・ミュージック』がダンスの世界でもヒットを飛ばすようになるのは時間の問題であった。振付師のダグ・エルキンスが『*Fräulein Maria*（マリア先生）』というタイトルで、この映画に捧げる素晴らしい作品を作り上げていることを紹介しよう。2003 年に離婚したエルキンスは、『サウンド・オブ・ミュージック』のテーマの一つである、良好な家族関係の復活にインスピレーションを受けて、ダンス作品を作ることを決めた。息子リアムと娘のジジと一緒に何度もこの映画を観ながら、彼は子どもたちを讃える手段として考えるようになったのだ。そして、ロジャース＆ハマースタイン協会の了承を得て、エルキンスは音楽に合わせて踊る 3 人のマリアを登場させるダンス・パフォーマンスを製作した。そのうちの 1 人としてピンクのドレスを着た太った男性が登場しており、明らかに笑いを誘うような要素を含んではいるが、エルキンスが、映画に対するあこがれをダンス・パフォーマンスのなかで仄めかしているのだと強調しているように、『*Fräulein Maria*』は映画のパロディとしてだけではなく、心からの賛辞を表現した作品になっている。そこでは、マリアが愛や個人の自由を追い求める様子が、父親と再び親密な関係を築きたいという子どもたちの願いと繋ぎ合わされているのである。

　2006 年 12 月に、ニューヨークにあるライブハウス、ジョーズ・パブで初めて披露されたエルキンスのダンス・パフォーマンスは、ヒップ・ホップから舞踏家のマーサ・グレアムのモダン・ダンスのスタイルまで幅広いジャンルを取り入れたもので、その全ての演目は『サウンド・オブ・ミュージック』、『ド・レ・ミの歌』、『さようなら、ごきげんよう』、『すべての山に登れ』といった楽曲に合わせて振付がされていた。彼の如才なく細部まで巧みに練り上げた作品は大成功して、パーカーを着た 1 人の男性がソロで『すべての山に登れ』を踊る最後の曲でフィナーレを飾った。2008 年に雑誌『ザ・ニューヨーカー』で、ダンス批評家でもあるジャーナリストのジョアン・アコセラが選んだ、優れたダンス・パフォーマンス、年間トップ 10 のうちの 1 つとなったこの作品では、人形が溢れるほど使われ、ジェンダーを越えたパフォーマンスが特徴的で、かなりの評判を呼び、ニューヨーク・ダンス・アンド・パフォーマンス・アワードのベッシー賞を受賞している。

　『サウンド・オブ・ミュージック』を取り入れたロック映像、オーケストラで演奏されるファンク、モダン・ダンス。それらの全てが成功しているが、その中でも最も人目を引く新しいオマージュが、『サウンド・オブ・ミュージック』に影響を受けたフラッシュモブ（群衆による突然のパフォーマンス）である。そこでは、何百人もの人々が、映画のサウンドトラックに正確に合わせて踊り始める。最もよく知られているこの派手な群衆パフォーマンスは、ア

ントワープの駅で撮影されており、その駅の構内は、驚くほどフォン・トラップ家の屋敷の内部によく似ている。音楽が流れ始めると、何の関係もないように見えた何百人もの人々が、『ド・レ・ミの歌』に合わせて踊りだすのだ。ジュリー・アンドリュースのボーカルが途中で消えて、代わりにラップ調のリフが使われ、陽気に踊る群衆が集まってきて、だんだんとペースが速くなり、列ごとに動いて波を作り、全員が一斉に手を上げるところで曲が終わる。アントワープで行われたフラッシュモブは、地元で製作される『サウンド・オブ・ミュージック』の主演を探すための、テレビ用の宣伝として企画されたが、YouTube にアップされると、地元での公演が終了し、かなりの年月が経ってからも、2900万回も再生されるほどのヒットとなっている。バカバカしいほど夢中になって、楽しげに踊る人々の様子は、観ている他の人達にも感染し、世界中のコンピューターの画面で、この映像は今でも再生されて続けており、ロジャースとハマースタイン、そしてワイズが夢にも思わなかったようなウェブを見ている若者に、彼らの総譜を紹介しているのである。

29.
元に戻って

ブロードウェイでの再演

ロジャースとハマースタインによる全楽曲リストの中でも最も利益をあげるミュージカル『サウンド・オブ・ミュージック』を、レパートリー劇団やアマチュアの人たちが、こぞって上演するようになり（その中にはマリアの孫娘エリザベス・フォン・トラップ＝ホールが祖母マリアの役を演じた二つの舞台も含まれていた）、その勢いは加速し始め、ついには1963年6月にオリジナルのミュージカルが幕を閉じて以来はじめて、ブロードウェイで大々的に再演が行われるまでになった。

　しかし、20世紀後半のブロードウェイには保守的でリバイバル公演に好意的な雰囲気があったとはいえ、このミュージカルが再演にこぎつけるまで異常なくらい長い間待たされたのは、誰も答えられないような二つの疑問があったせいだろう。時代を超えて最も愛されているこのミュージカル映画と、どうやって競うつもりなのだろうか？ アルプスで歌っているジュリー・アンドリュースと比較できるものなどあるのだろうか？

　それでも、映画が公開されてから、かなりの年月が過ぎているということで、最終的に再演が決定し、『サウンド・オブ・ミュージック』は1998年3月12日にブロードウェイへと戻ってきた。それはアガーテ・フォン・トラップの85歳の誕生日で、オーストリア併合から60周年を記念する日でもあった。決して妥協することのない才能あるブロードウェイ女優のレベッカ・ルーカーがマリア役を演じ、フォン・トラップ大佐にはオーストラリア出身のマイケル・シベリーが抜擢され、このリバイバル上演はいくらか好意的な評価を得た。ただ、時が経つことで、批評家たちの何人かは考えが柔軟になっていったようだが、全員というわけではなく、この作品に反感を抱く者もいて、『サウンド・オブ・ミュージック』はまだなお数名の批評家からは非難の的にされたままであった。『ニューヨーク・タイムズ』

紙で演劇批評の主任を務めるベン・ブラントリーは、批判と称賛を交えた記事を書いており、いくつかの要素については讃えながらも、「あるレベルでは、いつも吐き気を催すことになるだろう」と、相変わらずナイフを突き刺すような辛口のコメントもしている。しかし、このリバイバル上演は15カ月も続くという喜ばしい結果を残し、最終的に出資総額を取り戻すことはできなかったが、上演から9カ月後の1998年12月2日の水曜日に、ある意味においては、ミュージカルの再演以上に記憶に残る出来事が生じた。

　フォン・トラップ家にザルツブルク州から、第二次世界大戦後に一家で救援活動に努めたとしてオーストリア共和国有功栄誉金章が贈られ、映画に出演した7人の子どもたちが、『サウンド・オブ・ミュージック』で演じたことでザルツブルクに観光客を引き寄せる貢献をしたとしてモーツァルト・メダルを授与された時、そこに集ったフォン・トラップ家の6人の子どもたちは——最年少のヨハネスは当時60歳だった——立ち上がると、合唱団を辞めてから40年経って初めて公の場で一緒に歌を歌ったのである。

　フォン・トラップ家が『サウンド・オブ・ミュージック』のことを、長居している愛想のよい親戚のように捉えていた月日を経て、今では一家のメンバーはこのミュージカルに対して本物の好意を抱いていた。彼らは『きよしこのよる』を最初はドイツ語で、次に英語で歌い、ヨハネスがこれまで私たちが公の場で歌ったことのないある曲を歌って終わりにしますと伝えてから、『エーデルワイス』を披露した。群衆はその場で立ち上がり、会場にいた全員が心を込めて一緒に歌いだした。シャーミアン・カーの回想によれば、歌の最後で、ゲオルクとアガーテの娘マリアは映画に出演した7人の子どもたちの方を向き、彼らの手を握って微笑みながらこう述べた。「いまでは、あなたたちはみんな私たちの家族よ」

トラップ家の帰宅

フォン・トラップ家が母国を去ってから50年が経っても、オーストリアではまだなお一家に対する複雑な感情が溢れていた。フォン・トラップ家は母国を「捨てた」のだという憤りがなかなか消えない人たちもいたが、何千人もの人々は、マリアが戦後の救援活動を果敢にしてくれたことに感謝し続けていた。長い年月が流れるにつれて、彼女の伝説が広まっていき、それによって一家への好意的な感情が引き起こされ、1967年にマリアは非常に栄誉あるオーストリア科学・芸術功労十字章第一等級を授与されている。

　それから一家に対する敬意はさらに高まり、勲章授与からちょうど30年後、ゲオルクの没後50周年記念にあたる1997年にオーストリア陸軍士官学校は、トラップ・ファミリー・ロッジを訪問し、大佐を称えて墓前で軍によるセレモニーをおこなった。3年前にフォン・

トラップ大佐をクラスの守護聖人のような存在として選んだテレジアヌム士官学校の生徒89人が週末をロッジで過ごすよう招待されていた。セレモニーのやま場となったのはトラップ家の家族が参加する朝の礼拝で、フランツ・シューベルトの「ドイツ・ミサ曲」が演奏されている間、士官学校の生徒たちは立ったまま見入っていた。そして、シューベルトのミサ曲が終わると、彼らはマリアとゲオルクの墓前に花輪をささげた。「ドイツ・ミサ曲」を選んだのは、オーストリア併合の時にゲオルクがドイツに反感を覚えていたことを考えると不思議に思えるが、演奏には真心がこもっていた。

　墓前での儀式が終わり、ブロードウェイでのミュージカルが再演されてから、2011年10月23日に初めてザルツブルクのランデスシアターで『サウンド・オブ・ミュージック』のミュージカルが幕を開けた時、この作品がすっかり元の場所に戻ったという感覚が完璧なものになった。トラップ家がオーストリアを去ってから、すでに73年が過ぎ、ランデスシアターの芸術監督であるカール・フィリップ・フォン・マルデヘムは、上演する機が熟したと感じた。ナチスを取り扱うことはもはやタブーではなかったし、フォン・マルデヘムはこのミュージカルが、歴史認識が薄い、ともすれば全くない21世紀の若い観客が学ぶ手助けになると考えていた。

　この公演についての、ヨハネス・フォン・トラップの見解は次のとおりである。「重要なのに誰も触れたがらないでいる文化的かつ根源的な問題はナチスでしたし、今でもそのまま残されています。私たちは母国を去りましたが、ほとんどのオーストリア人はそこに残りました。オーストリアはこの問題にまだ十分に向き合っていないのです――多くの人たちは、彼らが侵略されたような振りをしています。それは真実とも言えますが、侵略者たちが喜んで迎え入れられたことも真実なのです…オーストリアの実際の歴史について弁解がましい説明をして、この話をアメリカの通俗的な作品だと平気で忘れ去ってしまうのです…しかし、この公演ではオーストリア人のキャストが演じていました――子役のグループが三つあって、フォン・トラップ家の子どもを演じており、親たちの多くも製作に参加していました。それは何から何までオーストリアの作品だったのです。オーストリアでオーストリア人が『サウンド・オブ・ミュージック』を演じているのを観て、どれほどこの作品が受け入れられたかがわかりました。これらの問題を解決するのには、長い道のりを歩まねばなりませんでしたが」

　ザルツブルクでの公演は、ヒトラーの問題に正面から向き合っている。ナチスのユニフォームを着た役者が、第2幕のクライマックスのシーンで劇場の出入り口をふさぐように立ち、この作品を見に来た観客はオーストリアのナチス時代の過去から逃げられないことを示している。初演の夜、観客はこうした過去を思い出させる演出に動揺するどころか、数

分間のスタンディング・オベーションで真心のこもった拍手を送り作品を受け入れた。初日のカーテンコールでは、ニコラス・ハモンドとヨハネスが（彼の子どものサムとクリスティーナと一緒に）観客が大声で喝采を浴びせるなかステージに上がった。ザルツブルク、フォン・トラップ家、『サウンド・オブ・ミュージック』の間で、和解がなされたのである。

　『サウンド・オブ・ミュージック』の遺産と折り合いをつけて、ザルツブルクは今では毎年ミラベル庭園で『サウンド・オブ・ミュージック』コンサートを主催しており、地元の郵便局では『サウンド・オブ・ミュージック』の切手が売られている。以前は映画で描かれているオーストリア文化は紛い物だと批判していた人たちでさえも、今やこの映画が世界に向けてオーストリアを紹介する名刺代わりになっており、1990年代に自由党のイェルク・ハイダーが移民を排除する政策によってオーストリアのイメージを悪くしたときには、それを払しょくするために特別な役割をした価値ある作品だと認めるようになった。ハリウッドが作った空想であろうとなかろうと、『サウンド・オブ・ミュージック』は何十万人もの嬉しそうな映画ファンを、スクリーンに美しく映し出されたオーストリアのロケ地へと誘い、そして決して偶然とは言えないことに、ザルツブルク周辺を観光中にかなりの出費をするよう促すのである。根っからの資本主義者だったマリア・フォン・トラップなら、きっと賛成してくれるだろう。

30.
そして最後に...

　『サウンド・オブ・ミュージック』の圧倒的な人気の高さは、作品を誹謗する人たちをも簡単に降参させてしまうだろうし、さらに1960年代の文化的争いが終わりを迎えた今となっては、この映画の長所はしっかりと評価されているように思われるが、改めて『サウンド・オブ・ミュージック』の映画版を徹底的に再評価しようとする動きが始まっている。1965年の公開初日に、映画に仮借ない言葉を浴びせたボズレー・クラウザーの本拠地である『ニューヨーク・タイムズ』紙で、コラムニストのトッド・パーダムは、映画の40周年記念で真心のこもった賞賛を惜しみなく送っている。「40年が経ち、世間では以前よりもだいぶ純真さが失われ、映画がテーマパークの絶叫マシーンやコミックシリーズの続編のようになってしまっている時代に、少しでも芸術的な処置がされていれば、それなりに十分な価値がある。その意味において、『サウンド・オブ・ミュージック』には祝福を送るに相応しい大きな価値がある。それが花開き、育っていくようにしたいものだ」

　みんながテクノロジーに中毒患者のごとく夢中になっている21世紀には、孤立する人達が増えて誠実さへの不信がはびこり、全世界の人たちが、まるで（毒舌で知られる）デイヴィッド・レターマンが司会を務めるトーク・ショーのゲストのように皮肉たっぷりの態度で人生を捉えているので、『サウンド・オブ・ミュージック』に見られる率直な感情表現は、今や驚くべき以外の何ものでもなくなってしまった。

　『サウンド・オブ・ミュージック』のような映画や、テレビドラマシリーズの『ダウントン・アビー』のように、21世紀の人たちが満足する作品は、観客をテクノロジー漬けの生活から遠く離れたところに連れて行ってくれるものだ。それらは人々に安心感を与え、観ている間は、個人がバラバラに存在して次第に不条理と化していく現代の生活から、本当に逃げられる場所となる。物語の舞台が世界大戦を背景としていたって、とりわけ1930年代

の陰鬱なザルツブルクの雰囲気を漂わせていようが、あるいは第一次世界大戦後のイギリスであろうが、『サウンド・オブ・ミュージック』や『ダウントン・アビー』は、秩序と礼節を重んじる気持ちを取り戻してくれるのである。あまりにも騒々しい現代生活のなかで、それらは私たちに息をつく余裕を与え、今日の目まぐるしいばかりに休むことなく進むペースを緩めさせ、同時に敬意、礼節、マナーを身に付けた人間になりたいと多くの人に思わせる。

　マリアや7人の子どもたち、12曲の歌、そしてたくさんの修道女と過ごす3時間は、何百万人もの観客にとって、実際の生活の中で人々が抱いている、自分の居場所が失われるのではないかという普遍的な恐怖を消し去る力を持っている。私たちの日常生活における尽きることのない悩み――消費期限切れの食べ物や、おもちゃによる怪我を心配することなど――は、英雄的なフォン・トラップ家がナチスの脅威やアルプスの山越えを成し遂げたことに比べれば、取るに足らないもののように思えてくるのだ。どっちが正しいのかなど、はっきりとした答えなどない言い争いを果てしなく続けている男女にとって、この映画は上手に見せかけた嘘などではない。物語の流れが予測でき、必ずハッピーエンドになるという確信を持つことで、絶対的な安心がもたらされるのである。

　『サウンド・オブ・ミュージック』が、プロフェッショナルによる素晴らしい昔ながらの方法で表現しているのは、私たちの抱いている夢には、それに向かって努力する価値があるのだというメッセージであり、どんな障害や恐れも、懸命に取り組み、励ましてくれそうな2、3曲の歌と、そして何よりも家族の愛があればきっと乗り越えられると、観客の自信を回復してくれるのである。そのような完璧な幸せがありそうな世界で、人々は注意深く身構えながら、それぞれがジグソーパズルを完成させるように仲間を探し求めている。兄弟、姉妹、夫婦、親子、家族などを。そして『サウンド・オブ・ミュージック』の世界では、愛がすべてに打ち勝ち、スクリーンで表現されている純粋さに私たちが呼応することで、失われてしまった清らかな気持ちへの橋が再び架けられる。善なるものが勝利を収めるかもしれないという、微かではあるが、まだ鼓動を響かせている希望とともに。

　人々は50年以上にわたって、善良さを体現している人物はジュリー・アンドリュースだと思い続けており、アンドリュースとプラマー、スクリーンで7人の子どもたちを演じた俳優たち全員が2010年10月にオプラ・ウィンフリーのテレビ番組で再び集まった時には、まるで聖火が手渡されたかのような気分になった。その番組では映画版のフォン・トラップ家の一同が見つめる中、ゲオルク・フォン・トラップのひ孫たちが、映画のシーンを背景にして『エーデルワイス』を歌った（「フォン・トラップ家」として世界中で演奏することによって団結を強めながら、ウェルナー・フォン・トラップの4人の孫たちは、アメリカとオー

ストリアのフォークソングを歌い、一流のオーケストラ・シンフォニーと演奏して、かなりの成功を収めている。彼らは6枚のCDをリリースしており、そのなかには数か国語で歌うジャズグループ、ピンク・マルティーニと共演した『*Dream a Little Dream of Me*』も含まれている。さらに、そのCDには、ゲスト・ボーカリストとしてシャーミアン・カーが加わった『エーデルワイス』の演奏も入っている)。フォン・トラップ家の4世代目となる彼らは、いまや『サウンド・オブ・ミュージック』の伝説の一部として世間から認められ、スクリーン上では永遠に若いままのマリア・フォン・トラップであるジュリー・アンドリュースは、一家の、そして映画の中の女家長として、年輩の女性政治家のように皆を取りまとめている。

　アンドリュースはこの映画について「すべてが思いがけない幸運に恵まれていた」と語っているが、もちろん彼女は控えめに言っているだけで、実際は運が味方しただけではなかった。『サウンド・オブ・ミュージック』は、最も才能のあるハリウッドのプロたちが最高の力を出し合って製作に挑み、一番新しく誰よりも輝いているスター、ジュリー・アンドリュースによって率いられていたからこそ、成功したのである。彼女は全てのシーンをいとも容易く自然なことのように演じたので、実在のマリア・フォン・トラップは本当に丘を大股で歩きながら自然を讃える歌を歌ったのだと、観客はすっかり信じてしまうほどだった。ちょうど向こうに──あの山の頂を越えたところに──フォン・トラップ家が自由に向かってナチスから逃げていった場所があるかのように…

　最新の流行を追いたい人には、そうさせておこう。ジュリーは、『サウンド・オブ・ミュージック』と同じように、自分を間違いなく古風な人だと思わせていたし、それに対して決して弁解することはなかった。彼女は彼女自身のままであり、完璧な発声法ができて、修練女を演じたことで後世まで名を残す女性であり、その演技があまりにも見事だったので、世界中の観客がこう感じるくらいだった。「これは、そうするべきというお手本なのね──私たちもそうできるようになりたいものだわ。きっと簡単なはずよ」。ショーペンハウアーが述べているように、「才能とは、他の誰も射抜けないような的を射ぬく名手のようなものである」ならば、『サウンド・オブ・ミュージック』でジュリー・アンドリュースは、全てを簡単であるかに見せながら、的を射ぬいたと言えるだろう。彼女の演技は、観客に楽しさを、理想化された世界に見出される純粋な喜びを、最高の形で手渡してくれる贈り物なのである。

　まさにそうだからこそ、時を越えてスクリーンの中で凍結された、ほとんど完璧なマリア・フォン・トラップのイメージは、時々アンドリュースには束縛以上のものに感じられたかもしれない。しかし、そのような日々はほとんどが昔のこととして過ぎ去り、彼女はこの映画が何百万人もの人々に喜びをもたらしたことに感謝している。あの若草の生い茂るメルヴェー

クの草原で、くるくると回って世界中に向かって歌う彼女自身のイメージを一生懸命守りながら、アンドリュースは、最も冷笑的な大人たちでさえも、そうであればいいのにと願う人生を体現した1人の女性であり続けている。マリア・フォン・トラップは、アンドリュースにとって重荷ではないのだろうか？ いや、そんなことはない。『サウンド・オブ・ミュージック』での彼女の演技が、世界中の観客を魅了し続けていると確かに知っているので、彼女は自分の出演した家族向けの映画が、他の人々にとってどれほどの贈り物になっているかを理解している。「それは私が背負うべき、かなり素敵な十字架だと思っているだけです」

かつてアンドリュースは、人々からどのように記憶に留めておいてほしいかと聞かれて、瞳に涙を浮かべながら、ある表現を思いついた。それは魅力的であるとともに、やや哀愁のこもった言葉であるが、とりわけ人々の励みになるものだった。その独特な表現は、『サウンド・オブ・ミュージック』に相応しい碑銘であり、なぜこのミュージカル映画が、ほとんどの人達から讃えられ、時に誹謗されることがあっても、私たちみんなの意識の一部にしっかりと半世紀も残り続け、これから先も半世紀以上そうあり続けるだろうということへの、正確な説明を与えてくれる。

「どのようにと言うなら、〔彼女は人々を幸せにして、温かい気持ちにさせる能力があった〕というような何かだと思います…そう、私だって、ほとんどの人にとって人生が残酷でひどいもので、それゆえ私たちがエンターテイナーとして演じることは、時々かなり軽薄に見えてしまうのだと、十分わかっています。でも、人生には大変なことがそれほどたくさんあるのだから、私たちにできるのがどんな方法であるにせよ、もし辛さを和らげることができるのだとすれば、『サウンド・オブ・ミュージック』が示しているものも、そんなに悪くはないと思います」

時代に合わないかって？ そのとおり。時代を超えているのだから。

出典
NOTES

1. 始めるのにうってつけの場所
- 3 "歌うときには、2回祈りなさい," Laurence Maslon, *The Sound of Music Companion* (New York: Simon and Schuster, 2006), p.74.
- 4 さすがに怒り出し、「もう十分だわ!」と叫んだ, Julia Antopol Hirsch, *The Sound of Music: The Making of America's Favorite Movie* (Chicago: Contemporary Books, 1993), p.150.

2. マリアを扱うのは…
- 6 "生涯彼女を悩まし続けた不安感," "My Favorite Things: Julie Andrews Remembers," *The Sound of Music*: 40th Anniversary Edition, Johannes von Trapp commentary, 20th Century Fox, 2005.
- 7 "突然、ひらめいたのです——," *Climbed Every Mountain: The Story Behind The Sound of Music*, BBC documentary with Sue Perkins, 2012 Northern Upstart productions.
- 7 "フランツおじさんから聖書の物語の全ては…," Ibid.
- 8 "彼女はあらゆることを100パーセントやり遂げました," *The von Trapp Family: Harmony and Discord*, Johannes von Trapp, A&E Biography, 2000, DVD.
- 8 "マリアって誰だったかしら?," Hirsch, *The Sound of Music: The Making of America's Favorite Movie*, p.33.
- 8 "いささか奇妙," *Climbed Every Mountain: The Story Behind The Sound of Music*.
- 8 1950年に一家がザルツブルクに旅行した際に…, *The Sound of Music* 30th Anniversary Edition, "The Sound of Music Gallery," researched, written, and assembled by Michael Matessino, 20th Century Fox, 1995.
- 9 "私の母は、修道院の瞑想的な暮らしには…," *The Sound of Music*: 40th Anniversary Edition, "My Favorite Things: Julie Andrews Remembers," Johannes von Trapp.
- 9 "私はマナーを…," *Climbed Every Mountain: The Story Behind The Sound of Music*.
- 9 "ひどく厳格な人で——," Georg Steinitz interview with author, January 14, 2014.
- 10 "彼女はいつも刺激を求めていたから…," *Vanity Fair*, June 1998.
- 10 "私の鞄は…," Maria Augusta Trapp. *The Story of the Trapp Family Singers* (New York: Harper Collins, 1949), p.15.
- 10 "彼女はひどい服を着ていた," *The von Trapp Family: Harmony and Discord*.
- 10 大佐はマリアに向かってわずかに会釈をすると, *Climbed Every Mountain: The Story Behind The Sound of Music*.
- 10 "10代前半の神妙な面持ちの…," Trapp, *The Story of the Trapp Family Singers*, p.18.
- 10 "私たちはあの合図が大好きだったの," Agathe von Trapp, *Memories Before and After The Sound of Music* (New York: Harper Collins, 2010), p.75.
- 11 "私はキスされることもなく育ったわ," Hirsch, *The Sound of Music: The Making of America's Favorite Movie*, p.204.
- 11 "幸福になるためにただ一つ…," Trapp, *The Story of the Trapp Family Singers*, p.311.
- 11 "パパがあなたと結婚するって…," *Climbed Every Mountain: The Story Behind The Sound of Music*.
- 11 "私はグストルと結婚すべきだと…," Agathe von Trapp, *Memories Before and After The Sound of Music*, p.188.
- 11 "それが神の御心であるなら…," Ibid.
- 11 "それを知っているとも知らないとも言えない…," *Vanity Fair*, June 1998.
- 11 "彼女がはじめてやってきた時…," *The von Trapp Family: Harmony and Discord*.

12	"ただ成り行きに任せたの," Alex Witchel, "A Few Favorite Things the Musical Left Out," *New York Times*, January 1, 1998.
12	"私のあらゆる幸福は…," Trapp, *The Story of the Trapp Family Singers*, p.59.
12	"彼らは歌など歌うことがなく…," *Climbed Every Mountain: The Story Behind The Sound of Music*.
12	"ときには、私たちの家を音楽学校のように…," "Maria von Trapp, *Sound of Music* Daughter Dies at 99," *New York Times*, February 23, 2014.
12	"父のおかげで…," Agathe von Trapp, *Memories Before and After The Sound of Music*, p.198.
13	"あの〔しかし〕が私たちの生活を決定したの," *Climbed Every Mountain: The Story Behind The Sound of Music*.
13	"…その時は誰もどれほど…," Trapp, *The Story of the Trapp Family Singers*, p.102.
14	"2人はおそらく叶うことのない夢を…," *Climbed Every Mountain: The Story Behind The Sound of Music*.
14	"彼はゆっくりと、でも確実に私たちを…," Ibid.
14	"私たちは歌の驚異を味わい…," Trapp, *The Story of the Trapp Family Singers*, p.104.
15	"あなたは喉に黄金を持ってるわ," Mark Bostridge, "The Real Maria," *The Independent*, October 29, 2006.
15	"そんなことは絶対に二度としない…," Trapp, *The Story of the Trapp Family Singers*, p.106.
15	"はじめは、父はお金のために…," *The von Trapp Family: Harmony and Discord*.
15	"もしヒトラーがドイツの全権を…," Trapp, *The Story of the Trapp Family Singers*, p.122.
16	"家族への愛よりも祖国への愛のほうが…," Ibid., p.116.
16	"お父さんは、ドイツ国家を歌うくらいなら…," Ibid., pp.117-118.
16	"彼には感謝している," Agathe von Trapp, *Memories Before and After The Sound of Music*, p.133.
16	"私たちはお金持ちから貧乏人の中でも…," *The Julie Andrews Hour*, January 20, 1973.
17	"ハリウッドの人たちは地理がわからないのかしら?" Hirsch, *The Sound of Music: The Making of America's Favorite Movie*, p.75.
17	"ハリウッドでは、その人なりの地理を作るものなんだよ," Ibid.
17	アドルフ・ヒトラーが訪れた際の私室として作り変えられた, *The Sound of Music*: 40th Anniversary, Johannes von Trapp.
17	"本当に、全て神がお決めになったことだと思うわ," Witchel, *New York Times*.
18	"トラップ・ファミリー聖歌隊…," Trapp, *The Story of the Trapp Family Singers*, p.184.
18	"たった4ドルで…," *Climbed Every Mountain: The Story Behind The Sound of Music*.
19	"家族と移動して," Ibid.
19	"毎日ミサをして," Ibid.
19	その始まりとなったのは、ある晩…, *The von Trapp Family: Harmony and Discord*.
19	"あなたは話ができるのだったら…," *The Sound of Music* 30th Anniversary Edition, "*The Sound of Music*: From Fact to Phenomenon."
19	"母はエネルギーの…," Johannes von Trapp, interview with author, January 9, 2014.
19	"母は激しやすくて…," *The von Trapp Family: Harmony and Discord*.
20	"祖父はアメリカでツアーをしているとき…," *Climbed Every Mountain: The Story Behind The Sound of Music*.
20	"沸き起こり始め、ティン・パン・アレーの加工した音楽を越えて," Ibid.
20	"父は家を見ていて…," *The Sound of Music* 30th Anniversary Edition, "*The Sound of Music*: From Fact to Phenomenon."
20	"私たちは正式にホテルを開いた…," *The von Trapp Family: Harmony and Discord*.
21	"全国的な山火事のごとき," Trapp, *The Story of the Trapp Family Singers*, p.275.
21	"その後ずっと、私たちの生活ではたった一つのことが重要になりました," Maria von Trapp, *Yesterday, Today, and Forever* (Green Forest, Arkansas: New Leaf Press, 1975) p.151.
21	"母さん、昔の諺を思い出して," Trapp, *The Story of the Trapp Family Singers*, p.218.
21	"誰も母親のように慰めることは…," von Trapp, *Yesterday, Today, and Forever*, p.151.
22	"7年の大豊作、7年の飢饉," Trapp, *The Story of the Trapp Family Singers*, p.306.
22	"忘れがたい年," Ibid., p.303.
22	"この〔回復〕は医療のおかげではない," Ibid., p.307.
22	"嘆き悲しむのは、死が全ての終わりであると…," Frederick Nolan, *The Sound of Their Music: The Story of Rodgers & Hammerstein* (New York: Applause Theatre & Cinema Books, 2002), p.264.

22	"永久にずっと天国が、完全に…," von Trapp, *Yesterday, Today, and Forever*, p.167.
22	"人は自分のしたことだけではなく、しなかったことでも地獄に行くのである," von Trapp, *Yesterday, Today, and Forever*, p.168.
23	"母はビジネスの取引には全く向いて…," *The von Trapp Family: Harmony and Discord*.

3. ブロードウェイ、ロジャースとハマースタイン

25	"『サウンド・オブ・ミュージック』のブロードウェイ版と映画の売り上げを合わせたら…," Maslon, *The Sound of Music Companion*, p.88.
25	"母には、少しメサイアコンプレックス…," *Climbed Every Mountain: The Story Behind The Sound of Music*.
25	"宗教的な使命が…," Johannes von Trapp, interview with author, January 9, 2014.
26	最終的にリチャード・ハリディは…, Max Wilk, *The Making of The Sound of Music* (London: Routledge Publishing, 2007).
27	ロウがその題材にラーナーほど熱意を…, Meryle Secrest, *Somewhere for Me: A Biography of Richard Rodgers* (New York: Knopf, 2001), p.277.
27	52人もの後援者を探し出し…, *New York Times*, November 22, 1968.
28	20世紀で最も影響力のある芸術家20人…, Nolan, *The Sound of Their Music, The Story of Rodgers & Hammerstein*, p.265.
28	アメリカの歴史上初めて、全国民の半数以上が…, Paul Monaco, *Ribbons in Time − Movies and Society Since 1945*, (Bloomington: Indiana University Press, 1987), p.94.
28	"父は人間には高潔さがあると信じていたのです," *The Sound of Music* 30th Anniversary Edition, "*The Sound of Music*: From Fact to Phenomenon."
29	"彼に生命の息吹を与えるものでした," Richard Rodgers, *Musical Stages: An Autobiography* (New York: Random House, 1975), p.333.
29	"医学的に言えば、父は今では鬱と呼ぶようなものでした," Ibid., 1995 edition, viii.
29	"父は、自分が望むほど…," Ibid., p.333.
29	"彼が亡くなるその日まで…," Ibid., p.303.
30	"物静かで威厳のある、背の高いとても素敵な人だったわ," *The Sound of Music*: 40th Anniversary Edition, "My Favorite Things: Julie Andrews Remembers,"
30	"いつもポジティブな面を…," Secrest, *Somewhere for Me: A Biography of Richard Rodgers*, p.352.
30	"私たちは〔荒地的な〕哲学を表現する芸術家が優勢であるような時には…," Ibid., p.335.
31	"ミュージカル版と映画の『サウンド・オブ・ミュージック』の成功について…," Howard Lindsay, *New York Times*, December 4, 1966.
32	"私たちがやった最も早い仕事," Nolan, *The Sound of Their Music: The Story of Rodgers & Hammerstein*, p.249.
33	ロジャースが最も喜んだのは…, *Sound of Music*. Original Cast Recording, Columbia Records, liner notes taken from Richard Rodgers, *Musical Stages*, 1959.
33	「夏の調べ」と書き加えた…, Hugh Fordin, *Getting to Know Him: A Biography of Oscar Hammerstein II*, (New York: Random House, 1977), p.344.
34	"主は私の人生で何を為すことを…," *The Sound of Music* 30th Anniversary Edition, "*The Sound of Music* Gallery."
34	"すべての山に登れ 険しく見えようとも…," Nolan, *The Sound of Their Music: The Story of Rodgers & Hammerstein*, p.256.
34	マリアはマーティンに、きちんと十字を切ったり…, Ibid., p.249.
35	"メアリーと母は," *The Sound of Music*: 40th Anniversary Edition, Johannes von Trapp commentary.
35	"あの役を演じるには…," Wilk, *The Making of The Sound of Music*, p.146.
35	見せかけの単純さ…, Fordin, *Getting to Know Him: A Biography of Oscar Hammerstein II*, p.353.
35	"この作詞家は、普遍性と…," Ibid.
36	"観客が自らの情熱を傾ける、あらゆる母国にあてはまるものでした," *The Sound of Music*: 40th Anniversary Edition, Julie Andrews commentary.
36	"はじめて見たの…結婚してから…," Wilk, *The Making of The Sound of Music*, p.144.
36	"胸に迫るものがあったわ," Ibid.
37	アンナ・クラウスの回想では, *The von Trapp Family: Harmony and Discord*.

37　"僕たち家族があまり知られていない時があったのか…," Johannes von Trapp, in interview with author, January 9, 2014.
37　"言葉にできないほど甘ったるいだけではなく," Walter Kerr, *New York Herald Tribune*, November 17, 1959.
37　"実際のところ、修道女と子どもたちの…," Wilk, *The Making of The Sound of Music*, p.183.
37　"ではどうして誰もやらなかったのか不思議なものだ," Ibid.
37　"ロジャースとハマースタインの偉大なる後ろ飛び," Secrest, *Somewhere for Me: A Biography of Richard Rodgers*, p.350.
38　"時々でも子どもたちや自然に…," *Sound of Music*. Original Cast Recording, Columbia Records.
38　"ヨハンナの鼻をつまんだりしないし…," Trapp, *The Story of the Trapp Family Singers*, p.68.
38　"それが決して理想的な人が示す寛容さではないと," Ibid.
38　イタリア音楽の理論家グイード・ダレッツォと…, *The Sound of Music*. New Broadway Cast Recording, liner notes by Theodore S. Chapin, 1998.
39　別の有名なマリア（シュライヴァー）が…, Ibid.
39　"現金箱にはゆうに200万ドル以上が…," Wilk, *The Making of The Sound of Music*, p.149.
40　ロジャースとハマースタインは、興行収入の…, Joan Barthel, "The Biggest Money Making Movie of All-Time ——How Come?" *New York Times*, November 20, 1966.

4. 20世紀フォックス：どんどん進んで、破産寸前

42　"今日、人々は映画を観に…," Monaco, *Ribbons in Time: Movies and Society Since 1945*, p.43
42　"1960年3月の第2週だけで…," Ibid., p.12.
42　"彼らのとんでもなく感傷的な性質は…," Wilk, *The Making of The Sound of Music*, p.163.
44　"恐れろと教え込まれる…," *South Pacific*, music by Richard Rodgers, lyrics by Oscar Hammerstein, 1949.

5. アーネスト・レーマンの甘き香り

46　"作家が監督の撮り方に口を出すなど…," American Film Institute: Seminar with Ernest Lehman (AFI: Beverly Hills, California), March 31, 1976.
47　"ビリー・ワイルダー抜きで14日間過ごすこと…," Sam Wasson, *Fifth Avenue, 5 A. M.: Audrey Hepburn, Breakfast at Tiffany's, and the Dawn of the Modern Woman*, (New York: Harper Collins, 2010), p.44.
47　"いつか、このショーは…," *The Sound of Music* 30th Anniversary Edition, "Ernest Lehman: Master Storyteller."
47　まさに時の試練に耐えているのだ…, Max Wilk, *Overture and Finale: Rodgers & Hammerstein and the Creation of Their Two Greatest Hits*, (New York: Backstage Books, 1993), p.163.
47　"さらなる愛への切望…," Ibid., p.167.
48　"これは、宝石商が偶然…," Jeanine Basinger, Gene Kelly, (New York: Pyramid Books, 1976), p.83.
49　"良い台本の殆どは…," American Film Institute: Seminar with Ernest Lehman, March 31, 1976.
49　ハリウッドの全ての業界紙が…, Barthel, *New York Times*.
49　レーマンは後に、契約の詳細について…, *The Sound of Music* 30th Anniversary Edition, "Ernest Lehman: Master Storyteller."
49　"全く、お前は金が無いんだな…," Wilk, *Overture and Finale: Rodgers & Hammerstein and the Creation of Their Two Greatest Hits*, p.167.
50　"彼は私を玄関の外に出すと…," Ibid.

6. 監督探しをめぐる6人

51　"世界中で最も素晴らしい監督はどうかな？," *The Sound of Music* 30th Anniversary Edition, "Ernest Lehman: Master Storyteller."
51　"アーニー、僕はあの作品が好きじゃないよ," Wilk, *Overture and Finale: Rodgers & Hammerstein and the Creation of Their Two Greatest Hits*, pp.168-169.
52　"彼らは私にこの映画を撮らせたがっているんだが…," Jan Herman, *William Wyler: A Talent for Trouble* (New York: Putnam, 1995), p.432.
52　"それが成功することはわかっている," Ibid., p.420.
52　"レーマンはしつこいくらい頼んできて…," William Wyler and Axel Madsen, *William Wyler: The Authorized*

	Biography, (New York: Thomas Y. Crowell Company, 1973), p.365.
52	"君の仕事は台本を書くことではなくて…," *The Sound of Music* 30th Anniversary Edition, "Ernest Lehman: Master Storyteller."
53	"誰かが歌うたびに…," Ibid.
53	"２人のハリウッド関係者が…," Wyler and Madsen, *William Wyler: The Authorized Biography*, p.366.
53	"我々は1936年（実際には1938年だが…," Ibid.
53	"私たちはそれを切り抜けたのです…," Ibid, p.367.
53	"ワイラーが〔何一つ意見することなど思いつかない〕と…," Jan Herman, *William Wyler: A Talent for Trouble*, p.420.
53	"この映画は、本当は政治的ではないと…," Wyler and Madsen, *William Wyler: The Authorized Biography*, p.366.
54	今思えば、ワイラーが…, Hirsch, *The Sound of Music: The Making of America's Favorite Movie*, p.78.
54	ワイラーはパイロットと大声を上げて喧嘩を始めたのである, *The Sound of Music* 30th Anniversary Edition, "Ernest Lehman: Master Storyteller."
54	"鉤十字が出てくるミュージカルが…," Hirsch, *The Sound of Music: The Making of America's Favorite Movie*, p.13.
54	"ウィリーはほとんど契約したのも同然だった…," Herman, *William Wyler: A Talent for Trouble*, p.421.
54	"気のいいナチスの映画を撮るなんて、耐えられない," Ibid.
55	"30秒だって延期する気はないと、依頼人に伝えてくれ," *The Sound of Music* 30th Anniversary Edition, "Ernest Lehman: Master Storyteller."
55	"私たちはみんな、なんてひどいとか、彼は私たちを騙したんだとか…," Wilk, *Overture and Finale: Rodgers & Hammerstein and the Creation of Their Two Greatest Hits*, p.172.
57	"彼の仕事の素晴らしいところは…," *The Sound of Music*: 40th Anniversary Edition, "My Favorite Things: Julie Andrews Remembers."
58	オープニング曲を考えつつ、レーマンはただ次の言葉を打ち込んだ…, Hirsch, *The Sound of Music: The Making of America's Favorite Movie*, p.33.
58	"君がいいと言うなら、いいだろう," *The Sound of Music* 30th Anniversary Edition, "Ernest Lehman: Master Storyteller."
59	"なんて奴だ！," Ibid.
59	"最も優れた映画は、観客に生きていること…," Robert Wise, American Film Institute Lifetime Achievement Award acceptance speech, February 19, 1998.
60	切り替えのスピードが完璧になるようにした, Sergio Leemann, *Robert Wise on His Films: From Editing Room to Director's Chair*, (Los Angeles: Silman-James Press, 1995), p.21.
60	"ロバート・ワイズは頭の中で映画全体を…," Georg Steinitz, interview with author, January 14, 2014.
60	"スタジオの庭師によって切り刻まれた," *New York Times*, September 15, 2005, "Robert Wise, Film Director, Dies at 91"
61	"ある場面が撮影現場で少しでも遅く見えると…," Leemann, *Robert Wise on His Films: From Editing Room to Director's Chair*, p.8.
62	"オリジナルから映画の完成版に向けて製作してみて…," Ibid, p.43.
64	"野原一面は膝の高さほどの雪で覆われ…," Saul Chaplin, *The Golden Age of Movie Musicals and Me*, (Norman: University of Oklahoma Press, 1994), p.211.

7.『サウンド・オブ・ミュージック』をデザインする：ファンタジー、リアリティ、14曲の調べ

65	"ボリスは貴重な人材だった," *The Sound of Music*: 40th Anniversary Edition, Robert Wise commentary.
65	"スクリーン上でリアリティを生み出す達人," Ibid.
66	750人ほどの中国人の絵を描いたと, *New York Morning Telegraph*, December 19, 1941.
67	"私は常に監督と一技術者としての完璧な関係を楽しんでいました," "Rene L. Ash Interviews Art Director Boris Leven," *Film Index*, 1972.
67	"仲間のあいだで…," *Variety*, January 28, 1976.
69	"彼はロマンティシズムを絶妙に仕上げることができた," *The Sound of Music*: 40th Anniversary Edition, Robert Wise commentary.
69	"映画の編集が観ていてわかる時には、退屈になってしまう," *New York Post*, July 7, 1997.

70	"機械的ではなく、感じたままに," *New York Post*, July 7, 1997.
70	"編集者として、できる限り監督のアイデアに合う…," *New York Times*, July 22, 1997.
70	そこに座って反応を見ることが…, Ibid.
70	"他の誰の判断よりも," *The Sound of Music*: 40th Anniversary Edition, Robert Wise commentary.
70	"彼女の特別な才能は、衣装を衣装の…," Robert Wise, *New York Times*, March 13, 1981.
71	ある時期には、虐待的な育ての母親と…, Deborah Nadoolman Landis, *Hollywood Sketchbook: A Century of Costume Illustration*, (New York: Harper Design, 2012), p.244.
71	"今この時になっても…," *New York Times*, March 13, 1981.
71	"病的にシャイで、神経症的に内気," Landis, *Hollywood Sketchbook: A Century of Costume Illustration*, p.244.
71	"6歳になる前に、読み書きと絵を描くことを学んでいました," Ibid.
72	"過去に対する親和性," *New York Times*, March 13, 1981.
72	"私はセシル・B・デミル監督の衣装チームの一員でしかなかった," Ibid.
72	"デミルは最も横暴な男だった," Ibid.
73	"私は登場人物を自分の知り合いであるかのように考えて…," Landis, *Hollywood Sketchbook: A Century of Costume Illustration*, p.247.
73	"本当に彼女は滅多に自分の思いつきやアイデアを…," *New York Times*, March 13, 1981.
73	"キャンバスが台本で、デザイナーは画家なのです," Ibid.
73	"ドロシー・ジーキンスは、派手なダーンドルを着せなかったんだよ," *The Sound of Music* 30th Anniversary Edition, "*The Sound of Music*: From Fact to Phenomenon."

8. ジュリー・ドゥーリトル・ポピンズ・フォン・トラップ

75	"『サウンド・オブ・ミュージック』は、本当にありのままの…," *The Sound of Music*: 40th Anniversary Edition, "My Favorite Things: Julie Andrews Remembers."
76	"もし、その舞台に受かったら出るといい," *The Sound of Music*: 40th Anniversary Edition, Julie Andrews commentary.
77	"あれは彼がくれたなかで、一番寛大なアドバイスだったと思う," Ibid.
77	およそ1億700万人の人々が観た生放送の特別テレビ番組では…, Ethan Mordden, *Rodgers & Hammerstein*, (New York: Harry N. Abrams, 1992).
77	"『サウンド・オブ・ミュージック』のための最良のスクリーン・テストとなった," *The Sound of Music*: 40th Anniversary Edition, "My Favorite Things: Julie Andrews Remembers."
77	"私たちは、とても賢いと思っていたのよ," *The Sound of Music*: 40th Anniversary Edition, "My Favorite Things: Julie Andrews Remembers."
79	"男であろうと女であろうと…," Wasson, *Fifth Avenue, 5 A. M.: Audrey Hepburn, Breakfast at Tiffany's, and the Dawn of the Modern Woman*, p.21.
79	控えめだが打ち消し難い性的魅力のある親しみやすい女性…, Tom Santopietro, *Considering Doris Day* (New York: St. Martin's Press, 2007).
80	"いますぐ彼女と契約しに行こう," *The Sound of Music* 30th Anniversary Edition, "*The Sound of Music*: From Fact to Phenomenon."
80	"『マイ・フェア・レディ』での…," Herman, *William Wyler: A Talent for Trouble*, p.420.
80	"映画の中でも観客に対しても…," Richard Stirling, *Julie Andrews: An Intimate Biography*, (New York: St. Martin's Press, 2007), p.5.
81	"夢にも思わなかった," *Rodgers and Hammerstein: The Sound of Movies*, Julie Andrews commentary, directed by Ken Burns, 20th Century-Fox and Rodgers and Hammerstein Organization, 1995.
81	"『卑怯者の勲章』の撮影をしていたので…," *The Sound of Music* 30th Anniversary Edition, "*The Sound of Music*: From Fact to Phenomenon."
81	"ところで、この作品の感傷的すぎるところを…," Ibid.
81	"やりすぎ," Stirling, *Julie Andrews: An Intimate Biography*, p.80.
82	"ボブ・ワイズ、感傷主義の抑制へ," *Variety*, February 4, 1964.
82	"彼はその仕事に適任の…," Jeanine Basinger, interview with author, April 29, 2014.
82	"あなたは映画の全体像を明確に…," Stirling, *Julie Andrews: An Intimate Biography*, p.145.
83	"70人編成のオーケストラ…," *The Sound of Music*: 40th Anniversary Edition, "My Favorite Things: Julie

Andrews Remembers."
83 "魔法のように、すぐさま…," Chaplin, *The Golden Age of Movie Musicals and Me*, p.219.

9. ゲオルク・フォン・トラップ大佐

84 "私はW・C・フィールズに賛成だ," *The Sound of Music*: 40th Anniversary Edition, Christopher Plummer commentary.
84 "我々は物語の土台に基づくべきだし…," *The Sound of Music*: 40th Anniversary Edition, Robert Wise commentary.
85 "彼なら、その役に鋭さと…," *The Sound of Music* 30th Anniversary Edition, "*The Sound of Music*: From Fact to Phenomenon."
85 "私は物まねが上手いのだから…," *Playbill*, November 2012.
85 "時には俳優をやるのが…," Radio interview, Christopher Plummer with Steve Gray from set of *The Sound of Music*.
86 "あなたがロンドンまで行くのなら…," *The Sound of Music*: 40th Anniversary Edition, Robert Wise commentary.
86 メアリー・マーティンがブロードウェイで…, *The Sound of Music*: 40th Anniversary Edition, "My Favorite Things: Julie Andrews Remembers."
86 "暴君的な聖人," *The Sound of Music*, 45th Anniversary Edition, "Maria and the Musical."
87 "ボブは最後の紳士的な監督だった," *The Sound of Music*: 40th Anniversary Edition, Christopher Plummer commentary.
87 "私は舞台がとても好きなのだが…," Radio interview, Christopher Plummer with Steve Gray from set of *The Sound of Music*.
87 "フォン・トラップが映画の大半で…," Letter from Christopher Plummer to Robert Wise, 2/10/64, *The Sound of Music* 30th Anniversary Edition, "*The Sound of Music* Gallery."
88 "この人は、私が良い書き手だから…," Wilk, *The Making of The Sound of Music*, p.175.
88 "アーニーは何度も…," *The Sound of Music*: 40th Anniversary Edition, Robert Wise commentary.
88 "アーニー・レーマンは私の提案に耳を傾けてくれた," *The Sound of Music*: 40th Anniversary Edition, Christopher Plummer commentary.
88 "鋭敏な精神と冷笑的な機知で…," Charmian Carr, with Jean A. S. Strauss, *Forever Liesl*, (New York: Penguin, 2000), p.61.
88 "男爵夫人は鈍い男と結婚するには…," *The Sound of Music* 30th Anniversary Edition, "*The Sound of Music*: From Fact to Phenomenon."
88 "今まで会った人のなかで、一番つまらなかった！," *The Sound of Music*: 40th Anniversary Edition, Christopher Plummer commentary.
88 "ミュージカルの舞台よりも…," *The Sound of Music*: 40th Anniversary Edition, "Julie Andrews and Christopher Plummer: A Reminiscence," 20th Century Fox, 2005.
89 "『エーデルワイス』をどうにか…," Letter from Christopher Plummer to Robert Wise, *The Sound of Music* 30th Anniversary Edition.
89 "私は彼に、『ドリアン・グレイの肖像』で…," *The Sound of Music*: 40th Anniversary Edition, Christopher Plummer commentary.
89 "もし君があれを観て…," Ibid.
89 "我々は真ん中に立っていた―ロープのつり橋の上で," Ibid.

10. 大佐と7人の子ども：それが怖いの？

90 "私は子どもたちを徹底的に選んだ," *The Sound of Music*: 40th Anniversary Edition, Robert Wise commentary.
90 "私は歌についてはそれほど心配していなかった," Ibid.
92 "結局、母が望んでいたのは私たちの…," Carr with Strauss, *Forever Liesl*, p.125.
92 "しっかりしたプロ," Dee Dee Wood, interview with author, May 8, 2014
92 "姓を変えることは…," Carr with Strauss, *Forever Liesl*, p.125.
92 "彼らは私の瞳が青すぎるので…," *The Sound of Music* 30th Anniversary Edition, "*The Sound of Music*: From Fact to Phenomenon."

92 "シャーミアンが現れるまで、リハーサルの時は毎日…," *The Sound of Music*: 40th Anniversary Edition, "From Liesl to Gretl: A 40th Anniversary Reunion."
93 "ジュリー・ハリスが主演する楽器についての何かで…," Fred Bronson, *The Sound of Music Family Scrapbook*, (Milwaukee: Applause Theatre & Cinema Books, 2011), p.9.
94 "一緒に仕事をするのが楽しい," *The Sound of Music*: 40th Anniversary Edition, Robert Wise commentary.
94 彼は顔触れを見て、二つのグループから役者を組み合わせた…, *The Sound of Music*: 40th Anniversary Edition, "From Liesl to Gretl: A 40th Anniversary Reunion."
95 "もうすぐ25歳になる5歳," Bronson, *The Sound of Music Family Scrapbook*, p.11.
95 "もし私が彼女を小さな女優として雇わなかったとしたら…," Ibid.
95 "あまり長くかからなければね," Ibid., p.85.

11. キャストの完成

97 "私は、エリノア・パーカーに夢中だった…," *The Sound of Music*: 40th Anniversary Edition, "Julie Andrews and Christopher Plummer: A Reminiscence."
98 "すぐに思い浮かんだ," *The Sound of Music*: 40th Anniversary Edition, Robert Wise commentary.
99 "声をかつての良好な状態に戻して…," Radio interview, Peggy Wood with Steve Gray from set of *The Sound of Music*.
99 "私は彼女の経歴を…," *The Sound of Music*: 40th Anniversary Edition, Robert Wise commentary.
100 "プロらしさ…," Graham Payn and Sheridan Morley, eds., *The Noel Coward Diaries*. (New York: Little Brown, 1982), p.455.
100 "腐ったナチスと感情的な少年," Wikipedia.com entry on Louis Nye.
101 "私は疲れていて、少し悲しい気分になっていたの," *The Sound of Music*: 40th Anniversary Edition, Julie Andrews commentary.
102 "我々はマーニに実際に…," *The Sound of Music*: 40th Anniversary Edition, Robert Wise commentary.
102 "彼らは外国の歌手たちに…," Marni Nixon, interview with author, April 8, 2014.
103 "代理人が、私をその役の集団オーディションに…," Dan Truhitte, interview with author, May 7, 2014.
104 "あなたがダン・トゥルーヒットよね," Ibid.
104 "君には年上で賢い保護者が必要だ…," from *The Sound of Music,* music by Richard Rodgers, lyrics by Oscar HammersteinⅡ.
105 "ダン・トゥルーヒットはあの役を非常によく演じていた…," *The Sound of Music*: 40th Anniversary Edition, Robert Wise commentary.

12. 一番最初から始めよう

106 "かなり下にあるプールに飛び込む前の、高飛び込みの選手のような," Hirsch, *The Sound of Music: The Making of America's Favorite Movie*, p.104.
106 "私が考えられることは…," Ibid., p.117.
108 "彼女がミスをしたところは見たことがないわ," *The Sound of Music*: 40th Anniversary Edition, "From Liesl to Gretl: A 40th Anniversary Reunion."
108 "ミュージカル・ナンバーは、成功させなくては…," George Stevens, Jr., ed., *Conversations with the Great Moviemakers of Hollywood's Golden Age* (New York: Vintage Books, 2007), p.491.
108 "アーニーは対話を歌へ繋げるよう…," *The Sound of Music*: 40th Anniversary Edition, Robert Wise commentary.
109 "できるときにはいつでも、そうしようと努めていたよ," Stevens, *Conversations with the Great Moviemakers of Hollywood's Golden Age*, p.470.
109 "ロバート・ワイズは100パーセントの紳士でした," Dee Dee Woods, interview with author, May 8, 2014.
109 "ロバート・ワイズがあのような優れたリーダーだったので," Ibid.
110 この問題を解決するために、ちょっとした良い策略を…, *The Sound of Music*: 40th Anniversary Edition, Julie Andrews commentary.
110 "かなり黙りこくって," Hirsch, *The Sound of Music: The Making of America's Favorite Movie*, p.129.
110 "ジュリーは非常に音楽の才があった…," *The Sound of Music*: 40th Anniversary Edition, Robert Wise commentary.
110 "私はギターが大嫌いだ!," *The Sound of Music*: 40th Anniversary Edition, Christopher Plummer commentary.

111 "ジュリーは子どもたちと本当にうまく…" *The Sound of Music: 40th Anniversary Edition*, Robert Wise commentary.
111 "お母さんみたいなハグで…," Bronson, *The Sound of Music Family Scrapbook,* p.21.
111 "カメラに映っている愛は本物です," Ibid.
111 "『私のお気に入り』は、大好きとしか…," *The Sound of Music: 40th Anniversary Edition*, "From Liesl to Gretl: A 40th Anniversary Reunion."
111 "彼女についての魔法の方法," Bronson, *The Sound of Music Family Scrapbook,* p.4.
111 "子どもたちはみんな…," Ibid., p.40
112 "ミュージカルでは、ロルフは意気地なしだった," *The Sound of Music: 40th Anniversary Edition*, Robert Wise commentary.
112 "難しかったのは、一番悪い状態の…," Dan Truhitte, interview with author, May 7, 2014.
112 "実際、一度だけ彼が気持ちを…," *The Sound of Music: 30th Anniversary Edition*, "A Telegram from Daniel Truhitte"
112 "監督はみんなに敬意を持って接していました…," Dan Truhitte, interview with author, May 7, 2014.
112 "私はまつ毛が乏しかったし…," Marni Nixon, interview with author, April 1, 2014.
113 "それは、まるでザルツブルクの実際のロケ地を複製したようだったわ," Ibid.
113 "階段から墓石まで全てが本物のようで驚きだったわ…," *The Sound of Music: 40th Anniversary Edition*, Julie Andrews commentary.
113 "これは撮影技師にとって異説のように聞こえるだろうが," Leemann, *Robert Wise on His Films: From Editing Room to Director's Chair,* p.183.
114 "それは明らかにダンス・ナンバーではなかったけれど," Dee Dee Woods, interview with author, May 8, 2014.
114 "あれは絶対にポリエステルなんかじゃなかった!," Marni Nixon, interview with author, April 1, 2014.
114 "あちこち軽く揺り動かし過ぎたりせずに," Ibid.
115 "マーニ、私はあなたの大ファンなのよ!," Carr with Strauss, *Forever Liesl,* p.59.
115 "私はジュリーに、ある場面で問題を…," Marni Nixon, interview with author, April 1, 2014.
115 "私はジュリーが下着姿でその場に立って…," Ibid.
115 "私たちがザルツブルクに行くとき、誰一人として…," *The Sound of Music: 40th Anniversary Edition*, Julie Andrews commentary.

13. ザルツブルク、雨、そして自然の復讐

116 "私は(大食いで知られた)オーソン・ウェルズみたいだったよ," *The Sound of Music* 30th Anniversary Edition, "*The Sound of Music*: From Fact to Phenomenon."
116 "彼女たちはザルツブルクを楽しんで演技にも反映することができて…," *The Sound of Music: 40th Anniversary Edition*, Julie Andrews commentary.
117 "私は頭に来ていたわ," Marni Nixon, interview with author, April 1, 2014.
117 "私は、あなた方が求めている男です," Georg Steinitz, interview with author, January 14, 2014.
117 "私たちは皆、それぞれの…," Dee Dee Woods, interview with author, May 8, 2014.
118 "あいにく、信号は我々が…," Chaplin, *The Golden Age of Movie Musicals and Me,* p.221.
118 "何をしているかなんて…," *The Sound of Music* 30th Anniversary Edition, "*The Sound of Music*: From Fact to Phenomenon."
118 "ビール、キッシュ、シュナップス(強い酒)," Ibid.
118 "仕事、仕事、仕事に…," Stirling, *Julie Andrews: An Intimate Biography,* p.80.
119 "エマ・ケイトを抱きしめ、こう考えたものよ," Ibid., pp.124-125.
119 "凍えそうなほど寒々としていた…気づいたら泣いていました…," Dee Dee Woods, interview with author, May 8, 2014.
120 "彼らは少しそっけない雰囲気," Georg Steinitz, interview with author, January 14, 2014.
120 逆側から大聖堂を充たす自然光が加わることで, *American Cinematographer,* April 1965.
120 "修道院の司祭だったのだけれど…," *The Sound of Music: 40th Anniversary Edition*, Julie Andrews commentary.
121 "あのウェディングドレスを纏った時ほど…," Hirsch, *The Sound of Music: The Making of America's Favorite Movie,* p.91.
121 "本当にシンプルで…," *The Sound of Music: 40th Anniversary Edition*, Julie Andrews commentary.

121　"彼女は素晴らしい友人になったの," *The Sound of Music*: 40th Anniversary Edition, Julie Andrews commentary.
121　さらに悲惨なものにできる, *New York World Telegraph & Sun,* February 27, 1965.
121　当初の撮影計画では…, Georg Steinitz, interview with author, January 14, 2014.
122　"街の人たちは、誰も…," Dee Dee Woods, interview with author, May 8, 2014.
122　"あんなふうに妥協した結果…," Georg Steinitz, interview with author, January 14, 2014.
122　"もちろん、あのことで多くの論争が巻き起こった," Ibid.
122　"『サウンド・オブ・ミュージック』が、ナチスに主眼を…," Stevens, *Conversations with the Great Moviemakers of Hollywood's Golden Age,* p.482.
123　そのなかで頬に手を当てている年輩の修道女は, *The Sound of Music*: 40th Anniversary Edition, Julie Andrews commentary.
124　"カメラの後ろには全部で50人くらいの関係者がいて," *The Sound of Music* 30th Anniversary Edition, "*The Sound of Music*: From Fact to Phenomenon."
124　この曲の結びとなる約23メートルのドリー・ショット…, *Daily Telegraph,* June 24, 1964.
124　"彼が新しい曲を作りたくなかったか…," Chaplin, *The Golden Age of Movie Musicals and Me,* p.217.
124　"私のバージョンのほうが良いと思う," Ibid., p.218.
125　わざと不安でいっぱいな振りをして, *The Sound of Music*: 40th Anniversary Edition, "My Favorite Things: Julie Andrews Remembers."
125　"マリアの不安を伝えるために," *The Sound of Music*: 40th Anniversary Edition, Julie Andrews commentary.
125　"漠然とフォン・トラップ家の物語を基にしているだけ," Hirsch, *The Sound of Music: The Making of America's Favorite Movie,* p.40.
125　"私の仕事はあのミュージカルを…," *The Sound of Music*: 40th Anniversary Edition, Robert Wise commentary.
125　"彼女は横柄なところがあったが," *The Sound of Music*: 40th Anniversary Edition, "My Favorite Things: Julie Andrews Remembers."
125　"母は自分が権利を売ったということは…," Ibid.
126　"美しく魅力的," *The Sound of Music*: 40th Anniversary Edition, Robert Wise commentary.
126　"映画に出るという野望は諦めたわ," *The Sound of Music*: 20th Century-Fox original publicity production notes, 1965.
126　"あなたって、私の本当の夫よりも…," Carr with Strauss, *Forever Liesl,* p.60.
126　"ふくよかで魅力的…快活で姉御肌の," Christopher Plummer, *In Spite of Myself: A Memoir* (New York: Knopf, 2008), p.399.
126　"私たちは、とても仲良くやっていました," *The Sound of Music*: 40th Anniversary Edition, "My Favorite Things: Julie Andrews Remembers."
126　"私は本当に彼女のことを敬愛していたのです," Carr with Strauss, *Forever Liesl,* p.60.
126　"私は少し神経質になっていました," *The Sound of Music* 30th Anniversary Edition, "*The Sound of Music*: From Fact to Phenomenon."
126　"あなたがマリアの役を、おてんば娘みたいに…," *The Sound of Music*: 20th Century-Fox original publicity production notes, 1965.
126　"本人と比べると、かなり華奢なようだね," Hirsch, *The Sound of Music: The Making of America's Favorite Movie,* p.204.
127　"上品すぎて…," *Washington Post,* February 26, 1978.
127　"お城のような建物は可愛らしすぎるし…," *The Sound of Music*: 40th Anniversary Edition, Robert Wise commentary.
127　"クリストファー・プラマーが掛かっている旗を…," Georg Steinitz interview with author, January 14, 2014.
128　"私たち一家はたくさんの召使がいる…," *The Sound of Music*: 40th Anniversary Edition, Johannes von Trapp commentary.
128　何事にも臆さず、どんなときにも当意即妙な対応ができるレヴェンは…, *The Sound of Music*: 40th Anniversary Edition, Robert Wise commentary.
129　"ワイズ監督は、製作に関わっている人に…," Bronson, *The Sound of Music Family Scrapbook,* p.36.
130　"あの子が! あの子が!," Ibid., p.37.
130　"物語の重要なターニングポイント," *The Sound of Music*: 40th Anniversary Edition, Robert Wise commentary.
130　"あのようにできて、本当に満足だったよ," Ibid.

131 "彼らは『ド・レ・ミの歌』をどんな振付にするつもりかと…," Dr. Steve Taft interview with Marc Breaux, University of Northern Idaho, June 1999. uni.edu./taft/breauxinterview

131 "みんなザルツブルクに着いた時には…," *The Sound of Music*: 40th Anniversary Edition, Charmian Carr commentary.

132 "あの一連のシーンの撮影は、この映画の真髄ともいえる時間だったわ," *The Sound of Music*: 40th Anniversary Edition, Julie Andrews commentary.

132 『南太平洋』は、ほとんど三つの…," Theodore S. Chapin, interview with author, May 14, 2014.

133 "優れた歌は17ページ分の対話に匹敵する," *The Sound of Music*: 45th Anniversary Edition, "Writing the Show."

133 雲の中だった, Carr with Strauss, *Forever Liesl*, p.75.

133 例によってジュリー・アンドリュースは、度重なる休憩の間…, *The Sound of Music*: 40th Anniversary Edition, "From Liesl to Gretl: A 40th Anniversary Reunion."

134 "テッド・マッコードは絶えずファインダーを覗いていて…," *The Sound of Music*: 40th Anniversary Edition, Julie Andrews commentary.

134 "私ったら、ドジよね," *The Sound of Music*: 40th Anniversary Edition, "From Liesl to Gretl: A 40th Anniversary Reunion."

135 "みんな、とっても愛らしかったわ," Julie Andrews on *Ellen DeGeneries Show*. CBS: January 26, 2007.

135 "ソールはジュリーの出演場面に携わり…," *The Sound of Music*: 40th Anniversary Edition, Robert Wise commentary.

135 "ソール、マーク、ディ・ディ、そして私の4人で…," *The Sound of Music*: 40th Anniversary Edition, Julie Andrews commentary.

135 "一番よく歌ったのは," *The Sound of Music* 30th Anniversary Edition, "*The Sound of Music*: From Fact to Phenomenon."

135 "（ホールに）ろうそくが灯っていたの…," Ibid.

135 "室内楽が好きで、煙草を吸わない人なんて…," Ibid.

136 "本当に立派な紳士," Georg Steinitz interview with author, January 14, 2014.

136 "この映画ではっきりと示されている愛の一部は…," Carr with Strauss, *Forever Liesl*, p.216.

136 "ソールはロバート・ワイズと同じくらい素晴らしい紳士だった," Dan Truhitte, interview with author, May 7, 2014.

136 "階段を昇りながら、もっともっと高いところまで行ったら…," *The Sound of Music*: 40th Anniversary Edition, Julie Andrews commentary.

136 "我々は『ド・レ・ミの歌』が…," Georg Steinitz interview with author, January 14, 2014.

137 "これは本当に大層なものになっているね," *The Sound of Music*: 40th Anniversary Edition, "From Liesl to Gretl: A 40th Anniversary Reunion."

137 "これを覚えていて、ニッキー…," Bronson, *The Sound of Music Family Scrapbook,* p.70.

137 "君たちは仕事をするために、ここにいるんだ," Ibid., p.73.

137 "僕たちは監督に認めてもらいたかったんだ," Ibid.

137 "ロバート・ワイズは、子どもたちがいたので幾つかの言葉は…," Georg Steinitz interview with author, January 14, 2014.

138 "できる限り恐ろしく," Bronson, *The Sound of Music Family Scrapbook*, p.67.

139 このパロディは、年下のデビー・ターナーと…, *The Sound of Music*: 40th Anniversary Edition, "From Liesl to Gretl: A 40th Anniversary Reunion."

139 ほとんど問題がない, Hirsch, *The Sound of Music: The Making of America's Favorite Movie*, p.140.

139 "親御さんたちですら、素晴らしかったわよ," *The Sound of Music* 30th Anniversary Edition, "*The Sound of Music*: From Fact to Phenomenon."

139 "僕たちはみんなでしゃべったり笑ったり…," Carr with Strauss, *Forever Liesl*, pp.183-184.

139 "あまりに多くの重要な役を演じて…," Plummer, *In Spite of Myself: A Memoir*, p.394.

140 "強制されて、無理やりやらされたのだから…," Ibid.

140 "私の振舞いは、とんでもなかった," Ibid.

140 "私の真意を完全に理解してくれているみたいで…," Ibid., p.395.

140 "彼女は私たち2人をしっかり結びつけ、一つのチームにしたのです," Ibid.

140 "彼には、私たちをしっかり結びつける素晴らしい力がありました," *The Sound of Music*: 40th Anniversary Edition, Julie Andrews commentary.

140　プラマーに畏敬の念を抱いて…, *The Sound of Music*: 40th Anniversary Edition, Julie Andrews commentary.
140　"それ以来ずっと、私たちは良い友達なの," Ibid.
140　"ボブ（ワイズ監督）は、毎分ごとの台詞が…," Carr with Strauss, *Forever Liesl*, p.73.
141　"私に一言も話しかけることはなかったわ," Ibid., p.64.
141　"彼のことを信じられなかったわ," Bronson, *The Sound of Music Family Scrapbook*, p.41.
141　"２人の笑っている男の子たちへ," *The Sound of Music*: 40th Anniversary Edition, "From Liesl to Gretl: A 40th Anniversary Reunion."
141　"映画が甘ったるくならないように…,"*Oprah Winfrey Show*, October 28, 2010.
141　彼は実際にこの作品を「SM」と…, Plummer, *In Spite of Myself: A Memoir*, pp.392-393.
141　"彼らのことが大嫌いなんだ," *The Sound of Music*: 40th Anniversary Edition, Christopher Plummer commentary.
141　"大好きになっていったけどね," Ibid.
141　"あのおチビさんがびっくりするくらい変わって…," Ibid.
141　"彼は、まるで自分が名高い伝説的な俳優で…," Chaplin, *The Golden Age of Movie Musicals and Me*, p.219.
142　"あれでは、ミュージカルとして十分とは言えない," Hirsch, *The Sound of Music: The Making of America's Favorite Movie*, p.160.
142　"アンドリュースと一緒に歌うとき…," *The Sound of Music* 30th Anniversary Edition, "*The Sound of Music*: From Fact to Phenomenon."
142　"ザルツブルクには9週間か10週間いたんだけど…," Ibid.
142　絶え間なく意味のないアルペッジョを使った騒々しい弾き方…, Chaplin, *The Golden Age of Movie Musicals and Me*, p.213.
143　"彼をバーから出そうと…," Georg Steinitz interview with author, January 14, 2014.
143　"永久に私の脳裏に焼き付いているわ," *The Sound of Music*: 40th Anniversary Edition, "Julie Andrews and Christopher Plummer: A Reminiscence."
143　実際には撮影が終わってから3回戻っただけで…, *The Sound of Music* 30th Anniversary Edition, "*The Sound of Music*: From Fact to Phenomenon."
143　"ここにずっといられたらいいのに," Carr with Strauss, *Forever Liesl*, p.70.
144　毎日張り出されるリハーサル告知は…, *The Sound of Music*, original publicity production notes.
144　"テッドは、防水シートの下で演じている場面を…," *The Sound of Music*: 40th Anniversary Edition, Robert Wise commentary.
144　彼にはぬぐい去れない心配があった, Hirsch, *The Sound of Music: The Making of America's Favorite Movie*, p.147.

14. 歌とダンス

145　"あれは、とても演じやすかった…," *The Sound of Music*: 40th Anniversary Edition, Julie Andrews commentary.
146　"私の仕事は、エキストラの人たちに…," Georg Steinitz interview with author, January 14, 2014.
147　"私は、あの場所で完全にしらふだったとは思えない," *The Sound of Music*: 40th Anniversary Edition, "Julie Andrews and Christopher Plummer: A Reminiscence."
147　"この場面を撮るのに、私たちはとても長い道のりを…," *The Sound of Music*: 40th Anniversary Edition, Julie Andrews commentary.
147　ゲオルク・スタイニッツの記憶は違っていて…, Georg Steinitz interview with author, January 14, 2014.
148　"なんて大変なの！この子ったら、本当に重いんだから！," *The Sound of Music*: 40th Anniversary Edition, Charmian Carr commentary.
148　"スタッフはジュリー・アンドリュースを何マイルか…," Georg Steinitz interview with author, January 14, 2014.
148　"マリア役の私がミンクのコートなんて！," *The Sound of Music*: 40th Anniversary Edition, Julie Andrews commentary.
149　"幸いにも、彼が何て言ったか、わからなかったわ," Ibid.
149　"どうして彼は叫んだりして…," Georg Steinitz interview with author, January 14, 2014.
149　ゴム製の小川にわざと穴をあけて, *The Sound of Music*: 40th Anniversary Edition, Julie Andrews commentary.

15. 帰国：ハリウッド万歳

151　"初日に、クリストファーはバレエ用の…," Dee Dee Woods, interview with author, May 8, 2014.
152　"ロマンチックな雰囲気だったわ," *The Sound of Music*: 40th Anniversary Edition, Julie Andrews commentary.

152 "この映画の他のどの場面よりも、あのシーンは…," Dee Dee Woods, interview with author, May 8, 2014.
152 "私は『レントラー』が本当に大好きなの," Dee Dee Woods, interview with author, May 8, 2014.
152 　驚くべきことに、ある時点までワイズ監督は…, Barthel, *New York Times*, November 20, 1966.
152 "みぞおちへの一発," *The Sound of Music*: 40th Anniversary Edition, Robert Wise commentary.
153 "ジュリーは何度もリハーサルをやりたがって," Ibid.
153 "映画での演技について私にたくさんのことを教えてくれた," Hirsch, *The Sound of Music: The Making of America's Favorite Movie*, p.117.
154 "おそらく当時の責任者たちは…," *Climbed Every Mountain: The Story Behind The Sound of Music*.
154 "僕は彼女を崇拝しすぎて…," Bronson, *The Sound of Music Family Scrapbook*, p.50.
154 "あそこに出ていたマリオネットの女の子たちは…," Dee Dee Woods, interview with author, May 8, 2014.
155 "そうそう、不思議なお嬢さんのことは、よく聞かされているのよ," Trapp, *The Story of the Trapp Family Singers*, p.49.
155 "あなたが子どもたちと、とても気が合っているから…," Ibid., p.50.
155 "あらまあ、私が子どもたちと結婚すると思っていたの?," Ibid., p.51.
155 "あの映画を観るたびに…," *The Sound of Music*: 40th Anniversary Edition, Robert Wise commentary.
156 "彼女のせいで、あやうくジュリーを…," *The Sound of Music*: 40th Anniversary Edition, Christopher Plummer commentary.
156 "あの場面を撮っているとき、監督は泣いていたと思う," *The Sound of Music*: 40th Anniversary Edition, Charmian Carr commentary.
156 "変てこりん," *The Sound of Music*: 40th Anniversary Edition, Julie Andrews commentary.
157 "時計を見続けていたけれど…," Dee Dee Woods, interview with author, May 8, 2014.
157 "あなたにお伝えしたいと…," *The Today Show* NBC: November 10, 2010.
157 "あの曲はとても楽しかった…," Dee Dee Woods, interview with author, May 8, 2014.
158 "彼らはこのうえなく親切で素敵な人たちでした," Dan Truhitte, interview with author, May 7, 2014.
159 "この映画から観客が想像する象徴的なイメージの90パーセント…," Ted Chapin, interview with author, May 12, 2014.
159 　65ミリフィルムで約9.75キロメートル以上になってしまう, *The Sound of Music*, 45th Anniversary Edition,"Maria in the 21st Century"
159 "一番難しかったけれど…," *The Sound of Music* 30th Anniversary Edition, "*The Sound of Music*: From Fact to Phenomenon."

16. 題名のない試写会

162 "あの場面には私の胸を打つ何かがあるんだ," Carr with Strauss, *Forever Liesl*, p.94.
163 　この映画が「すばらしい」が223ポイント…, *The Sound of Music* 30th Anniversary Edition, "*The Sound of Music* Gallery."
163 "我々はこの箇所に、あまりに多くのことを…," *The Sound of Music*: 40th Anniversary Edition, Robert Wise commentary.

17. 宣伝方法

166 "彼らは全てうまくやり遂げたと思う," Geoffrey Block, ed. *The Richard Rodgers Reader* (New York: Oxford University Press, 2002), p.320.
166 "映画化されるミュージカルの作曲家になるというのは…," *New York World Telegraph & Sun*, February 27, 1965.
167 "ダイニング・ルームに歩いて行って…," Johannes von Trapp, interview with author, January 9, 2014.
167 "僕はプレミアには…," Dan Truhitte, interview with author, May 7, 2014.
167 "結婚式のシーンではすっかり…," *The von Trapp Family: Harmony and Discord*.
167 "あなたは私が今まで思っていたよりも…," *The Sound of Music* 30th Anniversary Edition, "*The Sound of Music* Gallery."

18. ワールド・プレミア

168 "今まで観たどのミュージカル映画よりも完璧に近いですね," *The Sound of Music* 30th Anniversary Edition, "*The Sound of Music* Gallery."

168	"ジャック・ワーナーの損失は…," *New York Daily News*. February 27, 1965.
168	"あのプレミアがどんな風だったか…," Carr with Strauss, *Forever Liesl*, p.110.
169	"ほんの1年前には…," Ibid., pp.120-121.
170	"あなたが山で育ったのなら…," Trapp, *The Story of the Trapp Family Singers*, p.21.
170	"私が初めて完成版を観たのは…," Marni Nixon, interview with author, April 1, 2014.
170	"自分たちの人生に地殻変動…," Bronson, *The Sound of Music Family Scrapbook*, p.83.
171	"ニューヨークのプレミアで…,"*Rachel Ray Show*. November 10, 2010.
171	"ジュリー・アンドリュースは次の偉大な映画スターになるわよ！," Radio interview, Peggy Wood with Steve Gray from set of *The Sound of Music*.

19. けんか腰の批評家たち

172	"見事に映画化した…," *Variety*, March 3, 1965.
172	"それは、観る者の映画に対する…," Stirling, *Julie Andrews: An Intimate Biography*, p.163.
172	"ジュリーの輝きがスクリーンに溢れている," Ibid., p.154.
172	ジュリー・アンドリュースは落ち着いて…, Bosley Crowther, *New York Times*, March 3, 1965.
172	"大人たちはかなりひどい," Ibid.
172	"この映画は感傷性に富んでいる," Ibid.
173	"うんざりする," Stanley Kauffman, *The New Republic*. March 20, 1965.
173	"映画評論家にとって特別な天国はあるのだろうか?," Ibid.
174	"この映画は、ワイズ氏によって演劇人でさえも…," Bosley Crowther, *New York Times*, March 3, 1965.
174	ジュリー・アンドリュースは映画そのものに打ち勝っている, *Newsweek*, March 12, 1965.
174	"この映画で我々は大人になった," Wasson, *Fifth Avenue, 5 A. M.: Audrey Hepburn, Breakfast at Tiffany's, and the Dawn of the Modern Woman*, p.11.
174	"最も魅惑的で完璧な表現者," Stirling, *Julie Andrews: An Intimate Biography*, p.152.
174	"『サウンド・オブ・マシュマロ』," Judith Crist, *New York Herald Tribune*. March 3, 1965.
174	"糖尿病ならば、この映画を観るべからず," Ibid.
174	"7人の可愛らしい子どもたちを…," Ibid.
175	"あの批評で世界中から嫌がらせの…," Wilk, *The Making of The Sound of Music*, p.78.
175	"大抵は退屈だったが…," Stirling, *Julie Andrews: An Intimate Biography*, p.154.
175	"舞い上がるような声とまったく汚れのない純粋さには…," Ibid.
175	"真の無邪気さ," Barthel, *New York Times*, November 20, 1966.
175	"本物のロケ地撮影はほんの少しで…," Brendan Gill, *New Yorker*. March 6, 1965.
175	"彼の技術は、丘をより自然に見せていたよ…," *The Sound of Music*: 40th Anniversary Edition, "Julie Andrews and Christopher Plummer: A Reminiscence."
175	"そこらの高校生レベルよりもかなり下," Brendan Gill, *New Yorker,* March 6, 1965.
176	"何か価値あることや、現代社会に関すること…," Pauline Kael, *Kiss Kiss Bang Bang* (New York: Bantam, 1969), p.214.
176	"豪華な虚偽性," Ibid.
176	"事実でないことを言っているのではない…," *The Sound of Music*: 40th Anniversary Edition, Robert Wise commentary.
176	"誰の気分を害するというのかって?," Pauline Kael, *McCall's Magazine*, March 1965.
177	"40週間も安っぽい感傷を…," Barthel, *New York Times*, November 20, 1966.
177	"批評家が絶望的かもしれないと…," Pauline Kael, *McCall's Magazine*, March 1965.
177	"強い個性のない技術者," Andrews Sarris, *The American Cinema: Directors and Directions 1929-1968* (New York: Dutton, 1968) p.203.
177	"批評家はスタイルを映画から切り離して語っている…," Sidney Lumet, *Making Movies,* (New York: Vintage Books, 1996) p.51.
177	"彼の編集スタイルが素晴らしいので…," Martin Scorsese, "Robert Wise, Film Director, Dies at 91," *New York Times,* September 15, 2005.
180	"引退の時だ," Mark Harris, *Pictures at a Revolution: Five Movies and the Birth of the New Hollywood* (New York: Penguin, 2008), p.322.

20. 10億ドルの質問

181　"ウェールズのマイラ・フランクリン夫人は…," Carr with Strauss, *Forever Liesl*, p.11.
182　批評家たちは悪意を抱いているようだと…, Block, ed. *The Richard Rodgers Reader*, p.320.
182　"我々のほとんどが感傷を抱いて生きているのに," Ibid.
182　"…私にはばかばかしいと思える," Ibid.
184　"世界中のだれもが、僕たちの…," *The Sound of Music: 40th Anniversary Edition*, "From Liesl to Gretl: A 40th Anniversary Reunion."
184　"私の母が亡くなった後…,"*Oprah Winfrey Show*, October 28, 2010.
184　"私は3時間のあいだ、別の世界に行くことができました," Ibid.
185　"この物語の不朽の価値," Leemann, *Robert Wise on His Films: From Editing Room to Director's Chair*, p.184.
185　"楽しくて、上品で、善良だったからだと…,"*The Today Show* NBC: November 10, 2010.
186　"どうして昔みたいにならないのかしら?,"*Merrily We Roll Along,* music and lyrics by Stephen Sondheim, 1981.
187　"人々にとって、この話が本当かどうかなど問題ではなく…," Agathe von Trapp, *Memories Before and After The Sound of Music*, p.197.
187　"かつて映画に存在していた信仰と超越への観客のあこがれ," David Thomson, *Moments That Made the Movies* (New York: Thames & Hudson, 2013), p.19.

21. アカデミー賞

188　"君は誤審されたんだ," *The Sound of Music* 30th Anniversary Edition, "*The Sound of Music* Gallery."
188　"私にとって、この映画に関することがどんなものであれ…," Wilk, *Overture and Finale: Rodgers & Hammerstein and the Creation of Their Two Greatest Hits*, p.185.
189　会員と同伴者1人だけではなく…, Hirsch, *The Sound of Music: The Making of America's Favorite Movie*, p.191.
190　"この映画は編集するのがとても楽しい作品でした," *The Sound of Music* 30th Anniversary Edition, "*The Sound of Music*: From Fact to Phenomenon."
190　"そうだね。私が撮ったら失敗作になっただろうよ…," Gabriel Miller, *William Wyler Interviews* (Jackson: University of Mississippi Press, 2010), p.118.
192　"それじゃあ、私もすぐに行かなくちゃならないわ," *The Sound of Music*: 40th Anniversary Edition, Julie Andrews commentary.
192　町の人口の3倍にあたる数だ, Stirling, *Julie Andrews: An Intimate Biography*, p.184.

22. 国際的な一大現象

193　"映画に関する最も重要な事柄で…," Stevens, *Conversations with the Great Moviemakers of Hollywood's Golden Age*, pp.483-484.
193　そこでは休日にチケットを買おうと…, Barthel, *New York Times*, November 20, 1966.
193　バットマンのコスチュームを着たまま出席し…, *New York Times*, May 17, 1967.
194　"この世界の人々は…," Stevens, *Conversations with the Great Moviemakers of Hollywood's Golden Age*, pp.483-484.
194　"そのようなタイミングは…," Ibid., p.475.
194　"私たちは、映画で使われているオーストリアの衣装は…," Georg Steinitz interview with author, January 14, 2014.
195　"映画の雰囲気がもっと明るくなって…," *The Sound of Music*: 40th Anniversary Edition, Christopher Plummer commentary.
195　"今日でさえ、オーストリアの人々は…," *Climbed Every Mountain: The Story Behind The Sound of Music*.
195　"政治的思想は関係なかったのです," Georg Steinitz interview with author, January 14, 2014.
195　"ザルツブルクで初めて公開されたとき、たった3日間しか上映しなかったのです," Ibid.
196　追加上映のための229件の予約はキャンセルされた, *New York Times*, April 7, 1967.
196　"本当に、なんてひどい人たちなの," Barthel, *New York Times*, November 20, 1966.

23. ジュリー・アンドリュース: ハリウッドの女王

197　"甘ったるくなりそうなところが…," Carol Burnett, *Backstage*, January 18-24, 2007.
197　"あの映画の影響力の大きさに…," *The Sound of Music* 30th Anniversary Edition, "*The Sound of Music*: From Fact to Phenomenon."

200 "雪の中で聞こえるクリスマス・キャロル…," *Time* magazine, December 23, 1966.
200 "彼女は性的魅力が滲み出ているけど…," Santopietro, *Considering Doris Day*, p.9.

24.『サウンド・オブ・ミュージック』のあとで

203 "私は子どもたちが大好きになって…," *The Sound of Music*: 40th Anniversary Edition, Christopher Plummer commentary.
203 "ハリウッドで主演男優になった懐かしの俳優," *Esquire* August 1966.
203 "彼は、今ではこの作品に携わったことを…," *Newsday*, November 27, 2005.
204 "『サウンド・オブ・ミュージック』は、本当のジュリー・アンドリュースを…," Stirling, *Julie Andrews: An Intimate Biography*, p.350.
204 "彼は愛すべき怒りんぼうなの," *Newsday*, November 27, 2005.
204 "実戦には加わりたくないという兵士みたいな…," *The Sound of Music*: 40th Anniversary Edition, Christopher Plummer commentary.
204 "うまい具合に感傷的な場面が撮られていると思うよ…," *The Sound of Music* 30th Anniversary Edition, "*The Sound of Music*: From Fact to Phenomenon."
204 "そこには、かつての冷笑的な私が映っているんだ…," Plummer, *In Spite of Myself: A Memoir*, p.394.
205 〈伝説的人物ともう一人の男：横目でにらむリア王がフォン・トラップ大佐の呪いを解く〉, *New York Times*, February 2, 2004.
205 "この歳でオスカーを受賞するというのは…," *Playbill*, November, 2010.
206 "この映画が大変な人気を得て、とても嬉しく思っています," *The Sound of Music*: 40th Anniversary Edition, Robert Wise commentary.
207 "ワイズ監督の名前で、街中の全ての扉が開いたのです," *Variety*, April 13, 1992.
208 "優れた映画というのは、とてつもなく大勢の人々に訴えかけ…," Robert Wise, AFI Lifetime Achievement Award acceptance speech, February 19, 1998.
209 "彼女の死は、私にとってかなりの打撃でした," *The Sound of Music*: 40th Anniversary Edition, Robert Wise commentary.
209 "ジュリーは驚くべき女性だよ," Stirling, *Julie Andrews: An Intimate Biography*, p.350.
209 "ロバート・ワイズは、私の心の拠り所なの," *The Sound of Music*: 40th Anniversary Edition, "My Favorite Things: Julie Andrews Remembers,"
209 "私たちは本当に良い友達で…," *The Sound of Music*: 40th Anniversary Edition, Robert Wise commentary.
211 "彼らのなかに入れるなんて、思いもしなかったよ," Dan Truhitte, interview with author, May 7, 2014.
211 "あれから何年も経っているのに…," Ted Chapin, interview with author, May 14, 2014.
211 "それぞれの結婚や離婚…," Bronson, *The Sound of Music Family Scrapbook*, p.92.
211 "『サウンド・オブ・ミュージック：夫の会』," Ibid., p.90.
212 "私たちはみんな、この映画のファンを…," Carr with Strauss, *Forever Liesl*, p.172.
212 "人々がやって来ては、僕にこの映画への感謝を述べて…," *Climbed Every Mountain: The Story Behind The Sound of Music*.
212 "小さな慰め," Bronson, *The Sound of Music Family Scrapbook*, p.85.
212 "これまで自分がそうなるだろうと思っていたよりも今では年老いている," *Chicago*, music by John Kander, lyrics by Fred Ebb, 1975.
213 "彼女はプロだわ," Carr with Strauss, *Forever Liesl*, p.197.
213 "私たちメンバーの多くは親しい付き合いをするようになったのに…," Ibid., p.195.
213 "いつもどおり、穏やかで親しくも礼儀正しい人," Ibid., p.197.
213 "この作品は私たちにもう一つの家族を…," *The Today Show*, November 10, 2010.
214 "シャーミアンの優雅さと美しさを、いまでも覚えているわ," *The Sound of Music*: 40th Anniversary Edition, Julie Andrews commentary.
214 売り上げが費用を上回ったのが…, *Variety*, August 11, 1965.
215 "私が今日言えることは…," Wilk, *Overture and Finale: Rodgers & Hammerstein and the Creation of Their Two Greatest Hits*, p.163.
215 "結局のところ、あれは家族内の喧嘩みたいに…," Carr with Strauss, *Forever Liesl*, p.215.

215 "少しの間、リーズルのことを完璧で…," Carr with Strauss, *Forever Liesl*, p.126.
215 "リーズルがまるで実在する人物であるかのように…," Ibid.
216 "彼が肌を漂白している時…," *London Observer*, November 12, 2000.
216 "コメントのしようがないくらいひどいわ…," Ibid.
216 "すごく良い気分よ," Ibid.
217 "失敗だったわ," *Oprah Winfrey Show*, October 28, 2010.
217 "あの映画は、一生に一度きりの素晴らしい時間でした," *Us Magazine*, March 5, 1990.
218 "私はこれまで大佐を演じた人の中で、一番年上かもしれないね," Dan Truhitte, interview with author, May 7, 2014.
219 "あずまやでのダンスは…," Carr with Strauss, *Forever Liesl*, p.182.
219 "常にあの映画を観ているわけではありませんが…," Dan Truhitte, interview with author, May 7, 2014.
219 "私たちに家族がいる限り…," "Dan 'Rolfe' Truhitte Still Making Music," Jim Longworth, *Triad Today*, November 23, 2011.
219 "『サウンド・オブ・ミュージック』は、ほとんど現実ともいえるおとぎ話だ," *The Sound of Music* 30th Anniversary Edition, "Ernest Lehman: Master Storyteller."
220 "脚本家として、映画製作に加わっている限り…," Stevens, *Conversations with the Great Moviemakers of Hollywood's Golden Age*, p.502.
220 "私に安心感を与えて励ましてくれて…," Ibid., p.510
220 "実際のところ、自分とはほとんど関係のないグループ," Liz Smith, *Newsday*, March 31, 2000.
220 "35年前に書いた、どうしようもない、ずさんな日記に対する深い謝罪の意," Ibid.
221 "ほんの少しの人々に生涯でたった一度だけ起こる奇跡," Wilk, *Overture and Finale: Rodgers & Hammerstein and the Creation of Their Two Greatest Hits*, p.185.
221 "どういうわけか、監督というのはただ…," Stevens, *Conversations with the Great Moviemakers of Hollywood's Golden Age*, p.489.
221 "私が最も気楽な関係を築いたのは…," Ibid., p.488.
221 "ああいう視覚的なシーンは…," Ibid., p.491.
222 "だから、映像部分には…," Ibid., p.495.
222 "脚本家が作った台本に書かれている提案に、相当な寛容さを示してくれた," Ibid., p.501.
222 "(睡眠導入剤の)アンビエンを3錠…," *New Yorker*, March 4, 2002.
222 "長年、たくさんの神経が集まっている…," Ibid.
222 "おそらく、これまでもこれからも、レーマンに…," Wasson, *Fifth Avenue, 5 A. M.: Audrey Hepburn, Breakfast at Tiffany's, and the Dawn of the Modern Woman*, p.216.
223 "いい日だった," *Variety*, March 5-11, 2001.
226 "『メリー・ポピンズ』と『サウンド・オブ・ミュージック』は、私たちのキャリアのなかで…," Dee Dee Wood, interview with author, May 8, 2014
227 『フィルム・コメント』誌によっておこなわれた調査, *Film Comment*, 1977.
227 "私はいつも俳優のデザイナーというよりは…," *New York Times*, November 22, 1995.
227 "たった一枚のファンレター," *New York Times*, March 13, 1981.
227 "あなたの衣装は、私を本物の炭鉱夫のような気持ちにしてくれました," Ibid.
228 "真夜中になると、私は自分の世界を短い言葉に集約できるようになります," Ibid.
228 "『サウンド・オブ・ミュージック』は人生の素晴らしいコマーシャル," *The Sound of Music* 30th Anniversary Edition, "Broadcast Promotions and Interviews."
230 "彼女の魅力がどんなものか、よく知っているよ" *Lear's*, September 1992.
230 "僕や子どもたち、キャストやスタッフ、全ての人々の…" *Fanfare*, March 14, 1993.
230 『メリー・ポピンズ』や『サウンド・オブ・ミュージック』を知らない子どもたちで…," *Vanity Fair*, October 1995.
231 "過去にたくさん傷ついた" *Fanfare*, March 14, 1993.
231 "結婚というのは、ずっとやり続ける一番大変な仕事みたい…," *Vanity Fair*, October 1995.
231 "時おり こう思うの この悲しい世界が," *Darling Lili*, music by Henry Mancini, lyrics by Johnny Mercer, 1970.
234 "私は、ハリウッドに来る前の自分でいることなんて…," Stirling, *Julie Andrews: An Intimate Biography*, p.215.
235 "非常にいらいらする," Harris, *Pictures at a Revolution: Five Movies and the Birth of the New Hollywood*, p.160.

238 "21世紀の観客は、いま…," Jeanine Basinger, interview with author, April 26, 2014.
238 "仕事と母親業の両立は…," Stirling, *Julie Andrews: An Intimate Biography*, p.292.
238 "これについては、断言できるわ" *Vanity Fair*, October 1995.
239 "思いやりを持ち、優秀な能力で代理を務めてくれた" acbnews.go.com9/7/2000.
239 "望ましい方法で訴訟を終える," Ibid.
239 "関係者全員にとって不運な出来事である、この裁判," Ibid.
240 "もし(歌を歌う)才能がなかったら…," *New York Times*, December 23, 2001.
240 "悲しみに関わる感情的な問題への対処法とカウンセリング," *Newsday*, August 4, 2003.
240 "私はとても恵まれていて…," Ibid.
240 "どうして彼女はこのような…," Stirling, *Julie Andrews: An Intimate Biography*, p.351.
241 "アンドリュースは、誰も知り得ない女性なのです…," Ibid., p.353.
241 "私は陽気で、プロの女優なの" *Fanfare*, March 14, 1993.
241 "世間の人々は、メリー・ポピンズがただの役だということも忘れてしまうのよ," Ibid.
241 "苛立たしくて、じれったい," *Vanity Fair*, October 1995.
241 "私は絶対に観客をがっかりさせたくないんです," John O'Connor, "Julie Andrews with Tough Edges." *New York Times*, October 25, 1995.
242 "5つの低音" *Daily Mail*, December 29, 2007.

25. 嬉しくも残念な: 本物のフォン・トラップ家

244 "僕たちの物語は何度も語られているので…," *Climbed Every Mountain: The Story Behind The Sound of Music*.
244 窓から逃げ出して、駆け落ちしたのである, *The von Trapp Family: Harmony and Discord*.
244 "キリスト教的共産主義," Agathe von Trapp, *Memories Before and After The Sound of Music*, p.191.
245 "合唱団を辞めた時…," *Climbed Every Mountain: The Story Behind The Sound of Music*.
245 "僕たちが初めてここからバーモントに移った時…," *The Sound of Music*: 40th Anniversary Edition, Johannes von Trapp commentary.
245 "もちろん、今では服装が大切だってことは理解しているよ…," Johannes von Trapp, interview with author, January 9, 2014.
245 "あんな理想的な家族はいないわ," *London Observer*, April 1, 2000.
245 "母は驚異的な強さを持ってはいましたが…," Hirsch, *The Sound of Music: The Making of America's Favorite Movie*, p.203.
246 "母は、いつも幸福ではありませんでした," *Climbed Every Mountain: The Story Behind The Sound of Music*.
246 "小さい子ども連れの家族がロッジに来て…," *Washington Post*, February 26, 1978.
246 "誰に嫌われていようがお構いなし," Suzanna Andrews, "The Sound of Money," *Vanity Fair*. June 1998.
246 "狂気じみた風に、タイヤを軋ませて," Ibid.
246 "個人を尊重する生活につながりそうな要素は…," Alex Witchel, "A Few Favorite Things the Musical Left Out," *New York Times*, January 1, 1998.
247 "彼女はとても複雑な人でしたね," *Climbed Every Mountain: The Story Behind The Sound of Music*.
247 "母が亡くなってから、みんな自分のアイデンティティを探し始めたわ," Ibid.
247 "母はそれ(苦情)に注意を向けることなど決してありませんでした," Suzanna Andrews, "The Sound of Money," *Vanity Fair*. June 1998.
247 "マリアとの関係を解決できないでいる," Ibid.
247 "大変な仕事," *Washington Post*, February 26, 1978.
247 "16世紀から17世紀にかけてのマドリガルを…," Ibid.
248 "アメリカでの最初の家が火事で焼け落ちたと聞いても…," Agathe von Trapp, *Memories Before and After The Sound of Music*, p.196.
248 "とても素敵な物語だけど…,," *AARP Bulletin*, quoted in *New York Times*, December 20, 2010.
248 "何か引き寄せられるものを感じて," Witchel, *New York Times*, January 1, 1998.
249 "私はいつも、彼らはパン生地からレーズンを取り除いて…," Ibid.
249 "私の父はとても素晴らしい人でした," Johannes von Trapp, interview with author, January 9, 2014.
249 "私たちの人生すべてがここに、この家にあるのです," *London Telegraph*, February 23, 2014.

249	"『サウンド・オブ・ミュージック』に感謝しています," *The Sound of Music,* 45th Anniversary Edition, "Von Trapps in Vermont."
250	"私はストウから50キロ離れた場所にいて…," *Washington Post,* February 26, 1978.
250	"キリストとの個人的なつながりを得られたので…," Ibid.
250	"ヨハネス、わかっているでしょうけど…," Hirsch, *The Sound of Music: The Making of America's Favorite Movie,* p.204.
251	"私はステージの上で全く幸せではありませんでした," *Climbed Every Mountain: The Story Behind The Sound of Music.*
251	"私は父に頼り切っていました," Ibid.
251	"そして、ある夜、安らぎを求めて…," *The von Trapp Family: Harmony and Discord.*
251	"彼らは私に電気ショック療法を受けさせました," *Climbed Every Mountain: The Story Behind The Sound of Music.*
251	"私は反抗的になりました," Ibid.
251	"私の母は、年上の子どもたちに注意を向けていました," Ibid.
252	"私は男の子たちと打ち解けることはありませんでした," Ibid.
252	"男性と付き合うようになったのは," Rosmarie von Trapp, interwiew with Kobi Ben Sihon buzzer17.proboards.com/May 26, 2006.
252	"これまでの人生で何かやれることがあったとしたら、結婚していたでしょうね," *Climbed Every Mountain: The Story Behind The Sound of Music.*
252	"みんなでその映画を観た時," Rosmarie von Trapp, interwiew with Kobi Ben Sihon buzzer17.proboards.com/May 26, 2006.
252	"40歳のとき、私は自分の人生をどのように歩むべきかわからず," Ibid.
253	"私は眠りにつき、朝、目を覚ますと失望が消えていたのです," Ibid.
253	"私たちは特別なつながりを持つようになりました," Ibid.
253	"何年間も、私は自分の問題について母を責めていました," Ibid.
253	"この場所は、私に静寂をもたらしてくれます," Ibid.
253	"できません。それは無理です," *The von Trapp Family: Harmony and Discord.*
253	"バーモントで伝統的な家族の価値観を取り戻すために…," Agathe von Trapp, *Memories Before and After The Sound of Music,* p.205.
254	"彼らは、修道女が車のキャブレターをとってしまうシーンを…," *The Sound of Music* 30th Anniversary Edition, "*The Sound of Music*: From Fact to Phenomenon."
254	"母はとても安らかに最期の時を…," *The von Trapp Family: Harmony and Discord.*
254	"公正で科学的な評価," Johannes von Trapp, interview with author, January 9, 2014.
254	1968年にこれらのコースが公開された時…, Ibid.
254	"ヨハネスは、カリスマ的で頭が良く…," Suzanna Andrews, "The Sound of Money," *Vanity Fair.* June 1998.
254	"マリアのお気に入り," Ibid.
254	"彼女は自分が誇張して話す傾向があると思われていて…," Archer Winsten, New York Post, "Rages & Outrages," April 16, 1973.
255	"私は好ましくない面を強調するのかもしれません…," Johannes von Trapp, interview with author, January 9, 2014.
255	"彼女がすることは全て…," Alex Witchel, "A Few Favorite Things the Musical Left Out," *New York Times,* January 1, 1998.
255	"母は人々を幸せにするのが大好きでした," Ibid.
255	"みんな僕が君だったらいいのにと思っているのさ," Carr with Strauss, *Forever Liesl,* p.228.
255	"ひどいと思いませんか?," Witchel, *New York Times,* January 1, 1998.
255	"重要なのは、我々は俗物にはなりたくないということなんです," Johannes von Trapp, in interview with author, January 9, 2014.
255	"人々はロッジにやって来て…," Ibid.
256	"私たちは観客をその中に巻き込む感性…," Witchel, *New York Times,* January 1, 1998.
256	"かなり気に障りますが…," Ibid.
256	"私たちは美しいバーモントの景色とロケーションという利点を…," Johannes von Trapp, interview with author, January 9, 2014.

256 "私は銀行員にこう言ったんです," Ibid.
256 "私はあの映画に感謝し…," Ibid.
256 "トラップ・ファミリー・ロッジには大勢の人がやって来て…," Climbed Every Mountain: The Story Behind The Sound of Music.
257 "映画のなかの歴史的あるいは文化的な違いや誤りを…," Johannes von Trapp, interview with author, January 9, 2014.
257 "映画を観ているとき、現実離れした話のように思えました," Climbed Every Mountain: The Story Behind The Sound of Music.
257 "大人になりかけの時は、僕たちは映画を遠ざけたいと思っていました," Ibid.

26. 統計でみる50年

258 "誰かのことを〈インチキ〉をしていると誹謗しないように…," Newsweek, April 29, 1968.
258 "意図的に不正行為を働いた," Ibid.
258 "明白な事実," Ibid.
258 　裁判所の上訴部は160万ドルという破格の額を…, New York Times, October 2, 1968.
259 "弁護士たちを戦わせよう…," New York Times, November 22, 1968.
259 　サウンドトラックの売り上げはさらに50万枚も増え, Variety, May 5, 1976.
259 　BBCは映画の10回分の放映権に400万ドルを支払っている, Variety, May 18, 1979.
259 "聞いてくれ、ジム。昨日の夜はテレビで," Adrian Woolridge, "The Great Delegator." New York Times, January 29, 2006.
260 　世界中の興行収入の累積総額は, boxofficemojo.com.
260 　連続して最上位を占める最長記録を保ち続けた, Todd Purdham, Billboard Top 40 charts, New York Times, May 30, 2005.
261 "中国で最もよく知られる西欧の…," Maslon, The Sound of Music Companion, p.157.
261 "誰もがあの映画を何度も何度も…," Johannes von Trapp, interview with author, January 9, 2014.
261 "それは私が歌える唯一の曲だったのです," Ibid.
262 "年間100万人以上の観光客のうち…," Maslon, The Sound of Music Companion, p.172.
262 "「ぜひ訪れるべき」目的地として…," The Sound of Music: 45th Anniversary Edition, "The Sound of Music Tour: A Living Story."
262 "この映画のインパクトや、世界中の人々にとって…," Georg Steinitz, interview with author, January 14, 2014.
262 　パノラマ社は、映画が公開されて以降、毎年3万人の観光客がツアーを…, The Sound of Music: 45th Anniversary Edition, "The Sound of Music Tour: A Living Story."
262 　今でもこのツアーに一日200人もの人々が…, The Today Show, November 10, 2010.
262 "ガイドは、そのロケ地で本当は何が…," Georg Steinitz, interview with author, January 14, 2014.
263 "観光業を頼りにしている町の…," Ted Chapin, interview with author, May 12, 2014.
263 　あずまやは以前よりも大きくなったが…, The Sound of Music: 40th Anniversary Edition, "On Location with the Sound of Music."
263 "ここを訪れる人たちは、チェック・インのときに," Ibid.
264 "彼らは、私がいつもあんなことをしていると…," Theatre Week. May 24, 1993.

27. シング・アロング現象

265 "これは、変わった人たちが観に行く…," New York Times, September 24, 2000.
266 "これは映画に対する愛情のこもった素敵な称賛の…," Newsday, September 8, 2000.
266 "いくらかジュリー・アンドリュースが演じたマリアのように…," Ibid.
266 "チロル地方の革の半ズボンを…," Christian Science Monitor, June 29, 2001.
267 "小麦色の素朴なブラウスと…," Profiles in History auction catalogue, July 2003.
267 "世界で最も有名な草原," The Sound of Music: 40th Anniversary Edition, "On Location with the Sound of Music"
268 "いまでは　わかってる," Merrily We Roll Along, music and lyrics by Stephen Sondheim, 1981.
269 "自前のエリザベス・テイラーのかつら," Stirling, Julie Andrews: An Intimate Biography, p.339.
269 "誰が映画の使用料をもらうのかってこと," Ibid.

28. 新たなオマージュ

269 "まったくもう," Hugh Linehan, *The Irish Times*, "Supergalhasfragilethoraxbutisstillloquacious," December 8, 2001.
269 "ジュリー、わからないよ," Ibid.

28. 新たなオマージュ

270 キャメロン・ディアスがマリア役を…, *AM New York*, November 29, 2005.
271 "なんという素晴らしい仕事への…," Ted Chapin, interview with author, May 12, 2014.
271 "どう捉えていいか戸惑ってしまうし、がっかりだわ," *Daily Mail* online, December 6, 2013.
271 "幾つかのシーンなんて…," Ibid.
271 "彼女はとてもいい女優とは言えないわ," *Vulture.com*, December 6, 2013.
272 "ロックのビートに『サウンド・オブ・ミュージック』を…," *Wind It Up* video, Youtube.com.
272 これまでに、およそ40本の長編映画が…, *New York Times*, July 27, 2000.

29. 元に戻って

276 "あるレベルでは、いつも…," Brantley, *New York Times*, March 13, 1998.
276 "いまでは、あなたたちはみんな私たちの家族よ," Carr with Strauss, *Forever Liesl*, p.236.
277 彼らはマリアとゲオルクの墓前に花輪をささげた, *New York Times*, July 14, 1997.
277 "重要なのに誰も触れたがらない…," Johannes von Trapp, interview with author, January 9, 2014.

30. そして最後に…

279 "40年が経ち、世間では以前よりもだいぶ純真さが失われ…," Todd Purdum, "The Hills Still Resonate," *New York Times*, May 30, 2005.
281 "すべてが思いがけない幸運に恵まれていた," *Rosie O'Donnel Show*, ABC January 21, 2000.
281 "才能とは、他の誰も射抜けないような的を射ぬく名手のようなものである," Joseph Epstein, *Fred Astaire* (New Haven: Yale University Press, 2008).
282 "それは私が背負うべき、かなり素敵な十字架だと…," *Vanity Fair*, October 1995.
282 "どのようにと言うなら…," "Sunday Fanfare," *New York Daily News*, February 9, 1997.

参考文献
BIBLIOGRAPHY

分類

書籍 · 307
様々な媒体 · · · · · · · · · · · · · · · · 308
DVD · 308
CD · 309
新聞雑誌記事 · · · · · · · · · · · · · · 309
口述資料 · · · · · · · · · · · · · · · · · · 312
ラジオ · 312
テレビ · 312
ウェブサイト · · · · · · · · · · · · · · 312

書籍

Basinger, Jeanine. *Gene Kelly*. New York: Pyramid Books, 1976.
Block, Geoffrey, ed. *The Richard Rodgers Reader*. New York: Oxford University Press, 2002.
Bronson, Fred. *The Sound of Music Family Scrapbook*. Milwaukee: Applause Theatre & Cinema Books, 2011.
Busch, Justin E. A. *Self and Society in the Films of Robert Wise*. Jefferson, North Carolina: McFarland & Company, 2010.
Carr, Charmian, with Jean A. S. Strauss. *Forever Liesl*. New York: Penguin, 2000.
Chaplin, Saul. *The Golden Age of Movie Musicals and Me*. Norman: University of Oklahoma Press, 1994.
Davis, Fred. *Yearning for Yesterday: A Sociology of Nostalgia*. New York: Free Press, 1979.
Epstein, Joseph. *Fred Astaire*. New Haven: Yale University Press, 2008.
Fordin, Hugh. *Getting to Know Him: A Biography of Oscar Hammerstein II*. New York: Random House, 1977.
Harris, Mark. *Pictures at a Revolution: Five Movies and the Birth of the New Hollywood*. New York: Penguin, 2008.
Herman, Jan. *William Wyler: A Talent for Trouble*. New York: Putnam, 1995.
Hirsch, Julia Antopol. *The Sound of Music: The Making of America's Favorite Movie*. Chicago: Contemporary Books, 1993.
Kael, Pauline. *Kiss Kiss Bang Bang*. New York: Bantam, 1969.
Keenan, Richard C. *The Films of Robert Wise*. Lanham, Maryland: The Scarecrow Press, 2007.
Landis, Deborah Nadoolman. *Hollywood Sketchbook: A Century of Costume Illustration*. New York: Harper Design, 2012.
Leemann, Sergio. *Robert Wise on His Films: From Editing Room to Director's Chair*. Los Angeles: Silman-James Press, 1995.
Lehman, Ernest. *Screening Sickness and Other Tales of Tinsel Town*. New York: Putnam, 1992.
Lumet, Sidney. *Making Movies*. New York: Vintage Books, 1996.
Martin, Mary. *My Heart Belongs*. New York: William Morrow, 1976.

Maslon, Laurence. *The Sound of Music Companion*. New York: Simon and Schuster, 2006.
Miller, Gabriel. *William Wyler Interviews*. Jackson: University of Mississippi Press, 2010.
Monaco, Paul. *History of the American Cinema: The Sixties: 1960-1969*. Los Angeles: University of California Press, 2001.
_____. *Ribbons in Time—Movies and Society Since 1945*. Bloomington: Indiana University Press, 1987.
Mordden, Ethan. *Rodgers and Hammerstein*. New York: Harry N. Abrams, 1992.
Nolan, Frederick. *The Sound of Their Music: The Story of Rodgers & Hammerstein*. New York: Applause Theatre & Cinema Books, 2002.
Payn, Graham, and Sheridan Morley, eds. *The Noel Coward Diaries*. New York: Little Brown, 1982.
Peary, Danny, ed. *Close-ups: The Movie Star Book*. New York: Workman Publishing Company, 1978.
Plummer, Christopher. *In Spite of Myself: A Memoir*. New York: Knopf, 2008.
Poitier, Sidney. *The Measure of a Man*. New York: Pocket Books, 2001.
Rodgers, Richard. *Musical Stages: An Autobiography*. New York: Random House, 1975.
Sackett, Susan. *The Hollywood Reporter Book of Box Office Hits*. New York; Billboard Books, 1990.
Sarris, Andrew. *The American Cinema: Directors and Directions 1929-1968*. New York: Dutton, 1968.
Secrest, Meryle. *Somewhere for Me: A Biography of Richard Rodgers*. New York: Knopf, 2001.
Stevens, George, Jr. *Conversations with the Great Moviemakers of Hollywood's Golden Age*. New York: Vintage Books, 2007.
Stirling, Richard. *Julie Andrews: An Intimate Biography*. New York: St. Martin's Press, 2007.
Thomson, David. *Moments That Made the Movies*. New York: Thames & Hudson, 2013.
Trapp, Maria Augusta. *The Story of the Trapp Family Singers*. New York: Harper Collins, 1949.
von Trapp, Agathe. *Memories Before and After The Sound of Music*. New York: Harper Collins, 2010.
von Trapp, Maria. *Yesterday, Today, and Forever*. Green Forest, Arkansas: New Leaf Press, 1975.
Wasson, Sam. *Fifth Avenue, 5 A. M.: Audrey Hepburn, Breakfast at Tiffany's, and the Dawn of the Modern Woman*. New York: Harper Collins, 2010.
Wilk, Max. *Overture and Finale: Rodgers & Hammerstein and the Creation of Their Two Greatest Hits*. New York: Backstage Books, 1993.
_____. *The Making of The Sound of Music*. London: Routledge Publishing, 2007.
Wyler, William and Axel Madsen. *William Wyler: The Authorized Biography*. New York: Thomas Y. Crowell Company, 1973.

様々な媒体

Seminar with Ernest Lehman, American Film Institute, Beverly Hills, California, March, 1976.
Production Notes, *The Sound of Music Film*, 20th Century-Fox, 1965.
RCA Victor Notes and Press Release, *The Sound of Music* soundtrack.

DVD

Climbed Every Mountain: The Story Behind The Sound of Music, with Sue Perkins, Northern Upstart productions, 2012.
Hollywood Screen tests: AMC, 1999.
Julie and Carol at Carnegie Hall. CBS Television, 1962.
Rodgers and Hammerstein: The Sound of American Music, 1985.
Rodgers and Hammerstein: The Sound of Movies. Director Ken Burns. 20th Century-Fox, Film Corp and Rodgers and Hammerstein Organization, 1995.
Rodgers and Hammerstein's *The Sound of Music* 30th Anniversary Edition, 20th Century Fox, 1995.
DVD Extras:

"From Fact to Phenomenon," produced and directed by Michael Matessino.
"Ernest Lehman: Master Storyteller."
"Salzburg: Sight and Sound."
"The Sound of Music Gallery." Researched, written, and assembled by Michael Matessino.
"A Telegram from Daniel Truhitte."
Rodgers and Hammerstein's *The Sound of Music:* 40th Anniversary Edition, 20th Century Fox, 2005.
DVD Extras:
Audio Commentaries with Julie Andrews, Christopher Plummer, Charmian Carr, Johannes von Trapp, Robert Wise, Dee Dee Wood.
"From Liesl to Gretl: A 40th Anniversary Reunion."
"Julie Andrews and Christopher Plummer: A Reminiscence."
"My Favorite Things: Julie Andrews Remembers"
"On Location with the Sound of Music"
"Screen Tests, Rare Treasures, Interviews, Photo Galleries"
Von Trapp Family: Harmony and Discord. A&E Biography, 2000.
"When You Know the Notes to Sing: Sing-A-Long Phenomenon"
Rodgers and Hammerstein's *The Sound of Music:* 45th Anniversary Edition, 20th Century Fox, 2010.
DVD Extras:
"The Broadway Show"
"A City of Song: Filming Locations in Salzburg"
"Cutting Room Floor"
"A Generous Heart"
"Locations in Salzburg"
"Maria and the Musical"
"Maria in the 21st Century"
"Stage vs. Screen"
"Von Trapps Today"
"Von Trapps in Vermont"
"Writing the Show"
"The Sound of Music Tour: A Living Story"
"Musical Stages: Creating The Sound of Music"
"Shaping the Story"

CD
The Sound of Music. Original Cast Recording, Columbia Records, 1959, reissue, 1998.
(Liner notes from *Musical Stages* by Richard Rodgers 1973.)
The Sound of Music. Broadway Revival Cast Recording, 1998.
The Sound of Music 45th Anniversary Liner notes by Bert Fink, Movie Soundtrack, RCA Records, 2010.

新聞雑誌記事
AARP. September and October 2004.
Acocella, Joan. "Critics Notebook Favorite Things." *New Yorker*. December 8, 2008.
American Film. "Ernest Lehman: Dialogue on Film." October 1976.
Andrews, Suzanna. "The Sound of Money." *Vanity Fair*. June 1998.
Arthur Frommer's Budget Travel Magazine. "The 25 Movies that Literally Moved Us." December 2004-January 2005.

Backstage. "2006 SAG Life Achievement Award Recipient." January 18-24, 2007.
Barnes, Brooks. "The Sound of Music —The Blu Ray Treatment." *New York Times.* May 10, 2010.
Barthel, Joan. "The Biggest Money Making Movie of All-Time —How Come?" *New York Times.* November 20, 1966.
———. "The Sweet Smell of Ernie's Success." *New York Times.* November 24, 1968.
Bernard, Jami. "A New Favorite Thing." *New York Daily News.* September 8, 2000.
Bostridge, Mark. "The Real Maria." *The Independent.* October 29, 2006.
Cahill, Tim. "Poppins Picks Up the Pieces." *New York Daily News.* August 21, 1977.
Cameron, Kate. "The Sound of Music." *New York Daily News.* February 27, 1965.
Canby, Vincent. "Sound of Profits Resounds at Fox." *New York Times.* May 17, 1967.
Champlin, Charles. "Sound of Music —Hills are Alive Again." *Los Angeles times.* March 14, 1973.
Chiarella, Chris. "Reinventing A Classic." *Video.* May 1995.
Christian Science Monitor. "Hills Are Alive with Sound of Music." June 29, 2001.
———. August 3, 2001.
Clifford, Stephanie. "Von Trapps Reunited Without the Singing." *New York Times.* December 24, 2008.
Connor, Tracy. "Fair Julie May Never Sing Again." *New York Post.* November 19, 1998.
Copp, Jay. "Move Over Julie. We Search for the Real Sound of Music." *Christian Science Monitor.* June 24, 2003.
Crist, Judith. "If You Have Diabetes, Stay Away From This Movie." *New York Herald Tribune.* March 3, 1965.
Crowther, Bosley. "The Sound of Music." *New York Times.* March 3, 1965.
Current Biography. April 1994.
Daily Mail. December 29, 2007.
Dewan, Shaila. "The Rocky Horror Picture Show With Dirndls." *New York Times.* September 24, 2000.
Elle. November 2009.
Esquire. August 1966.
Film Comment. William Reynolds Interview with John A. Gallagher. March/ April 1977.
Film Fan Monthly. October 1974.
Film Index. "Rene L. Ash Interviews Art Director Boris Leven." 1972.
Fitzsimmons, Emma. "Maria von Trapp, *Sound of Music* daughter, dies at 99." *New York Times.* February 23, 2014.
Flett, Kathryn. "Sixteen Going on Fifty Something." *London Observer.* April 1, 2001.
Gardella, Kay. "Fair Julie Lights Up ABC Television." *New York Daily News.* September 10, 1972.
Goldman, Andrew. "The Producers —Show Business." *New Yorker.* March 4, 2002.
Hammon, Sally. "A Talk with Julie Andrews." *New York Post.* July 25, 1970.
Harmetz, Aljean. "Designer with an Affinity for the Past." *New York Times.* March 13, 1981.
Heffernan, Virginia. "Poppins on the Loose: Look Up Your Children." *New York Times.* December 24, 2004.
Heyman, Marshall. "Keeping Sound of Music Alive." *Wall Street Journal.* January 6, 2011.
Hohendel, Kristin. "All Together Now; The Hills Are Still Alive." *New York Times.* July 27, 2000.
Kafka, John. "Munich (Hitler's Hotbed) Slashes 20th's *Music*, Eliminating Nazis as Heavies." *Variety.* June 1, 1966.
Lane, Anthony. "Letter from London —The Maria Problem." *New Yorker.* February 14, 2000.
Lane, Harriet. "Ray, A Drop of Golden Nun." *London Observer.* October 3, 1999.
Lear's Magazine. September 1992.
Life Magazine. "Hollywood Discovers The Toast of Broadway." November 13, 1964.
London Observer. "Robert Wise Obituary." September 18, 2005.
London Telegraph. "Maria von Trapp Obituary." February 23, 2014.
Longworth, Jim. "Dan 'Rolfe' Truhitte Still Making Music." *Triad Today.* November 23, 2011.

Marowitz, Charles. "Bonnie & Clyde Symptom and Cause." *Village Voice*. December 23, 1967.
McBride, Joseph. "Wise Lends Hand to Holocaust Pic." *Variety*. April 13, 1992.
McCall's. April 1965.
McCarthy, Todd. "Lehman's Words Etched in Celluloid." *Variety*. March 5-11, 2001.
McCord, Ted. "How I Photographed the Sound of Music." *American Cinematographer*. April 1965, 223-225.
Mendolsohn, Daniel. "No, No Nobel." *New Yorker*. May 27, 1996.
New Republic. March 20, 1965.
Newsday. "The Hills Are Alive, All Right." September 8, 2000.
―――. August 4, 2003.
―――. November 27, 2005.
New York Daily News. "Andrews Tops Special Night." December 16, 1987.
New Yorker. March 6, 1965; February 1, 1967.
New York Morning Telegraph. December 19, 1941.
New York Post. December 19, 1997.
―――. "Cutting-room King William Reynolds, 87." July 19, 1997.
New York Times. "Letters to the Editor." December 4, 1966.
―――. "Where Music Sounded." June 1, 1975.
―――. "Ted McCord Obituary." January 26, 1976.
―――. "Dorothy Jeakins Obituary." November 30, 1995.
―――. "Life's Medicine Without the Sugar." May 31, 1996.
―――. "William Reynolds Dies at 87; Oscar Winner for Film Editing." July 22, 1997.
―――. August 6, 2005.
―――. "Robert Wise Obituary." September 15, 2005.
New York World Telegraph & Sun. "Sound of Movie Music: Richard Rodgers." February 27, 1965.
O'Connor, John J. "Julie Andrews with Tough Edges." *New York Times*. October 25, 1995.
Pacheco, Patrick. "Fanfare: Thoroughly Modern Julie." *New York Daily News*. March 14, 1993.
―――. "Julie―Madly, Deeply." *New York Daily News*. February 9, 1997; May 4, 1999.
Page, Candace. "Trapp Family Lodge Survives Discord." *Vermont Homes and Towns*. January 2, 2001.
Parker, Heidi. "Actor who played Rolfe the Nazi Angry at Oprah for Leaving Him Out of the *Sound of Music* Reunion." *Daily Mail*. October 30, 2010.
―――. "Kym Karath from Original Sound of Music Not Thrilled with Carrie Underwood Version." *Daily Mail*. December 6, 2013.
Playbill. November 2012.
Purdum, Todd S. "The Hills Still Resonate." *New York Times*. May 30, 2005.
Shinnick, Kevin G. "Hail to the Master: Robert Wise Interview." *Scarlett Street*. No.25, 1997.
Slate, Libby. "25th Anniversary for Oscar Laden 'The Sound of Music'." *Los Angeles Times*. March 31, 1990.
Small, Jennifer. "Apparently Julie Andrews Was Too Tame to Do Her Justice." *Washington Post*. February 26, 1978.
Standford, Peter. "Caught in a von Trapp." *London Observer*. November 12, 2000.
Star Ledger. "25th Anniversary of The Sound of Music Should Produce Plenty of Dough- Re- Mi." September 2, 1990.
Stein, Herb. "Authentic Scenic Backgrounds Highlight Fox's *Sound of Music*." *Morning Telegraph*. June 24, 1964.
Theatre Week. May 24, 1993.
Thompson, David. "An Oscar for All the Ones He Should Have Got." *New York Times*. March 25, 2001.
Toronto Sun. "Julie Andrews's Sound of Music Costumes Sell For $ 1.3 Million at Auction." July 29, 2013.

_____. "Christopher Plummer, Julie Andrews Honour Eleanor Parker." December 2013.
TV Guide. December 9-15, 1972.
Variety. "Bob Wise Will Curb Schmaltz." February 4, 1964.
_____. "The Sound of Music." March 3, 1965.
_____. "Music Nears Recouping Negative Cost as US Canada Rentals Hit 7,500,000." August 11, 1965.
_____. "Ted McCord Obituary." January 28, 1976.
_____. "In the Background." May 5, 1976.
_____. "Wise Elected Prexy of Picture Academy." August 7, 1986.
_____. "Boris Leven Obituary." October 22, 1986.
_____. "Julie Andrews Resonates in Seventh Showbiz Decade." September 24-30, 2001.
_____. "Ernest Lehman Obituary." July 11-17, 2005.
_____. "Wise Crafted Oscar Winners (obituary)." September 19, 2005.
Ven Meter, Jonathan. "Victor/ Victorious." *Vanity Fair*. October 1995.
Weinraub, Barnard. "A Life in Hollywood but Never a Niche." *New York Times*. February 19, 1998.
Winsten, Archer. "Rages & Outrages." *New York Post*. April 16, 1973.
Witchel, Alex. "A Few Favorite Things the Musical Left Out." *New York Times*. January 1, 1998.
Wolff, Craig. "The Mysterious Gift of a Voice. Here and Then Gone." *New York Times*. December 3, 2001.
Woolridge, Adrian. "The Great Delegator." *New York Times*. January 29, 2006.
Zolotow, Sam. "Rodgers Loses Bid in Royalties Case." *New York Times*. November 22, 1968.

口述資料

Interview with Marc Breaux, University of Northern Idaho, June 1999 as transcribed www.edu.taft Dr. Steve Taft, Chair, performing arts department.

ラジオ

On-set interviews: Steve Gray with Julie Andrews, Christopher Plummer, and Peggy Wood, 1964.

テレビ

Julie Andrews Show. Episode 16, ABC: January 20, 1973.
Oprah Winfrey Show. ABC October 28, 2010.
Rosie O'Donnell Show. ABC January 21, 2000.
The Today Show NBC: May 21, 2002.
The Today Show NBC: November 10, 2010.
Rachel Ray Show. November 10, 2010.
Ellen DeGeneries Show. CBS: January 26, 2007.

ウェブサイト

ABCNews.go.com
Boxofficemojo.com
Kobi Ben Sihon interwiew with Rosmarie von Trapp at http://buzzer17.proboards.com/May 26, 2006.
Facebook.com: Sound of Music Facebook Page.
International Movie Database: imdb.com

Rodgers and Hammerstein.com: www.rnh.com
www.Salzburg.sound-of-music.com
Screen Source: Top Grossing Movies, www.Amug.org/~scrncrc
www.singalonga.net
www.trappfamily.com
Vulture.com, December 6, 2013.
Wikipedia.com

索引
INDEX

分類

作品タイトル・・・・・・・・・・・・・・・・・・・・315
作品タイトル（邦題なし）・・・・・・・・・・318
人物名・・・・・・・・・・・・・・・・・・・・・・・・・319
組織／団体・・・・・・・・・・・・・・・・・・・・328
トピック・・・・・・・・・・・・・・・・・・・・・・・328

作品タイトル

あ

「アーネスト・レーマンの日記」
　　Diary of Ernest Lehman（記事）　220
『アイ・フィール・プリティ』I Feel Pretty（曲）　48
『暁の出撃』Darling Lili　231, 232, 233, 234, 236
『悪人への貢物』Tribute to a Bad Man　134
『アサシンズ』Assassins　43, 179
『雨に唄えば』Singin' in the Rain　48, 49
『荒馬と女』The Misfits　180
「新たな感傷性」
　　The New Sentimentality（記事）　173
『或る殺人』Anatomy of a Murder　66
『ある夏の日』A Storm in Summer　208
『アンドロメダ…』The Andromeda Strain　206, 224

い

『イージー・ライダー』Easy Rider　43, 234
『イグアナの夜』Night of the Iguana　73
『偉大なるアンバーソン家の再建』
　　Magnificent Ambersons Reconstructed（書籍）　60
『偉大なるアンバーソン家の人々』
　　The Magnificent Ambersons　60
『いつか見た青い空』A Patch of Blue　190, 191, 235
『イッツ・オール・トゥルー』It's All True　60
『いつも心に太陽を』To Sir, with Love　235
『インサイダー』The Insider　205

う

『ヴァージニア・ウルフなんかこわくない』
　　Who's Afraid of Virginia Woolf?　219, 220, 221
『ウエスト・サイド物語』West Side Story
　　　2, 37, 48, 55, 58, 59, 61, 62,
　　63, 66, 82, 83, 102, 160, 209, 210, 220, 221, 224
『歌え！ドミニク』The Singing Nun　179

『宇宙家族ロビンソン』Lost in Space　217
『熟れた果実』The Opposite of Sex　272

え

『エヴァグレイズを渡る風』
　　Wind Across the Everglades　86
『エーデルワイス』Edelweiss（曲）　36, 37,
　　39, 57, 89, 139, 146, 182, 261, 266, 276, 280, 281
『エスクワイア』Esquire（雑誌）　173, 203
『エビータ』Evita　179

お

『黄金』The Treasure of the Sierra Madre　68
『王様と私』The King and I
　　27, 40, 46, 49, 76, 102, 223, 239
『王になろうとした男』
　　The Man Who Would Be King　205
『オードリー・ローズ』Audrey Rose　206, 209, 227
『オクラホマ！』Oklahoma!
　　27, 28, 34, 40, 76, 133, 259
『オズの魔法使』The Wizard of Oz　72, 156, 260
『男の闘い』The Molly Maguires　227
『オプラ・ウィンフリー・ショー』Oprah　184, 211, 280

か

『カーネギーホールのジュリーとキャロル』
　　Julie and Carol at Carnegie Hall　77, 83
『回転木馬』Carousel
　　27, 39, 40, 69, 76, 132, 133, 170, 183
『怪盗グルーの月泥棒』Despicable Me　242
『カイロの紫のバラ』The Purple Rose of Cairo　183
『風と共に去りぬ』Gone with the Wind
　　72, 161, 260, 262
『かもめのジョナサン』
　　Jonathan Livingston Seagull　224

き

『黄色いリボン』She Wore a Yellow Ribbon　173

『傷だらけの栄光』Somebody Up There Likes Me
　　　　　　　　　　　　　46, 61, 93, 209, 223
『キャット・ピープルの呪い』
　　The Curse of the Cat People　　60, 137
『キャメロット』Camelot　75, 78, 79, 84, 199, 232
『きよしこのよる』Silent Night(曲)　　276
く
『クール』Cool(曲)　　　　　　　　　　48
『グッバイ、デイビッド』
　　The Man Who Loved Women　　　237
『暗闇にさようなら』
　　Whistling Away the Dark(曲)　　231
『クレオパトラ』Cleopatra　40, 41, 42, 44, 169
け
「結婚行進曲」Wedding Processional(曲)　39, 183
『拳銃の報酬』Odds Against Tomorrow　61
『ケンタッキーの我が家』
　　My Old Kentucky Home(曲)　　　19
こ
『恋の行方は』How Can Love Survive(曲)　56
『ゴールデン・アップル』The Golden Apple　101
『ゴッドファーザー』The Godfather
　　　　　　　　　　85, 185, 193, 226, 262
さ
『サイコ』Psycho　　　　　　　　43, 180
『サウンド・オブ・ミュージック』
　　(アマチュア製作)　　　　　　259, 275
『サウンド・オブ・ミュージック』(映画)
　　→試写会の項を参照
『サウンド・オブ・ミュージック』(タイトル曲)
　　1-4, 52, 57, 63, 64, 82, 117, 124, 141, 147, 148, 156,
　　161, 166, 182, 271, 273
『サウンド・オブ・ミュージック』
　　(テレビ版ミュージカル)　　　　270-271
『サウンド・オブ・ミュージック・ファミリー・スクラップブック』The Sound of Music Family Scrapbook
　　(書籍)　　　　　　　　　　138, 211
『サウンド・オブ・ミュージック』
　　(ブロードウェイ・ミュージカル)
　　18, 25, 35, 37-40, 47, 51, 100, 245, 275-76
　　　映画化の権利　　　　　　　　　40
　　　開幕　　　　　　　　　　　　37, 39
　　　カワードによる評価　　　　　　100
　　　試験興行　　　　　　　　　　　35
　　　成功　　　　　　　　　　　39, 245
　　　トニー賞　　　　　　　　　　39-40
　　　ライナー・ノート(CDに付属の解説書)　38
　　　リバイバル　　　　　　　　275-76
　　　レーマン鑑賞　　　　　　　　47, 51
　　　ワイラー鑑賞　　　　　　　　　51
『ザッツ・エンタテインメント』
　　That's Entertainment!　　　　　173

『ザッツ・エンタテインメントPART2』
　　That's Entertainment, Part II　　223
『サムソンとデリラ』Samson and Delilah　72
『さようなら、ごきげんよう』So Long Farewell(曲)
　　　　　　　　39, 123, 144, 146, 178, 267, 273
『三人の秘密』Three Secrets　　　　61, 98
し
『史上最大の作戦』The Longest Day　　44
『自信を持って』I Have Confidence(曲)
　　　　　21, 52, 63, 117-18, 123-28, 161
『十戒』The Ten Commandments　　45, 227
『縛り首の木』The Hanging Tree　　　67
『ジプシー』Gypsy　37, 39, 62, 92, 95, 226
『市民ケーン』Citizen Cane　　　59-60, 68
『上海ジェスチャー』The Shanghai Gesture　66
『重役室』Executive Suite　　46, 48, 209
『シュレック』Shrek　　　　　　　　242
『情熱の狂想曲』Young Man with a Horn　68
『情欲の悪魔』Love Me or Leave Me　　200
『知りすぎていた男』
　　The Man Who Knew Too Much　　199
『シンギング・ハート』The Singing Heart
　　(サウンド・オブ・ミュージックの仮題)　26-27
『人生ひとりではない』
　　You'll Never Walk Alone(曲)　　39, 183
『シンデレラ』Cinderella(テレビ番組)　30, 77, 80
す
『スター！』Star!　209, 223, 224, 226, 228, 229, 230,
　　231, 233, 234, 236
『スター・トレック』Star Trek　　　207, 209
『すべての山に登れ』Climb Ev'ry Mountain(曲)
　　　　34, 39, 99, 144, 145, 147, 182, 196, 273
『すべての山に登れ』Climb'd Ev'ry Mountain
　　(ドキュメンタリー)　　　　　　249
『スペンサーの山』Spencer's Mountain　95
『スリルのすべて』The Thrill of It All　76, 95, 200
『すれちがいの街角』Two for the Seesaw
　　　　　　　　　　　　　　66, 67, 113
せ
『聖衣』The Robe　　　　　　　　　45
『成功の甘き香り』Sweet Smell of Success
　　　　　　　　　46, 48, 221, 222, 223
『前奏曲』Preludium(曲)　　　　　33, 123
そ
『捜索者』The Searchers　　　　　　173
『そして誰もいなくなった』
　　And Then There Were None　　　101
た
『大西洋を乗っ取れ！』
　　The French Atlantic Affair　　　221
『太平洋序曲』Pacific Overtures　　　179
『タイム』Time(雑誌)　　　28, 180, 200

索引

『黄昏』On Golden Pond　　227, 239
『ただいま熱愛中』Do Not Disturb　　201
『たたり』The Haunting　　61, 206
『誰も止められない』No Way to Stop It（曲）　　56

ち
『地球の静止する日』
　　The Day the Earth Stood Still　　61, 69, 137, 206
『チップス先生さようなら』
　　Goodbye, Mr. Chips　　233
『ちょっとご主人貸して』
　　Good Neighbor Sam　　95, 100
『デビー・レイノルズと子どもたちの響き』
　　Debbie Reynolds and the Sound of Children　　101

と
『ドゥー・ドゥー・ドゥー』Do, Do, Do（曲）　　229
『トゥデイ』Today（ニュース番組）　　174, 185, 213
『ドクトル・ジバゴ』Doctor Zhivago　　188, 190, 192
『トラップ・ファミリー』The Trapp Family　　42
『トラップ・ファミリー合唱団物語』
　　The Story of the von Trapp Singers（書籍）　　19, 23
『ドリトル先生不思議な旅』
　　Doctor Doolittle　　179, 232
『ド・レ・ミの歌』Do-Re-Mi（曲）
　　2, 35, 38, 45, 52, 63, 68, 71, 117, 119, 130-37, 139,
　　147-48, 151, 153, 158, 159, 161-63, 170, 182, 238,
　　263, 265, 272-74
　　　『ABC』（ジャクソン5）とのマッシュアップ　272
　　　アンドリュースによるコメント　　132
　　　カラスによるコメント　　134
　　　観客　　161, 162
　　　観光地として　　263
　　　疑念　　2, 130, 136
　　　自転車シーン　　131
　　　チェイピンによるコメント　　159
　　　チャップリンの貢献　　135
　　　天候　　133-134, 147
　　　ハモンドによるコメント　　139
　　　フラッシュモブ　　273-74
　　　振付　　130-31, 136
　　　ブローによるコメント　　131
　　　レイノルズによる編集　　136, 158, 163
　　　レーマンの構想　　130
　　　ロケ地　　117, 131-34

な
『ナイアガラ』Niagara　　73
『ナチスに挑んだ女』Mademoiselle Fifi　　105
『何かよいこと』Something Good（曲）
　　　　155-57, 182, 189

に
『西の国のプレイボーイ』
　　The Playboy of the Western World　　85

『尼僧物語』The Nun's Story　　23
『ニューズウィーク』Newsweek（雑誌）　　174
『ザ・ニューヨーカー』The New Yorker（雑誌）
　　　　175, 222, 235, 273
『ニューヨーク・タイムズ』
　　The New York Times（新聞）
　　　　31, 172, 174, 193, 205, 275, 279
『ニューヨークの大停電』
　　Where Were You When the Lights Went Out?　201
『ニューヨーク・ヘラルド・トリビューン』
　　New York Herald Tribune（新聞）　　37, 174
『ニュー・リパブリック』New Republic（雑誌）　　173

の
『ノー・マンズ・ランド』No Man's Land　　204

は
『パイプ・ドリーム』Pipe Dream　　76
『蠅の王』Lord of the Flies　　93
『パジャマゲーム』The Pajama Game　　76, 200, 230
『パパ大好き』My Three Sons　　218
『バラエティ』Variety（雑誌）35, 42, 49, 67, 82, 172
『ハリウッド・レポーター』
　　Hollywood Reporter（雑誌）　　49, 172
『巴里のアメリカ人』
　　An American in Paris　　58, 133, 159, 224
『パリ・ヘラルド』The Paris Herald（新聞）　　174
『ハロー・ドーリー！』Hello, Dolly!　　103, 220
『ハワイ』Hawaii　　197, 200, 201, 217, 227
『犯罪都市』The Front Page　　88

ひ
『ピーター・パン』Peter Pan　　25, 72
『引き裂かれたカーテン』Torn Curtain
　　　　197, 199, 200, 201
『卑怯者の勲章』The Americanization of Emily
　　　　75, 81, 200, 237
『ビクター/ビクトリア』
　　Victor/Victoria　　200-201, 237, 239
『ピグマリオン』Pygmalion　　76, 77
『ピサロ将軍』The Royal Hunt of the Sun　　85
『ひとりぼっちの山羊飼い』The Lonely Goatherd（曲）
　　　　56, 151, 153, 154, 255, 271
『ヒンデンブルグ』The Hindenburg　　206, 227

ふ
『ファニー・ガール』Funny Girl　　55, 132, 230, 233
『深く静かに潜航せよ』Run Silent, Run Deep　　61
『普通の夫婦』An Ordinary Couple（曲）　　56
『プッティング・イット・トゥゲザー』
　　Putting It Together　　239
『ふりだしに戻る』Time and Again　　206
『プリティ・プリンセス』
　　The Princess Diaries　　200, 201, 241, 242
『プリティ・プリンセス2/ロイヤル・ウェディング』
　　The Princess Diaries 2: Royal Engagement　241, 242

『プレイボーイ』Playboy（雑誌） 217
へ
『ヘアー』Hair 182
『ペンチャー・ワゴン』Paint Your Wagon 232
ほ
『砲艦サンパブロ』The Sand Pebbles
　　　　　55, 188, 190, 191, 209, 224, 226
『ポートノイの不満』Portnoy's Complaint 220
『北北西に進路を取れ』North by Northwest 48, 221
『菩提樹』Die Trapp-Familie
　　　　　13, 23, 25, 42, 57, 107, 194
『続・菩提樹』Die Trapp-Familie in Amerika
　　　　　23, 42, 57, 194
「ボブ・ワイズ、感傷主義の抑制へ」
　　Bob Wise Will Curb Schmaltz（記事） 82
ま
『マイ・フェア・レディ』My Fair Lady
　27, 62, 75, 77, 78, 80, 84, 102, 111, 115, 191, 192,
　199, 241
『マッコールズ』McCall's Magazine（雑誌） 176
『招かれざる客』
　　Guess Who's Coming to Dinner 235
『ママ』Mama 99
『ママの思い出』I Remember Mama 205
『ママは腕まくり』Please Don't Eat the Daisies 101
『マリア』Maria（曲） 8, 32, 109, 111, 113, 114, 115, 120
『マンディ』Mandy（書籍） 240
み
『南太平洋』South Pacific
　　　　　25, 26, 27, 31, 38, 43, 47, 72, 103, 132, 142
む
『ムーラン・ルージュ』Moulin Rouge! 271
め
『名医先生』The Good Doctor 204
『メリー・ポピンズ』Mary Poppins
　75, 80, 81, 82, 83, 109, 116, 162, 171, 191, 197, 199,
　200, 201, 202, 225, 226, 230, 240, 241, 242, 269
『メリリー・ウィー・ロール・アロング』
　　Merrily We Roll Along 186, 268
も
『もうすぐ17歳』Sixteen Going on Seventeen（曲）
　　　　　91, 95, 102-4, 156, 157-58, 263
『モーニング・テレグラフ』
　　Morning Telegraph（新聞） 39
『モダン・ミリー』Thoroughly Modern Millie
　　　　　197, 201, 202, 233
や
『ヤング・アット・ハート』Young at Heart 68
ゆ
『ユア・クラウニング・グローリー』
　　Your Crowing Glory（曲） 242
『勇気ある追跡』True Grit 227

『夕映え』The Tamarind Seed 237
『夢を見た』I Have Dreamed（曲） 76
よ
『夜の大捜査線』In the Heat of the Night 236
『夜を楽しく』Pillow Talk 76
『ライフ』Life（雑誌） 37, 77, 172
『ライムハウス・ブルース』Limehouse Blues（曲） 229
『ラストタンゴ・イン・パリ』Last Tango in Paris 177
『ラ・マンチャの男』Man of La Mancha 223
り
『リーズルよ、永遠に』Forever Liesl（書籍） 92, 181
『リバティ・バランスを射った男』
　　The Man Who Shot Liberty Balance 5, 173
『掠奪された七人の花嫁』
　　Seven Brides for Seven Brothers 58, 265
る
『ルーフトップ』Rooftops 207, 208, 226
『ル・ジャズ・ホット』Le Jazz Hot（曲） 237
れ
『レイジング・ブル』Raging Bull 234
ろ
『ローマ帝国の滅亡』
　　The Fall of the Roman Empire 86
『ロッキー・ホラー・ショー』
　　The Rocky Horror Picture Show 265
『ロミオとジュリエット』Romeo and Juliet 62
わ
『わが愛は終りなし』Interrupted Melody 98
『私のお気に入り』My Favorite Things（曲）
　　　　　35, 38-39, 45, 56, 57, 94, 106-09, 111, 267
『私の船』My Ship（曲） 229
『私は死にたくない』I Want to Live! 62
ⓐ～ⓩ
『ABC』（曲） 272
『I'll See You in My Dreams』
　　I'll See You in My Dreams 68
『SAYURI』Memoirs of a Geisha 223
『S. O. B.』S. O. B. 234, 237
『Wind It Up〜グウェン姐さんのねじ巻き行進曲〜』
　　Wind It Up（曲） 271

作品タイトル（邦題なし）

Fräulein Maria 273
Gazebo Love（CD） 218
Home（書籍） 240, 243
J. B. 85
Lonely Guy 272
Love Is a Many-Splendored Thing 69
Make Room for Daddy 93, 100

Make Room for Grandaddy	217
The Music Man	72
Pictures at a Revolution（書籍）	180
Rex	205
Something Just Broke（曲）	43
That's Life	237, 238
Trapp Family Book of Christmas Carols	248
What's Up, Tiger Lily?	272
Yesterday, Today, and Forever（書籍）	21
Zwei Menschen（曲）	13-14

人物名

あ

アーノルド, ピア（Arnold, Pia）	122
アーレント, ハンナ（Arendt, Hannah）	15
アステア, フレッド（Astaire, Fred） 59, 69, 82, 161, 180, 192, 206, 218, 224, 225	
アドラー, バディ（Adler, Buddy）	47
アレン, ウディ（Allen, Woody）	183, 272
アンダーウッド, キャリー（Underwood, Carrie）	270, 271
アントニオーニ, ミケランジェロ（Antonioni, Michelangelo）	173
アンドリュース, ジュリー（Andrews, Julie） *フォン・トラップ, マリア、アカデミー賞の項も参照	
アカデミー賞	191
アルバム	199
映画についてのコメント	203, 281
エドワーズによるコメント	230-31
エミー賞	77, 237, 238
演技技術	82, 152-53, 192, 281
生い立ち	78
オドネルによるコメント	184
踊り	151-52
音楽的才能	83, 200
カーによるコメント	108, 213
髪のカラーリング	106-07
カメラが回っていないとき	111
カラスについてのコメント	135
観客／ファン	161, 171, 181, 240, 282
ギター練習	110
キャスティング	73-83
早期キャリア	78
キャリア（『サウンド・オブ・ミュージック』以降）	228-243
グレアムによるコメント	241
結婚	118, 230
興行収入	197-98, 229-230
声	78-79, 83, 142, 239
ゴールデン・グローブ賞ノミネーション	237
子ども（実生活）	118, 150, 192, 238, 240
ザルツブルク	115, 116-17, 143, 238
ジーキンスについてのコメント	121
手術	239
受賞歴	189, 191, 237, 242
シング・アロング	266, 269
スタイルズ＝アレンによる歌の指導	82
『すべての山に登れ』	145-146
性的魅力	79
訴訟	239
ターナーによるコメント	111
タイトル曲	1-4, 148-50
『タイム』誌	200
チャリティ活動	243
著書	240
デイヴィスによるコメント	171
テレビの仕事	77, 236-37, 260
トニー賞ノミネート	239
『ド・レ・ミの歌』	132, 133, 135, 136
ニクソンとの間柄	115
20世紀フォックスとの契約	81, 228
人気、知名度	197-202, 233-35, 240
バーネットによるコメント	197
ハモンドによるコメント	111, 154
批評	172-175
疲労	156
プラマーとのエピソード	1, 75, 140, 203, 204, 239-40
プロ意識	110, 118-9, 153, 157, 213, 241
プロダクション・デザインについて	113
母性、母親業	118, 238
マーティンについて	81
マリア本人とのエピソード	126-27
ミュージカル以外の作品	200
『ライフ』誌	77, 172
ランキング入れ替わり	201
離婚	230
リハーサル	105, 130, 136, 153
両親	78
レーマンとのエピソード	221
労働量	118-19
ロジャースとの間柄	76-77, 239
ワイズとのエピソード	153, 209
ワイラーの回想	80
『私のお気に入り』	108
笑い声	156-57

い

イーデンス, ロジャー（Edens, Roger）	52, 54, 63
イヴォンヌ（Yvonne）	155

う

ヴァーデン, ノーマ（Varden, Norma）	105, 106

ヴァスナー，フランツ（Wasner, Franz）
　　　　　　　　　　　13, 14, 17, 19, 37
ウィリアムソン，アリックス（Williamson, Alix）　23
ウィンター，ダナ（Wynter, Dana）　　　　　98
ウェイン，ジョン（Wayne, John）　173, 201, 227, 230
ウォーレス，リチャード（Wallace, Richard）　61
ウォーレン，レスリー・アン
　　（Warren, Lesley Ann）　　　　　　　　91
ウォルトン，エマ・ケイト（Walton, Emma Kate）
　　　　　　　　　118-119, 150, 192, 238, 240
ウォルトン，トニー（Walton, Tony）　118, 190, 230
ウォレス，リー（Wallace, Lee）　　　　　　97
ウッド，ディ・ディ（Wood, Dee Dee）
　　4, 92, 103, 109, 114, 117, 118, 119, 122, 131, 132,
　　135, 136, 143, 147, 151, 152, 154, 157, 158, 225-226
ウッド，ナタリー（Wood, Natalie）　　　　102
ウッド，ペギー（Wood, Peggy）
　　　　　　99, 116, 145, 171, 188, 189, 190, 208
ウルフ，ウルフガング（Wolf, Wolfgang）　195

え
エヴァート，クリス（Evert, Chris）　　　　184
エヴァンス，イーディス（Evans, Edith）　　99
エドワーズ，ブレイク（Edwards, Blake）
　　　　　　　　　230, 231, 237, 238, 239, 243
エモリー，リンダ・ロジャース
　　（Emory, Linda Rodgers）　　　　　　　29
エルキンス，ダグ（Elkins, Doug）　　　　273

お
オデッツ，クリフォード（Odets, Clifford）　47
オドネル，ロージー（O'Donnell, Rosie）　184
オハラ，スカーレット（O'Hara, Scarlett）　71

か
カー，ウォルター（Kerr, Walter）　　　　　37
カー，シャーミアン
　　*アガーテ・フォン・トラップ、リーズルの項も参照
　　アイドル的存在　　　　　　　　　　　216
　　アンダーウッドについて　　　　　　　271
　　アンドリュースとのエピソード
　　　　　　　　　　　108, 110, 213, 214
　　インテリア・デザイナーとして　　　　216
　　演技経験　　　　　　　　　　　　　　92
　　オーディション　　　　　　　　　　　92
　　カラスについて　　　　　　　　147-48
　　キャスティング　　　　　　　　　91-92
　　キャリア　　　　　　　　　　　215, 216
　　才能　　　　　　　　　　　　　92, 104
　　『サウンド・オブ・ミュージック』について
　　　　　　　　　　　　　　　　215, 245
　　ザルツブルク　　　　　131, 138, 143, 148
　　自伝　　　　　　　　　　　　　92, 181
　　ジャクソンとの間柄　　　　　　　　216
　　シング・アロングにて　　　　　　　216

姓変更　　　　　　　　　　　　　　　　92
年齢　　　　　　　　　　　　　　　　　92
母親　　　　　　　　　　　　　　　　　92
ファンについて　　　　　　　　　　　212
フォン・トラップ家とのエピソード　276, 281
プラマーとの間柄　　　　　　　　110, 143
ポスター　　　　　　　　　　　　　　166
『もうすぐ17歳』　　　　　　　　　156-58
ワールド・プレミアについて　　　　168-69
ワイズとのエピソード　　92, 140, 210
カー，ジョン（Kerr, John）　　　　　　　142
カー，デボラ（Kerr, Deborah）　　　　　102
ガー，テリー（Garr, Teri）　　　　　　　　91
カートライト，アンジェラ（Cartwright, Angela）
　　*フォン・トラップ，ブリギッタ、
　　フォン・トラップ，ヘートウィク、
　　キャスティングの項も参照
　　　93, 94, 95, 106, 138, 210, 211, 214, 217-18, 271
カープ，エドウィン（Carp, Edwin）　　　100
ガーランド，ジュディ（Garland, Judy）　83, 216, 224
カーリー，アン（Curry, Ann）　　　　　185
カウフマン，スタンリー（Kauffmann, Stanley）　173
カザン，エリア（Kazan, Elia）　　　　　　68
カプラン，マイク（Kaplan, Mike）　163, 164, 165, 189
ガボール，エヴァ（Gabor, Eva）　　　　　98
カラス，キム（Karath, Kym）
　　*フォン・トラップ，グレーテル、
　　フォン・トラップ，マルティーナ項も参照
　　アンドリュースによるコメント　　135, 214
　　映画の成功の影響　　　　　　　　212
　　カーによるコメント　　　　　　147-48
　　キャスティング　　　　　　　　94-95
　　キャリア　　　　　　　　　　　　218
　　体重増加　　　　　　　　　135, 147-48
　　テレビ放送　　　　　　　　　　　271
　　『ド・レ・ミの歌』　　　　　　　131, 134
　　ナチス　　　　　　　　　　　　　146
　　『ひとりぼっちの山羊飼い』　　　　154
　　プラマーによるコメント　　　　　141
　　ボート転覆シーン　　　　　　　129-30
　　ワイズによるコメント　　　　　　210
　　『私のお気に入り』　　　　　　　　111
カロウ，アラン（Callow, Alan）　　　　　130
カロウ，レジー（Callow, Reggie）　130, 139, 143
カワード，ノエル（Coward, Noel）　　100, 229

き
キースウォルター，ピーター
　　（Kiesewalter, Peter）　　　　　　　272
キャリガー，ロバート（Carriger, Robert）　60
キャロン，レスリー（Caron, Leslie）　　　75
キューカー，ジョージ（Cukor, George）　175
ギル，ブレンダン（Gill, Brendan）　175, 235

索引

キング, マーティン・ルーサー・ジュニア
（King, Martin Luther, Jr.） 236

く
クイン, アンソニー（Quinn, Anthony） 207
クーパー, ゲイリー（Cooper, Gary） 73
クラウザー, ボズレー（Crowther, Bosley）
172, 174, 279
クラウス, アンナ（Crouse, Anna） 36, 37, 215
クラウス, ラッセル（Crouse, Russel）
13, 24, 26, 30, 31, 32, 33, 36, 37, 40, 57, 215, 229
クリスト, ジュディス（Crist, Judith） 174-75, 260
グレアム, シーラ（Graham, Sheilah） 241
クロスビー, ビング（Crosby, Bing） 84
クロフォード, ジョーン（Crawford, Joan） 199

け
ケイル, ポーリン（Kael, Pauline）
174, 176, 177, 178, 187, 260
ゲッテル, メアリー・ロジャース
（Guettel, Mary Rodgers） 29, 266
ケッペルホフ, ドリス・メアリー・アン・フォン
（Kappelhoff, Doris Mary Ann von） 18
ケネディ, ジョン・フィッツジェラルド
（Kennedy, John F.） 43
ケネディ, ロバート（Kennedy, Robert） 236
ケリー, グレース/プリンセスグレース
（Kelly, Grace） 75, 77, 98, 242
ケリー, ジーン（Kelly, Gene）
50, 51, 132, 133, 161, 173, 218, 224

こ
ゴールドマン, アンドリュー
（Goldman, Andrew） 222
コスタル, アーウィン（Kostal, Irwin）
82-83, 90, 142, 159, 188, 229
コネリー, ショーン
（Connery, Sean） 84, 201, 210, 227
コルトレーン, ジョン（Coltrane, John） 38

さ
サイモン, カーリー（Simon, Carly） 187
ザダン, クレイグ（Zadan, Craig） 270
ザナック, ダリル F. & リチャード
（Zanuck, Darryl F. & Richard） 44, 45, 47, 49, 51,
52, 53, 55, 59, 69, 73, 160, 162, 171, 172, 173, 229
サリス, アンドリュー（Sarris, Andrew） 177

し
ジーキンス, ドロシー（Jeakins, Dorothy）
 アカデミー賞 72, 188, 190
 アンドリュースとの間柄 121
 ウェディングドレス 71, 119, 121
 生い立ち 71
 カーの衣装 158
 キャリア 72, 227
 グッゲンハイム・フェローシップ（助成金）72
 コネリーからのファンレター 227
 死 227
 出演シーン 123
 存在理由 228
 チャップリンからのコメント 73
 デザイン・センス 71-73
 デミルとの間柄 72
 年代物の衣装 72-73
 評判 72-73
 プラマーによる評価 195
 マリアの衣装 10, 129
 ワイズによるコメント 70
シーマン, ジーン（Seaman, Jean） 138
シスター・キャサリン（Sister Catherine, 役） 142
シスター・グレゴリー（Sister Gregory） 34, 114, 115
シスター・ソフィア（Sister Sophia, 役） 102, 115
シスター・ベルテ（Sister Berthe, 役） 9, 101, 155
シスター・マルガレッタ（Sister Margaretta, 役）116
シベリー, マイケル（Siberry, Michael） 275
ジャクソン, マイケル（Jackson, Michael） 216
シャン, フレディ（Schang, Freddy） 18
修道院長（役） 61, 85, 96, 98-99, 144, 145
修道院長（役, ブロードウェイ） 39, 99, 107
修道院長（実在） 8, 12, 53
シューベルト, フランツ（Schubert, Franz） 277
シュミット夫人（Schmidt, Frau, 役） 96, 105, 106
ジョーンズ, シャーリー（Jones, Shirley） 76
ジョンソン, デイヴィット（Johnson, David） 265
ジンナー, ピーター（Zinner, Peter） 226
ジンネマン, フレッド（Zinneman, Fred） 23, 133

す
スウィンク, ロバート（Swink, Robert） 52
スクラス, スピロス（Skouras, Spyros） 42, 44
スコセッシ, マーティン（Scorsese, Martin）
177, 208, 224
スターリン, リチャード（Stirling, Richard） 240
スタイニッツ, ゲオルク（Steinitz, Georg）
9, 16, 60, 117, 120, 121, 122, 127, 136, 137, 143, 146,
147, 148, 149, 194, 195, 262
スタイルズ＝アレン, リリアン
（Stiles-Allen, Lilian） 82
スチュアート, ギル（Stuart, Gil） 102, 105, 128
ステファニー, グウェン（Stefani, Gwen） 271
ストライサンド, バーブラ（Streisand, Barbra）
39, 55, 78, 125, 132, 161, 199, 227, 230, 233, 240
スベラノ, モーリス（Zuberano, Maurice）
2, 54, 63, 122, 127, 146, 169, 209
スミス, ケイト（Smith, Kate） 84-85

せ
セイント, エヴァ・マリー（Saint, Eva Marie） 98

そ

ソンダーガード, ゲイル（Sondergaad, Gale）　99
ソンドハイム, スティーブン（Sondheim, Stephen）
　　　22, 43, 48, 131, 179, 186, 205, 216, 239, 268

た

ターナー, デビー（Turner, Debbie）
　＊フォン・トラップ, マルタ,
　　フォン・トラップ, ヨハンナの項も参照
　　　　　　　94, 106, 111, 138, 154, 210, 214, 218
ターナー, ラナ（Turner, Lana）　77, 79
タイナン, ケネス（Tynan, Kenneth）　37, 175
タッカー, ボビー（Tucker, Bobby）　83
ダノーヴァ, パメラ（Danova, Pamela）　96, 103
ダレッツォ, グイード（Guido〈of Arrezo〉）　38
ダン, アイリーン（Dunne, Irene）　98
男爵夫人（シュレーダー, エルサ・フォン,
　　Schraeder, Elsa von, 役）
　　56, 88, 96-98, 100, 113, 128, 130, 151, 152, 154-155,
　　163, 267

ち

チェイス, デュエン（Chase, Duane）
　＊フォン・トラップ, クルト,
　　フォン・トラップ, ウェルナーの項も参照
　　　　　　92, 94, 107, 116, 141, 210, 211, 214, 218
チェイピン, テッド（Chapin, Ted）
　　　　　　　57, 77, 132, 158-59, 211, 263, 271, 272
チャーニン, マーティン（Charnin, Martin）　205
チャップリン, ソール（Chaplin, Saul）
　　アカデミー賞　　　　　　　　　190, 192
　　印税　　　　　　　　　　　　　　223
　　オーディション　　　　　　　92-95, 103
　　音楽指導　　　　　　　　　　　102, 223
　　キャリア　　　　　　　　　　　223-224
　　結婚　　　　　　　　　　　　　　135
　　作詞を手掛けた曲　　　　　　　　223
　　死　　　　　　　　　　　　　　　224
　　ジーキンスについて　　　　　　71, 73
　　『自信を持って』　　　　　　　124-25
　　自伝　　　　　　　　　　　　　　223
　　収益の分け前　　　　　　　　　　214
　　トゥルーヒットによるコメント　　136
　　『ド・レ・ミの歌』　　　　　135, 139
　　プラマーとの間柄　　　　　141-42, 224
　　ミュージカル・チーム　　　　　82, 83
　　メンジースによるコメント　　　　136
　　ロケ地　　　　　　　4, 63, 64, 117, 118
　　ワイズとの間柄　　　58, 59, 80, 81, 109, 135,
　　　　　　　　　　　　172, 207, 208, 209, 229
チャップリン／レヴィン, ベティ
　　（Chaplin/ Levin, Betty）　135, 139, 209
チャニング, キャロル（Channing Carol）　77
チャリシー, シド（Charisse, Cyd）　98, 133

て

デイヴィス, イーヴリン Y.（Davis, Evelyn Y.）　193
デイヴィス, ベティ（Davis, Bette）　51, 171, 199
ディキンソン, アンジー（Dickinson, Angie）　75
デイ, ドリス（Day, Doris）
　　　　　18, 68, 76, 79, 84, 95, 180, 198-201, 230, 237
テイラー, エリザベス（Taylor, Elizabeth）
　　　　　　　　　　　　　　　　41, 84, 220, 269
テート, シャロン（Tate, Sharon）　91
デトワイラー, マックス
　　（Detweiler, Max, 役）　100-101
デミル, セシル・B.（DeMille, Cecil B.）　72
デンバー, ジョン（Denver, John）　238
テンプル, シャーリー（Temple, Shirley）　94, 179

と

トゥルーヒット, ダン（Truhitte, Dan）
　　　102-105, 112, 136, 138, 158, 167, 211, 218, 266
ドーニ, ジョヴァンニ・バチスタ
　　（Doni, Giovanni Battista）　38
ドーネン, スタンリー（Donen, Stanley）　50, 51
トーマス, ダニー（Thomas, Danny）　68, 93, 217
トーランド, グレッグ（Toland, Gregg）　68
ドネヒュー, ヴィンセント
　　（Donehue, Vincent J.）　23, 25
ドミンゴ, プラシド（Domingo, Plácido）　238
トムソン, デヴィッド（Thomson, David）　187
トラップ・ファミリー合唱団（実在）　4, 13, 14, 15,
　　18-20, 23, 176, 244, 245, 248, 250, 253, 276
トラボルタ, ジョン（Travolta, John）　207
トレイシー, スペンサー（Tracy, Spencer）　134
ドレイファス, リチャード（Dreyfuss, Richard）　103

な

ナイ, ルイス（Nye, Louis）　100

に

ニーヴン, デヴィッド（Niven, David）　84
ニクソン, マーニ（Nixon, Marni）
　　　　　　102, 112-15, 117, 124, 142, 170
ニクソン, リチャード（Nixon, Richard）　185, 259
ニコルズ, マイク（Nichols, Mike）　220
ニューウェイ, パトリシア（Neway, Patricia）　39
ニューマン, デヴィッド（Newman, David）　173

ね

ネルソン, ポーティア（Nelson, Portia）　101

は

パーカー, エリノア（Parker, Eleanor）
　　　　　　　61, 96, 97, 98, 100, 155, 175, 219
パーソンズ, ルーエラ（Parsons, Louella）　81
パーダム, トッド（Purdum, Todd）　279
ハーディ, アンディ（Hardy, Andy）　179
ハート, ローレンツ（Hart, Lorenz）　29
バートン, リチャード（Burton, Richard）　41, 73, 84
ハーニック, シェルドン（Harnick, Sheldon）　205

索引

バーネット, キャロル（Burnett, Carol） 77, 197, 236
ハイダー, イェルク（Haider, Jörg） 278
ハスティ, ピーター（Husty, Peter） 8
ハックマン, ジーン（Hackman, Gene） 236
ハマースタイン２世, オスカー
　（Hammerstein Ⅱ, Oscar）
　　感情 28, 29, 36
　　歌詞 29-35, 114, 149, 153, 170
　　死 29
　　葬儀 39
　　ソンドハイムとの師弟関係 43, 205
　　病気 36, 56
　　息子 28, 30
　　ローレンスの葬儀 22
ハモンド, ニコラス（Hammond, Nicholas）
　＊フォン・トラップ, フリードリッヒ、
　　フォン・トラップ, ルーペルトの項も参照
　　アンドリュースとのエピソード 111, 154, 214
　　髪のカラーリング 106
　　キャスティング 90, 93
　　キャリア 216-17
　　身長 138
　　宣伝用スナップ写真 116
　　『ド・レ・ミの歌』 139
　　ファンの思い 184, 212
　　フォン・トラップ家の子どもたち（実在）
　　　　 255, 278
　　フォン・トラップ家の子どもたち（役） 211
　　ワイズとのエピソード 137
　　ワールド・プレミアについて 170
ハリス, マーク（Harris, Mark） 180
ハリソン, レックス（Harrison, Rex） 54, 84, 191, 232
ハリディ, リチャード（Halliday, Richard）
　　 23, 25, 26, 27, 40, 258
パワー, タイロン（Power, Tyrone） 236
バンクロフト, アン（Bancroft, Anne） 75

ひ

ビケル, セオドア（Bikel, Theodore） 86, 88
ビーソン, ポール（Beeson, Paul） 2, 3
ピーターズ, ローリー（Peters, Lauri） 39
ヒッチコック, アルフレッド（Hitchcock, Alfred）
　　 43, 48, 180, 199, 201, 221
ヒトラー, アドルフ（Hitler, Adolf）
　　 14, 15, 16, 17, 68, 121, 122, 160, 179, 195, 277
ヒトラーユーゲント（ナチスの青少年団） 102
ヒラー, アーサー（Hiller, Arthur） 70

ふ

ファーノン, シャーミアン（Farnon Charmian）
　→カー, シャーミアンの項参照
ファバレス, シェリー（Fabares, Shelley） 91
ファロー, ミア（Farrow, Mia） 91, 183
フィンチ, ピーター（Finch, Peter） 84

フォード, ジョン（Ford, John） 5, 116, 173
フォーブッシュ, ネリー（Forbush, Nellie, 役） 26, 31
フォン・シュターデ, フレデリカ
　（von Stade, Frederica） 260
フォン・トラップ, アガーテ（Agathe, 実在）
　＊カー, シャーミアン、
　　フォン・トラップ, リーズルの項も参照
　　 9, 10-12, 16, 17, 32, 91, 187, 248, 253, 275
フォン・トラップ, ウェルナー（Werner, 実在）
　＊チェイス, デュエン、
　　フォン・トラップ, クルトの項参照
　　 9, 21, 32, 38, 249-50, 251, 253, 257, 280
フォン・トラップ, エレオノーレ
　（Eleonore〈ローリー〉, 実在）
　　 14, 16, 19, 20, 32, 167, 244, 253, 254
フォン・トラップ, クルト（Kurt, 役）
　＊チェイス, デュエン、
　　フォン・トラップ, ウェルナーの項も参照
　　 32, 94, 131, 159
フォン・トラップ, グレーテル（Gretl, 役）
　＊カラス, キム、
　　フォン・トラップ, マルティーナの項も参照
　　 32, 94-95, 131, 146, 161
フォン・トラップ, ゲオルク（Georg, von Trapp）
　＊プラマー, クリストファー、結婚式の項も参照
　　7人の子どもたち 10, 249, 251, 276
　　アガーテ・ホワイトヘッド 9
　　オーストリアからの脱出 16
　　公の場で歌うことについて 15, 19
　　親としての厳しい対応 130
　　音楽的才能 12
　　感情 88
　　キャスティングについて 83-89
　　財産 9, 14-15
　　死 244
　　掌帆長のホイッスル 10
　　第三帝国 15-16
　　男爵夫人との場面 163
　　旗を引き裂く場面 127-28
　　ひ孫 280
　　複雑な人物像 88
　　ブロードウェイ版 36-37, 52, 249
　　墓前での儀式 276, 277
　　マリアとの結婚 11-13, 120, 121
　　マリアとの場面 129, 130, 151-52, 162
　　ユーモア 88
フォン・トラップ家の子どもたち（役）
　＊それぞれの項も参照
　　アンドリュースとの間柄 213
　　音楽的技術 90-91
　　髪のカラーリング 106-7
　　カメラが回っていないとき 137-39

フォン・トラップ家の子どもたち（役）つづき
 キャスティング   90-96
 クランクアップ   156
 親交と結びつき   211-12
 批評   178
 プラマーとの間柄   140-42, 203
 ボイス・コーチの指導   96
 報酬   214-15
 ボート転覆シーン   129-30
 ワイズとの間柄   137, 210
フォン・トラップ家の子どもたち（実在）
 →それぞれの項を参照
フォン・トラップ家の子どもたち
 （ブロードウェイ）   39
フォン・トラップ, フリードリッヒ（Freidrich, 役）
 ＊ハモンド, ニコラス、
  フォン・トラップ, ルーペルトの項も参照
    32, 92-93, 131, 151
フォン・トラップ, ブリギッタ（Brigitta, 役）
 ＊カートライト, アンジェラ、
  フォン・トラップ, ヘートウィクの項も参照
    32, 93-94
フォン・トラップ, ヘートウィク（Hedwig, 実在）
 ＊カートライト, アンジェラ、
  フォン・トラップ, ブリギッタの項も参照 9, 32, 250
フォン・トラップ, マリア（役）
 ウェディングドレス   71, 119, 121
 キャスティングについて   73-83
 ゲオルクとの場面   130, 151-52, 162
 男爵夫人との場面   97
フォン・トラップ, マリア（実在）
 ＊アンドリュース, ジュリーの項も参照
 アンドリュースとのエピソード   126-27
 印税   26
 ヴァスナー神父   13-14
 エネルギー   7, 21
 思い出話   38
 音楽への愛   7, 14
 合唱団をやめる決断   244
 家庭教師として   10
 ギター   10, 12
 教育   6-7
 啓示   7-8
 結婚   11-13
 健康問題   22
 子どもたちからの愛情   11
 子どもたちへの献身   21-22
 （状況を）コントロールしようとする態度 125
 婚礼シーンへの反応   167
 撮影現場訪問   125-26
 死   4-5, 247, 253, 254
 試写会での反応   167
 自然への愛   8-9, 170
 実際の物語からの変更   31-32
 自伝   6, 8, 11, 19, 21, 22, 23, 57, 155
 修道院長のコメント   8
 修道女として   7-9, 12
 信仰   21-22
 人生の権利を売る   23
 体格   7
 ビジネスセンス   23
 人柄   9, 246
 ヒトラー   15
 フォン・トラップ邸到着の様子   10
 服装   10
 プラマーとのエピソード   126
 フランツおじさん   6, 7
 亡命   16-18
 墓前での儀式   276-77
 マーティンとのエピソード   34-35, 37
 孫娘によるコメント   6
 名声   4-5
 メサイア・コンプレックス   25
 幼少期   6-7, 11, 247
 ヨハネスによるコメント
    9, 25, 125-26, 245, 246-47, 255
 両親   6
 ワールド・プレミア招待客リスト   168
 ワイズとのエピソード   125-26, 167
 ワイラーとの会談   52
フォン・トラップ, マリア（Maria, 娘, 実在）
 ＊メンジース, ヘザー、
  フォン・トラップ, ルイーザの項も参照
    9, 10, 11, 12, 17, 32, 93, 248-49, 276
フォン・トラップ, マルタ（Marta, 役）
 ＊ターナー, デビー、
  フォン・トラップ, ヨハンナの項も参照 32, 94
フォン・トラップ, マルティーナ（Martina, 実在）
 ＊カラス, キム、
  フォン・トラップ, グレーテルの項も参照
    9, 22, 32, 244, 251
フォン・トラップ, ヨハネス（Johannes, 実在）
 コンサートツアー   19, 245
 『サウンド・オブ・ミュージック』
    32, 37, 244, 249, 255, 256, 257, 276, 277
 性格   254-55
 父について   15, 249
 中国出張   261
 トラップ一家のためのプライベート試写会
    166-67
 母について
    6, 8, 9, 19, 23, 25, 35, 125, 245, 246, 247, 255
 ハモンドとのエピソード   255, 278
 フォン・トラップ邸（映画）について   128

息子	257, 261
ロッジ経営	20, 254-56

フォン・トラップ, ヨハンナ(Johanna, 実在)
　*ターナー, デビー、
　フォン・トラップ, マルタの項も参照
　　　　　9, 11, 12, 32, 38, 244, 250-51

フォン・トラップ, リーズル(Liesl, 役)
　*カー, シャーミアン、
　フォン・トラップ, アガーテの項も参照
　　　　　32, 90-92, 103, 112, 129, 158, 163, 215

フォン・トラップ, ルイーザ(Louisa, 役)
　*メンジース, ヘザー、
　フォン・トラップ, マリア〈娘, 実在〉の項も参照
　　　　　32, 93-94

フォン・トラップ, ルーペルト(Rupert, 実在)
　*ハモンド, ニコラス、
　フォン・トラップ, フリードリッヒの項も参照
　　　　　9, 12, 16, 18, 21-22, 32, 92, 244, 247-48

フォン・トラップ, ローズマリー(Rosmarie, 実在)
　　　　　14, 25, 32, 126, 246, 247, 249, 251, 252, 253, 254, 256

フォン・マルデヘム, カール・フィリップ
　(von Maldeghem, Carl Philip)　　　277

ブラウン, デヴィッド(Brown, David)　47, 222

プラマー, クリストファー(Plummer, Christopher)

演技	85-87, 162
アンドリュースとの間柄	
	1, 75, 110, 119, 130, 140, 203, 204, 239, 280
衣装のテスト	105
飲酒	143, 147
歌	142
ウッド(ディ・ディ)によるコメント	151
オーストリアのペーストリーについて	116
カーとの間柄	143
楽曲の分析	89
カラスについて	141, 147
キャスティング	83-89
キャリア	85, 203-5, 232
子どもたちに対して	84, 111, 140-41, 203, 211
作品への意見	37, 142, 194-95
ザルツブルクにて	118, 138, 142
出身	96
シング・アロング	266, 269
宣伝用ポスター	164, 166
想像力	88
態度	140-41
ダンス	151-52
チャップリンとの間柄	141, 142, 224
トニー賞	204
年齢	86
パーカーについてのコメント	97, 156
旗を引き裂く場面	127-28

批評	172, 175, 203
評判	139
ブリストル・ホテル	142
ヘイドンとの間柄	101
マッコードについてのコメント	175
マリア本人との間柄	126
目指しているもの	87
メンジースによるコメント	141
レーマンとの仕事	87-89
労働量, 撮影スケジュール	118, 143
ワイズからの説得	85-87
笑いのツボ	156-57, 162

フランクリン, マイラ(Franklin, Myra)	181
フランツ(Franz, 役)	96, 102, 128
フランツおじさん("Uncle" Franz, 実在)	6, 7
ブランド, マーロン(Brando, Marlon)	180
ブリンナー, ユル(Brynner, Yul)	84
フルダレク, ゲオルク(Hurdalek, George)	107
ブルックリン・ランドファンク・オーケストラータ	
(Brooklyn Rundfunk Orkestrata)	272
フレミング, ヴィクター(Fleming, Victor)	72
フレンズ, カート(Friends, Kurt)	86
ブロー, マーク(Breaux, Marc)	
3, 4, 103, 109, 114, 117-18, 131, 132, 135, 136, 143, 147, 151, 154, 157, 158, 225-26	

【へ】

ベアード, コーラ(Baird, Cora)	154
ベアード, ビル(Baird, Bil)	154
ベイシンガー, ジェニーン(Basinger, Jeanine)	
	48-49, 82, 238
ヘイドン, リチャード(Haydn, Richard)	
	100-101, 151, 208
ヘイワース, リタ(Hayworth, Rita)	79
ヘイワード, リーランド(Hayward, Leland)	
	25-27, 40, 258-259
ヘップバーン, オードリー(Hepburn, Audrey)	
	23, 80, 102, 115
ヘップバーン, キャサリン(Hepburn, Katharine)	
	7, 227
ベルトルッチ, ベルナルド	
(Bertolucci, Bernado)	177
ペロン, エヴァ・ドゥアルテ(Peron, Eve Duarte)	179
ベントン, ロバート(Benton, Robert)	173

【ほ】

ホイベルガー, バーバラ(Heuberger, Barbara)	154
ボーグ, ヴィクター(Borge, Victor)	100
ポーター, コール(Porter, Cole)	28, 37, 182, 229
ボールトン, デイヴィス(Boulton, Davis)	61
ボールトン, ホイットニー(Bolton, Whitney)	39
ホフマン, アーヴィング(Hoffman, Irving)	46
ホフマン, ダスティン(Hoffman, Dustin)	236
ホルト, ハンス(Holt, Hans)	23

ホワイトヘッド, アガーテ
　（Whitehead, Agathe） 9, 93, 249, 276
ポワチエ, シドニー（Poitier, Sidney） 234-36
ま
マーティン, メアリー（Martin, Mary）
　7, 23, 25, 26, 27, 34, 35, 36, 37, 39, 77, 81, 86, 88, 89,
　100, 114, 127, 130, 249
マーマン, エセル（Merman, Ethel） 4, 30, 39, 77, 78
マイケル, キース（Michel, Keith） 85
マクドナルド, ジャネット
　（MacDonald, Jeannette） 99
マクリーシュ, アーチボルド
　（MacLeish, Archibald） 85
マザー・モーガン（Mother Morgan） 33
マズロン, ローレンス
　（Maslon, Laurence） 20, 25, 262
マッケンドリック, アレクサンダー
　（MacKendrick, Alexander） 47
マッコード, テッド（McCord, Ted）
　　アカデミー賞ノミネート 68, 188, 190
　　陰影の使い方 67-68
　　影響を受けた人物 67-68
　　技術 67, 175
　　キャリア 68, 210
　　軍撮影部隊 67-68
　　経験 67
　　『さようなら、ごきげんよう』 146
　　死 210
　　『自信を持って』 123, 124
　　照明 68, 119, 120, 121, 123, 144, 152, 156, 157
　　人選 64
　　『すべての山に登れ』 145
　　デイの撮影について 68
　　『ド・レ・ミの歌』 132, 133, 134
　　美的感覚 67-68
　　病気 209
　　プラマーによるコメント 175
　　レイノルズとの間柄 70, 137
　　レヴェンとの間柄 113
　　ロケ地での撮影 2-4, 67, 68, 149, 169
　　ワイズとの間柄 69, 120, 209
　　『私のお気に入り』 107
マッセイ, ダニエル（Massey, Daniel） 229
マムーリアン, ルーベン（Mamoulian, Rouben） 41
マンキウィッツ, ジョセフ（Mankiewicz, Joseph） 41
み
ミネリ, ヴィンセント（Minnelli, Vincente） 133
ミノーグ, カイリー（Minogue, Kylie） 271
め
メルチャー, マーティ（Melcher, Marty） 76, 201
メロン, ニール（Meron, Neil） 270

メンジース, ヘザー（Menzies, Heather）
　*フォン・トラップ, ルイーザ、
　フォン・トラップ, マリア〈娘、実在〉の項も参照
　93, 129, 130, 136, 138, 141, 211, 214, 217, 218
も
モーラー, ブルース（Mohler, Bruce） 18
モリス, ジョーン（Morris, Joan） 240
モリスン, ホーブ（Morrison, Hobe） 35
ら
ラーナー, アラン・ジェイ（Lerner, Alan Jay）
　27, 76, 133
ラーマン, バズ（Luhrmann, Baz） 271
ラマール, ヘディ（Lamarr, Hedy） 69
り
リー, アンナ（Lee, Anna） 116
リー, エイダ・ベス（Lee, Ada Beth） 142
リー, ビル（Lee, Bill） 142
リッピンコット, J. B.（Lippincott, J. B.） 19
リビン, ジェフリー（Libin, Jeffrey） 239
リュートン, ヴァル（Lewton, Val） 61
リンゼイ, ハワード（Lindsay, Howard）
　13, 24, 26, 30, 31-32, 33, 39, 40, 57, 77, 215, 229
リンドフォース, ヴィヴェカ（Lindfors, Viveca） 98
る
ルーカー, レベッカ（Luker, Rebecca） 275
ルメット, シドニー（Lumet, Sidney） 177
れ
レイザー, アーヴィング〈スウィフティ〉
　（Lazar, Irving "Swifty"） 26, 40, 215
レイノルズ, ウィリアム（Reynolds, William）
　　アカデミー賞 188, 190
　　キャリア 69, 226-27
　　婚礼シーン 121
　　仕事の幅 69
　　受賞歴 189, 226-27
　　人選 64
　　スタイル 70
　　『ド・レ・ミの歌』 136, 137
　　20世紀フォックス 69
　　パラマウント・ピクチャーズ 69
　　人柄 70
　　編集
　　69, 70, 128, 129, 134, 158, 159, 163, 185, 226
　　ワイズとの間柄 69-70, 209
レヴェン, ボリス（Leven, Boris）
　　アカデミー賞ノミネート 66, 188, 190
　　学歴 65
　　完璧主義 113
　　キャリア 65-66, 224-25
　　受賞歴 65, 224
　　人選 63, 64, 70
　　デザイン・センス 65-67

評価	65
プロダクション・デザイン	113, 122, 206, 263
マッコードとの間柄	113
ロケ地	127, 128, 146, 149
ワイズとの間柄	65-67, 113, 209

レーガン、ロナルド(Reagan, Ronald) 36, 259
レーマン、アーネスト(Lehman, Ernest) 2, 4, 8, 12, 45-59, 76-77, 80, 87-89, 102-03, 107-09,121, 123-25, 130-31, 144, 146, 153, 160, 162, 188-89, 207-09, 216, 219-23, 229, 266
レーマン、ロッテ(Lehman, Lotte) 15
レターマン、デイヴィット(Letterman, David) 279

ろ

ロイヴェリーク、ルート(Leuwerik, Ruth) 23
ロウ、フレデリック(Loewe, Frederick) 27
ローガン、ジョシュア(Logan, Josh) 26, 232
ローレンス、ガートルード(Lawrence, Gertrude) 22, 228, 229
ローレンス、キャロル(Lawrence, Carol) 75
ローレン、ソフィア(Loren, Sophia) 180
ロジャースとハマースタイン
(Rodgers and Hammerstein)
　*ハマースタイン、オスカーの項も参照
3, 12, 22, 24, 25-40, 44, 49, 55-56, 69, 76-77, 83, 103, 132-33, 146, 172-73, 181-83, 229, 232, 239, 258-59, 273, 274, 275
ロジャース、ジンジャー(Rogers, Ginger) 59
ロジャース、リチャード(Rodgers, Richard)

アンドリュースとの間柄	76-77
映画版の曲について	56, 83, 124, 156, 159, 189
試写への反応	166
生涯功労賞	205-06
性格	28, 29
訴訟	258-59
ハートとのパートナーシップ	29
反論	37, 182
ブロードウェイ版の演出について	121
マザー・モーガン	33
娘	29, 266
ラフカット鑑賞	159
リチャード・ロジャース賞	242

ロス、アンソニー(Roth, Anthony O.) 207
ロッキン、ダニー(Lockin, Danny) 103
ロビンス、ジェローム(Robbins, Jerome) 62
ロブソン、マーク(Robson, Mark) 60
ロフティング、ヒュー(Lofting, Hugh) 232
ロルフ(Rolfe, 役)
　→トゥルーヒット、ダンの項参照

わ

ワース、アイリーン(Worth, Irene) 97
ワーツェル、ソール(Wurtzel, Saul) 63, 64, 67

ワーナー、ジャック(Warner, Jack) 80, 168
ワイズ、ロバート(Wise, Robert)

AFI生涯功労賞	207-208
アカデミー賞	59, 106, 178, 190-91, 206
アンドリュースとの間柄	153, 209
ウォーレスからのアドバイス	61
ウッド(ペギー)についてのコメント	99, 209
映画の成功について	194
音楽への愛	61-62
カーとのエピソード	92, 210
カラスについてのコメント	95, 210
監督作品	60-62, 206-8
キャスト・スタッフに期待する協力	134
クランクアップ	156
撮影初日の不安	106
死	210
ジーキンスについてのコメント	70
『自信を持って』	124
下見旅行	63-64
『市民ケーン』	59-60
受賞歴	207, 208
生涯功労賞(その他)	207
生涯功労賞受賞スピーチ(AFI)	59
人選	63-64
スコセッシによる称賛	177, 208
スタイニッツによるコメント	60, 117
早期キャリア	59
チャップリンとの間柄	58, 135
適性	59
『ド・レ・ミの歌』	131, 134
パーカーについてのコメント	155
ハリウッドのやり方について	17
批評	172, 177
フォン・トラップの子どもたち	137, 210
プラマーを説得	86-87
ベイシンガーによるコメント	82
編集経験	59-60
報酬	214-15
墓地での追跡シーン	112
マッコードについてのコメント	68-69
マリア本人とのエピソード	125-26, 167
ミュージカル作品の経験	59, 62
名言	193
レイノルズとの間柄	69-70
レヴェンとの間柄	65, 66-67, 113, 224
レーマンとの間柄	46, 48, 55, 58, 188, 221, 222
ロケ地での撮影	1-3, 133, 170
ロビンスとの共同監督	62
『私のお気に入り』	109

ワイラー、ウィリアム(Wyler, William) 8, 50-55, 57, 72, 76, 80, 190, 229, 233

ワイルダー、ビリー（Wilder, Billy） 47, 54, 174
ワグナー、チャールズ（Wagner, Charles） 17
ワッソン、サム（Wasson, Sam） 79, 222

組織／団体

アメリカ議会図書館 260
アメリカン・フィルム・インスティテュート
　　82, 207-8, 210, 221
国立カトリック福祉協議会 18
聖血の宣教師会 17
20世紀フォックス
　1, 26, 40-45, 47, 49, 55, 61, 66, 69, 72, 81, 87, 105,
　117, 126, 129, 131, 151, 156, 158-61, 163-64, 166-
　169, 189, 192-93, 195-96, 223, 225, 228-29, 232,
　258, 263
パラマウント・ピクチャーズ 23, 45, 46, 65, 69, 232
ロジャース＆ハマースタイン協会
　（Rodgers and Hammerstein Organization）
　　39, 57, 132, 258, 267, 271, 272, 273
FBI（米連邦捜査局） 18
MGM（メトロ・ゴールドウィン・メイヤー）
　　46, 58, 83, 133, 136, 159
NBCテレビ 26, 174, 259, 270

トピック

あ
アカデミー賞
　→各人物の項を参照
鮮やかな色の配置 165
アスペクト比（画像の横縦比） 165
アルプス
　1, 2, 7, 18, 54, 61, 63, 64, 67, 81, 134, 138, 143, 147,
　165, 263, 275, 280

い
衣装
　*ジーキンス、ドロシー、
　　シング・アロングの項も参照 114, 194, 267
一括契約 42

う
ヴェトナム戦争 44, 173, 184

え
映画撮影技術
　→マッコード、テッドの項を参照
映画30周年 260
映画照明 152
　婚礼シーン 119-20
　『さようなら、ごきげんよう』 146
　色彩補正フィルター 120

『何かよいこと』 156-57
　ブルーベリー摘みのシーン 144
　マッコード 107
映画版権 23, 26, 40, 42, 43, 125
エキストラ 60, 121, 122, 126, 146, 195
エミー賞 28, 77, 208, 237, 238

お
オーストリア
　*ロケ地、特定の街の項も参照
　衣装への反応 194
　カーによるコメント 143
　観光客 262-63
　興行の失敗 194-96
　国歌についての誤認 36
　スタイニッツの見解 195
　戦後の救援活動 244, 276
　ドイツによる併合 16
　ハリウッドに対して 149
　ヒトラー 195
　プラマーによるコメント
　　（ペーストリーについて） 116
オーストリア共和国有功栄誉金章 276
オーストリア自由党 278
オーストリア併合
　16, 31, 32, 53, 86, 121-22, 178-179, 195, 275, 277
オーバーザルツベルク 1, 147
オスカー
　→アカデミー賞の項を参照
音響効果（映画） 159

か
歌詞
　『サウンド・オブ・ミュージック』 149
　『自信を持って』 125
　ハマースタイン 29-30, 32-35, 114, 149
　『ひとりぼっちの山羊飼い』 153
家族観 185
カットシーン（映画） 163
家庭用ビデオ市場 260-261
カラーテレビ 80, 165
観客
　*シング・アロングの項も参照
　　43-44, 161-162, 183, 241, 280
観光業 262-63
鑑賞券の価格 181
感傷性／感傷主義
　　43, 82, 89, 172, 173, 175, 180, 183, 270

き
技術に関する仕様書 165
キャスティング
　*各役名の項も参照
　シスター・ソフィア 102
　シスター・ベルテ 101-2

修道院長	98-100
シュミット夫人	105
男爵夫人	96-98
フォン・トラップ, クルト	94
フォン・トラップ, グレーテル	94-95
フォン・トラップ, ゲオルク	83-89
フォン・トラップ, フリードリッヒ	92-93
フォン・トラップ, ブリギッタ	93-94
フォン・トラップ, マリア	73-83
フォン・トラップ, マルタ	94
フォン・トラップ, リーズル	91-92
フォン・トラップ, ルイーザ	93
フランツ	102
マックス	100-101
ロルフ	102-5

曲の演出
　　*振付の項も参照

『さようなら、ごきげんよう』	147
『マリア』	114
『もうすぐ17歳』	157-58
『私のお気に入り』	109-10

こ

興行収入(映画)	
アンドリュースへの影響	197
オーストリアでの失敗	194-96
鑑賞券の価格	181
記録	193
国際的な成功	193-94
世界中の興行収入の累積総額(2005年)	260
総譜(成功の理由として)	181-83
ドイツでの失敗	194-96
公民権	28, 185
ゴールデン・グローブ賞	69, 171, 189, 191, 237
婚礼シーン	
ウェディングドレス	71, 119, 121
照明	119-20
ナチス	121
『マリア』の讃美歌バージョン	120
マリア本人の反応	167
レーマンのアイデア	121

さ

『サウンド・オブ・ミュージック』	
(ザルツブルク公演)	277-278
『サウンド・オブ・ミュージック』ツアー	262
サウンドトラック	
*総譜、各曲の項も参照	
報酬	214
印税	258
売り上げ	181-82, 199, 258-59
外国語でのレコーディング	223
グラミー賞	39, 258
訴訟	258-59
発売	258
ザルツカンマーグート湖水地方	169
ザルツブルク	7, 8, 14-17, 52-53, 63, 113, 115-19, 122, 131-33, 135-36, 138, 142-43, 148, 195-96, 238-39, 249, 252, 262-63, 276-78, 280
ザルツブルク美術館	8
ザルツブルク・マリオネット劇場	154

し

試写会	
アカデミー賞に向けた上映会	189
アンドリュースに魅了された観客	161
オクラホマ州タルサにて	163
採点スコア	163
スタンディング・オベーション	162
トラップ一家のためのプライベート試写会	166-67
マリア本人の反応	167
ミネアポリスでの試写会	160-63
ヨハネスの参加	166-67
ロジャースのためのラフカット	159
ロジャースの反応	166
宗教映画	4, 45
シング・アロング	
アンドリュースによるコメント	269
カーによるコメント	216
仮装	265-67, 269
子ども時代との関連	268-69
浄化法として	269
世界中に広まる上映会	266
トラップ・ファミリー・ロッジでの歌の集い	256
ハリウッドボウルにて	265-66
皮肉な態度	268
プラマーによるコメント	266
ホスト役	267

す

スタンディング・オベーション	162, 278
ステレオ音声	4

せ

西部劇(ジョン・フォード)	5, 173
宣伝	116, 125, 126, 160, 163-66, 214, 215, 245
宣伝用ポスター	164, 165-166

そ

総譜	
*歌詞、サウンドトラック、各曲の項も参照	
	25, 27, 30, 32, 34, 36, 37, 38, 39, 55, 181, 182, 233, 259, 272, 273, 274

た

第一次世界大戦	9, 88, 231, 232, 280
第二次世界大戦	15, 17, 20, 21, 27, 28, 43, 68, 71, 72, 184, 227, 247, 249, 276

INDEX

第三帝国
　　→ナチスの項を参照
台本(映画)　　　45, 49, 52, 53, 55, 56, 58, 59, 80,
　　82, 87, 88, 89, 103, 107, 129, 141, 178, 219, 222

ち
中国　　　　　　　　　　　　　　　　　191, 261

て
ティン・パン・アレー　　　　　　　　　　　　20
鉄の蝶　　　　　　　　　　　　　　　　　　241
デューラー・スタジオ　　　　　　　　　　　144
テレビ　　　　　　　　28, 42, 165, 255, 259
伝記映画　　　　　　　　59, 161, 228, 233

と
ドイツ　　　　　　　　　　15, 16, 23, 194-96
ドイツ海軍　　　　　　　　　　　　　　　　16
ドイツ・ミサ曲(シューベルト)　　　　　　277
道徳性(映画)　　　　　　　　　　　　　　183
トッド・AO方式　　　　　　　　　4, 165, 245
トニー賞　　28, 39, 40, 72, 78, 85, 192, 204, 219, 239
トラップ・ファミリー・ロッジ(実在)
　　歌の集い　　　　　　　　　　　　　　256
　　オーストリア陸軍士官学校　　　　276-77
　　開業　　　　　　　　　　　　　　20-21
　　火災　　　　　　　　　14, 35, 248, 256
　　客　　　　　　　　　　　　　　246, 253
　　経営　　　　　　　　　250, 254, 255, 257
　　敷地内の施設　　　　　　244, 249, 272
　　スキー　　　　　　　　　　　　　　254
　　マーティン滞在　　　　　　　　　　34-35

な
長さ(映画)　　　　　　　　　　　　　　　159
ナチス(映画)4, 16-17, 31-32, 53-54, 63, 70, 81,
　　102-5, 111-12, 121-22, 127-28, 141, 146, 158-59,
　　163, 176, 178, 183, 195-96, 265, 267-69, 277, 280-81

の
ノンベルク修道院(撮影セット)　　　　　　113
ノンベルク修道院(実在)　7-9, 13, 53, 63, 113, 176

は
ハッピーエンド　　179, 181, 186, 187, 202, 280
ハレルヤ・ハリウッド　　　　　　　　　　218

ひ
美術館(ミュンヘン、ハウス・デア・クンスト)　15
批評
　　アンドリュースについて　　　　　172-175
　　『エスクワイア』誌　　　　　　　　　173
　　カウフマンによる批評　　　　　　　　173
　　キューカーによる批評　　　　　　　　175
　　ギルによる批評　　　　　　　　　　　175
　　クラウザーによる批評　　　172, 174, 279
　　クリストによる批評　　　　　　　174-75
　　ケイルによる批評　　　　　　176-77, 187
　　『さようなら、ごきげんよう』　　　　178

　　修道女について　　　　　　　　　　　178
　　大学生からの批評　　　　　　　　176-177
　　タイナンによる批評　　　　　　　37, 175
　　ナチスに関する批評　　　　　　　　　178
　　『ニューズウィーク』誌　　　　　　　174
　　『ザ・ニューヨーカー』誌　　　　　　175
　　『ニューヨーク・タイムズ』紙　172, 174, 279
　　『ニューヨーク・ヘラルド・トリビューン』紙
　　　　　　　　　　　　　　　　　　　　174
　　『ニュー・リパブリック』誌　　　　　173
　　パーダムによる批評　　　　　　　　　279
　　『バラエティ』誌　　　　　　　　　　172
　　『ハリウッド・レポーター』誌　　　　172
　　『パリ・ヘラルド』紙　　　　　　　　174
　　フォン・トラップの子どもたちについて　178
　　プラマーについて　　　　　　172, 175, 203
　　『マッコールズ』誌　　　　　　　　　176
　　『ライフ』誌　　　　　　　　　　　　172
　　ワイズについて　　　　　　　　　　　177

ふ
フォン・トラップ邸(映画)
　　　57, 106, 123, 124, 127, 128, 152, 274
フォン・トラップ邸(実在)　　　　　10, 16, 17
フォン・トラップ邸舞踏室(映画)　113, 114, 186
フラッシュモブ　　　　　　　　　　　273-274
ブリストル・ホテル　　　　　　　　　138, 142
振付
　　『ド・レ・ミの歌』　　　　　　　130-31, 36
　　『ひとりぼっちの山羊飼い』　　　　　154
　　ロケ地　　　　　　　　　　　　　　　118
ブルーベリー摘みのシーン　　　　　　57, 144
プロダクション・デザイン
　　＊レヴェン, ボリス、ロケ地の項も参照
　　アンドリュースによるコメント　　　　113
　　歌詞を組み込む　　　　　　　　　　　149
　　ナチス　　　　　　　　　　　　　　　122
　　ノンベルク修道院　　　　　　　　　　113
　　フォン・トラップ家の舞踏室　　　　　113
　　フォン・トラップ邸　　　　　　　127-29
　　レヴェンによる舞台装置　　　　112-113
　　ワイズによるコメント　　　　　　　　113

へ
ベビーブーマー世代　　　　　　　　　　　　43
ヘリコプターの貸し出し　　　　　　　　　1-4
ベルテルスマン　　　　　　　　　　128, 129
ヘルブルン宮殿公園(Hellbrunn Palace Park)　263
編集(映画)　　　　　69-70, 158-59, 163

ほ
報道陣向けの試写会　　　　　　　　　　　163
ボーカル・ゾーンズ　　　　　　　　　　　135
ボート転覆シーン　　　　　　　　71, 129-130
墓地での追跡シーン　　　　　　54, 111-12, 159

ま
マリオネット　　　　　　153, 154, 155, 196, 263
マン・シアター（ミネアポリス）　　　160

み
ミラベル庭園（Mirabell Gardens）63, 136, 263, 278

も
モントゼー大聖堂（Mondsee Cathedral）
　　　　　　　　　　　119, 120, 123, 238

ゆ
有名人に信頼を置く時代　　　　198

よ
予算（映画）
　＊宣伝の項も参照　　　1, 49, 67, 105, 116

り
リハーサル（映画）　　92, 99, 105. 109, 114, 117,
　118, 130, 131, 136, 143, 144, 151, 153, 158

れ
レオポルドスクロン宮殿（Leopoldskron）
　　　　　　　　　　　113, 128, 238, 263

ろ
ロケ地（映画）
　　アルプス　　　　　　1-4, 63-64, 263-64
　　オーバーザルツベルク　　　　147
　　観光　　　　　　　　　　262-63
　　『さようなら、ごきげんよう』　　146
　　ザルツカンマーグート湖水地方　　169
　　ザルツブルクへ　　　　　　115
　　タイトル曲　　　　　　1-4, 63, 147-50
　　ドイツ人農夫　　　　　　148-49
　　『ド・レ・ミの歌』　　　　131-32
　　ノンベルク修道院　　　　53, 113
　　フォン・トラップ邸　　　　127-29
　　振付のリハーサル　　　　117-18
　　別のロケ地での撮影を合成する　127-29
　　ベルテルスマン　　　　　　128
　　レオポルドスクロン宮殿　　128, 238
　　ワイズの現地視察　　　　63-64
　　ワイズのこだわり　　　　　133
ロック・ライディング・アカデミー
　（Rock Riding Academy）　63, 146, 147

わ
ワールド・プレミア　　　　　163, 168-71

著者紹介

トム・サントピエトロ（Tom Santopietro）

メディア・コメンテーター、インタヴュアーとして精力的に活動しながら、クラシック映画について講演をおこなっているほか、これまで30年余りの間、30作以上のブロードウェイミュージカルの運営に携わっている。著作に*The Importance of Being Barbra, Considering Doris Day (a New York Times Book Review Editor's Choice), Sinatra in Hollywood, The Godfather Effect; Changing Hollywood, America, and Me*（いずれも未邦訳）がある。

翻訳者紹介

堀内香織（ほりうち　かおり）

静岡県沼津市生まれ。文学博士。
早稲田大学文学部卒。同大大学院修士課程修了。立教大学大学院博士課程修了。
共著に『AFIアメリカ映画の名セリフ ベスト100』（株式会社フォーイン スクリーンプレイ事業部）、『ヘミングウェイと老い』（松籟社）他。

THE SOUND OF MUSIC STORY
Text Copyright © 2015 by Tom Santopietro.

Published by arrangement with St. Martin's Press, LLC. through Japan UNI Agency, Inc., Tokyo
All rights reserved.
Front jacket photograph © Michael Ochs Archives/Getty Images
Back jacket photograph © 20th Century Fox Licensing/Merchandising/Everett Collection/amanaimages

サウンド・オブ・ミュージック・ストーリー

2016年11月1日　初版第1刷

著　　者：トム・サントピエトロ
翻　　訳：堀内　香織
編　　集：小寺　巴、塚越日出夫、Mark Hill、鯰江佳子、菰田麻里
発 行 者：鈴木雅夫
発 売 元：株式会社フォーイン　スクリーンプレイ事業部
　　　　　〒464-0025　名古屋市千種区桜が丘292
　　　　　TEL:(052)789-1255 FAX:(052)789-1254
　　　　　振替:00860-3-99759
印刷・製本：株式会社チューエツ

定価はカバーに表示してあります。
無断で複写、転載することを禁じます。
乱丁、落丁本はお取り替え致します。
Printed in Japan
ISBN978-4-89407-567-2